Kinder- und Jugendhilfe in der Schweiz

Edith Maud Piller · Stefan Schnurr (Hrsg.)

Kinder- und Jugendhilfe in der Schweiz

Forschung und Diskurse

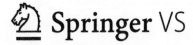

Herausgeber
Edith Maud Piller lic. phil.
Prof. Dr. Stefan Schnurr

Fachhochschule Nordwestschweiz
Hochschule für Soziale Arbeit
Olten und Basel, Schweiz

ISBN 978-3-531-18459-3   ISBN 978-3-531-19061-7 (eBook)
DOI 10.1007/978-3-531-19061-7

Die Deutsche Nationalbibliothek verzeichnet diese Publikation in der Deutschen Nationalbibliografie; detaillierte bibliografische Daten sind im Internet über http://dnb.d-nb.de abrufbar.

Springer VS
© Springer Fachmedien Wiesbaden 2013
Das Werk einschließlich aller seiner Teile ist urheberrechtlich geschützt. Jede Verwertung, die nicht ausdrücklich vom Urheberrechtsgesetz zugelassen ist, bedarf der vorherigen Zustimmung des Verlags. Das gilt insbesondere für Vervielfältigungen, Bearbeitungen, Übersetzungen, Mikroverfilmungen und die Einspeicherung und Verarbeitung in elektronischen Systemen.

Die Wiedergabe von Gebrauchsnamen, Handelsnamen, Warenbezeichnungen usw. in diesem Werk berechtigt auch ohne besondere Kennzeichnung nicht zu der Annahme, dass solche Namen im Sinne der Warenzeichen- und Markenschutz-Gesetzgebung als frei zu betrachten wären und daher von jedermann benutzt werden dürften.

Gedruckt auf säurefreiem und chlorfrei gebleichtem Papier

Springer VS ist eine Marke von Springer DE. Springer DE ist Teil der Fachverlagsgruppe
Springer Science+Business Media.
www.springer-vs.de

Inhaltsverzeichnis

Edith Maud Piller und Stefan Schnurr
Forschung zur schweizerischen Kinder- und Jugendhilfe – eine Einleitung 7

1 Kindesschutz, Heimerziehung und Pflegekinderhilfe

Peter Voll und Andreas Jud
Management by diffusion? Zum Umgang mit Risiken im zivilrechtlichen
Kindesschutz 23

Dorothee Schaffner und Angela Rein
Jugendliche aus einem Sonderschulheim auf dem Weg in die
Selbstständigkeit – Übergänge und Verläufe
Anregungen für die Heimpraxis aus der Perspektive von Adressat/innen 53

Mandy Schöne, Antje Sommer und Annegret Wigger
Vergemeinschaftungsprozesse als vergessene Dimension der stationären
Jugendhilfe
Eine ethnografische Fallstudie 79

Laurence Ossipow, Gaëlle Aeby und Marc-Antoine Berthod
Trugbilder des Erwachsenenlebens
Autonomie lernen in sozialpädagogischen Einrichtungen für
Minderjährige – eine ethnografische Studie 101

Yvonne Gassmann
Diversität in der Pflegekinderhilfe
Untersuchungen zu Entwicklungsverläufen und zur strukturellen Vielfalt
von Pflegeverhältnissen 129

2 Kinder- und Jugendhilfe im Kontext der Schule

Rahel Heeg und Florian Baier
Wirkungschronologien in der Schulsozialarbeit 165

Christian Vogel
Mythos Kooperation
Die Klischierung des Legitimationsproblems in aktuellen
Institutionalisierungsformen der Schulsozialarbeit.. 197

Caroline Müller, Christoph Mattes, Jutta Guhl und Carlo Fabian
Risikoentwicklungen bei Schülerinnen und Schülern frühzeitig erkennen
und intervenieren
Evaluationen von Pilotprojekten in der Deutschschweiz.. 229

3 Ambulante Dienste

Éric Paulus, Jean-Pierre Tabin et Bhama Steiger
Évaluation de l'action éducative en milieu ouvert dans le canton de Vaud............ 257

4 Offene Jugendarbeit

Renate Gutmann und Julia Gerodetti
Offene Jugendarbeit in der Schweiz – Forschung und Entwicklung
Ein systematischer Überblick 269

5 Lebenslagen von Jugendlichen und jungen Erwachsenen

Dorothee Schaffner und Matthias Drilling
Junge Erwachsene in der Sozialhilfe
Folgen veränderter Bedingungen am Übergang in die Erwerbsarbeit.................... 297

Elisa Streuli
Geld, Knappheit und Verschuldung im Jugendalter
Zwischen finanzieller Abhängigkeit und Mündigkeit... 333

6 Kinder- und Jugendhilfe in historischer Perspektive

Gisela Hauss und Béatrice Ziegler
Die zunehmende Bedeutung von Körper und Anlage
Männliche Jugendliche in den Fallgeschichten der Jugendfürsorge (1920–
1950)... 369

Verzeichnis der Autorinnen und Autoren 385

Forschung zur schweizerischen Kinder- und Jugendhilfe – eine Einleitung

Edith Maud Piller und Stefan Schnurr

Wie die meisten europäischen Wohlfahrtsstaaten verfügt auch die Schweiz über eine breit ausdifferenzierte und vielfältige Landschaft an Angeboten, Diensten und Einrichtungen, die sich primär an Kinder, Jugendliche und Familien richten und die sich sinnvoll unter dem Begriff der Kinder- und Jugendhilfe einordnen lassen. »Jugendhilfe« ist in offiziellen deutschsprachigen Dokumenten (Gesetzen, Verordnungen) ein breit verwendeter Sammelbegriff, und Google findet zum Stichwort »Jugendhilfe« 47 000 und zum Stichwort »Kinder- und Jugendhilfe« 25 100 Seiten aus der Schweiz. Wer jedoch in Bibliothekskatalogen nach einem orientierenden Text zum System der schweizerischen Kinder- und Jugendhilfe sucht, trifft auf Schwierigkeiten.[1] Zu diesem Feld ist bis heute immer noch ausgesprochen wenig gesichertes Wissen verfügbar. Die wichtigsten Gründe dafür liegen zum einen in den kleinräumigen föderalistischen Strukturen, die es selbst für Verantwortliche und Fachkräfte der Kinder- und Jugendhilfe schwer machen, einen Überblick zu gewinnen und zu behalten; zum anderen in den Schwerpunktsetzungen jener Institutionen, die auf die Produktion von methodisch gesichertem Wissen spezialisiert sind: der Hochschulen.

Im föderalistischen Bundesstaat Schweiz liegt die Zuständigkeit für Angebote und Leistungen der Kinder- und Jugendhilfe in den Händen der Kantone und Gemeinden (Bundesrat 2012, S. 38; Piller 2003, S. 7). Soweit bundesrechtliche Regelungen bestehen, beziehen sich diese nahezu ausschließlich (1) auf den *Kindesschutz*[2] – also den Ernstfall der Kinder- und Jugendhilfe – und regeln hier primär die Voraussetzungen legitimer Eingriffe in das Elternrecht, (2) auf die Aufnahme von Kindern zur *Pflege*[3] und zur *Adoption*[4], (3) auf die Voraussetzungen von Finanzhilfen des Bundes zur Förderung der *außerschulischen Bildung*

---

[1] Für einen solchen Überblick siehe Piller & Schnurr (2006); Bundesrat (2012).
[2] Schweizerisches Zivilgesetzbuch (ZGB), Art. 307–317.
[3] Verordnung über die Aufnahme von Pflegekindern (PAVO) vom 19. Oktober 1977, die zurzeit einer Teilrevision unterzogen wird.
[4] Verordnung über die Adoption (AdoV) vom 29. Juni 2011.

(Jugendarbeit, Jugendpartizipation)[5] und auf die Gewährung von Unterstützungs- und Beratungsleistungen an Personen, »die durch eine Straftat in ihrer körperlichen, psychischen oder sexuellen Integrität unmittelbar beeinträchtigt« wurden.[6] Dass Rahmengesetze nur für die genannten Anlässe bzw. Handlungsformen vorliegen, bedingt eine Vielfalt lokaler Institutionalisierungsvarianten und Angebotslandschaften. Die Schweiz kennt nicht *ein* System der Kinder- und Jugendhilfe, sondern ebenso viele, wie es Kantone gibt, also deren 26, und dies bei einer Bevölkerungszahl von knapp 7,9 Millionen.

In 11 der 26 Kantone bestehen eigenständige Gesetze und/oder Verordnungen, die mit unterschiedlichen Akzentuierungen Gegenstände der Kinder- und Jugendhilfe (und teilweise Fragen der Mitwirkung von Kindern und Jugendlichen im Gemeinwesen) regeln (Schnurr 2012, S. 99f.). Ihre wichtigsten Funktionen haben diese kantonalen Gesetze darin, dass sie den Aufgaben und Ausgaben des Kantons im Bereich der Kinder- und Jugendhilfe eine rechtliche Grundlage geben, Zuständigkeiten regeln und Grundsätze der Ausführung festhalten. Weiter bestimmen die meisten unter ihnen allgemeine Zielsetzungen der zu fördernden Aktivitäten, benennen Zielgruppen und Handlungsbereiche sowie in einigen Fällen einzelne Hilfeformen. Rechtsansprüche auf Leistungen gewähren sie nur in einigen seltenen Ausnahmen.

Die föderalistischen Strukturen setzen sich auf der Ebene der politischen Zuständigkeiten *innerhalb* der kantonalen Verwaltungen und im Verhältnis der 26 Kantone zu den insgesamt 2495 Gemeinden fort. Heterogenität bestimmt auch die jeweils gewachsenen Trägerlandschaften und die Regeln der Zusammenarbeit zwischen Kostenträgern und Leistungserbringern. Entscheidungsstellen und Zugangskriterien variieren ebenso wie die Verfügbarkeit von Leistungen und die jeweiligen Zugangswege. Folgerichtig zeigt sich Vielfalt auch auf der Ebene der Bezeichnung von Diensten und Leistungsarten. Nicht nur die Landschaften selbst, auch das Wissen über sie ist durch heterogene politische und auch fachliche Zuständigkeiten in hohem Maße fragmentiert. Expertise ist selbstredend vorhanden, aber oft ist diese Expertise vergleichsweise eng an jene Gebiete (Kantone, Regionen), Leistungsarten (z.B. Heimerziehung) oder auch Trägerorganisationen gekoppelt, in denen sie angeeignet wurde. Es ist also keineswegs übertrieben, wenn der Bundesrat in einem aktuellen Bericht feststellt, dass in Bezug auf die Kinder- und Jugendhilfe »in der Schweiz keine einheitlichen Definitionen bestehen und ein gemeinsames Verständnis der Kinder- und Ju-

---

[5] Jugendförderungsgesetz (JFG) vom 6. Oktober 1989; ab 1. Januar 2013 abgelöst durch das revidierte Kinder- und Jugendförderungsgesetz (KJFG); vgl. dazu den Beitrag von Gutmann und Gerodetti in diesem Band.
[6] Art. 1 Opferhilfegesetz (OHG).

gendhilfe sowie ein Überblick über die bestehende Kinder- und Jugendhilfelandschaft fehlt« (Bundesrat 2012, S. III). Eine dringend notwendige Verständigung über unverzichtbare »Grundleistungen der Kinder- und Jugendhilfe«, die in allen Kantonen, Regionen und Gemeinden verfügbar und zugänglich sein sollten, hat gerade erst begonnen (Bundesrat 2012, S. 49ff.; Schnurr 2012, S. 99ff.).

Die hier skizzierten Umstände stellen alle Versuche einer Beschreibung und Analyse von Angebots- und Entscheidungsstrukturen vor erhebliche Probleme; diese werden noch dadurch gesteigert, dass die Schweiz vier Amtssprachen kennt. All dies erklärt zu einem guten Teil den immer noch bescheidenen Stand des verfügbaren Wissens zur Kinder- und Jugendhilfe der Schweiz. Hinzu kommt – wie oben angedeutet –, dass jene Institute und Lehrstühle an Schweizer Universitäten, die seit den 1970er-Jahren mit der Ausbildung und Forschung zur Sozialarbeit (Freiburg) bzw. Sozialpädagogik (Zürich) befasst waren bzw. sind, ihre Schwerpunkte eher bei theoriegeschichtlichen und systematischen Fragen setzten, sich anderen Handlungsfeldern der Sozialen Arbeit zuwandten oder ihr Interesse an der Kinder- und Jugendhilfe primär auf die außerfamiliäre Erziehung und hier hauptsächlich auf die Heimerziehung konzentrierten (z.B. Schoch, Tuggener & Wehrli 1989; Tanner 2003). Mit der Einrichtung von Fachhochschulen nach 1995 und der dadurch ausgelösten Entwicklung zahlreicher Ausbildungseinrichtungen der Sozialen Arbeit von Höheren Fachschulen zu Hochschulen wurden die Voraussetzungen für die allmähliche Herausbildung einer schweizerischen Kinder- und Jugendhilfeforschung günstiger. Das Bundesgesetz über die Fachhochschulen vom 6. Oktober 1995 weist diesen einen vierfachen Leistungsauftrag zu, der neben Ausbildung, Weiterbildung und wissenschaftsbasierten Dienstleistungen auch Forschung und Entwicklung umfasst.[7] Seit Mitte der 2000er-Jahre nimmt denn auch die Forschung zur Kinder- und Jugendhilfe an Fachhochschulen *und* Universitäten einen erkennbaren Aufschwung, wobei der größere Teil der Studien bei den Fachhochschulen angesiedelt ist. Inzwischen liegen neben einigen historiografischen Arbeiten (z.B. Leuenberger & Seglias 2008; Wilhelm 2005) auch erste größere empirische Studien zur Entscheidungspraxis bei Fremdplatzierungen (Arnold et al. 2008), zur Praxis im Kindesschutz (Voll et al. 2008), zur Arbeit mit gewaltauffälligen Kindern und Jugendlichen (Wigger, Sommer & Stiehler 2010) und zur Schulsozialarbeit (Baier & Heeg 2011) vor. Weiter sind erste, orientierende Sammelbände mit (vorwiegend) forschungsgestützten Beiträgen zum Kindeswohl (Kaufmann & Ziegler 2003) und zu schulnahen Diensten (Baier & Schnurr 2008) erschienen.

Der vorliegende Band schließt hier an und präsentiert erstmals eine Sammlung von Forschungsbeiträgen zur schweizerischen Kinder- und Jugendhilfe. Er

---

[7] Für einen Einblick in die Landschaft der von den Hochschulen der Schweiz angebotenen Aus- und Weiterbildung zur Sozialen Arbeit siehe Gredig & Schnurr (2011).

trägt insofern den Charakter einer Werkschau der auf die Schweiz bezogenen Kinder- und Jugendhilfeforschung. Es geht dabei aber um mehr als um die bloße Präsentation von Forschungsergebnissen. Primär will diese Sammlung von Studien dazu beitragen, dass der fachöffentliche Diskurs zur Kinder- und Jugendhilfe durch empirische Grundlagen angereichert wird und weiteren Aufschwung erfährt. Fachdiskurse und fachpolitische Debatten über Strukturen und Praxen der Kinder- und Jugendhilfe, über das Zusammenspiel von Entscheidungsstellen und Leistungserbringern, über die spezifische Leistungsfähigkeit bestimmter Leistungsformen, über Fragen der Wirksamkeit und der Bedarfsgerechtigkeit des Angebots werden immer noch zu wenig geführt. Damit sie nicht im Spekulativen bleiben müssen, brauchen sie eine empirische Basis. Der Band will insofern auch auf die wachsende Nachfrage nach empirisch gesicherten Beschreibungen und Analysen zur Kinder- und Jugendhilfe in Wissenschaft, Praxis und Politik antworten. Viele der hier versammelten Forschungsbeiträge verdanken ihre Herkunft einem intensiven – wenn auch bisweilen kontroversen – Austausch zwischen Wissenschaft, Praxis und Politik und sollen diesen weiter konstruktiv fördern. Schließlich weisen die hier gesammelten Beiträge – in unterschiedlichen Bezügen – immer auch über ihren nationalstaatlichen Herkunftskontext hinaus. Damit sollen sie die Anschlussfähigkeit der Fachdiskurse zur schweizerischen Kinder- und Jugendhilfe an andere Kontexte der deutschsprachigen Kinder- und Jugendhilfeforschung unterstützen.

Die Beiträge decken ein weites Spektrum der Kinder- und Jugendhilfe ab. Bei zwei Beiträgen liegt der Akzent auf der empirischen Analyse von Lebenslagen und Lebensweisen junger Menschen (vgl. unten), auf die Kinder- und Jugendhilfe antwortet. Mit wenigen begründeten Ausnahmen folgen die hier versammelten Artikel dem gleichen Aufbau: Zunächst erläutern sie die leitenden Forschungsfragen, dann präsentieren sie Ergebnisse und diskutieren diese jeweils im Hinblick auf aktuelle Herausforderungen und Entwicklungen. Wir geben im Folgenden einen thematisch geordneten Überblick.

1 Zivilrechtlicher Kindesschutz

Peter Voll und Andreas Jud präsentieren Ergebnisse aus einem Teil einer umfassenden Studie, in der die Prozesse und Strukturen im zivilrechtlichen Kindesschutz in der Schweiz untersucht werden (Voll et al. 2008). In ihrem Artikel untersuchen sie die Frage, wie der institutionelle Kontext die Bearbeitung eines Falles strukturiert. Ihr theoretisches wie empirisches Interesse richtet sich auf den Umgang mit Ungewissheit und Risiko, der sich aus dem »doppelten Zukunftsbezug« des zivilrechtlichen Kindesschutzes ergibt. Die Studie nutzt die Vielfalt organisatorischer Strukturen im Kindesschutz in der Schweiz als methodischen Ausgangspunkt, um in vergleichender Absicht Effekte der Organisation auf das professionelle Handeln zu eruieren, hier in Bezug auf die Entscheidungen zur Errichtung und Aufhebung von Kindesschutzmaßnahmen. Der Beitrag führt in einem ersten Teil in das theoretische Konzept »Handeln unter riskanten Bedingungen« ein. Er enthält eine übersichtliche und knappe Darstellung des Systems des schweizerischen Kindesschutzes mit den entsprechenden rechtlichen Grundlagen. Der empirische Teil basiert auf einer quantitativen Dossieranalyse von 148 Kindesschutzfällen. Die Ergebnisse zeigen, wie Vormundschaftsbehörden und Sozialdienste Risiken minimieren, indem sie Entscheide informalisieren, aufschieben oder auf mehrere Personen verteilen. Es zeigt sich, dass die Fallbearbeitung stark vom organisatorischen Setting abhängig ist. Abschließend diskutieren die Autoren Möglichkeiten, den Umgang mit Risiken durch die Organisation rationaler zu gestalten. Die Publikation fällt in eine Zeit, in welcher der Kindesschutz in der Schweiz neu organisiert wird. Es ist zu hoffen, dass die Erkenntnisse dieser Studie bei der Umgestaltung berücksichtigt und genutzt werden.

2 Stationäre Kinder- und Jugendhilfe

Die Heimplatzierungen sind im System der Kinder- und Jugendhilfe in der Schweiz nicht wegzudenken. Es existiert eine Vielzahl an Einrichtungen mit unterschiedlichen Settings und ausdifferenziertem Angebot. Trotz der großen Verbreitung ist der Bereich der stationären Kinder- und Jugendhilfe bis anhin in der Schweiz kaum systematisch untersucht worden. Umso erfreulicher ist es, drei Beiträge mit Forschungsergebnissen aus diesem Feld versammeln zu können, die sich an Modellen der Nutzerinnenforschung und der ethnografischen Forschung orientieren.

Dorothee Schaffner und Angela Rein präsentieren Ergebnisse aus einer Care-Leavers-Studie zu den Verselbstständigungsprozessen ehemaliger Nutzerinnen und Nutzer eines Sonderschulheimes. Datengrundlage sind einerseits biografische Interviews mit 16 Jugendlichen und jungen Erwachsenen im Alter zwischen 18 und 24 Jahren und eine quantitative Befragung von 108 ehemaligen Heimjugendlichen. Es geht um die Frage, wie sie die Übergänge aus dem Heim in die Berufsbildung und die damit verbundenen Verselbstständigungsprozesse wahrgenommen und wie verschiedene Komponenten der pädagogischen Praxis im Schulheim zur Bewältigung dieses Lebensabschnitts beigetragen haben. Auf dieser Datengrundlage schließen die Autorinnen auf Gelingensbedingungen des Übergangs aus dem Heim in eine selbstständige Lebensführung. Damit gewinnen sie zugleich eine Grundlage für die Diskussion einer Schlüsselfrage der öffentlichen Erziehung: Wenn Kinder und Jugendliche, die in Heimen aufwachsen, strukturell benachteiligt sind – durch die Anlässe, die zur Aufnahme geführt haben, und durch das Biografiemerkmal »Heimaufenthalt« selbst –, welche Kompetenzen und Orientierungen sollen Kinder und Jugendliche während ihres Aufenthaltes in der stationären Jugendhilfe erwerben können, damit der Heimaufenthalt ihre Benachteiligung in der Bilanz nicht steigert, sondern kompensiert?

Im Zentrum des Beitrages von Mandy Schöne, Antje Sommer und Annegret Wigger stehen sich formierende und verändernde Beziehungsgeflechte zwischen Jugendlichen sowie der Beitrag der Professionellen am Beziehungsgeschehen in der Wohngruppe einer stationären Einrichtung. In der untersuchten Wohngruppe leben Jugendliche im Alter zwischen 14 und 17 Jahren. Mithilfe eines ethnografischen Zugangs, mit teilnehmender Beobachtung, Gruppeninterviews und Dokumentenanalyse erschließen und beschreiben die Autorinnen eine zentrale Form der Vergemeinschaftung, die sie als »Suche nach einer verlässlichen Position« fassen. Die Autorinnen orientieren sich theoretisch an der Figurationssoziologie von Norbert Elias. Sie wollen das Phänomen als »Ganzes« untersuchen und das Zusammenspiel von sozialer und strukturierter Figuration in den Blick bekommen. Sie erschließen aus dem Material nicht nur das Phänomen der Vergemeinschaftungsform, sondern berücksichtigen auch Einflussfaktoren, die durch die sozialen Interaktionen hindurch als strukturierte Figuration wirken. Die Leser/innen erhalten eine dichte und differenzierte Beschreibung von Vergemeinschaftungsformen. Am Schluss ihres Beitrags diskutieren die Autorinnen die Bedeutung der Befunde für die professionelle Gestaltung der stationären Jugendhilfe und für die Weiterentwicklung der Jugendhilfeforschung. Sie bieten damit eine theoretische wie empirische Grundlage, um das Phänomen der Vergemeinschaftung in der stationären Jugendhilfe weiter zu untersuchen.

»Trugbilder des Erwachsenenlebens« beteiln Laurence Ossipow, Gaëlle Aeby und Marc-Antoine Berthod ihren Artikel, mit dem sie ihre Erkenntnisse aus der Untersuchung zu Identitätsprozessen von Jugendlichen in stationären Einrichtungen auf den Punkt bringen. Das Forschendenteam stellt Ergebnisse einer ethnografischen Studie vor, die es in drei stationären Einrichtungen für Jugendliche im Alter zwischen 14 und 18 Jahren im Kanton Genf durchgeführt hat. Die Forschenden nahmen während vier Monaten an mehreren Tagen pro Woche am Heimalltag teil. Ergänzend führten sie leitfadengestützte Interviews mit den Jugendlichen und Mitgliedern der Betreuungsteams. Der Artikel erhellt, wie das Konzept der Autonomie den Aufenthalt der Adressaten strukturiert. Die Autorinnen und der Autor geben Einblick in Praktiken, die in den untersuchten Einrichtungen mit der Entwicklung autonomiefördernder Fähigkeiten verbunden sind. Dabei orientieren sie sich an einem Verständnis von Autonomie, das die gesellschaftlichen Voraussetzungen berücksichtigt, unter denen Autonomieprozesse von jungen Menschen heute stattfinden, und wenden es auf die Situation der Jugendlichen im Heim an. Der Beitrag verweist auf die Widersprüchlichkeit, die sich aus dem Konzept der Autonomie für die Professionellen wie auch für die Jugendlichen ergeben: in einer begrenzten Zeit in einem begrenzten Rahmen Autonomie in enger Betreuung zu erlernen, für eine Situation, die sich erst später wirklich einstellen wird. Der Gewinn des Beitrages liegt darin, dass er auf einen strukturellen Widerspruch hinweist, der darin zum Ausdruck kommt, dass die Jugendlichen in den meisten Fällen mit Erreichen der Volljährigkeit die Einrichtung verlassen müssen und sozusagen von einem Moment auf den anderen auf sich selbst gestellt sind.

3 Pflegekinderhilfe

Yvonne Gassmann stellt Ergebnisse aus einer Follow-up-Studie zu 101 Pflegekindern vor. 1998 wurden Pflegeeltern und Pflegekinder zu ihrer Wahrnehmung und ihrem Erleben der Pflegebeziehung erstmals befragt. Die Follow-up-Studie fand zehn Jahre später statt. Die Erhebung erfolgte wiederum mit einem schriftlichen Fragebogen, mit Fragen zum Verbleib der Pflegekinder, zum Gelingen der Pflegebeziehung und zur Bewältigung von Entwicklungsaufgaben. Die Pflegeeltern schilderten zusätzlich Belastungen und Ressourcen. Mittels eines Regressionsmodells und Fall-Summaries wurden die Daten ausgewertet. In diesem Beitrag wird dargestellt, wo die Pflegekinder verbleiben und welche Voraussetzungen hilfreich sind, damit sie Entwicklungsaufgaben meistern können. Gassmann zeigt, dass das Spektrum gelingender Pflegebeziehungen sehr breit ist. Sie plädiert für eine Pflegekinderhilfe mit einer organisatorischen und rechtlichen Rahmung, in der unterschiedliche Pflegeverhältnisse Platz finden. Ihre Folgerungen für die Praxis diskutiert sie mit dem Ziel, individuelle Bedingungen für Pflegekinder zu unterstützen und zu ermöglichen. Auch diese Studie kommt zu einem Zeitpunkt, in dem die geltende Pflegekinderverordnung eine Teilrevision erfährt. Die Erkenntnisse sind somit im Hinblick auf die Verbesserung der Begleitung und Unterstützung von Pflegekindern und Pflegeeltern von großer aktueller Bedeutung. Gassmann stellt dazu theoretische, empirische wie fachliche Grundlagen zur Verfügung.

4 Kinder- und Jugendhilfe im Kontext der Schule

Drei Artikel befassen sich mit Schule und Kinder- und Jugendhilfe. Florian Baier und Rahel Heeg haben Daten aus mehreren Evaluationen in verschiedenen Schulen bzw. an unterschiedlichen Standorten zusammengetragen und präsentieren Befunde aus einer Sekundäranalyse. Datengrundlage sind schriftliche Befragungen von 1527 Schülerinnen und Schülern, Interviews mit Schulsozialarbeiterinnen und -arbeitern und 257 Falldokumentationen. Das Forschungsteam blickt mit zeitlichem Abstand auf sein reichhaltiges Material. Es entdeckt »Wirkungschronologien«, die es aus Verläufen von Interaktionen zwischen Schulsozialarbeitenden und Schülerinnen und Schülern herausgearbeitet hat und die es insbesondere mit schriftlichen Kommentaren der Schülerinnen und Schüler illustriert. Eindrücklich zu lesen, wie prägnant die Schülerinnen und Schüler darlegen, was sie als sinnvolle Schulsozialarbeit betrachten. Autorin und Autor leiten aus ihren Befunden und mithilfe des Modells der Wirkungschronologien Voraussetzungen für eine wirkungsvolle Schulsozialarbeit ab. Die Übersicht, die sie dazu aufstellen, kann als Leitfaden zur Praxis- und Qualitätsentwicklung dienen.

Im Artikel von Christian Vogel wird der Sinn von Schulsozialarbeit von einer anderen Seite beleuchtet. Wer sich auf eine Entdeckungsreise einlässt, findet hier theoretisch, empirisch und praktisch Anregendes und Bereicherndes. Vogel präsentiert Befunde aus seiner Untersuchung zur Kooperation in der Schulsozialarbeit. Die Studie war von dem Interesse geleitet, die gesellschaftliche Realität, die sich hinter dem Ruf nach Kooperation versteckt, zu erhellen. Vogel arbeitete sich theoretisch und empirisch an diese Realität heran. Das empirische Material besteht aus Interaktionsprotokollen von Gesprächen, an denen der Schulsozialarbeiter unter dem Titel der Kooperation teilnahm. Der Autor stellt das für die Untersuchung entwickelte, tiefenhermeneutische Verfahren kurz vor. Die Methode ist theoretisch unterstützt und zielt darauf ab, Unbewusstmachungen, Klischeebildungen und Desymbolisierungen in den Interaktionen nachzuzeichnen, um über diese Prozesse die »exkommunizierten Gehalte« zu erschließen. Beispielhaft zeichnet Vogel an zwei Ausschnitten solche Prozesse nach. Im zweiten Teil des Artikels werden die Befunde der Studie in elf Thesen verallgemeinert und mit theoretischen Denkansätzen verknüpft. Kooperation lässt sich nach der Lektüre nicht mehr naiv fordern. Der Autor gibt mit seiner Studie Anhaltspunkte, worüber die Diskussion zu führen ist, und benennt Richtungen zur Reflexion von pädagogischem Handeln und dessen Legitimation.

Der Artikel von Caroline Müller, Christoph Mattes, Jutta Guhl und Carlo Fabian befasst sich mit Frühintervention in der Schule und diskutiert Ergebnisse aus Evaluationen von vier Modellprojekten, in denen ein System der Früherkennung und Frühintervention in Schulen eingeführt wurde. An den vier Projekten waren jeweils bis zu vierzig Schulen der Sekundarstufen I und II beteiligt. Das Spannende an diesen Projekten ist, dass sich die Schule nach außen öffnet, um Angebote der Kinder- und Jugendhilfe in das System der Früherkennung einzubeziehen. Die Kinder- und Jugendhilfe wie die Schulsozialarbeit oder Fachstellen der Kinder- und Jugendhilfe gehören damit neben den Lehrpersonen und Schulleitungen zu den Hauptakteuren. Die Einführung von Früherkennung und Frühintervention geht mit einer Vielfalt an Entwicklungen und Maßnahmen einher. Hier setzt das Autorenteam seinen Akzent. Auf der Grundlage seiner Befunde gibt es Orientierung und benennt Ebenen und Themen, die ein effektives und an den Belastungen der Schülerinnen und Schüler orientiertes Frühinterventionskonzept zu berücksichtigen hat.

5 Ambulante Jugendhilfe

Ambulante Formen der Kinder- und Jugendhilfe erhalten in den letzten Jahren in der Schweiz zunehmend öffentliche Aufmerksamkeit und Unterstützung, insbesondere Formen, die sich auf die Begleitung von Kindern, Jugendlichen und ihren Familien richten. In der Romandie entwickelt sich das Angebot der AEMO *(action éducative en milieu ouvert)* seit einigen Jahren zu einem integrierten Bestandteil der öffentlichen Kinder- und Jugendhilfe. Dies zeigt sich unter anderem darin, dass das Angebot in mehreren Kantonen der französischsprachigen Schweiz gesetzlich geregelt ist und flächendeckend angeboten wird. In der deutschen Schweiz gibt es vergleichbare Angebote in Form der sozialpädagogischen Familienbegleitung oder der individuellen Einzelfallbegleitung.

Der Beitrag von Éric Paulus, Jean-Pierre Tabin und Bhama Steiger[8] präsentiert Ergebnisse einer Evaluation der genannten Angebotsform im Kanton Waadt. Seit 2000 wird die AEMO im Kanton Waadt von einer Stiftung im Auftrag des kantonalen Jugendamtes geführt und in vier regionalen Zentren angeboten. Ziel der Studie war zu beschreiben, was die Intervention AEMO in ihrer Praxis kennzeichnet und was der spezifische Beitrag zur Verbesserung der Lebenssituationen der Jugendlichen und ihrer Familien ist. Die Forschergruppe verfolgte drei Zugänge: Mittels Dossieranalyse wurden die Merkmale und Problemstellungen der begleiteten Familien sowie die Anlässe für eine Intervention untersucht. Leitfadeninterviews mit Professionellen zuweisender und entscheidender Fachstellen dienten dazu, Anlässe, Erwartungen und Bekanntheit des Angebotes zu eruieren. In einem dritten Schritt wurden mit den vier Gruppen von Fachkräften, welche die Interventionen durchführen, Gruppendiskussionen auf der Basis der soziologischen Intervention nach Alain Touraine geführt, um

---

[8] Dieser Beitrag erscheint in französischer Sprache. Für das deutsch sprechende Publikum stellen wir den Inhalt hier etwas ausführlicher vor.

die Beweggründe, Haltungen und Motive für ihr Handeln im Feld zu erheben und daraus Rückschlüsse auf ihre Praktiken zu ziehen. Die Ergebnisse der Studie verweisen auf die Professionalisierungsbedürftigkeit dieses Angebotsfelds. Es zeigt sich, dass die Fachkräfte der AEMO zwar eine klare Haltung zu ihrer pädagogischen Arbeit haben, die auf Respekt, Wertneutralität und Offenheit gegenüber den begleiteten Familien basiert. Im Kern können die Fachkräfte ihr Handeln jedoch nur ungenügend begründen. Ihre Subjektivität, ihre Wahrnehmungen, ihre Beobachtungen vor Ort und ihr Erleben in der Familie sind die Basis, auf die sie sich bei ihrem Handeln berufen und auf der sie Entscheidungen treffen. Worauf sie konkret ihre Einschätzungen stützen, bleibt unklar und implizit. Auch das Team kann diese Partikularität nicht aufbrechen, wenn in Fallgesprächen Entscheidungen diskutiert werden. Die Studie zeigt, dass keine systematischen und allgemeinen Kriterien vorhanden sind und vieles implizit bleibt. Das Autorenteam kommt aufgrund dieser Erkenntnisse zur Empfehlung, dass die Fachkräfte ihre Prinzipien, die Werte und Normen, die ihre Entscheidungen mittragen, aufdecken und der Reflexion zugänglich machen müssen. Dies würde dazu beitragen, die Inhalte der Intervention zu erhellen, und damit den Familien zu verstehen helfen, was von ihnen erwartet wird.

6 Offene Jugendarbeit

Einen anderen Zugang zum Verständnis eines Handlungsfeldes der Kinder- und Jugendhilfe bietet der Beitrag von Renate Gutmann und Julia Gerodetti. Die Autorinnen geben erstmals eine systematische Übersicht über Forschungs- und Entwicklungsprojekte im Bereich der offenen Jugendarbeit seit dem Jahr 2000. In Anlehnung an eine Typologie der Praxisforschung (Maykus 2009) ordnen sie die seitdem entstandenen Studien und diskutieren anhand ausgewählter Beispiele Forschungszugänge, -erträge und -desiderate. Der Beitrag liefert eine Landkarte des empirischen Wissens zur offenen Jugendarbeit in der Schweiz (und zeigt zugleich auf ihre »weißen Flecken«); er bietet damit eine wertvolle Orientierung für Fachpersonen in Praxis und Forschung, die planen, Projekte der offenen Jugendarbeit zu entwickeln oder zu beforschen.

7 Lebenslagen von Jugendlichen und jungen Erwachsenen

Für eine zunehmende Zahl junger Menschen ist das Hineinwachsen in gesellschaftliche Realitäten und ihr Suchen nach Identität mit Erschwernissen und Belastungen verbunden. Strukturen sozialer Ungleichheit geraten vermehrt auch in der Forschung zur Kinder- und Jugendhilfe in den Blick. Der Band enthält

Forschung zur schweizerischen Kinder- und Jugendhilfe – eine Einleitung 17

zwei Beiträge, die hier anschließen. Sie decken erfahrene Realitäten von Jugendlichen und jungen Erwachsenen und ihren Umgang damit auf. Beide Studien verknüpfen objektive Daten zur Lebenslage mit biografischen Daten.

Dorothee Schaffner und Matthias Drilling präsentieren Ergebnisse aus der Basler Sozialhilfestudie, in der 1123 Dossiers von 18- bis 25-Jährigen, die finanzielle Unterstützung von der Basler Sozialhilfe erhielten, analysiert und biografische Interviews mit Betroffenen geführt wurden. Der Artikel gibt einen differenzierten Einblick in die Lebenslagen von jungen Erwachsenen und zeigt, mit welchen Anstrengungen die Betroffenen die Situationen bewältigen. Die Stärke der Studie liegt darin aufzudecken, wie die jungen Erwachsenen bei ihrer Suche nach einer eigenen Identität, nach Orientierung und einer Zukunftsperspektive eingeschränkt sind, da sie bereits früh und mit wenig sozialer und finanzieller Unterstützung Anforderungen des Erwachsenenlebens zu bewältigen haben, auf die sie nicht vorbereitet sind. Das Autorenteam diskutiert auf der Grundlage der Befunde Folgerungen für die Sozialhilfe.

Elisa Streuli thematisiert den Umgang mit Geld aus Sicht der Jugendlichen. Sie präsentiert Ergebnisse aus einer Befragung von 17- bis 19-jährigen Jugendlichen aus dem Kanton Basel-Stadt. 537 junge Leute wurden schriftlich befragt, mit 21 Jugendlichen wurden biografisch orientierte Leitfadeninterviews geführt. Der Beitrag widerlegt gängige Vorurteile zur Verschuldung von Jugendlichen und zeigt Differenzierungen auf. Streuli wählt für die theoretische Einbettung ihrer Untersuchung Robert K. Mertons Spannungstheorie und kann aufzeigen, wie der Umgang Heranwachsender mit Geld von der sozialen Lage bestimmt ist. Die Möglichkeiten, den Umgang mit Geld zu lernen, sich zu verschulden und wieder aus Schulden herauszufinden, sind sozial unterschiedlich verteilt. Deutlich wird, dass eine kleine, aber besonders gefährdete Gruppe junger Menschen von hoher Verschuldung betroffen ist. Anhand von vier Porträts werden exemplarisch Wege in die Verschuldung und auch Möglichkeiten, diese zu überwinden, aufgezeigt. Der biografische Zugang unterstreicht, dass Geld mit existenziellen Sorgen und hohe Verschuldung mit kritischen Lebensereignissen, lebensphasenspezifischen Unsicherheiten und Alltagsbelastungen verbunden ist. Der Artikel schließt mit der Diskussion eines Modells zur Unterstützung von Jugendlichen und jungen Erwachsenen in problematischen Lebenssituationen ab.

8 Kinder- und Jugendhilfe in historischer Perspektive

Der Beitrag von Gisela Hauss und Béatrice Ziegler widmet sich der Kinder- und Jugendhilfe aus historischer Sicht. Die beiden Autorinnen berichten aus ihrem Forschungsprojekt zum Thema »Fürsorge im Netz der Eugenik« (1920–1950).

Sie gehen in diesem Beitrag der Frage nach, wie sich die Begründungszusammenhänge und Interventionen in der Praxis der Jugendfürsorge in der Zeit zwischen 1920 bis 1950 geändert haben. Der Artikel stellt eine Rekonstruktion der behördlichen Argumentationsweisen dar. 84 Fallprotokolle der St. Galler Vormundschaft zu männlichen Jugendlichen und jungen Männern wurden dabei mithilfe der Grounded Theory ausgewertet.

In einem ersten Teil wird der theoretische Bezug hergestellt, indem die Autorinnen ihre Perspektive verorten und den Wissensstand kurz und prägnant darlegen. Im zweiten Teil des Artikels zeichnen sie sehr einsichtig die Veränderungen im Diskurs der Begründungen dar, wie er sich aus den Protokollen und Akten der Vormundschaftsbehörden erschließen lässt. Eindrücklich zu lesen, wie sich Konzepte aus Psychiatrie und Gesellschaft in den Protokollen zur Beschreibung von Verhalten und Begründung von Interventionen ausdrückten. Die Autorinnen folgern aus ihren Erkenntnissen, dass fürsorgerische Praxis reflexiv sein muss. Sie betonen, wie wichtig es sei, die Wertgebundenheit der eigenen Perspektive zu befragen. Diese Forderung scheint angesichts der Erkenntnisse zu professionellem Handeln von Fachkräften (vgl. den Beitrag von Paulus et al. in diesem Band) nicht überholt. In diesem Sinn erbringen die Autorinnen mit der historischen Perspektive einmal mehr eine empirische Bestätigung der Annahme, dass das kritische Potenzial der Sozialen Arbeit in der Prüfung ihres eigenen fachlichen Handelns und der Begründungszusammenhänge liegt.

Literatur

Arnold, Claudia, Huwiler, Kurt, Raulf, Barbara, Tanner, Hannes & Wicki, Tanja (2008): Pflegefamilien- und Heimplatzierungen. Eine empirische Studie über den Hilfeprozess und die Partizipation von Kindern. Zürich: Rüegger.
Baier, Florian & Heeg, Rahel (2011): Praxis und Evaluation von Schulsozialarbeit. Sekundäranalysen von Forschungsdaten aus der Schweiz. Wiesbaden: VS Verlag für Sozialwissenschaften.
Baier, Florian & Schnurr, Stefan (Hrsg.) (2008): Schulische und schulnahe Dienste. Angebote, Praxis und fachliche Perspektiven. Bern: Haupt.
Bundesrat (Hrsg.) (2012): Gewalt und Vernachlässigung in der Familie: notwendige Maßnahmen im Bereich der Kinder- und Jugendhilfe und der staatlichen Sanktionierung. Bericht des Bundesrates in Erfüllung des Postulats Fehr (07.3725) vom 5. Oktober 2007. Online: www.news.admin.ch/NSBSubscriber/message/attachments/27305.pdf (Zugriff: 4.7.2012).
Gredig, Daniel & Schnurr, Stefan (2011): Generalisierung und Spezialisierung der Sozialen Arbeit in der Schweiz: Reflexionen zur Aufgabenteilung zwischen Ausbildung und Weiterbildung. In: Kraus, Björn, Effinger, Herbert, Gahleitner, Silke Birgitta, Miethe, Ingrid & Stövesand, Sabine (Hrsg.): Soziale Arbeit zwischen Generalisie-

rung und Spezialisierung. Das Ganze und seine Teile (S. 23–41). Opladen: Barbara Budrich [Theorie, Forschung und Praxis Sozialer Arbeit, Bd. 3].

Kaufmann, Claudia & Ziegler, Franz (Hrsg.) (2003): Kindeswohl. Eine interdisziplinäre Sicht. Le bien de l'enfant. Une approche interdisciplinaire. Zürich: Rüegger.

Leuenberger, Marco & Seglias, Loretta (Hrsg.) (2008): Versorgt und vergessen. Ehemalige Verdingkinder erzählen. Zürich: Rotpunktverlag.

Maykus, Stephan (2009): Praxisforschung in der Kinder- und Jugendhilfe. Theorie, Beispiele und Entwicklungsoptionen eines Forschungsfeldes. Wiesbaden: VS Verlag für Sozialwissenschaften.

Piller, Edith Maud (2003): Struktur und Organisation der Jugendhilfe in der Schweiz. Eine Analyse der Angebote und Angebotsstrukturen des Jugendschutzes und der Jugendhilfe in den Kantonen der Schweiz. Brugg: Fachhochschule Aargau Nordwestschweiz – Departement Soziale Arbeit.

Piller, Edith Maud & Schnurr, Stefan (2006): Zum Umgang mit »Problemjugendlichen« in der Schweiz. In: Sander, Uwe & Witte, Matthias (Hrsg.): Erziehungsresistent? – »Problemjugendliche« als besondere Herausforderung für die Jugendhilfe (S. 93–120). Baltmannsweiler: Schneider-Verlag Hohengehren.

Ramsauer, Nadja (2000): »Verwahrlost«. Kindswegnahmen und die Entstehung der Jugendfürsorge im schweizerischen Sozialstaat 1900–1945. Zürich: Chronos.

Schnurr, Stefan (2012): Grundleistungen der Kinder- und Jugendhilfe. Grundlagenbericht. Erstellt im Auftrag des Bundesamtes für Sozialversicherungen als Beitrag zur Projektgruppe zur Beantwortung des Postulats Fehr (07.3725), 11. Januar 2012. In: Bundesrat (Hrsg.): Gewalt und Vernachlässigung in der Familie: notwendige Maßnahmen im Bereich der Kinder- und Jugendhilfe und der staatlichen Sanktionierung. Bericht des Bundesrates in Erfüllung des Postulats Fehr (07.3725) vom 5. Oktober 2007 (S. 66–108). Online: www.news.admin.ch/NSBSubscriber/message/attachments/27305.pdf (Zugriff: 4.7.2012).

Schoch, Jürg, Tuggener, Heinrich & Wehrli, Daniel (Hrsg.) (1989): Aufwachsen ohne Eltern. Verdingkinder, Heimkinder, Pflegekinder, Windenkinder. Zur außerfamiliären Erziehung in der deutschsprachigen Schweiz. Zürich: Chronos.

Tanner, Hannes (2004): Heimerziehung in der Schweiz: Hilfe und Kontrolle zwischen Professionalisierung, Flexibilisierung, Globalisierung und Rationalisierung. In: Ministerium für Arbeit, Soziales, Familie und Gesundheit Rheinland-Pfalz (Hrsg.): Heimerziehung in Europa. Lernen aus der Differenz. Europäische Fachtagung am 24. und 25. November 2003 in der Alten Patrone in Mainz (S. 17–42). Online: http://mifkjf.rlp.de/fileadmin/mifkjf/service/publikationen/Familie/Doku_Fachtagung _Heimerziehung.pdf (Zugriff: 4.7.2012).

Voll, Peter, Jud, Andreas, Mey, Eva, Häfeli, Christoph & Stettler, Martin (Hrsg.) (2008): Zivilrechtlicher Kindesschutz: Akteure, Prozesse, Strukturen. Eine empirische Studie mit Kommentaren aus der Praxis. Luzern: interact.

Wigger, Annegret, Sommer, Antje & Stiehler, Steve (2010): Arbeiten mit gewaltauffälligen Kindern und Jugendlichen. Eine Herausforderung für Schulen, Vormundschaftsbehörden und Jugendanwaltschaften. Zürich: Rüegger.

Wilhelm, Elena (2005): Rationalisierung der Jugendfürsorge. Die Herausbildung neuer Steuerungsformen des Sozialen zu Beginn des 20. Jahrhunderts. Bern: Haupt.

1 Kindesschutz, Heimerziehung und Pflegekinderhilfe

Management by diffusion?
Zum Umgang mit Risiken im zivilrechtlichen Kindesschutz

Peter Voll und Andreas Jud

1   Einleitung: Der doppelte Zukunftsbezug im Kindesschutz

Zivilrechtlicher Kindesschutz ist jener Teil staatlichen Handelns, der die Entwicklungschancen auch für Kinder sicherstellen soll, deren familiale Umwelt dazu nicht oder nur mit Unterstützung in der Lage ist. Seine rechtliche Grundlage hat er im zweiten, familienrechtlichen Teil des schweizerischen Zivilgesetzbuches, im Abschnitt über die elterliche Sorge. Art. 307 Abs. 1 ZGB formuliert sie folgendermaßen: »Ist das Wohl des Kindes gefährdet und sorgen die Eltern nicht von sich aus für Abhilfe oder sind sie dazu außerstande, so trifft die Vormundschaftsbehörde die geeigneten Maßnahmen zum Schutz des Kindes.« Damit sind der Sinn dieses Handelns, sein allgemeines Ziel ebenso wie die Art des Handelns und die Bedingungen seiner Legitimität im Wesentlichen statuiert (Häfeli 2005; Hegnauer 1999; spezifisch zu Artikel 307: Henkel 1977):

- Es handelt sich um eine *Intervention,* das heißt um einen Eingriff in die Freiheit und Rechtsstellung einzelner Eltern unter spezifischen Bedingungen, nicht aber um generelles staatliches Handeln im Sinne allgemeiner Früherkennung und Überwachung.
- Die Intervention erfolgt unabhängig vom Willen der Eltern und notfalls auch gegen diesen, das heißt, sie kann – und muss – notfalls mit *Zwang* durchgesetzt werden.[1]

---

[1] Das heißt, dass das Element des Zwangs hier nicht bereits in die Definition von »Intervention« eingeht (Lüssi 1992). Wie groß die Bedeutung des Zwangs im einzelnen Fall ist, ist natürlich variabel (Rooney 1992) und hier nicht von Belang. Zentral ist dagegen die prinzipielle Möglichkeit, die Intervention auf staatliche Machtmittel zu stützen und damit auch offen gegen den Widerstand der Eltern zu handeln; auf dieser Grundlage werden auch Ereignisse, die auf die Intervention ebenso wie auf deren Unterlassen folgen, prinzipiell dem Staat und den in seinem Namen auftretenden Akteuren zugerechnet.

- Sie ergänzt oder ersetzt elterliches Handeln – im Sinne der *Subsidiarität* – so weit, als die Eltern dazu nicht in der Lage oder nicht willens sind; sie zielt nur auf das Wohl des Kindes und keinesfalls auf eine Bestrafung der Eltern.
- Im Sinne der allgemeinen Maxime der *Verhältnismäßigkeit* staatlichen Handelns erfolgt sie nur wo und so weit als nötig und mit zwecktauglichen Mitteln. Dabei muss der Eingriff so schwach wie möglich, aber so stark wie notwendig sein.
- Die Intervention ist im doppelten Sinne *zukunftsbezogen:* Sie will nicht nur die Zukunft[2] des Kindes positiv beeinflussen, sondern ist auch prinzipiell präventiv orientiert. Entsprechend ist sie nicht durch eine bereits eingetretene Schädigung des Kindes zu rechtfertigen, sondern ausschließlich, aber auch allein schon dadurch, dass eine Schädigung im Sinne einer Beeinträchtigung künftiger Entwicklungschancen mit einer gewissen Wahrscheinlichkeit zu erwarten ist.

Dass sich in der Praxis ein derartiges Programm nicht in idealtypischer Weise durchführen lässt, hängt eng mit diesem doppelten Zukunftsbezug zusammen. Erstens nämlich werden künftige Gefahren im Allgemeinen primär aufgrund vergangener Beeinträchtigungen erschlossen oder vermutet. Je stärker das Bestreben ist zu handeln, bevor es in diesem Sinne zu spät ist, desto umfassender wird zweitens ein allgemeines, unspezifisches Früherkennungs- und Normierungsprogramm sein müssen (Parton 2008, 2011; Donzelot 1977). Und auch wenn eine Beschädigung der kindlichen Entwicklungschancen einmal eingetreten ist, werden drittens die Einleitung einer Maßnahme und deren Spezifikation davon abhängen müssen, ob eine Wiederholung erwartet wird oder nicht – und das heißt von der Art, wie sich die Eltern präsentieren (Dingwall, Eekelaar & Murray 1995). Die Errichtung einer Maßnahme ist deswegen immer mit einer Qualifizierung der Eltern verbunden, die in vielen Fällen auf deren Widerstand stoßen muss. Und natürlich ist viertens auch mit dieser Form der Intervention das zentrale Paradox des Helfens und der Erziehung verbunden, dass nämlich ebenso die Autonomie des Interventionsadressaten wie seine Abhängigkeit vorausgesetzt werden, entsprechend seine Selbstständigkeit durch Unselbstständigkeit (wieder-)hergestellt werden soll; dieses Paradox wird mit der Statuierung des

---

[2] Die französische Fassung von Art. 307 Abs. 1 ZGB macht diesen Zukunftsbezug des Kindeswohls noch deutlicher, indem sie von »développement de l'enfant« spricht. Wie im deutschen Text wird der Begriff »bien de l'enfant« dagegen als Gesichtspunkt bei der Zuteilung des Kindes nach der Scheidung (Art. 133 Abs. 2 ZGB) und bei der Adoption (Art. 264 ZGB) verwendet (Stettler 2006).

Subsidiaritätsprinzip sowohl angesprochen als auch verdeckt.[3] Gleichzeitig kann in seiner Bewältigung der Kern »professioneller Kompetenz« in Sozialarbeit und Pädagogik gesehen werden (Schütze 1996). Ohne größere Übertreibung lässt sich also feststellen, dass sich im zivilrechtlichen Kindesschutz viele generelle Probleme und »große Fragen« der Sozialarbeit – die Definition des Falls und ihr Normenbezug, die Wahl der Mittel, das Verhältnis von Hilfe und (staatlicher) Kontrolle – exemplarisch zeigen.

Das Forschungsprojekt, von dem hier berichtet wird,[4] gilt der institutionellen Bewältigung derartiger Probleme, das heißt der Frage, wie sie durch die Organisation des Kindesschutzes vorstrukturiert und damit für den oder die individuelle professionelle Akteur/in bewältigbar gemacht werden – oder eben auch nicht. Ausgangspunkt bildet die Annahme, dass die Prominenz dieser Probleme im Kindesschutz auf dessen doppelten Zukunftsbezug zurückzuführen ist, der hier unter dem Titel »Risiko« auftritt. Dieses Thema wird im Folgenden zunächst (in Abschnitt 2) inhaltlich und theoretisch präzisiert, bevor die Untersuchungsanlage beschrieben (3) und einige Ergebnisse präsentiert werden (4). Diese münden in die im Titel angedeutete These, dass die Organisation die Probleme gewissermaßen kleinarbeitet, indem sie das Risiko verteilt und/oder unsichtbar macht.

2 Kindeswohlgefährdung, Kindesschutzorganisation und das Risiko der Intervention

2.1 Rechtliche Grundlagen

Sowohl bezüglich der Voraussetzungen eines Eingriffs als auch bezüglich der möglichen Maßnahmen sind die Formulierungen des schweizerischen Zivilgesetzbuches offen und geben damit den Behörden einen beträchtlichen Ermessensspielraum.

---

[3] Dazu am Beispiel der Sozialhilfe und unter dem Titel »nicht intendierte Effekte« Maeder & Nadai (2004), S. 171 ff.
[4] Vgl. dazu ausführlicher Voll et al. (2008); das Projekt wurde an der Hochschule für Soziale Arbeit Luzern durchgeführt, Hauptbeteiligte waren neben den Schreibenden Christoph Häfeli, Eva Mey (beide Hochschule Luzern) und Martin Stettler (Universität Genf). Finanziert wurde es mit Mitteln des Schweizerischen Nationalfonds im Rahmen des Nationalen Forschungsprogramms 52: »Kindheit, Jugend und Generationenverhältnisse im sozialen Wandel«.

- Dass die *Begriffe des Kindeswohls und seiner Gefährdung* – als erste Voraussetzung für eine Kindesschutzmaßnahme – interpretationsbedürftig sind, ist offensichtlich (Zitelmann 2001; Simitis 1979). Die Konkretisierung dieser Generalklauseln und unbestimmten Rechtsbegriffe ist somit eine Frage der behördlichen Praxis. Diese wird dafür auf sedimentierte humanwissenschaftliche Konzepte rekurrieren, die sich im Allgemeinen an wissenschaftlich-therapeutischen Vorstellungen gelungener psychosozialer Entwicklungen orientieren (Inversini 2002; Goldstein et al. 1996; für einen am Begriff des Wohlbefindens orientierten Versuch: Flammer 2003); wie die historische Kindesschutzforschung zeigt, sind derartige Konzepte immer auch stark an die Familienbilder einer Zeit gebunden (Galle & Meier 2009; Schultheis, Frauenfelder & Delay 2007; Nave-Herz 2003; Ramsauer 2000; Leimgruber, Meier & Sablonier 1998) und damit in einem zirkelverdächtigen Verhältnis zu den Aktionen, die sie legitimieren.
- Das ZGB kennt vier Gruppen von *Maßnahmen* als rechtliche Rahmungen konkreter sozialarbeiterischer Interventionen:
  1. *Ermahnungen und Weisungen* an die Eltern oder das Kind sowie die Institutionalisierung einer Aufsicht und Kontrolle (Art. 307 Abs. 3 ZGB);
  2. *Beistandschaften:* die Beistandschaft als Erziehungsbeistandschaft nach Art. 308 ZGB, die mit spezifischen Einschränkungen der elterlichen Sorge verbunden werden kann (Art. 308 Abs. 3); als Beistandschaft zur Feststellung der Vaterschaft nach Art. 309 ZGB; als Beistandschaft für die Verwaltung des Kindesvermögens nach Art. 325 ZGB;[5]
  3. die *Aufhebung der elterlichen Obhut* gemäß Art. 310 ZGB, die den Eltern das Recht nimmt, über den Aufenthaltsort des Kindes zu entscheiden (meist kombiniert mit einer Beistandschaft nach Art. 308 ZGB);
  4. die *Entziehung der elterlichen Sorge* gemäß Art. 311 (ohne Ersuchen der Eltern) oder 312 ZGB (auf Ersuchen der Eltern oder bei deren Einwilligung in eine Adoption).

Diese vier Maßnahmen sind ersichtlich nach der Schwere des Eingriffs abgestuft, das heißt nach der damit verbundenen Restriktion der elterlichen Sorge. Das in den Artikeln 307 bis 311 explizit formulierte Verhältnismäßigkeitsprinzip ver-

---

[5] Neben diesen Beistandschaften des zivilrechtlichen Kindesschutzes im engeren Sinne kennt das ZGB noch die Vertretungsbeistandschaft bei Interessenkollisionen nach Art. 306/392 Ziff. 2 ZGB und die Vertretung des Kindes in eherechtlichen Verfahren seiner Eltern nach Art. 146/147 ZGB.

langt, dass in jedem Fall die am wenigsten restriktive unter den zwecktauglichen Maßnahmen ergriffen wird (Häfeli 2005; Hegnauer 1999).

Auf dieser nach beiden Seiten – Konditionierung wie Intervention – hin offenen Grundlage ist es möglich, eine auf den jeweiligen Einzelfall »maßgeschneiderte Maßnahme« zu errichten (Häfeli 2002, S. 70). Ganz besonders bietet sich dafür die Beistandschaft an, die sowohl hinsichtlich der Ziele wie hinsichtlich der Restriktivität variabel ist. Entsprechend häufig wird sie eingesetzt: In den Jahren 2001 bis 2006 waren jeweils rund 60 Prozent aller in der Schweiz neu errichteten Kindesschutzmaßnahmen Beistandschaften.[6]

2.2 Organisation

Da der zivilrechtliche Kindesschutz Teil des *Vormundschaftswesens* ist, ist auch seine Organisation in wesentlichen Teilen durch dieses bestimmt. Infolge der föderalismustypischen Organisationshoheit der Kantone, festgelegt in Art. 360f. ZGB, findet sich in der Schweiz eine beträchtliche Vielfalt von Organisationsformen und Behördentypen (Häfeli & Voll 2007; Voll 2006). Gemeinsam ist ihnen, dass Schutzmaßnahmen von der Vormundschaftsbehörde angeordnet und einer Vormundin oder einem Beistand zur Führung übertragen werden. Diese/r ist der Behörde periodisch Rechenschaft schuldig, gehört aber meist einem Sozialdienst (im weiten Sinne) an, welcher der Behörde nicht direkt unterstellt ist.

In vielen Kantonen, insbesondere der Deutschschweiz, hat der Gemeinderat als kommunale Exekutive auch die Rolle der Vormundschaftsbehörde. Vor allem größere Gemeinden setzen dafür – sofern die kantonalen Regelungen dies zulassen – eine eigene Behörde ein, oft auch mit einem kombinierten Kompetenzbereich als Vormundschafts- und Sozialbehörde. Verschiedene französischsprachige Kantone wiederum übertragen diese Aufgabe den Friedens- oder Bezirksgerichten, bis hin zur Konstitution einer eigenen Vormundschaftskammer. Insgesamt sind hauptberufliche Behörden die große Ausnahme; da sie vor allem in großen Städten und Kantonen eingerichtet worden sind, sind sie dennoch für einen beträchtlichen Teil der Bevölkerung zuständig.

Diese Vielfalt aufseiten der Vormundschaftsbehörden wird noch potenziert durch die nahezu exklusive kantonale oder gar kommunale Zuständigkeit für die Sozialhilfe und deren Organisation. Bezüglich der Organisation sozialer Dienste lassen sich zwei Haupttypen unterscheiden: Sozialdienste, die exklusiv für die

---

[6] In selben Zeitraum stieg die Zahl der neu errichteten Maßnahmen nach Art. 307 bis 312 ZGB von 6750 auf 7830 (2005), um 2006 gar auf 9000 zu springen (Konferenz der kantonalen Vormundschaftsbehörden 2007).

Führung vormundschaftlicher Mandate zuständig sind, aber mit deren Vorbereitung, das heißt mit der Abklärung im Vorfeld des Entscheids für eine bestimmte Maßnahme, nichts zu tun haben (»Amtsvormundschaften«), und Dienste, die sowohl bei der Abklärung als auch bei der Durchführung einer Maßnahme beteiligt sind (polyvalente Sozialdienste oder spezialisierte Einrichtungen der Jugendhilfe, »Jugendämter«, »Jugendsekretariate« usw.). Vielfach stellen Letztere auch die Anträge, eine zivilrechtliche Maßnahme zu ergreifen, und führen sie dann selber durch.[7]

Es liegt auf der Hand, dass je nach Organisationsform unterschiedliche Opportunitäten – Handlungsmöglichkeiten und -zwänge – für Behördenmitglieder wie für Sozialdienstmitarbeitende bestehen. So werden beispielsweise Finanzierungsüberlegungen bei einem Gemeinderat mit Budgetverantwortung eine andere Rolle spielen als bei einem Gericht. Auf der anderen Seite wird eine Sozialarbeiterin, die bei Errichtung einer zivilrechtlichen Maßnahme einen Fall an einen Kollegen abgeben muss (oder kann), andere Überlegungen über den Nutzen eines Mandats anstellen, als wenn sie das Mandat selber zu übernehmen hat. Damit sei nicht gesagt, dass derartige unter Umständen fallfremde Rücksichten die Entscheidung für oder gegen eine zivilrechtliche Maßnahme allein bestimmen. Angesichts des großen Ermessensspielraums sowohl bei der Verfügung einer Maßnahme als auch bei deren Durchführung wäre es aber eher überraschend, wenn sie gar keine Rolle spielten – auch wenn man sich dies durchaus wünschen möchte.[8]

2.3 Entscheidungen unter Ungewissheit und Risiko

Im Zentrum der folgenden Ausführungen steht aber weniger diese Art opportunistischer Nutzung rechtlicher Spielräume als der Umgang mit der Ungewissheit selber, die durch die Unbestimmtheit der Situation und ihrer Entwicklung induziert wird. Bereits einleitend ist auf den doppelten Zukunftsbezug des zivilrechtlichen Kindesschutzes hingewiesen worden: Interventionen zielen auf die Abwehr künftiger Gefährdungen im Interesse der Entwicklung eines Kindes zum künftigen Erwachsenen. Bei hinreichend komplexer Ausgangslage, wie sie be-

---

[7] Nur am Rande sei erwähnt, dass auch hinsichtlich der Zielgruppe (Kindes- bzw. Erwachsenenschutz) spezialisierte neben polyvalenten Sozialdiensten bestehen. Auf Kinder- oder Erwachsenenschutz spezialisierte Behörden dagegen sind seltene Ausnahmen und meist nur für Maßnahmen vergleichsweise geringer Eingriffstiefe zuständig, deren Umsetzung sie dann ebenfalls selber übernehmen.

[8] Zu einem Modell der Entscheidung im Kindesschutz, das auch fallexterne Elemente berücksichtigt, vgl. neuerdings Baumann et al. (2011).

reits im ganz normalen Alltag anzutreffen ist, kann die weitere Entwicklung und können damit auch die Folgen von Handlungen nur mit einer gewissen Wahrscheinlichkeit vorausgesagt werden; und je komplexer die Situation, desto ungewisser und unabsehbarer die Folgen. Entscheidungen über Interventionen stehen deshalb immer unter der doppelten Unsicherheit, dass sowohl die unbeeinflusste Entwicklung des Kindes als auch deren Verlauf unter dem Einfluss einer Kindesschutzmaßnahme nicht mit Sicherheit vorausgesagt werden können.

Der Unsicherheit über die Folgen korrespondiert die Unsicherheit über die Notwendigkeit und Legitimierbarkeit. Sie ist zum einen dadurch bedingt, dass eine Zukunft ohne Intervention nicht bekannt ist, zum andern aber durch die Unschärfe des Leitbegriffs »Kindeswohl«, der eben kein per se operationales Konzept ist.[9] Sowohl die Deutung der Situation als interventionsbedürftig (und damit als »Fall«[10]) als auch die Festlegung der Intervention beruhen deshalb auf Entscheidungen, die von verschiedenen Akteuren unterschiedlich (Rossi, Schuermann & Budde 1999) und/oder auf der Basis von nicht als solchen bewussten Alltagstheorien (Platt 2005; Scott 1998) getroffen werden. Und sowohl Entscheidungen für als auch solche gegen eine Intervention können sich als falsch erweisen, was auch eine lange Reihe von tragischen Fällen belegt.

Erst als Folge von Entscheidungen, dadurch, dass sie einem Akteur als Handlungs- oder Unterlassungsfolge zugerechnet werden kann, wird die mit Unsicherheit behaftete Kindeswohlgefährdung zu einem Risiko – und zwar für die Entscheidenden.[11] Besonders groß ist das Risiko demnach nicht nur, weil diese Entscheidung mit Unsicherheit behaftet ist und weil das Kindeswohl als ein hoch bewertetes Gut gilt, sondern auch, weil das Kind definitionsgemäß als unmündiges Wesen und somit nicht im Vollsinne als handlungsfähig gilt. Entsprechend werden Ereignisse stets den Erwachsenen im Umfeld des Kindes als Handlungsfolgen zugerechnet, und angesichts des Zwangspotenzials, mit dem der Kindesschutz ausgestattet ist, gelten derartige Zuschreibungen in erster Linie den im Namen des Staates auftretenden Professionellen.

---

[9] Letztere könnte in diesem Zusammenhang eine ambivalente, durchaus auch dämpfende Funktion haben: Wenn und soweit unklar ist, ob in einem konkreten Fall die Minimalstandards kindlicher Entwicklung unterschritten werden, kann in diesem Fall auch stillschweigend auf eine Intervention verzichtet werden, wenn eine Erfolg versprechende Maßnahme nicht in Sicht ist, ohne dass deswegen das Risiko, für das Unterlassen verantwortlich gemacht zu werden, untragbar wird.
[10] Vgl. Fuchs (2000).
[11] Zu dieser Unterscheidung von Risiko und Gefahr vgl. Luhmann (1990). Der in der Kindesschutzliteratur im Allgemeinen verwendete Risikobegriff ist dagegen an sogenannten objektiven Wahrscheinlichkeiten (insbesondere der Misshandlung) und deren korrekter Einschätzung orientiert (vgl. Little, Axford & Morpeth 2004).

Das Risiko, das mit der Gefährdung des Kindes verbunden ist, kann nicht verkleinert werden, ohne dass das gegenteilige Risiko eines nicht zu legitimierenden Eingriffs sich erhöht. Es kann aber minimiert werden, indem vor dem Hintergrund sozial anerkannter Wissensbestände oder mit anerkannten Verfahren über Situation und Intervention entschieden wird. Beispiele für Ersteres sind der bereits erwähnte Rekurs auf humanwissenschaftliche Erkenntnisse, für Letzteres stehen standardisierte Verfahren der Risikoabschätzung (Kindler 2003), die natürlich ebenfalls als auf anerkannten humanwissenschaftlichen Wissensbeständen beruhend oder gar als deren fortgeschrittenster Ausdruck gelten.

Eine Minimierung ähnlicher Art wird durch die Organisation erzeugt, in der die Entscheidung getroffen wird. Als Kontext des alltäglichen individuellen Handelns mit spezifischen Realitätsunterstellungen prägt sie die normativen Orientierungen ihrer Mitglieder (Zucker 1977), durchaus auch im Sinne der Berger/Luckmann'schen »Konversationsmaschine« (Berger & Luckmann 1980), in der Routinen der täglichen Kommunikation sich zu Gewissheiten normativer und kognitiver Art verdichten. Durch Arbeitsteilung und Hierarchie stückeln sie die Entscheide und das damit verbundene Risiko in individuell bewältigbare Portionen: Der Mitarbeiter erstellt ein Gutachten, auf dessen Basis seine Vorgesetzte den Entscheid fällt. Und indem beide die organisationell vorgeschriebenen Abläufe und Dienstwege beachten, erzeugen sie gleichzeitig auch die Legitimität des Gesamtentscheids. Diese – aus dem modernen Rechtsstaat nicht wegzudenkende – Bearbeitung von Risiken durch Organisation und Verfahren ist aber ihrerseits mit mindestens zwei Risiken verbunden:

- Insofern die Organisation die Opportunitätsstruktur der in ihr tätigen Akteure definiert (Preisendörfer 2005; Scott 1992), steuert sie deren Verhalten in einer, vom »Fall« her gesehen, oft wenig verständlichen oder rationalen Weise: Zuständigkeiten sind beschränkt, bürokratische, arbeitsteilige Routinen treffen auf lebensweltliche, »ganzheitliche« Erwartungen und Deutungen von Klient/innen, die sich weder umstandslos noch eindeutig in die grundlegenden, rechtlich definierten Konzepte der Organisation überführen lassen.
- Mit demselben Mechanismus verbunden ist – als Kehrseite der Risikoabsorption durch Organisation – die Diffusion der Verantwortung. Und diese wird umso größer sein, je weniger die organisationstypischen Kontrolltechniken wie Protokollierung und Aktenförmigkeit angewendet werden, weil sie zum Beispiel als ohnehin inadäquat wahrgenommen werden. Interventionen erfolgen dann zwar im Auftrag des Staates, der genaue Auftrag aber bleibt unbekannt, wird nicht präzise umschrieben, und seine Erfüllung wird nicht dokumentiert. Entsprechend bleibt auch unklar, wer wofür verantwort-

lich ist, ob der Auftrag erfüllt wurde und welches Ergebnis die Bemühungen gezeitigt haben.

Aus einer quantitativen Analyse von Behörden- und Sozialdienstakten seien dazu im Folgenden einige Befunde vorgestellt. Sie vergleichen die Widerspiegelung der Fallbearbeitung in den Akten von vier organisationellen *Settings,* das heißt von vier verschiedenen Konstellationen von Vormundschaftsbehörde und Sozialdiensten als der wichtigsten mit dem zivilrechtlichen Kindesschutz betrauten Organisationen.

3 Untersuchungsmethoden und Daten

Das Projekt, aus dem hier berichtet wird, umfasste drei Teile, die einen je anderen Zugang zu den Akteuren, Prozessen und Strukturen im Kindesschutz eröffnen sollten.

1. *Dossieranalyse:* Dossiers aus 148 Kindesschutzfällen in vier Kantonen oder Kantonsteilen wurden dokumentweise erfasst mit dem Ziel, Angaben über die Problematik, die Beteiligten und den Verlauf zu gewinnen. Dazu kommen 16 Fälle ohne zivilrechtliche Maßnahme, die im Folgenden aber nicht Gegenstand sind.
2. *Organisationsbefragung:* Eine gesamtschweizerisch repräsentative Stichprobe aus Vorsitzenden von Vormundschaftsbehörden (N = 242) und Leiter/innen der mit diesen zusammenarbeitenden Sozialdienste (N = 157) wurde schriftlich befragt. Thema der Befragung waren Organisationsstruktur und Ressourcen, die Tätigkeit der jeweiligen Organisation und die damit verbundenen Leitvorstellungen.
3. *Qualitative Fallstudien:* In acht Fällen wurde mit Eltern, Behördemitgliedern und Mandatsträgerinnen je zwei narrative Interviews geführt, ein erstes Mal kurz nach Beginn der Maßnahme, ein zweites Mal nach ein- bis dreijähriger Laufzeit der Maßnahme. Ziel war es, die je eigene Perspektive der Beteiligten zu erfassen und in ihrer Entwicklung zu rekonstruieren.

Die hier präsentierten Ergebnisse stammen aus dem ersten Teil, Material aus den Fallstudien wird nur anekdotisch verwendet.

Entsprechend der Frage nach den Effekten der Organisation auf die Errichtung und Führung von Maßnahmen wurden die Dossiers der Kindesschutzfälle in je zwei ländlichen Gebieten und Städten mit je unterschiedlicher institutioneller Ausgestaltung des Vormundschaftswesens erhoben. Während in den Städten hauptberufliche, wenn auch nach unterschiedlichen fachlichen oder politischen Gesichtspunkten zusammengesetzte Gremien als erste vormundschaftliche Instanz fungieren, sind es in den ländlichen Gebieten spezialisierte Milizbehörden oder generalistische politische Behörden (Gemeinderäte), die neben Milizmitgliedern auch hauptamtliche Mitglieder umfassen und/oder von hauptamtlichen Mitarbeitern der Verwaltung unterstützt werden können. Um den Einfluss unterschiedlicher kultureller Traditionen zu berücksichtigen, wurden je ein ländliches Gebiet und eine Stadt in der französisch- und in der deutschsprachigen Schweiz berücksichtigt. Das Design der Stichprobe kann also in einem Vierfelderschema (vgl. Abbildung 1) abgebildet werden, wobei die Städte den hauptberuflichen Vormundschaftsbehörden entsprechen. In den ländlichen Gebieten war die Stichprobe auf mehrere Gemeinden verteilt.

Die Struktur der Sozialdienste variierte sowohl hinsichtlich der Art des Dienstes, das heißt der Spezialisierung, als auch hinsichtlich des Zentralisierungsgrads. Zentral geführten Diensten in »Ville«, »Campagne« und »Stadt« standen voneinander unabhängige Amtsvormundschaften sowie kommunale Sozialdienste in »Land« gegenüber. Der auf Kinder und Jugendliche spezialisierte Sozialdienst von »Campagne« führte die Kindesschutzmaßnahmen aller lokalen Vormundschaftsbehörden des Kantons, in »Stadt« und »Ville« waren die Einzugsgebiete von Behörden und Sozialdiensten identisch. Eine Trennung von vorbereitenden und mandatsführenden Diensten bestand zur Zeit der Untersuchung in »Ville« und teilweise in »Stadt«. In »Land« erfolgte die Vorbereitung durch die Behörden, meist in Kontakt mit kommunalen oder regionalen Sozialdiensten; nach der Errichtung wurde die Maßnahme der Amtsvormundschaft übertragen.

Abbildung 1: Vierfelderschema für die Stichprobe in der Dossieranalyse

Sprache	Rechtlicher Status und professionelle Zusammensetzung der Vormundschaftsbehörde	
	hauptberuflich und/oder Fachbehörde	Miliz- und/oder politische Behörde
Deutsch	»Stadt«	»Land«
Französisch	»Ville«	»Campagne«

Grundgesamtheit und damit Grundlage für die Stichprobenziehung bildeten die Dossiers, die bei den Vormundschaftsbehörden in den Jahren 1993 bis 2002

eröffnet worden waren. Aus den Fällen mit einer Maßnahme nach Art. 309 ZGB (Vaterschaftsfeststellung) und Art. 310 ZGB (Obhutsentzug) wurden nach dem Zufallsprinzip je acht pro Gebiet ausgewählt, während von den Fällen mit einer Maßnahme nach Art. 308 ZGB (Erziehungsbeistandschaft, ohne Art. 309 oder 310 ZGB) pro Gebiet je 24 zufällig gezogen wurden.[12] Durch Gewichtung wird die derart geschichtete Stichprobe für die Darstellung der Ergebnisse jeweils wieder auf die Gesamtheit der Fälle in den vier Settings hochgerechnet.[13] Neben den Dossiers der Vormundschaftsbehörden sind auch die wesentlich umfangreicheren der vorbereitenden und mandatsführenden Sozialdienste erfasst worden. Insgesamt wurden 288 Dossiers mit einem durchschnittlichen Umfang von rund 140 Seiten erfasst.

Die betroffenen *Kinder* sind je hälftig Knaben (N = 76) und Mädchen (N = 72). Die Altersspanne umfasst die ganze Kindheit von 0 bis (seit 1996) 18 Jahren (gewichteter Mittelwert über alle Maßnahmen: 5,7 Jahre, Median: 4,2 Jahre). Bei der Eröffnung des Dossiers lebten 29 Prozent der Kinder bei beiden Elternteilen, 55 Prozent bei der Mutter und 2 Prozent beim Vater. Die übrigen Kinder lebten bereits bei der Eröffnung des Dossiers nicht (mehr) bei ihren Eltern. Die Maßnahme auslösendes Hauptproblem war in 71 Prozent der Fälle ein Elternkonflikt um das Kind, in 15 Prozent ging es um Schutz vor Vernachlässigung, knapp 10 Prozent betrafen Misshandlungsfälle, und knapp 5 Prozent waren Jugendliche in Adoleszenz- oder Autonomiekonflikten mit den Eltern.[14]

4 Resultate

Die Darstellung einiger ausgewählter Resultate betrifft zwei Schlüsseletappen des Prozesses, nämlich die Errichtung der Maßnahmen und deren Aufhebung. An diesen beiden Stationen, den formellen Eckpunkten des Prozesses also, müssten Unsicherheiten besonders groß und müsste damit die Begründungs- und

---

[12] Die tatsächlich erreichte Zahl der Dossiers in jedem Setting weicht von der angepeilten Zahl meist in geringfügigem Umfang ab, da die bei der Analyse eruierte Maßnahme zuweilen nicht mit der Maßnahme gemäß Fallkontrolle der (Aufsichts-)Behörde übereinstimmte. Der ausgewählte Fall wurde dann der bei der Dossierdurchsicht eruierten Kategorie zugeschlagen (und nicht der Samplingkategorie).
[13] So stehen beispielsweise im Setting »Campagne« 27 ausgewählte Dossiers von Erziehungsbeistandschaften für insgesamt 352 derartige Fälle der ausgewählten Behörden, sieben Obhutsentzüge aber für total 35 Maßnahmen gemäß Art. 310 ZGB. Eine ausgewählte Erziehungsbeistandschaft repräsentiert also um den Faktor $(7/35)*(352/27) \approx 2.61$ mehr Fälle als ein Obhutsentzug und muss deshalb für die Abbildung der Grundgesamtheit um diesen Faktor stärker gewichtet werden.
[14] Zu dieser Kategorisierung der Hauptproblematik vgl. Münder, Mutke & Schone (2000).

Legitimationsfrage besonders virulent sein. Es sind dies auch die beiden Momente, an denen die Behörden – als anordnende und legitimierende – und die Sozialdienste – als mandatsführende Instanz – mit ihren je unterschiedlichen Logiken aufeinandertreffen. Während es für die Behörden im Sinne des Rechts ein scharfes Entweder-oder gibt (eine »Maßnahme« ist rechtens oder eben nicht), ist der »Fall« für die Sozialdienste wesentlich weniger scharf und vor allem nicht gleich definiert. Ein »Fall« liegt unter Umständen schon vor, noch bevor die Behörde eine »Maßnahme« in Auftrag gegeben hat, und er kann theoretisch wie praktisch auch nach dem Ende der gesetzlichen Maßnahme als Fall weiterexistieren und bearbeitet werden. Auch interventionsmethodisch wird sich in vielen Fällen nicht sehr viel ändern, wenn eine Maßnahme durch die Behörde errichtet oder aufgehoben ist. Was sich ändert, ist der gesetzliche Rahmen und damit das Zwangspotenzial des/der Sozialarbeitenden. Dass dieser Rahmen gezielt genutzt werde, ist ein Postulat der sozialarbeiterischen Methodenlehre (Rooney 1992), dem, wie unsere Fallstudien vermuten lassen, nicht immer nachgelebt wird.

4.1 Die Errichtung einer Kindesschutzmaßnahme

4.1.1 *Aufwand und Dauer: Fall- gegen Organisationsnotwendigkeit*

Idealtypisch wird das Verfahren, das zur Errichtung einer Maßnahme führt, durch eine *Gefährdungsmeldung* ausgelöst.[15] Unsere Daten zeigen, dass rund ein Drittel der »Meldungen« durch die Eltern selbst erfolgt. Auch wenn eine solche »Selbstmeldung« teilweise bereits auf Anraten einer Institution (Schule, Gesundheitswesen) erfolgen dürfte, so ist sie als Ausdruck des Versuchs zu interpretieren, sich Hilfe zu holen. Das kann durchaus auch Hilfe gegen den Partner oder die Partnerin sein (bei Elternkonflikten) oder im Umgang mit auffällig gewordenen Adoleszenten. Vor allem Letzteres ist eine Situation, in der Eltern überdurchschnittlich häufig als Selbstmelder auftreten.

Ist das Verfahren einmal in Gang gekommen,[16] so ist sein Verlauf in hohem Maß durch das Setting bestimmt. Das gilt zunächst einmal für den *Aufwand*.

---

[15] Nahezu die Hälfte aller Erziehungsbeistandschaften nach Art. 308 sind allerdings durch Gerichte im Rahmen des Eheschutz- bzw. Scheidungsverfahrens angeordnet worden (Art. 315a ZGB). In solchen Fällen übernimmt die Vormundschaftsbehörde die Aufgabe, den Beistand oder die Beiständin zu ernennen und die Mandatsführung zu kontrollieren. Eine allfällige Abänderung und Aufhebung des Mandats fällt mehrheitlich ebenfalls in ihre Kompetenz (Art. 315b ZGB).

[16] Wir untersuchen im Folgenden nur Fälle, in denen es zur Errichtung einer Maßnahme gekommen ist. Das verunmöglicht es, die vorangegangenen Schritte in Bezug auf ihre Filterwirkung zu untersuchen. Vor allem in den Settings »Land« und »Campagne« erwies es sich aber als schwierig, über-

Soweit dieser am Umfang der Dossiers (Anzahl Dokumente und Seiten) gemessen werden kann, lässt sich feststellen, dass

- die Abläufe umso differenzierter, aber auch umso aufwendiger sind, je differenzierter die Organisation des Kindesschutzes ist; die städtischen Settings mit ihren großen Sozialdiensten und hauptamtlichen Behörden produzieren eine deutlich höhere Zahl von Dokumenten, und in den Dossiers der Behörde finden sich auch anteilsmäßig mehr Dokumente aus Sozial- und anderen Diensten;
- die Entscheide der Behörde demnach (nur) dort systematisch durch den Beizug anderer Organe gestützt werden, wo diese anderen Dienste klar abgegrenzt und die Beziehungen geregelt sind;
- der Aufwand der Behörde, absolut gesehen, nicht kleiner wird, wenn weitere Stellen einbezogen werden. Dies gilt allerdings nur, wenn die Behörde auf derselben staatlichen oder sozialräumlichen Ebene angesiedelt ist wie die Sozialdienste (in »Stadt« und »Ville«, nicht aber in »Campagne«, wo die lokale Behörde faktisch ihre Aufgaben an das kantonale Jugendamt abgibt und somit auf eine weitgehend formelle Rolle reduziert wird).

Natürlich vermag es nicht besonders zu überraschen, dass das Verfahren durch die Organisation bestimmt ist – ein anderes Ergebnis spräche dagegen, dass sich hier überhaupt Organisationen um den Kindesschutz kümmern, müsste diesen demnach als Ad-hoc-Aktion disqualifizieren. Es zeigt also zunächst bloß, dass es sehr wohl darauf ankommt, wie der Kindesschutz organisiert ist (vgl. Abbildung 2, S. 36).

---

haupt Spuren von Verfahren zu finden, die nicht mit einer Maßnahme endeten. Das bedeutet, dass ein Fall bei den lokalen Vormundschaftsbehörden nur bei einer Maßnahme überhaupt aktenkundig wird.

Abbildung 2: Aufwand im Errichtungsverfahren (Dossierumfang in Seiten) nach Setting

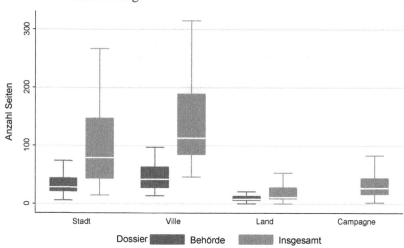

Bei genauerem Hinsehen zeigt sich zweitens, dass sich die Art der ergriffenen Maßnahme, also das Ausmaß des Eingriffs in die elterliche Sorge, weniger deutlich auf den Vorbereitungsaufwand auswirkt – mit Ausnahme der Behörde, die erwartungsgemäß bei Obhutsentzügen einen größeren Aufwand treibt (vgl. Abbildung 3).

Auch die Hauptproblematik schlägt sich kaum in einem unterschiedlichen Vorgehen nieder, mit Ausnahme von Misshandlungsfällen, die in den ersten dreißig Tagen nach Dossiereröffnung signifikant mehr dokumentierten Aufwand verursachen. Danach gleicht sich der Aufwand aber auch hier demjenigen bei anderen Problemkonstellationen an.[17]

---

[17] Dass die Organisation bedeutender ist als die Problemkonstellation und die Maßnahme, ließe sich mit multivariaten Analysen zeigen.

Management by diffusion? 37

Abbildung 3: Aufwand im Errichtungsverfahren (Dossierumfang in Seiten) nach Maßnahme

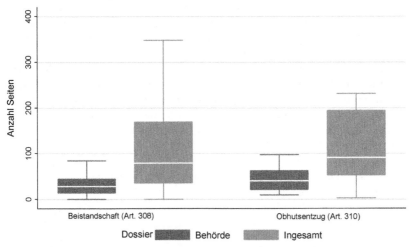

TCP, Art. 308, 310, Errichtung durch VB

Auch bei der *Dauer* der Errichtung lässt sich beobachten, dass das Vorgehen weniger mit den Spezifika des Falls und mehr mit der jeweiligen Organisation zu tun hat. Versteht man unter dem Beginn des Errichtungsverfahrens nicht eine formelle Verfahrenseröffnung, sondern das Datum, an dem das älteste in einem der untersuchten Dossiers abgelegte Dokument verfasst worden ist,[18] so dauert es im Durchschnitt 411 Tage bis zur formellen Errichtung einer ersten zivilrechtlichen Schutzmaßnahme. Diese Zahl ist allerdings ein ausgesprochen schlechtes Maß für die zentrale Tendenz. Einige wenige Fälle, in denen erst nach sehr langer Zeit zu einer Beistandschaft oder gar einem Obhutsentzug gegriffen wird, drücken den Mittelwert stark nach oben. So sind 25 Prozent aller Erstmaßnahmen bereits nach 56 Tagen, weitere 25 Prozent nach insgesamt 162 Tagen errichtet (exkl. Vaterschaftsfeststellungen nach Art. 309, bei denen diese Werte nochmals etwas tiefer liegen). Abbildung 4 (S. 38) illustriert die unterschiedlichen Errichtungsgeschwindigkeiten für die drei Maßnahmentypen in Form einer Failure-Grafik. Sowohl für die Obhutsentzüge als auch für die Vaterschaftsfeststellungen ist andeutungsweise zu erkennen, dass sich die Wahrscheinlichkeit, dass

---

[18] In einzelnen Fällen liegt dieses Datum allerdings vor der Geburt eines Kindes, etwa wenn eine Meldung bereits während der Schwangerschaft erfolgt oder vorgeborene Geschwister betrifft. In diesen Fällen wird der Verfahrensbeginn mit dem Geburtsdatum gleichgesetzt.

eine derartige Maßnahme errichtet wird, im Verlauf der Zeit ändert. Beinahe ein Drittel der Obhutsentzüge werden in den ersten dreißig Tagen und damit ebenso schnell oder gar etwas schneller als Beistandschaften gemäß Art. 308 errichtet. Nach diesem Zeitpunkt werden Obhutsentzüge zurückhaltender bzw. nur nach längeren Verfahren angeordnet. Das deutet darauf hin, dass mit einem Obhutsentzug als schwerwiegendem Eingriff einerseits dringenden Gefährdungen begegnet wird, andererseits aber Fällen, die sich über längere Zeit hinziehen, ohne dass sich die Situation bessern würde. Etwas anders präsentiert sich die Situation bei den Vaterschaftsfeststellungen. Hier scheint es nach etwa fünfzig Tagen zu einer Verlangsamung zu kommen. Sind die entsprechenden – komplexeren oder strittigeren – Fälle geklärt, steigt die Zahl der verfügten Maßnahmen wieder rasch an.

Abbildung 4: Dauer des Errichtungsverfahrens nach Maßnahme ZGB

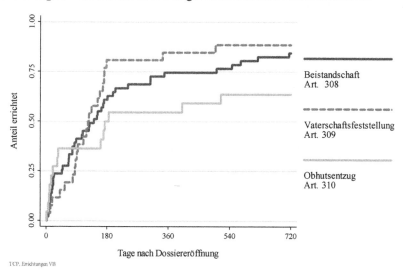

Die Kurven geben den Anteil der Fälle an, in denen nach einer bestimmten Anzahl Tagen bereits eine Maßnahme errichtet worden ist. Die Darstellung ist bei zwei Jahren zensiert. Lesebeispiel: Nach 180 Tagen sind 50 Prozent jener Fälle entschieden, in denen ein Obhutsentzug nach Art. 310 ZGB als erste Maßnahme verfügt wurde, aber 62 Prozent der Beistandschaften nach Art. 308 und 81 Prozent der Vaterschaftsfeststellungen (Art. 309).[19]

---

[19] Für diese und die folgenden ereignisanalytischen Darstellungen vgl. Blossfeld, Golsch & Rohwer (2007); Blossfeld, Hamerle & Mayer (1986).

Dass für die Errichtung einer Erziehungsbeistandschaft zunächst mehr, dann weniger Zeit benötigt wird als für einen Obhutsentzug, wird, so gesehen, primär auf die Logik der Verfahren zurückgeführt und weniger auf das Problem, auf das mit der Maßnahme reagiert wird. Tatsächlich scheint denn auch die Art des Problems einen ziemlich geringen Einfluss auf die Dauer des Verfahrens zu haben. Zwar lässt sich feststellen, dass Maßnahmen bei Autonomiekonflikten und in Fällen von Vernachlässigung etwas schneller verfügt werden als bei Misshandlungen und Elternkonflikten. Die Anzahl der Probleme des Kindes oder seines Umfeldes stehen aber in keinem erkennbaren statistischen Zusammenhang mit der Zeit bis zur Maßnahmenerrichtung. Einzig bei (psychisch) kranken Eltern lässt sich beobachten, dass das zweite Drittel der Maßnahmen schneller errichtet wird als bei anderen Ausgangslagen im Umfeld. All dies deutet darauf hin, dass der potenzielle oder tatsächliche Widerstand der Eltern zu den wenigen fallspezifischen Faktoren gehört, die sich in der Verfahrensdauer niederschlagen.

Weitaus bedeutender ist jedoch die Struktur des Vormundschaftswesens. Jedenfalls differieren die Verfahren zwischen den vier verschiedenen Settings in einem recht bedeutenden Ausmaß, wie Abbildung 5 (S. 40) zeigt. Auffällig ist zum einen der steile Verlauf der Kurve für »Land«. Hier kommt es offensichtlich sehr schnell zur Errichtung, *wenn* ein Fall einmal bei der Gemeinde anhängig geworden ist. Man kann darin den Vorteil kurzer Entscheidungswege sehen: Der Antragsteller ist vielfach identisch mit dem Referenten in der Behörde. Der Sachverhalt lässt sich aber auch als ein Abbild fehlender struktureller Differenzierung zwischen Meldung, Abklärung und Entscheid deuten. Und schließlich lässt sich nicht von der Hand weisen, dass sich darin nur die Aktenlage abbildet. Das Dossier wird bei der Vormundschaftsbehörde erst eröffnet, wenn der Fall »eindeutig« ein Maßnahmen-Fall ist.[20]

Den Gegenpol zu »Land« bildet »Ville«, wo das Verfahren bei der justiziellen Behörde stark formalisiert ist. Das zeigt sich zunächst einmal darin, dass kein einziger der hier betrachteten Fälle in weniger als vier Monaten entschieden wurde. Ab dem fünften Monat nach Dossiereröffnung steigt die Zahl der (erstinstanzlich) entschiedenen Fälle sehr rasch an. In den folgenden achtzig Tagen fällt nahezu die Hälfte der Maßnahmenentscheide, was für ein standardisiertes Vorgehen spricht. Auch danach bleibt allerdings der Anteil der mit einem Maßnahmenentscheid beendeten Verfahren lange Zeit tiefer als in den übrigen Settings. Das bedeutet nicht, dass in dieser Phase nichts geschieht. Es lässt sich jedoch so interpretieren, dass die relativ hohe Schwelle, die ein Gang vor ein Gericht darstellt, dazu führt, dass die Fälle insgesamt länger beim Jugendamt verbleiben. Da

---

[20] Dafür spricht auch, dass es im Setting »Land« kaum möglich war, systematisch Fälle zu benennen, in denen eine Maßnahme beantragt, dann aber von der Behörde abgelehnt worden war.

gleichzeitig die Trennung von Jugendamt und Amtsvormundschaft dazu führt, dass ein Fall nach einem Maßnahmenentscheid an Letztere übergeben wird, dürfte das Jugendamt auch in vielen Fällen länger versuchen, den Fall überhaupt in eigener Kompetenz – das heißt ohne eine zivilrechtliche Maßnahme – zu lösen. Entsprechend dürften die Fälle auch erst nach längerer Zeit überhaupt der Behörde vorgelegt werden.[21]

Abbildung 5: Dauer der Errichtung (Beistandschaften, Obhutsentzüge) nach Setting

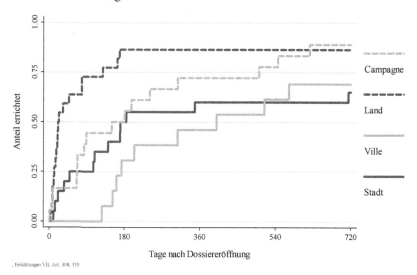

Neben dem Setting sind es vor allem prozedurale Faktoren, die den Verlauf des Verfahrens beeinflussen – das Verfahren steuert sich also gewissermaßen selbst. So lässt sich insbesondere beobachten, dass Entscheide überzufällig häufig in den ersten zwei, drei Monaten nach einer Anhörung gefällt werden. Ähnlich ist festzustellen, dass vom Beizug eines Rechtsanwalts bereits im Vorfeld eines Entscheids eine (nur) kurzfristig verzögernde Wirkung ausgeht.

Wie schon der Aufwand zur Errichtung einer Maßnahme ist also auch die Verfahrensgeschwindigkeit relativ stark durch das Setting und dessen prozedura-

---

[21] Da Fälle ohne Maßnahme nicht in allen Settings untersucht und in keinem systematisch erfasst werden konnten, können diese Vermutungen allerdings nicht belegt werden.

le Regelungen und entsprechend wenig durch die innere Dynamik des Falles bestimmt. Und wie dort hat dieser Befund auch hier eine zunächst beruhigende Seite: Solange gesichert ist, dass dringende Fälle zumindest provisorisch auch dringlich behandelt werden (worauf der Anteil der in den ersten dreißig Tagen verfügten Obhutsentzüge ebenso hindeutet wie der erhöhte Aufwand, der in dieser Zeit in Misshandlungsfällen betrieben wird), kann die Unabhängigkeit des Verfahrens vom Fall durchaus auch als Ausdruck von Verfahrenssicherheit interpretiert werden.

4.1.2 Das rechtliche Gehör: Die formale Kennzeichnung des Verfahrens

Wenn die Verfahrensgeschwindigkeit zwischen den verschiedenen Settings stark differiert, stellt sich natürlich auch die Frage, wieweit die jeweiligen Verfahren den rechtsstaatlichen Anforderungen genügen. Ein unter diesem Gesichtspunkt zentrales Element jedes Verfahrens ist die *Gewährung des rechtlichen Gehörs* (Art. 29 Abs. 2 BV). Es muss deshalb erstaunen, dass sich nur in 66 Prozent aller Fälle Spuren einer Anhörung von Sorgeberechtigten oder Kindern durch die Behörde finden. Dass dazu vor allem Beistandschaften gehören, die im Eheschutzverfahren angeordnet worden sind, erstaunt nicht: Hier ist das rechtliche Gehör im Rahmen eben dieses Eheschutzverfahrens zu gewähren, das nicht Gegenstand der Untersuchung ist.[22] Aber auch wenn nur Maßnahmen betrachtet werden, die durch die Vormundschaftsbehörde errichtet worden sind, wird aus 21 Prozent der Behördendossiers nicht ersichtlich, ob eine Anhörung stattgefunden hat. Dies gilt auch bei großzügiger Auslegung dessen, was eine Anhörung sein könnte, das heißt, wenn jedes (maschinen-)schriftliche Zeugnis einer Unterredung mit den Eltern (oder ihrem Rechtsvertreter) oder einer Einladung dazu (und nicht erst ein Protokoll) als Anhörung gewertet wird. Dennoch ist hier noch mehr als in anderen Zusammenhängen darauf hinzuweisen, dass dies nicht bedeutet, vor dem Maßnahmenentscheid hätten keine Gespräche mit den Eltern stattgefunden. Es bedeutet aber mindestens, dass diese Gespräche nicht in systematischer und nachvollziehbarer Art dokumentiert und über sie angefertigte Notizen bei der Durchsicht der Dossiers nicht als Zeugnis einer Anhörung erkannt wurden.

Bei derart extensiver Auslegung sind die Fälle ohne dokumentierte Anhörung ziemlich gleichmäßig über die verschiedenen Maßnahmentypen verteilt. Das bedeutet, dass auch Anhörungen bei Obhutsentzügen nicht wesentlich häufiger oder sorgfältiger dokumentiert sind. Auch die verschiedenen Problemkons-

---

[22] Die im Eheschutzverfahren errichteten Maßnahmen geraten erst ins Blickfeld der vorliegenden Untersuchung, wenn sie den Vormundschaftsbehörden zur Ausführung (Ernennung des Beistands oder der Beiständin) übergeben werden.

tellationen unterscheiden sich nur geringfügig in Bezug auf die Häufigkeit einer Anhörung. Dass bei Autonomiekonflikten etwas häufiger darauf verzichtet wird als bei anderen Problemlagen und ebenso bei einer Errichtung auf Begehren beider Eltern, könnte dafür sprechen, dass es sich nicht nur um eine Frage der Dokumentation handelt, sondern auch um eine der situativen Handhabung. Allerdings sind die genannten Unterschiede nicht signifikant, könnten sich somit auch dem Zufall der Stichprobenziehung verdanken.

Den größten – und signifikanten – Einfluss hat auch hier wieder die Struktur des Kindesschutzsystems (Abbildung 6). Am kleinsten ist die Anhörungsquote in den beiden ländlichen Settings, in denen für jeweils rund die Hälfte der verfügten Erziehungsbeistandschaften nach Art. 308 und der Obhutsentzüge nach Art. 310 keine vorangehende Anhörung durch die Behörde dokumentiert ist. In »Stadt«, aber auch in »Ville« liegt die Quote deutlich höher, und der Anteil an Fällen ohne Anhörung tendiert gegen einen Wert, der auch auf Erfassungsfehler zurückgehen könnte. Berücksichtigt man Gespräche mit Sozialdienstmitarbeitenden ebenfalls im Sinne einer Anhörung, so ist der Befund vor allem in »Campagne« (in 56 Prozent der Fälle ist eine Anhörung durch die Behörde dokumentiert, in 69 Prozent eine durch das Jugendamt) auch mit einer delegierten Anhörung vereinbar. Danach würde der Sozialdienst die persönlichen Gespräche führen und die Behörde anschließend aufgrund der Sozialdienstakten entscheiden – eine Interpretation, die mit der starken Stellung des kantonalen Jugendamtes gegenüber den kommunalen Behörden jedenfalls vereinbar wäre.

Ein etwas anderes Bild zeigt sich in »Land«: Hier sind kommunaler Sozialdienst und kommunale Behörde organisatorisch kaum differenziert, und in den meisten untersuchten Gemeinden werden einmal errichtete Maßnahmen (erst) danach von einer regionalen Amtsvormundschaft übernommen. Entsprechend lässt sich auch keine Arbeitsteilung im Vorfeld des Maßnahmenentscheids ausmachen. Dass hier auch der Anteil an dokumentierten Anhörungen insgesamt am tiefsten ist, dürfte ebenfalls mit dem System zusammenhängen. Angesichts der geringen internen Differenzierung des Systems und der kurzen Entscheidungswege, aber auch angesichts der relativen Überschaubarkeit in den kleineren Gemeinden mag den Akteuren eine Formalisierung der Kommunikation oftmals als entbehrlich erscheinen – ein Anschein, der ohne die Präsenz starker, professionell verankerter prozeduraler Regelungen leicht Dominanz erringen mag.

Abbildung 6: Dossiers ohne dokumentierte Anhörung nach Setting

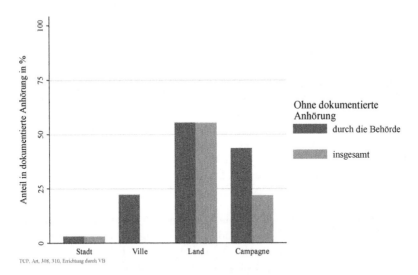

Das bedeutet, dass sich in den Settings »Land« und »Campagne«, wo die Entscheide formell von neben- bzw. ehrenamtlichen Milizbehörden verantwortet werden, kein klar strukturiertes Vorgehen erkennen lässt, das grundrechtlichen Anforderungen zu genügen vermöchte. Vor allem im Fall »Campagne« scheint die Intervention häufig durch Rekurs auf die Fachkompetenz des (formalrechtlich gesehen, nicht zuständigen) zentralen Jugendsozialdienstes legitimiert zu werden. In »Land« dagegen scheint die vergleichsweise geringe Distanz von Behörde und Interventionsadressaten zu einem informellen Vorgehen bei der Entscheidvorbereitung zu führen. In beiden Fällen ist dies damit verbunden, dass die Entscheide und die dafür Verantwortlichen als solche nicht oder weniger sichtbar werden.

In dieser Perspektive lässt sich auch das Resultat des Verfahrens – das heißt die schließlich angeordnete Maßnahme – sehen: In 40 Prozent (»Land«) bzw. 50 Prozent (»Campagne«) der Fälle werden die *rechtlichen Grundlagen des Entscheids* für eine Beistandschaft nur summarisch aufgeführt (Verweis auf Art. 308 ZGB ohne weitere Spezifikation). In den städtischen Settings dagegen verweisen alle (»Ville«) beziehungsweise 86 Prozent (»Stadt«) der Errichtungsdokumente auf einen der beiden ersten Absätze von Art. 308 und führen damit den Entscheid zumindest im Ansatz etwas weiter aus. Das hat zum einen sicherlich mit der unterschiedlichen juristischen Kompetenz der Behörden zu tun. Zum anderen aber bedeutet es, dass die Behörden in »Land« und »Ville« vielfach darauf verzichten, ihre Mandate zu spezifizieren, und dass sie deren Interpretation weitgehend dem Mandatsträger oder der Mandatsträgerin überlassen.

4.1.3 Anzahl Beteiligte: Die Dispersion der Verantwortung

Die in den vorangehenden Abschnitten berichteten Ergebnisse der Dossieranalyse lassen sich als Ausdruck von Strategien deuten, dem Entscheid geringe Sichtbarkeit zu geben, indem die Formalität des Verfahrens tief gehalten wird, oder aber ihn implizit an andere zu delegieren. Im Sinne der einleitenden Überlegungen kann dadurch das Risiko, für einen Fehlentscheid verantwortlich gemacht zu werden, in zwei Hinsichten niedrig gehalten werden: Es braucht nicht klar ausgesprochen zu werden, wer für den Entscheid verantwortlich ist, und es wird auch nicht ganz klar, ob entschieden ist, sodass Korrekturen jederzeit möglich sind.

Feststellen lässt sich diese Strategie besonders bei den ländlichen Milizbehörden. Bei den professionalisierten städtischen Settings ist ein anderes Phänomen zu beobachten, das durchaus als alternative und im Blick auf die Risikoabsorption äquivalente Strategie gedeutet werden kann: der Einbezug einer größeren Zahl von Professionellen. Wie Abbildung 7 zeigt, ist die durchschnittliche Zahl der von der Dossiereröffnung bis zum ersten Errichtungsentscheid mit dem Kind und seinen Eltern in irgendeiner Funktion (als Gutachter/in, Behördenmitglied, Sozialarbeiter, Rechtanwältin, aber auch als Lehrer, Psychotherapeutin usw.) befassten Professionellen in »Stadt« (Mittelwert: 11,4; Median: 6) und »Ville« (12,0; 10) deutlich höher als in »Land« (4,1; 3) und auch als in »Campagne« (5,7; 6).[23] Insbesondere im deutschsprachigen städtischen Setting steigt diese Zahl noch beträchtlich an (auf einen Mittelwert von 12,5 und einen Median von 11), wenn am Ende des Prozesses ein Obhutsentzug nach Art. 310 ZGB steht. Auf diese Weise kann der formelle Entscheid in verschiedene Richtungen inhaltlich abgestützt und dadurch legitimiert werden. Faktisch bedeutet auch dies, dass Verantwortung und Risiko geteilt und dadurch für die Beteiligten tragbar werden.

---

[23] Die Differenz zwischen den städtischen und den ländlichen Settings ist je nach Verfahren auf dem 5-Prozent- (OLS-Regression) oder dem 10-Prozent-Niveau (Median-Regression) signifikant. Zu beachten ist allerdings, dass der Range und damit auch die Varianz in den vier Settings sehr unterschiedlich (und somit die Voraussetzungen einer OLS-Regression nicht erfüllt) sind. So schwanken in »Stadt« die Werte zwischen 2 und 27, in »Campagne« dagegen zwischen 1 und 11.

Management by diffusion? 45

Abbildung 7: Während der Errichtung (Beistandschaft, Obhutsentzug) als Adressaten oder Verfasser von Dokumenten in Erscheinung tretende Professionelle (Anzahl) nach Setting

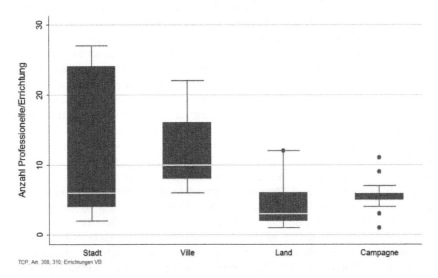

4.2 Die Aufhebung der Maßnahme

Ist die Maßnahme einmal errichtet und hat der Mandatsträger oder die Mandatsträgerin die Arbeit aufgenommen, so reduziert sich der Aufwand für die Mandatsführung – wiederum gemessen an der Anzahl der produzierten Dossierseiten – mehr oder weniger kontinuierlich.[24] Verfasst er/sie im ersten Jahr im Falle einer Beistandschaft[25] noch durchschnittlich 9,4 Seiten, so reduziert sich dieser Wert auf 6,4 im zweiten und auf 4,4 im vierten Jahr. Dazwischen steigt der Wert wieder etwas an (auf 7,4 Seiten im dritten Jahr), und auch für die folgenden Jahre

---

[24] Dazu ausführlicher und im Blick auf den Zusammenhang mit dem Fallverlauf: Jud, Perrig-Chiello & Voll (2011).
[25] Bei Obhutsentzügen lässt sich eine Reduktion des Volumens erst ab dem dritten Jahr (von 17,7 Seiten im zweiten auf 12,1) beobachten; auch entfällt die Schwankung parallel zum periodischen Rechenschaftsbericht. Sowohl aufgrund der Art der Maßnahme als auch aufgrund der damit verbundenen hohen Kosten ist es plausibel, dass anders als bei Beistandschaften eine kontinuierliche Abnahme der Betreuungsintensität unmöglich beziehungsweise weniger wahrscheinlich ist.

lässt sich ein leichter Anstieg jeweils in den ungeraden Jahren beobachten. Diese Schwankung lässt sich als eine Widerspiegelung der Rechenschaftsberichte deuten, die nach jeweils zwei Jahren an die Behörde zu richten sind, und ist denn auch vor allem – aber nicht nur: teilweise muss für diese Berichte extern Material beschafft werden – durch an die Behörde gerichtete Dokumente verursacht.

Auch wenn also der Aufwand pro Zeiteinheit mit wachsender Dauer der Maßnahmenführung sinkt, bleibt eine Mehrheit der Beistandschaften[26] bestehen, bis das Kind volljährig wird und die Maßnahme von Gesetzes wegen entfällt (vgl. Abbildung 8). Die Ursachen dafür können zum einen gerade im sinkenden Aufwand gesehen werden. Für das mandatsführende System – Beistand oder Beiständin ebenso wie die Organisation, der er/sie angehört – schafft dieser Sachverhalt einen negativen Anreiz, den Fall abzugeben und einen neuen zu übernehmen, der als neuer eben wieder mehr Arbeit bedeuten würde. Dazu kommt, dass es zusätzlicher Arbeit bedarf, einen Fall abzuschließen und dafür vorgängig eine Aufhebung bei der Vormundschaftsbehörde zu beantragen. So ließe sich denn auch zeigen, dass der Aufwand kurz vor Aufhebung einer Maßnahme typischerweise steigt, was es individuell ratsam scheinen lassen mag, auf ihre Einleitung in Form eines entsprechenden Antrags zu verzichten.

Zum andern und direkt an die Überlegungen zum Umgang mit den Entscheidungsrisiken anknüpfend, lässt sich vermuten, dass sich die Situation in Bezug auf die Aufhebung einer Maßnahme gegenüber jener am Anfang symmetrisch verhält. Mag es dort sinnvoll scheinen, zuerst einmal abzuwarten, ob sich eine Situation auch ohne zivilrechtliche Maßnahme entschärft, so wird am Ende abgewartet, ob die Situation auch ohne weitere Intervention stabil bleibt. Allerdings kehren sich dabei wichtige Vorzeichen: Wenn zu Beginn der Maßnahme deren Errichtung begründungsbedürftig ist, so ist es am Ende deren Aufhebung. Oder, in den Worten einer im Rahmen der Fallstudien interviewten Behördenmitarbeiterin: »Man muss [am Ende einer Maßnahme] nur verantworten, dass man nichts Weiteres macht.« Auch diese Umkehrung der Verantwortung trägt dazu bei, dass Maßnahmen in der Mehrheit der Fälle bis zur Volljährigkeit weiterlaufen.

---

[26] Die auch in Abbildung 8 sichtbare Ausnahme sind die Beistandschaften zur Feststellung der Vaterschaft. Diese sind aufzuheben, sobald das Kindesverhältnis zum Vater hergestellt ist, spätestens aber nach 24 Monaten, sofern das Erreichen dieses Zwecks nicht absehbar ist (Häfeli 2005). De facto erfolgt die Aufhebung aber in einem Drittel der Fälle erst nach rund drei Jahren.

Abbildung 8: Dauer der Maßnahmen

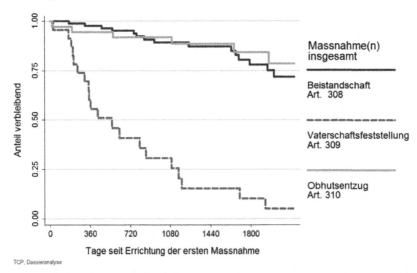

Wo ein Obhutsentzug simultan oder in zeitlicher Folge zu einer Beistandschaft hinzutritt, wird der Obhutsentzug als die restriktivere Maßnahme zur »Maßnahme insgesamt«. Das hat zur Folge, dass insgesamt sieben zu einem späteren Zeitpunkt in Beistandschaften umgewandelte Obhutsentzüge als weiterlaufend erscheinen.

5 Schlussfolgerungen: Risikoverteilung und Risikobalance durch Organisation

Die hier präsentierten Resultate einer quantitativen Analyse von Kindesschutzdossiers zeigen den Einfluss der Organisation oder des Settings – als der Konstellation von Organisationen – auf die Errichtung und die Aufhebung zivilrechtlicher Kindesschutzmaßnahmen. Soweit im Rahmen der gewählten Methode sichtbar, werden Aufwand und Verlauf weit stärker durch die Organisation als durch die Merkmale des einzelnen Falls bestimmt. Auch der Formalisierungsgrad des Verfahrens variiert beträchtlich mit dem Setting, ebenso und gleichsinnig auch die Anzahl der Professionellen, die an der Vorbereitung (und/oder an der Durchführung) einer Maßnahme beteiligt sind.

Man kann Ersteres als einen Effekt unterschiedlich weit gediehener oder gelungener Professionalisierung des Vormundschaftswesens betrachten und die hohe Zahl involvierter Mitarbeiter als deren unvermeidliche Kehrseite. Die einleitend skizzierte These, wonach Kindesschutz ein Bereich staatlichen Handelns mit erhöhter Ungewissheit und erhöhtem Risiko professionellen Handelns sei, legt jedoch eine andere Richtung der Interpretation nahe: Der Einfluss der Organisation ist erstens so groß, weil sich die Kriterien und Ziele einer Intervention oft nur schwer operationalisieren lassen, sodass fallexternen Faktoren und Interessen überhaupt erst ein entscheidendes Gewicht zukommen kann. Zweitens bestimmt die Organisation, wem Interventionsfolgen attribuiert und wie die Risiken professionellen Handelns verteilt werden. Aus dieser Perspektive lassen sich die beobachteten Erscheinungen als Versuche des Risikomanagements im Sinne der individuellen Risikominimierung verstehen. Entscheidungen, die einem Gremium nicht eindeutig zugemutet werden und die nicht gleichzeitig prozedural abgesichert sind, wird oft mit zwei Strategien begegnet: Sie können durch Informalisierung (wie im Falle fehlender Anhörung) und Temporalisierung (wie im Fall der formellen Nichtbeendigung einer Maßnahme) vermieden oder doch in ihrer Tragweite überschaubar gehalten werden. Eine alternative Strategie besteht darin, den Entscheid de facto auf verschiedene Rollenträger zu verteilen. In beiden Fällen ist das Resultat eine Diffusität des Risikos und damit auch der Verantwortung, durch welche der oder die Einzelne entlastet wird.

Der reflexive Umgang mit Ungewissheit und Risiko ist gewiss eines der Kennzeichen normativ verstandener Professionalität. Da aber gerade dem/der Professionellen der Gegenstand (als »Fall«) aus dem Blickwinkel der Organisation erscheint, scheint es jedoch ungenügend, allein auf die individuelle Professionalität abzustellen und in diesem Sinne den reflexiven Umgang mit Ungewissheit und Risiko moralisch anzumahnen. Vielmehr wäre im Kindesschutz und in ähnlichen Gebieten (also etwa im zivilrechtlichen Erwachsenenschutz) die Organisation so zu konstruieren, dass die Entscheidkompetenzen sowohl klar als auch individuell tragbar erscheinen. Gleichzeitig wären die Anreizstrukturen für einzelne Rollenträger so zu gestalten, dass sich die unterschiedlichen Interessen an einer (Nicht-)Intervention gegenseitig kontrollieren. Ansätze dazu gibt es durchaus auch im gegenwärtigen System – und vielleicht besteht trotz allem (Häfeli 2007) Grund zur Hoffnung, dass sie mit der neuen Fachbehörde, wie sie Art. 440 des revidierten ZGB vorsieht, gestärkt werden. Dazu abschließend zwei Stichworte:

- Eine *Abgrenzung der Aufgaben und Kompetenzen* von Behörden (oder Gerichten), Sozialdiensten und Mandatsträger/innen ist bereits im noch bis 2012 geltenden Recht vorgesehen. Sie gewinnt an Konturen, wenn die Behörde eine Intervention nicht bloß legitimiert oder absegnet, sondern dem Beistand oder der Beiständin einen eindeutigen und spezifischen Auftrag erteilt (Art. 391 Abs. 1 sowie Art. 400 ZGBrev). Dadurch wird der/die Mandatsträgerin einerseits von der Entscheidung entlastet, das Problem für sich neu zu definieren. Auf der anderen Seite wird er/sie methodisch in seiner/ihrer Fachlichkeit gefordert. Voraussetzung dafür ist, dass auch auf der Behördenseite die entsprechende Fachkompetenz besteht – und ebenso, dass sie der Behörde vonseiten der Mandatsträger/innen zugeschrieben wird.

- Wenn die Behörden als Auftraggeber der Mandatsträger/innen in Erscheinung treten, so haben sie entsprechend auch die *Kontrolle* ernst zu nehmen. Ein Instrument dazu sind die periodischen Rechenschaftsberichte. Vielfach scheint ihre Verwendung allerdings ziemlich ritualisiert. Sie könnte im Einzelfall zeitlich intensiviert und inhaltlich generell aufgewertet werden. Anhand unserer Daten lässt sich zeigen, dass der Rechenschaftsbericht der beste Prädiktor für eine Aufhebung vor Erreichen der Volljährigkeit ist: Dass Maßnahmen, wenn überhaupt, vielfach kurz nach dem Eintreffen des regulären Rechenschaftsberichts aufgehoben werden, entspricht durchaus dessen Funktion – und ist im Übrigen ein Ausdruck der Selbstbezüglichkeit der Organisation und ihrer Mechanismen.

Derartiges läuft ersichtlich darauf hinaus, die Probleme der Organisation mit Organisation, das heißt mit den Mitteln formal-rationaler bürokratischer Steuerung anzugehen. Das hat seine Kosten, denn mit Organisationen dieses Typs sind auch Arbeitsteilung, Auswechselbarkeit der Rollenträger und unpersönliche Amtsführung verbunden, die mit den lebensweltlichen Regeln und alltagsmoralischen Erwartungen der Klientinnen und Klienten potenziell kollidieren. Allerdings hat die Organisation ohnehin nur ihre eigenen Mittel zur Verfügung, und insofern Sozialarbeit in Organisationen stattfindet, steht sie – stehen die einzelnen Professionellen – auch ohnehin unter dem Anspruch, diesen Gegensatz produktiv zu bewältigen.

Literatur

Baumann, Donald J., Dalgleish, Len I., Fluke, John D. & Kern, Homer D. (2011): The Decision Making Ecology. Washington, DC: American Humane Association.
Berger, Peter L. & Luckmann, Thomas (1980): Die gesellschaftliche Konstruktion der Wirklichkeit. Eine Theorie der Wissenssoziologie. Frankfurt am Main: Fischer.
Blossfeld, Hans-Peter, Golsch, Katrin & Rohwer, Götz (2007): Event History Analysis with Stata. New York: Lawrence Erlbaum.
Blossfeld, Hans-Peter, Hamerle, Alfred & Mayer, Karl Ulrich (1986): Ereignisanalyse. Statistische Theorie und Anwendung in den Wirtschafts- und Sozialwissenschaften. Frankfurt am Main: Campus.

Combe, Arno & Helsper, Werner (Hrsg.) (1996): Pädagogische Professionalität. Untersuchungen zum Typus pädagogischen Handelns. Frankurt am Main: Suhrkamp

Dingwall, Robert, Eekelaar, John & Murray, Topsy (1995): The protection of children. State intervention and family life. Aldershot, Brookfield: Avebury.

Donzelot, Jacques (1977): La police des familles. Paris: Minuit.

Flammer, August (2003): Wer weiß denn, wann das Kind (ganzheitlich) wohl ist? In: Kaufmann, Claudia & Ziegler, Franz (Hrsg.): Kindeswohl. Eine interdisziplinäre Sicht. Zürich (S. 31–37). Zürich: Rüegger.

Fuchs, Peter (2000): Systemtheorie und Soziale Arbeit. In: Merten, Roland (Hrsg.): Systemtheorie sozialer Arbeit. Neue Ansätze und veränderte Perspektiven (S. 157–175). Opladen: Leske + Budrich.

Galle, Susanne & Meier, Thomas (2009): Von Menschen und Akten. Die Aktion »Kinder der Landstraße« der Stiftung Pro Juventute. Zürich: Chronos.

Gerber, Jenni, Hausammann, Christiana & Hausammann, Regula (Hrsg.) (2002): Kinderrechte – Kindesschutz. Rechtsstellung und Gewaltbetroffenheit von Kindern und Jugendlichen. Basel: Helbing & Lichtenhahn.

Goldstein, Joseph, Solnit, Albert J., Goldstein, Sonja & Freud, Anna (1996): The best interests of the child. The least detrimental alternative. New York: Free Press.

Häfeli, Christoph (2002): Der Kindesschutz im schweizerischen Recht unter besonderer Berücksichtigung des zivilrechtlichen Kindesschutzes. In: Gerber, Jenni, Hausammann, Christiana & Hausammann, Regula (Hrsg.): Kinderrechte – Kindesschutz. Rechtsstellung und Gewaltbetroffenheit von Kindern und Jugendlichen (S. 61–89). Basel: Helbing & Lichtenhahn.

Häfeli, Christoph (2005): Wegleitung für vormundschaftliche Organe. Zürich: kdmz.

Häfeli, Christoph (2007): Der Entwurf für die Totalrevision des Vormundschaftsrechts. Mehr Selbstbestimmung und ein rhetorisches (?) Bekenntnis zu mehr Professionalität. Fampra.ch, Jg. 8, Heft 1, 1–24.

Häfeli, Christoph & Voll, Peter (2007): Die Behördenorganisation im Kindes- und Erwachsenenschutz aus rechtlicher und sozialwissenschaftlicher Sicht. Zeitschrift für Vormundschaftswesen, Jg. 62, Heft 2, 51–64.

Hegnauer, Cyril (1999): Grundriss des Kindesrechts und des übrigen Verwandtschaftsrechts. Bern: Stämpfli.

Henkel, Helmut (1977): Die Anordnung von Kindesschutzmaßnahmen gemäß Art. 307 rev. ZGB. Zürich: Schulthess.

Inversini, Martin (2002): Psycho-soziale Aspekte des Kindeswohls. In: Gerber, Jenni, Hausammann, Christiana & Hausammann, Regula (Hrsg.): Kinderrechte – Kindesschutz. Rechtsstellung und Gewaltbetroffenheit von Kindern und Jugendlichen (S. 47–60). Basel: Helbing & Lichtenhahn.

Jud, Andreas, Perrig-Chiello, Pasqualina & Voll, Peter (2011): Less effort in worsening child protection cases? The time-course of intensity of services. Children and Youth Services Review, Vol. 33, Issue 10, 2027–2033.

Kaufmann, Claudia & Ziegler, Franz (Hrsg.) (2003): Kindeswohl. Eine interdisziplinäre Sicht. Zürich: Rüegger.

Kindler, Heinz (2003): Ob das wohl gut geht? Verfahren zur Einschätzung der Gefahr von Kindesmisshandlung und Vernachlässigung im ASD. Diskurs, Jg. 13, Heft 2, 8–18.

Konferenz der kantonalen Vormundschaftsbehörden (2007): Schweizerische Vormundschaftsstatistik Jahresvergleich 1996–2005. Kinder. Zeitschrift für Vormundschaftswesen, 62, Heft 1, 43.

Leimgruber, Walter, Meier, Thomas & Sablonier, Roger (1998): Das Hilfswerk für die Kinder der Landstraße: historische Studie aufgrund der Akten der Stiftung Pro Juventute im Schweizerischen Bundesarchiv. Bern: Schweizerisches Bundesarchiv.

Little, Michael, Axford, Nick & Morpeth, Louise (2004): Research Review: Risk and protection in the context of services for children in need. Child and Family Social Work, Vol. 9, Issue 1, 105–117.

Luhmann, Niklas (1990): Risiko und Gefahr. In: ders.: Soziologische Aufklärung 5. Konstruktivistische Perspektiven (S. 131–169). Opladen: Westdeutscher Verlag.

Lüssi, Peter (1992): Systemische Sozialarbeit. Praktisches Lehrbuch der Sozialberatung. Bern: Haupt.

Maeder, Christoph & Nadai, Eva (2004): Organisierte Armut. Sozialhilfe aus wissenssoziologischer Sicht. Konstanz: UVK.

Merten, Roland (Hrsg.) (2000): Systemtheorie sozialer Arbeit. Neue Ansätze und veränderte Perspektiven. Opladen: Leske + Budrich.

Münder, Johannes, Mutke, Barbara & Schone, Reinhold (2000): Kindeswohl zwischen Jugendhilfe und Justiz: Professionelles Handeln in Kindeswohlverfahren. Münster: Votum.

Nave-Herz, Rosmarie (2003): Eine historisch-soziologische Analyse zum Begriff Kindeswohl. In: Kaufmann, Claudia & Ziegler, Franz (Hrsg.): Kindeswohl. Eine interdisziplinäre Sicht (S. 75–83). Zürich: Rüegger.

Parton, Nigel (2011): Child Protection and Safeguarding Children in England. Changing and Competing Conceptions of Risk and their Implications for Social Work. The British Journal of Social Work, Vol. 41, No 8, 854–875

Parton, Nigel (2008): The »Change for Children« Programme in England: Towards the »Preventive-Surveillance State«. Journal of Law and Society, Vol. 35, No 1, 166–187.

Platt, Dendy (2005): Social workers' decision-making following initial assessments of children in need in the UK. International Journal of Child & Family Welfare, Vol. 8, No 4, 177–190.

Preisendörfer, Peter (2005): Organisationssoziologie. Grundlagen, Theorien und Problemstellungen. Wiesbaden: VS Verlag für Sozialwissenschaften.

Ramsauer, Nadja (2000): »Verwahrlost«. Kindswegnahmen und die Entstehung der Jugendfürsorge im schweizerischen Sozialstaat, 1900–1945. Zürich: Chronos.

Rooney, Ronald H. (1992): Strategies for work with involuntary clients. New York: Columbia University Press.

Rossi, Peter H., Schuermann, John & Budde, Stephen (1999): Understanding Decisions about Child Maltreatment. Evaluation Review, Vol. 23, No 6, 579–598.

Rumo-Jungo, Alexandra & Pichonnaz, Pascal (Hrsg.) (2006): Kind und Scheidung. Zürich: Schulthess.

Schultheis, Franz, Frauenfelder, Arnaud & Delay, Christophe (Hrsg.) (2007): Maltraitance. Contribution à une sociologie de l'intolérable. Paris: L'Harmattan.

Schütze, Fritz (1996): Organisationszwänge und hoheitsstaatliche Rahmenbedingungen im Sozialwesen In: Combe, Arno & Helsper, Werner (Hrsg.): Pädagogische Professionalität. Untersuchungen zum Typus pädagogischen Handelns (S. 183–275). Frankfurt am Main: Suhrkamp.

Scott, Dorothy (1998): A Qualitative Study of Social Work Assessment in Cases of Alleged Child Abuse. British Journal of Social Work, Vol. 28, Issue 1, 73–88.

Scott, William Richard (1992): Organizations. Rational, natural and open systems. London: Prentice-Hall.

Simitis, Spiros (1979): Kindeswohl. Eine interdisziplinäre Untersuchung über seine Verwirklichung in der vormundschaftlichen Praxis. Frankfurt am Main: Suhrkamp.

Stettler, Martin (2006): Elterliche Sorge und Kindesschutzmaßnahmen. In: Rumo-Jungo, Alexandra & Pichonnaz, Pascal (Hrsg.): Kind und Scheidung (S. 47–71). Zürich: Schulthess.

Voll, Peter (2006): Vormundschaftsbehörden und Sozialdienste. Eine Untersuchung zur institutionellen Kooperation im Kindesschutz. Die Praxis des Familienrechts, Jg. 7, Heft 2, 262–285.

Voll, Peter, Jud, Andreas, Mey, Eva, Häfeli, Christoph & Stettler, Martin (2008): Zivilrechtlicher Kindesschutz. Akteure, Prozesse, Strukturen. Eine empirische Studie mit Kommentaren aus der Praxis. Luzern: interact.

Zitelmann, Maud (2001): Kindeswohl und Kindeswille im Spannungsfeld von Pädagogik und Recht. Münster: Votum.

Zucker, Lynne G. (1977): The Role of Institutionalization in Cultural Persistence. American Sociological Review, Vol. 42, No 5, 726–743.

Jugendliche aus einem Sonderschulheim auf dem Weg in die Selbstständigkeit – Übergänge und Verläufe
Anregungen für die Heimpraxis aus der Perspektive von Adressat/innen

Dorothee Schaffner und Angela Rein

1 Einleitung

Kinder und Jugendliche im Rahmen einer stationären Jugendhilfeeinrichtung zu fördern und sie auf die Anforderungen und das Leben außerhalb der Einrichtung vorzubereiten, ist anspruchsvoll und mit zahlreichen Unsicherheiten behaftet. Erforderlich ist breites Wissen über die Herausforderungen, mit denen Jugendliche und junge Erwachsene an den Übergängen in die Ausbildung, Erwerbstätigkeit und selbstständige Lebensführung konfrontiert werden. Gleichzeitig ist unter den gegenwärtigen Bedingungen des gesellschaftlichen und wirtschaftlichen Wandels immer weniger gewiss, wie Wege in die Selbstständigkeit verlaufen und worin die damit verbundenen Herausforderungen bestehen. Zunehmend unklar ist auch, was die Jugendlichen dabei unterstützen kann, jeweils individuell und situativ angemessene Antworten zu finden. In der schweizerischen Jugendhilfeforschung wurden die Verläufe von ehemaligen Heimjugendlichen ins Erwachsenenalter bisher kaum untersucht. Im internationalen Kontext erfuhr das Thema »Transition of care leavers in adulthood« in den letzten zehn Jahren erhöhte Aufmerksamkeit. Obwohl in unterschiedlichen Ländern Forschungsprojekte durchgeführt wurden, steht der Diskurs über geeignete Forschungsansätze und forschungsmethodische Zugänge erst am Anfang (vgl. Harder et al. 2011).

Vor diesem Hintergrund wurden im Rahmen der vorliegenden Studie[1] bildungsbiografische Verläufe von ehemaligen Jugendlichen eines Sonderschul-

---

[1] Dieser Beitrag basiert auf dem Projekt »Wie gelingt Integration? Jugendliche der internen *Sonderschule des Sonderpädagogischen Zentrums für Verhalten und Sprache* im Übergang von der Schule in Ausbildung und selbstständige Lebensführung«. Projektteam und Autorinnen/Autoren des Schlussberichts: Dorothee Schaffner, Stefan Schnurr, Achim Korthaus, Heinz Messmer, Angela Reim, Magdalene Schmid; Mitarbeit: Edith Maud Piller, Bettina Galliker Schrott, Melanie Hirtz (alle

heims untersucht. In der Deutschschweiz sind zur Bezeichnung von Angebotstypen, die Sonderschule und Internat verbinden, die Begriffe Schulheim und Sonderschulheim verbreitet (Blülle 1996, S. 70; Fehlmann, Häfeli & Wagner 1987, S. 350). Das untersuchte Angebot stellt ein Teilangebot eines größeren sonderpädagogischen Leistungserbringers dar. Neben sonderpädagogischer Schule und stationärem Wohnen können je nach Bedarf auch sonder- und sozialpädagogische Tagesstrukturen, Therapieangebote sowie soziale Beratung in Anspruch genommen werden. Gemäß Zielgruppendefinition der Einrichtung richtet sich das Angebot an Kinder und Jugendliche im Alter von vier bis sechzehn Jahren, bei denen »ausgeprägte Verhaltensauffälligkeiten, Lernschwierigkeiten und/oder Kommunikationsstörungen« diagnostiziert wurden und/oder bei denen eine »ausgewiesene Kindeswohlgefährdung« vorliegt. Der Auftrag des Sonderschulheims lässt sich in zwei Aspekte gliedern: in einen Erziehungs- und Bildungsauftrag, der über die schulische Bildung hinausgeht und soziale, kognitive, affektive und physische Entwicklungsdimensionen einschließt, und den Auftrag, die Jugendlichen in eine geeignete nachobligatorische Ausbildung zu vermitteln. Bildung und Erziehung wie auch die Vermittlung in eine Ausbildung sind dabei bezogen auf das Ziel einer späteren beruflichen Integration und selbstständigen Lebensführung.

Wie den ehemaligen Adressatinnen und Adressaten des Sonderschulheims der Übergang in die Berufsbildung und Erwerbsarbeit und der Verselbstständigungsprozess gelingen und wie die unterschiedlichen Komponenten der pädagogischen Praxen im Heim dazu beigetragen haben, stellen Hauptfragestellungen der Studie dar. Ihr Profil gewinnt die Untersuchung aus der Verbindung von Heimerziehungsforschung, Adressaten- und Nutzerinnenforschung sowie subjektorientierter Übergangsforschung. Zur Begründung und Entwicklung des Forschungszugangs wurden unter anderem folgende Studien berücksichtigt: Rekonstruktionen biografischer Verläufe und retrospektive Deutungen von Heimerziehungserfahrungen (Baur et al. 2002; Finkel 2004; Gehres 1997; Hamberger 2008), exemplarische Studien zu Forschungsstrategien aus der Perspektive der Nutzer- und Adressatinnenforschung (Bitzan, Bolay & Thiersch 2006; Normann 2005), Studien aus dem Bereich der Transitionsforschung, die sich mit diskontinuierlichen Bildungsverläufen von benachteiligten Jugendlichen befassen (Bertschy, Böni & Meyer 2007; Rahn 2005; Schaffner 2007), sowie Studien zur Berufsausbildung und -vorbereitung in der Heimerziehung (Hirtz et al. 2007; Piller 2004). In der vorliegenden Studie wurden quantitative und qualitative Methoden

---

Hochschule für Soziale Arbeit FHNW, Institut Kinder- und Jugendhilfe); Projektlaufzeit: 2008–2007; Projektfinanzierung durch die Stiftung »Freunde des Kinderheims Bachtelen« sowie Eigenmittel der Hochschule für Soziale Arbeit FHNW.

Jugendliche aus einem Sonderschulheim ... 55

in einem multiperspektivischen Design kombiniert. Ausgegangen wurde davon, dass die komplexe Wirklichkeit sonderpädagogischer und sozialpädagogischer Leistungen nicht angemessen analysiert und beschrieben werden kann, solange sie nicht aus unterschiedlichen Perspektiven in den Blick genommen und in ihrer Mehrperspektivität rekonstruiert wird. Die Untersuchungsperspektiven unterscheiden sich sowohl in *sozialer* als auch in *zeitlicher* Hinsicht: Zum einen wurden die unterschiedlichen Akteursgruppen, die zum Zeitpunkt der Befragung im Heim lebten oder arbeiteten, befragt, und zum anderen wurde die Perspektive ehemaliger Jugendlicher miteinbezogen. Dies ermöglicht es, die unterschiedlichen Wirklichkeiten und Deutungs- und Handlungsmuster aufeinander zu beziehen, um so neue Erkenntnisse zu gewinnen.

Tabelle 1: Multiperspektivischer Forschungszugang

Untersuchungsgruppe	Forschungsmethoden
Fachpersonen	1 Gruppendiskussion mit Sozialpädagoginnen und Sozialpädagogen (N = 8)
	1 Gruppendiskussion mit Lehrpersonen (N = 5)
	5 problemzentrierte Einzelinterviews mit weiteren Fachpersonen (Psychologischer Dienst und Sozialdienst)
Jugendliche im Sonderschulheim	2 Gruppendiskussionen mit Jugendlichen, die aktuell das Sonderschulheim besuchen (N = 7; N = 5)
Alltag im Sonderschulheim	2 ethnografische Beobachtungseinsätze mit Begleitung durch einen Jugendlichen durch den Tagesablauf
Ehemalige Jugendliche des Sonderschulheims	Auswertung von Daten zu ehemaligen Jugendlichen, die zwischen 1999 und 2008 mindestens zwei Jahre im Sonderschulheim waren (N = 108)
	Quantitative Befragung mittels einer standardisierten telefonischen Befragung: Kurzfragebogen (n = 47); Langfragbogen (n = 23)
Ehemalige Jugendliche des Sonderschulheims	16 qualitative biografische Interviews (biografische Analyse und vertiefte thematische Auswertung)

Ähnlich wie in anderen Heimstudien stellen die Sichtweisen der Adressatinnen und Adressaten das Kernstück der Studie dar (z.B. Baur et al. 2002; Finkel 2004; Gehres 1997; Graßhoff 2008; Hamberger 2008; Wolf 2007). Es interessieren zum einen die biografischen Herausforderungen und Bewältigungsleistungen der ehemaligen Heimjugendlichen im Übergang in die selbstständige Lebensführung und zum anderen ihre Sichtweisen zu den erlebten pädagogischen Praxen im Heim. Die qualitativen Ergebnisse zu den Verläufen werden ergänzt durch Ergebnisse einer quantitativen Befragung ehemaliger Jugendlicher zu ihren Lebenssituationen und ihren Bildungs- und Erwerbsverläufen. Zwei Gruppendiskussionen mit Jugendlichen, die zum Zeitpunkt der Befragung (2009) im Heim lebten, widmeten sich deren Alltagserfahrungen und Einschätzungen bezüglich der Vorbereitung auf den Heimaustritt und Übergang in die Ausbildung und Selbstständigkeit. Die ethnografischen Beobachtungen dienten primär dem Ziel, den Schul- und Heimalltag der Jugendlichen näher kennenzulernen, um Kontexte und Hintergründe der Interviewdaten besser einschätzen zu können. Eine weitere Perspektive lieferten die unterschiedlichen Gruppendiskussionen und Einzelinterviews mit Fachpersonengruppen zu ihren handlungsleitenden Konzepten bezüglich Integration, zu Herausforderungen und erforderlichen Kompetenzen und Ressourcen zur Bewältigung des Übergangs.

Der vorliegende Beitrag stellt die Ergebnisse der quantitativen und qualitativen Teilstudien vor. Ausgehend von den Verläufen und Übergängen ins Erwachsenenalter, werden ausgewählte Gelingensbedingungen diskutiert und vor diesem Hintergrund erfahrene Aspekte der pädagogischen Praxen im Heim kritisch beleuchtet.

2 Bildungs- und Erwerbsverläufe ehemaliger Heimjugendlicher – Ergebnisse des quantitativen Untersuchungsteils

Der *quantitative Untersuchungsteil* liefert Ergebnisse zur Lebenssituation und zu den Bildungs- und Erwerbsverläufen der ehemaligen Jugendlichen aus dem Sonderschulheim. Datengrundlagen stellen zum einen die *Abgangsstatistik des Schulheims* dar und zum andern eine *standardisierte telefonische Befragung* von ehemaligen Jugendlichen aus dem Sonderschulheim. Während die Schulheimstatistik wichtige Hinweise zum Übergang in die Berufsbildung liefert, beleuchtet die standardisierte Befragung den weiteren Verlauf und den Übergang in die Erwerbsarbeit und selbstständige Lebensführung.

2.1 Ausgewählte Ergebnisse der Schulheimstatistik zur Situation an der ersten Schwelle

Die Schulheimstatistik enthält institutionsbezogene Verlaufsdaten[2] von allen Jugendlichen, die das Sonderschulheim zwischen 1999 und 2008 verlassen haben (Grundgesamtheit: N = 108). Zur Beleuchtung des Übergangs an der ersten Schwelle der beruflichen Integration sind die erreichten Schulabschlüsse und Anschlusslösungen relevant.

Tabelle 2: Schulabschlüsse in der Grundgesamtheit

71%	Schulabschluss auf Regelschulniveau B
	Niveau B fasst alle üblichen Leistungstypen auf Sekundarstufe I zusammen: Realschule, Sekundarschule, Bezirksschule
29%	Schulabschluss auf dem Sonderschulniveau A
	Heilpädagogische Sonderschule bzw. Werkklasse

Trotz der diagnostizierten Lern- und Kommunikationsschwierigkeiten, die bei vielen Jugendlichen Ursache für den Sonderschulheimbesuch waren, schafften mehr als zwei Drittel einen Abschluss auf Regelschulniveau. Ferner gelang es im Anschluss an den Heimbesuch fast der Hälfte der Jugendlichen (46%), eine berufliche Ausbildung im »freien« Berufsbildungsmarkt zu beginnen. 41 Prozent der Jugendlichen beanspruchten im Anschluss an das Schulheim weitere Unterstützung in den Bereichen Wohnen und/oder Ausbildung.[3] Nur 13 Prozent traten zunächst in eine unsichere Zwischenlösung über. Damit liegt diese Gruppe trotz der anzunehmenden erschwerten Bedingungen im kantonalen Durchschnitt (vgl. Tabelle 3, S. 58).

Vor dem Hintergrund der Ergebnisse der gesamtschweizerischen Längsschnittstudie TREE (»Transition von der Erstausbildung ins Erwerbsleben«) können die Quoten der Anschlusslösungen insgesamt positiv beurteilt werden. Die TREE-Studie untersucht die Bildungsverläufe von 6000 Schweizer Jugendlichen seit 2000 und konnte zeigen, dass die Jugendlichen in den letzten zehn Jahren wegen erschwerter Bedingungen im Übergang vermehrt Umwege, Wech-

---

[2] Erfasste Variablen der Grundgesamtheit: Geschlecht, Alter zum Befragungszeitpunkt, Eintritts- und Austrittsalter, Aufenthaltsdauer im Sonderschulheim, Zeitdauer seit dem Austritt, in der Einrichtung erworbener Schulabschluss, Institutionsübertritt für den ersten Ausbildungsschritt, Betreuungssituation nach Austritt aus dem Sonderschulheim, Art der angestrebten Qualifikation nach Schulabschluss.
[3] Sie besuchten im Anschluss zum Beispiel ein sozialpädagogisches Wohnheim oder eine durch die Invalidenversicherung (IV) finanzierte Ausbildungsinstitution mit oder ohne Begleitung im Wohnen.

sel und Unterbrüche in Kauf nehmen mussten. Je nach Region besuchten in den letzten Jahren gesamtschweizerisch zwischen 15 und 25 Prozent der Schulabgängerinnen und -abgänger eine nicht zertifizierende Zwischenlösung (Berufsvorbereitungsjahr, Motivationssemester), weil sie keine Lehrstelle finden oder noch keine Berufswahl treffen konnten (Meyer 2005). Gemäß Meyer (2009) haben Schülerinnen und Schüler mit Schulabschluss auf Grundanspruchsniveau oder tiefer (zum Beispiel Realschul- oder Sonderschulabschluss) im erhöhten Wettbewerb um Ausbildungsplätze stark verminderte Chancen, eine anspruchsvolle(re) postobligatorische Ausbildung zu absolvieren, und sie tragen ein erhöhtes Risiko, ohne nachobligatorischen Ausbildungsabschluss zu bleiben (Meyer 2009, S. 6f.).

Tabelle 3: Anschlusslösungen im nachobligatorischen Bildungsbereich

46%		Beginn einer beruflichen Ausbildung im »freien« Berufsbildungsmarkt.
		Davon beginnen:
	11%	eine Anlehre oder eine zweijährige EBA-Ausbildung;[4]
	35%	eine drei- bis vierjährige EFZ-Ausbildung.[5]
		Der Beginn dieser Qualifikation auf Sekundarstufe II ist abhängig vom Schulabschluss in der Einrichtung. Signifikant mehr Ehemalige mit Schulabschluss auf Niveau A als solche mit Abschluss auf Niveau B beginnen eine Anlehre oder EBA-Ausbildung, und signifikant mehr Ehemalige mit Schulabschluss auf Niveau B als solche mit Abschluss auf Niveau A beginnen eine Lehre EFZ ($p < .001$).
41%		Beginn einer Ausbildung in einer Institution (IV-unterstützte Ausbildung wie Anlehre, EBA-Ausbildung, EFZ-Ausbildung).
13%		Beginn einer Zwischenlösung (z.B. schulisches oder berufspraktisches Berufsvorbereitungsjahr, Motivationssemester, Auslandaufenthalt).
		Der Beginn einer Zwischenlösung ist abhängig vom Geschlecht: Signifikant mehr Mädchen als Jungen wechseln in eine Zwischenlösung ($p < .05$). Dieser Schritt ist jedoch unabhängig vom Schulabschluss in der Einrichtung.

Die vorliegenden Ergebnisse zeigen, dass es der Einrichtung – trotz erschwerter Bedingungen – gelingt, viele ihrer Jugendlichen in eine Berufsbildung zu vermitteln. Ebenso zeigt eine aktuelle Studie aus dem Kanton Aargau die hohe Vermittlungsleistung der sonderpädagogischen Systeme (Schönbächler & Zubler 2010).

---

[4] EBA: Ausbildung mit eidgenössischem Berufsattest.
[5] EFZ-Ausbildung: Ausbildung mit eidgenössischem Fähigkeitszeugnis.

Die sonderpädagogischen Einrichtungen nehmen offensichtlich eine wichtige Gatekeeper-Funktion wahr. Dabei greifen sie auf ein breites Netz von Ausbildungsanbietern im »freien« Berufsbildungsmarkt einerseits und auf ein differenziertes Angebot von IV-unterstützten (stationären) Ausbildungsbetrieben sowie Jugendhilfeeinrichtungen zurück. IV-unterstützte Ausbildungsangebote übernehmen hierbei eine wichtige Funktion, wie auch die Ergebnisse der vorliegenden Studie zeigen konnten (41 Prozent der erfassten Jugendlichen nehmen Angebote dieser Art wahr). Hinweise darauf, wie die vermittelten vielfältigen Anschlusslösungen von den Jugendlichen verwertet werden konnten und welche Chancen sich daraus ergaben, zeigen die Ergebnisse der Stichprobenbefragung.

2.2 Ausgewählte Ergebnisse der Stichprobenbefragung zum Übergang in die Erwerbsarbeit (n = 47)

Auf der Basis der Grundgesamtheit der Schulheimstatistik wurde eine Befragung bei einer *repräsentativen Stichprobe*[6] von 47 ehemaligen Heimjugendlichen im Alter zwischen 17 und 28 Jahren durchgeführt. Mittels standardisierter telefonischer Interviews wurden die Teilnehmenden zum weiteren Bildungs- und Erwerbsverlauf und zur Lebenssituation nach dem Austritt aus der Einrichtung befragt. Insgesamt widerspiegeln sich in den Lebenslagendaten der befragten ehemaligen Heimjugendlichen langfristige Trends zu einer Entstandardisierung und Verlängerung der Jugendphase und zu diskontinuierlichen Bildungsverläufen, wie sie von der Längsschnittstudie TREE allgemein für die Jugendlichen in der Schweiz nachgewiesen wurden. Während der Berufsbildung und im Übergang in die Erwerbsarbeit (zweite Schwelle) zeigen sich zahlreiche Risiken, die zu weiteren Verzögerungen, kritischen Phasen und Umorientierungen führen. Fast die Hälfte der Befragten hat schon mindestens einmal eine Lehr- oder Arbeitsstelle nicht bekommen, knapp einem Drittel der Befragten wurde schon ein oder mehrere Male eine Lehr- oder Arbeitsstelle gekündigt, und mehr als die Hälfte der Befragten war schon einmal oder wiederholt von Arbeitslosigkeit betroffen. In Bezug auf die hier untersuchte Gruppe interessierte, inwiefern den Befragten der Übergang trotz erschwerter Bedingungen gelang oder misslang.

---

[6] Die Stichprobe ist repräsentativ hinsichtlich der Variablen Geschlecht, Alter zum Befragungszeitpunkt, Aufenthaltszeitraum im Schulheim, Schulabschluss in der Einrichtung, Anschlusslösung nach dem Heimaustritt. Die Auswertung erfolgte mittels des Statistikprogramms SPSS. Die Daten wurden weitgehend deskriptiv dargestellt. Im Weiteren wurden Zusammenhangshypothesen (k x l Felder, Chi-Quadrat) getestet und Stichprobenvergleiche für unabhängige Stichproben angestellt. Überall, wo ein Signifikanztest möglich war, wurde angegeben, ob ein Ergebnis statistisch signifikant respektive nicht signifikant ist (Signifikanzniveau: $p < .05$; $p < .01$; $p < .001$).

2.2.1 Unterschiedliche Gruppen im Übergang in die Erwerbsarbeit

Aus den Daten von 44 Befragten mit vollständigen Angaben wurden drei Gruppen gebildet, die sich in ausbildungs-, erwerbsbezogenen und finanziellen Aspekten sowie beim Alter unterschieden: *Gruppe in Ausbildung, Gruppe mit Transferleistungen, Gruppe in Erwerbsarbeit ohne Transferleistungen.* Die drei Gruppen verweisen auf unterschiedliche Phasen und Verläufe im Übergang in die Erwerbsarbeit.

13 eher jüngere Jugendliche befanden sich zum Zeitpunkt der Befragung 2009 noch in einer nachobligatorischen zertifizierenden Ausbildung *(Ausbildungsgruppe).* 31 eher ältere Personen (junge Erwachsene) hatten ihre Ausbildung mehrheitlich abgeschlossen und befanden sich im Übergang in die Erwerbsarbeit oder hatten diesen Übergang bereits realisiert. Aufgrund der Erwerbssituation wurde diese Gruppe der jungen Erwachsenen in zwei Untergruppen unterteilt und vertieft analysiert: 15 Personen (48%) waren zusätzlich zum Einkommen oder ausschließlich auf Transferleistungen angewiesen *(Gruppe mit Transferleistungen),* und 16 Personen (52%) konnten ohne Bezug von Transferleistungen von ihrem Einkommen leben *(Gruppe in Erwerbsarbeit ohne Transferleistungen).* Die beiden Gruppen verweisen auf unterschiedliche Verlaufstypen und unterscheiden sich hinsichtlich mehrerer Merkmale: Erwerbsarbeitsbeteiligung, Niveau der Berufsabschlüsse, soziale Ressourcen (Wohnsituation: bei Eltern und Kontakthäufigkeit) sowie Alter und Lebenszufriedenheit.

Abbildung 1: Unterschiedliche Verläufe in die Erwerbsarbeit

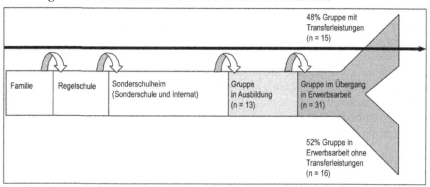

2.2.2 Unsichere und riskante Verläufe am Beispiel der Gruppe mit Transferleistungen

Um ihren Lebensunterhalt zu bestreiten, waren 48 Prozent der jungen Erwachsenen auf Transferleistungen angewiesen (vgl. Tabelle 4, S. 63). Gründe für den Bezug von Transferleistungen bestehen im zu tiefen Einkommen (zwischen 250 und 1500 Franken) und/oder im zu tiefen Anstellungsgrad (zwischen 20 und 100 Prozent), in der fehlenden Arbeit oder im Unterstützungsbedarf während einer weiteren Ausbildung. Diese jungen Menschen beziehen Leistungen aus verschiedenen Systemen der sozialen Sicherheit, wie zum Beispiel aus der Invalidenversicherung (IV), der Arbeitslosenversicherung (ALV), der Sozialhilfe (SH), der Waisenrente (WR), der Erwerbsersatzordnung (EO) oder von privaten Personen (auch mehrere Quellen waren möglich). Dies liefert Hinweise darauf, dass der Übergang in die Erwerbsarbeit nicht allen ehemaligen Sonderschülerinnen und -schülern problemlos gelingt. Personen dieser Gruppe verfügen im Vergleich zur *Gruppe in Erwerbsarbeit ohne Transferleistungen* weniger häufig über einen zertifizierenden Abschluss, die Ausbildungsabschlüsse sind signifikant häufig tiefer (EBA-Ausbildungen, Anlehre) ($p<.05$), und häufiger wurden die Ausbildungen in einer IV-unterstützten Ausbildungseinrichtung absolviert. Das Alter dieser Gruppe ist mit durchschnittlich 21,9 Jahren signifikant höher als in der *Ausbildungsgruppe* (18,5 Jahre) ($p<.05$), aber tiefer als in der *Gruppe in Erwerbsarbeit ohne Transferleistungen* (22,5 Jahre). Die »allgemeine Lebenszufriedenheit« sowie die »Kontakthäufigkeit« in der Gruppe mit Transferleistungen sind im Vergleich zur *Gruppe in Erwerbsarbeit ohne Transferleistungen* tiefer ($p<.05$). 47 Prozent dieser Gruppe leben noch zu Hause, die anderen in Wohngruppen, bei Bezugspersonen, alleine oder in Partnerschaften. Der Prozentsatz der noch zu Hause Wohnenden ist deutlich kleiner als in der Gruppe in Erwerbsarbeit. Dies kann teilweise dadurch erklärt werden, dass mehr Jugendliche dieser Gruppe eine stationäre Ausbildung absolviert haben und danach nicht mehr zu Hause wohnten, was wiederum ein Hinweis auf geringere soziale Ressourcen sein kann.

2.2.3 Gelingende Verläufe am Beispiel der Gruppe in Erwerbsarbeit ohne Transferleistungen

52 Prozent der jungen Erwachsenen, die 2009 nicht mehr im Ausbildungssystem waren, konnten von ihrem Einkommen aus einer Erwerbsarbeit leben (vgl. Tabelle 4, S. 63). Die Befragten sind zu 70 bis 100 Prozent angestellt. Sie verfügen im Vergleich zur *Gruppe mit Transferleistungen* häufiger über einen zertifizierenden Abschluss und über eine EFZ-Ausbildung ($p<.05$). Eine abgeschlossene

EFZ-Ausbildung stellt klar einen Schutzfaktor im Hinblick auf die berufliche Integration dar. Lebenszufriedenheit und Kontakthäufigkeit sind signifikant höher als in der *Transferleistungsgruppe*. Sie sind mit 22,6 Jahren im Durchschnitt signifikant älter als die Personen aus der *Gruppe mit Transferleistung*. 69 Prozent – deutlich mehr als in der Transfergruppe – leben noch zu Hause, was einen Unterschied bezüglich der sozialen Ressourcen vermuten lässt.

Betrachtet man Schul- und Ausbildungsabschlüsse, Anschlusslösungen sowie den Beschäftigungsgrad und Transferleistungen als wichtige Indikatoren für die Einschätzung des Grades der beruflichen Integration, so zeigt sich bei den ehemaligen Jugendlichen und jungen Erwachsenen zusammenfassend folgendes Bild: Der Mehrheit der vorliegenden Stichprobe gelang es durch die hohe Vermittlungsleistung der Einrichtung, im Anschluss an das Sonderschulheim einen Ausbildungsplatz zu finden und die Ausbildungen erfolgreich abzuschließen. Ein Drittel befand sich zum Zeitpunkt der Befragung noch in Ausbildung *(Ausbildungsgruppe)*, und zwei Drittel waren dabei, den Übergang in die Erwerbsarbeit zu realisieren. Fast die Hälfte derjenigen an der zweiten Schwelle schaffte den Einstieg relativ problemlos *(Erwerbsarbeitsgruppe ohne Transferleistungen)*. Die Jugendlichen mit der drei- bis vierjährigen EFZ-Ausbildung sind dabei im Vorteil. Die andere Hälfte war auf einkommensergänzende oder -ersetzende Transferleistungen angewiesen *(Gruppe mit Transferleistungen)*. Hier erwies sich die ungenügende oder fehlende Ausbildung tendenziell als Risikofaktor bei der Arbeitsintegration. Das tiefere Bildungs- und ökonomische Kapital sowie die tiefere Lebenszufriedenheit und geringere Kontakthäufigkeit verweisen insgesamt auf eine vergleichsweise prekäre Lebenssituation dieser Gruppe hin. Allerdings ergaben sich Hinweise auf zwei unterschiedliche Typen innerhalb dieser Gruppe. Danach ist der eine Teil während des Such- und Orientierungsprozesses im Übergang in die Erwerbsarbeit kurzfristig auf Unterstützungsleistungen angewiesen, um finanzielle Engpässe zu überbrücken, was ein normales Übergangsphänomen an der zweiten Schwelle darstellt. Der andere Teil der Gruppe mit Transferleistungen wird mit hoher Wahrscheinlichkeit langfristig auf Unterstützungsleistungen angewiesen bleiben. Hier tragen individuelle und strukturelle Bedingungen meist kumulierend zur prekären Arbeitsintegration bei, beispielsweise kognitive, physische und psychische Einschränkungen, ungenügende berufliche Qualifikationen und ungenügende Unterstützung, ungeeignete Arbeitsplätze und ein ungenügendes Angebot.

Jugendliche aus einem Sonderschulheim ... 63

Tabelle 4: Vergleich zwischen der Gruppe mit Transferleistungen und der Erwerbsgruppe ohne Transferleistungen

		Gruppe in Ausbildung	Gruppe mit Transferleistungen	Erwerbsgruppe ohne Transferleistungen
Stichprobengröße			100%	
		n = 44	n = 13	48% / n = 15	52% / n = 16
Einkommenssituation	n = 44	noch in Ausbildung	einkommensergänzende oder -ersetzende Transferleistungen Arbeitspensen zwischen 20 und 100% Einkommen zwischen 250 und 1500 Franken	Erwerbseinkommen ohne Transferleistungen Arbeitspensen zwischen 70 und 100% Einkommen zwischen 2900 und 5500 Franken
Durchschnittsalter	n = 44	M = 18,5 Jahre	M = 21,9 Jahre	M = 22,6 Jahre
Berufsabschlüsse	n = 44 insgesamt Mit EFZ-Ausbildung Mit andern Ausbildungen (IV-Ausbildungen bzw. Anlehre/ EBA) ohne zertifizierenden Abschluss		% 69% 23%[7] 46% 31%	N 9 3 6 4	% 93% 80% 13% 7%	N 14 12 2 1
Leben noch bei den Eltern	n = 31		83% dieser Gruppe	47% dieser Gruppe	69% dieser Gruppe
Kontakthäufigkeit	n = 23		M = 28,8	M = 23,4[8]	M = 27,1
Allgemeine Lebenszufriedenheit	n = 37		M = 4,7	M = 3,9[9]	M = 4,6

---

[7] In der Gruppe mit Transferleistungen sind signifikant weniger mit EFZ-Ausbildung als in der Gruppe in Erwerbsarbeit ohne Transferleistungen (p<.05).
[8] Die Häufigkeit der Kontakte zu verschiedenen Personen (wie Mutter, Vater, Geschwister, Partner, Ehemalige aus dem Heim, Freunde, Arbeitskolleg/innen, andere) wurde aufsummiert. In der Gruppe mit Transferzahlungen war die Kontakthäufigkeit signifikant tiefer (p<.05).
[9] Ein statistisch signifikanter Unterschied zeigte sich zwischen der Gruppe mit Transferleistungen und der Gruppe in Erwerbsarbeit in Bezug auf die allgemeine Lebenszufriedenheit (p<.05). Ferner besteht ein Zusammenhang zwischen der allgemeinen Lebenszufriedenheit und der Kontakthäufigkeit. Je höher die allgemeine Lebenszufriedenheit, desto höher die Kontakthäufigkeit und umgekehrt (p<.05).

3 Herausforderungsreiche Verläufe auf dem Weg in die Selbstständigkeit – Ergebnisse der qualitativen Studie

Während im quantitativen Teil Aspekte der Lebenslage vergleichend betrachtet und Bildungs- und Erwerbsverläufe untersucht wurden, standen die berichteten biografischen Verläufe im Zentrum des qualitativen Teils der Studie. Untersucht wurde hier, wie die Jugendlichen ihre Verläufe erleben, welche Herausforderungen sich ihnen stellten, wie sie diese bewältigten und welche weiteren Gelingensbedingungen, neben dem erfolgreichen Abschluss einer EFZ-Ausbildung, sich zeigten. Dazu wurden sechzehn biografische Interviews mit Jugendlichen im Alter zwischen 18 und 24 Jahren durchgeführt, die mindestens zwei Jahre in der Einrichtung verbracht hatten. Die Auswertung erfolgte mittels rekonstruktiver, qualitativer Auswertungsmethoden (Schütze 1981, 1983; Strauss & Corbin 1996). Das folgende Zitat eines befragten ehemaligen Heimjugendlichen bringt exemplarisch zum Ausdruck, wie er seinen biografischen Verlauf bilanzierend thematisierte:

Herr Haas: (…) jetzt stehe ich da, ich arbeite, ich habe meinen Job, ich habe meine Kollegen, ich bin kein Absturz geworden, wie die Hälfte vom Sonderschulheim auch, und irgendwie so (2) (…) ist ein langer Weg gewesen und ein strenger Weg. (C16; Abs. 91–92)
(…) ich habe einen Weg mit Abzweigungen gemacht, bin aber am Ziel angekommen, habe ein bisschen länger gebraucht als andere, die geradeaus haben laufen können.
(C16; Abs. 118)

Je nach Alter, Ausbildungsverläufen und der jeweiligen Wohn- und Lebenssituation nach dem Heimaustritt zeigten sich unterschiedliche Entwicklungsherausforderungen und Lebensbedingungen.

Neben berichteten Belastungen und kritischen Erfahrungen erzählten die Befragten, wie es ihnen bisher gelungen war, die an sie gestellten Anforderungen zu bewältigen und ein aus ihrer Sicht befriedigendes Leben zu führen. Obwohl sich ihre Verläufe in Bezug auf die individuellen und sozialstrukturellen Bedingungen und den Entwicklungsstand deutlich unterschieden, schätzten die Befragten ihre Verläufe auf dem Weg in die selbstständige Lebensführung – bis auf eine Person – als weitgehend gelingend ein und erlebten sich mehrheitlich als handlungsfähig.

3.1 Wohnsituation und jugendtypische Entwicklungsaufgaben

Die befragten jungen Erwachsenen lebten zwar alle noch in ihren Herkunftsfamilien oder anderen gemeinschaftlichen Wohnformen (etwa in WGs, bei Bezugspersonen). Insbesondere die über Zwanzigjährigen befassten sich mit dem selbstständigen Wohnen. In Verbindung damit wurden Vorstellungen der eigenen Lebensgestaltung und die Übernahme von Selbstverantwortung diskutiert. Sie sammelten Erfahrungen in Bezug auf jugendtypische Entwicklungsaufgaben wie zum Beispiel Beziehungen zu Gleichaltrigen und Partnerschaften, Umgang mit Geld, Medien, Konsum. Dabei nahmen sie sich im Vergleich zu anderen Jugendlichen in ihrer Entwicklung teilweise verzögert wahr.

3.2 Bildungs- und Erwerbssituation

Während die einen davor standen, ihre Ausbildung abzuschließen, versuchten andere, den Einstieg in die Erwerbsarbeit zu realisieren oder sich nochmals neu zu orientieren. Diejenigen, die sich im Übergang in die Erwerbsarbeit befanden, verfügten über unterschiedliche Erfahrungen bezüglich ihrer Arbeitsmarktchancen oder ihres weiteren Unterstützungsbedarfes. Während einige scheinbar problemlos die Berufsbildung und den Übergang in die Erwerbsarbeit realisierten (vgl. *Gruppe in Erwerbsarbeit ohne Transferleistungen*), wurden andere mit unterschiedlichen biografischen Bewältigungsproblemen konfrontiert (vgl. *Gruppe mit Transferleistungen*). Letztere berichteten zum Beispiel über mehr kritische Ereignisse wie »Schwierigkeiten, die Leistungsanforderungen in der Ausbildung erfüllen zu können«, »Wiederholung eines Ausbildungsjahres«, »Lehrbetriebswechsel wegen Betriebskonkurses«, »Ausbildungsabbruch wegen falscher Berufswahl« oder »gesundheitliche Probleme«. Beim Einstieg in die Erwerbsarbeit konnten gesundheitliche Probleme oder die Konfrontation mit den Anforderungen des Arbeitsmarktes zu Schwierigkeiten führen. Ebenso stellten die längere Arbeitslosigkeit und erfolglose Suche nach Arbeit kritische Situationen dar. Insbesondere Jugendliche, die mehrere solche Anforderungen bewältigen mussten, freuten sich an kleinen Schritten und waren stolz, wenn sie eine erste Ausbildung abschließen oder eine Erwerbsarbeit finden konnten. Wer durch zahlreiche negative Erfahrungen ernüchtert war, hoffte darauf, die Integration in den Arbeitsmarkt verspätet realisieren zu können. Einige waren dabei, ihre berufsbiografische Entwicklung durch eine Weiter- oder Nachqualifikation voranzutreiben (etwa im Rahmen einer militärischen Weiterqualifikation, »learning on the job« in der Computerbranche, Pflegeausbildung des Schweizerischen Roten Kreuzes, Arbeitseinsatz im Ausland) oder sich im privaten Bereich Entwicklungsziele zu setzen (Fahrprüfung). Diese Weiterqualifikationen waren allerdings abhängig von sozialen und finanziellen Ressourcen.

Interessant ist, dass fast alle Jugendlichen im Übergang von der Ausbildung in die Erwerbsarbeit zumindest für kurze Zeit auf Arbeitslosenunterstützung angewiesen waren. Während der Ausbildung konnte sich niemand auf die Stellensuche konzentrieren. Zur Überbrückung der Such- und Orientierungsphase nach dem Berufsabschluss und teilweise bis zum Militärdienst waren sie auf finanzielle Unterstützung angewiesen. Während sich die einen danach durch den Einstieg in die Erwerbsarbeit ablösen konnten *(Gruppe in Erwerbsarbeit ohne Transferleistungen)*, blieben andere längerfristig teilweise von mehreren Unterstützungssystemen abhängig *(Gruppe mit Transferleistungen)*. Wer über keine oder eine zu geringe Ausbildung verfügte und/oder wer nach einer IV-unterstützten Ausbildung im Arbeitsmarkt nicht Fuß fassen konnte (beispielsweise weil er oder sie zu langsam war, weil er oder sie nicht im erlernten Beruf Arbeit suchte), hatte Schwierigkeiten, sich dauerhaft im Arbeitsmarkt zu integrieren.

Herr Keller: //// (...) ja, mich hat es einfach schade gedünkt, als mir der Chef gesagt hat, hör mal, ich kann dich, äh, ich sehe dich schlecht beim Kaffeemaschinenreparieren, weil das geht auf die Zeit, das ist mit Kunden und so, dann habe ich ehrlich auch sagen müssen, das ist mir zu stressig, denn du musst zuerst noch wissen, was ist es für ein Fehler, wie kommst du schnell an diesen Fehler ran, wie [behebst, Anm. d. Verf.] *du diesen Fehler schnell wieder (...).*
(PD 37; 246)

Bei einigen Befragten ist davon auszugehen, dass sie immer wieder oder längerfristig auf Unterstützungsleistungen durch die IV oder die ALV u.a. angewiesen sein werden.

3.3 Lebenszufriedenheit

Wer einen mehrheitlich gradlinigen Verlauf erlebte und im Arbeitsmarkt Fuß fassen konnte, schätzte die Lebenszufriedenheit relativ optimistisch ein. Wer dagegen mehrere kritische Ereignisse während der Ausbildung und/oder im Übergang in die Erwerbsarbeit zu bewältigen hatte, schätzte seinen Verlauf und die Möglichkeiten nüchterner und kritischer ein, wie auch die Einschätzung von Herrn Keller auf einer Skala von 1 bis 10 illustriert.

> *Herr Keller:* (…) hm (1) ja, ich will sagen, so mitten drin, etwa so fünf, also es ist nicht super sehr gut, und es ist auch nicht miserabel, also ich will sagen, so bei fünf rum, ja.
> (C37; Abs. 265)

Auch in Bezug auf die Zukunftsperspektiven äußerten sie sich grundsätzlich offen und mehrheitlich positiv. Einige waren sehr optimistisch, andere kritisch realistisch. Wieder andere befanden sich beim Übergang in die Selbstständigkeit in einem Such- und Orientierungsprozess, wie dies in der Aussage von Frau Kern zum Ausdruck kommt:

> *Frau Kern:* (…) tja, das weiß ich eben noch nicht, hm, muss ich zuerst noch überlegen, was ich eigentlich richtig machen will, für mein ganzes, für den Rest von meinem Leben, jetzt gehe ich einfach mal nur schauen, das, wo ich mir, was ich gerne hätte.
> (C33; Abs. 346)

Bis auf eine Person – die aus gesundheitlichen Gründen keine Ausbildung realisieren und nicht arbeiten konnte und deshalb zu Hause wohnte – erlebten sich alle Befragten in ihrem Handeln mehrheitlich selbstbestimmt und selbstwirksam, selbst wenn sie institutionelle oder familiäre Unterstützung beanspruchten.

Diese recht positiven Einschätzungen der Jugendlichen überraschten insofern, als viele im biografischen Verlauf teilweise mehrere kritische Erfahrungen und Herausforderungen bewältigen mussten. Offensichtlich verfügte die Mehrheit der Jugendlichen und jungen Erwachsenen – im Alter zwischen 18 bis 24 Jahren – über die erforderlichen persönlichen und sozialen Ressourcen, ihr Leben aktiv zu gestalten und kritische Ereignisse zu bewältigen. Dass hierbei vielfältige Formen von privater und öffentlicher Unterstützung eine zentrale Voraussetzung darstellen, ließ sich ebenfalls erkennen. Es stellt sich die Frage, ob es den Jugendlichen, die über weniger persönliche und soziale Ressourcen und einen niedrigeren Bildungsabschluss verfügen, auch langfristig gelingt, handlungsfähig zu bleiben, wenn zum Beispiel die Unterstützung nach Austritt aus einer IV-Ausbildung abnimmt, der Übergang in die Erwerbsarbeit langfristig schwierig bleibt und sie sich vom Elternhaus ablösen werden.

4 Gelingensbedingungen aus biografischer Perspektive

In den Erzählungen finden sich vielfältige Hinweise darauf, was die Jugendlichen in unterschiedlichen Phasen des Übergangs in die Selbstständigkeit unterstützend erlebten und was ihnen geholfen hat, kritische Lebensereignisse und Herausforderungen zu meistern.

4.1 Persönliche Ressourcen (Selbst- und Sozialkompetenzen, Reflexions- und Handlungskompetenz)

Als ehemalige Heimjugendliche waren sie während des gesamten biografischen Verlaufs in besonderem Maße gefordert, sich mit ihrer Persönlichkeit, ihren Stärken, Schwächen, Bedürfnissen und Chancen auseinanderzusetzen. Sie thematisierten, wie sie häufig über ihre Schwächen, Auffälligkeiten und Defizite wahrgenommen und entsprechend »behandelt« wurden. Insbesondere im Zusammenhang mit schulischen Anforderungen erlebten sie sich oft defizitär und hatten das Gefühl, eigene Stärken ungenügend zeigen zu können. Sie waren gefordert, mit Frustrationen und Enttäuschungen umzugehen. Auch die Auseinandersetzung mit Selbst- und Fremdbildern und die Verarbeitung von Stigmatisierungen und Benachteiligungen waren anspruchsvoll. Einige lernten, strategisch mit ihren Defiziten umzugehen, etwa durch »Nicht-Erwähnen der Defizite« oder mit »Kompensation durch Stärken«. Durch ihre unvermeidlichen Suchbewegungen und Abstimmungsprozesse zwischen inneren und äußeren Anforderungen lernten sie sich und ihre realen Möglichkeiten kennen und erweiterten ihre biografischen Kompetenzen. Die Fähigkeit, sich zu artikulieren, sich einzubringen, Unterstützungsbedarf zu erkennen und sich Hilfe und Informationen zu beschaffen, stellten weitere wichtige Voraussetzungen dar.

4.2 Bildungs- und erwerbsbezogene Ressourcen und Mitgestaltungsmöglichkeiten

In Bezug auf bildungs- und erwerbsbezogene Chancen ließ sich erkennen, dass das Niveau des realisierten Ausbildungsabschlusses auf der Sekundarstufe I für die Empfehlung einer Anschlusslösung durch die Einrichtung eine gewisse Rolle spielte (Vorselektion und Chancenzuweisung). Die intensive Begleitung bei der Berufswahl und die hohe Vermittlungsleistung durch die Einrichtung können als weitere wichtige Gelingensbedingungen erachtet werden (vgl. den quantitativen Teil). Gleichzeitig wurde deutlich, dass die Bildungsaspirationen der Eltern eine Rolle spielten. Dadurch, dass diese Mitverantwortung übernahmen, durch ihre Unterstützungsmöglichkeiten und Kontakte zur Wirtschaft konnten sie maßgeblich zur Chancenverbesserung beitragen. So unterstützten einige Eltern ihre Jugendlichen – teilweise gegen die Empfehlung der Fachpersonen – erfolgreich bei der Wahl einer höheren Ausbildung. Fehlte diese elterliche Unterstützung, fühlten sich die Jugendlichen alleingelassen und teilweise den Erwartungen der Fachpersonen ausgeliefert. Es entstand der Eindruck, dass die Unterstützung durch die

Eltern eine Ressource darstellt, die in der Praxis der Einrichtung zu wenig Berücksichtigung fand. Trotz zahlreicher kritischer Ereignisse während der beruflichen Ausbildung gelang es fast allen,[10] ihre Ausbildung abzuschließen. Als wichtige Gelingensbedingungen erwiesen sich zum einen die aktive Suche nach der Passung zwischen eigenen Möglichkeiten und den Anforderungen und die Nutzung von Unterstützungsangeboten, zum anderen die Verfügbarkeit von Unterstützung. Bei der Bewältigung der Leistungsanforderungen im Betrieb und in der Berufsschule waren die Unterstützung durch Ausbildungsverantwortliche, (Sozial-)Pädagogen und -Pädagoginnen, weitere Fachpersonen und die Eltern wichtig. Im Übergang in die Erwerbsarbeit erwies sich neben der emotionalen Begleitung und der Beratung auch die finanzielle Unterstützung (Transferleistungen, finanzielle Unterstützung durch die Eltern) als wichtige Voraussetzung, um die erforderlichen Such- und Verortungsprozesse erfolgreich bewältigen zu können. Dazu war wichtig, dass die Jugendlichen ihre Rechte und Unterstützungsmöglichkeiten kannten und auf Transferleistungen zur Überbrückung von Suchphasen oder zur Absicherung bei zu geringem Einkommen zurückgreifen und dass sie reale Arbeitsmarktchancen wahrnehmen konnten. Darüber hinaus zeigte sich, dass die Jugendlichen für diese Verortungsprozesse Zeit brauchten.

Wie bereits im quantitativen Teil sichtbar wurde, verweisen auch die qualitativen Daten auf unterschiedlich stabile Berufsintegrationsverläufe: Während die einen im Übergang in die Erwerbsarbeit die Erfahrung machten, dass sie im Arbeitsprozess nicht mithalten konnten, weil sie zu langsam waren oder weil ihre Ausbildungsabschlüsse nicht ausreichten, erlebten sich andere im Übergang in die Erwerbsarbeit zunehmend freier, kompetenter und »normaler«. Letztere verfügten in der Regel auch über eine höhere Berufsausbildung, die sie im »freien« Berufsbildungssystem absolviert hatten.

4.3 Soziale Ressourcen

Während des gesamten biografischen Verlaufs stellten vertrauensvolle Beziehungen zu relevanten Bezugspersonen eine weitere wichtige Bedingung dar. Dies konnten je nach Lebensphase Eltern, Geschwister, Paten, Ausbildnerinnen, Sozialpädagogen u.a sein. Deutlich wurde, wie wichtig die familiären Beziehungen während des ganzen Verlaufs blieben. Auch wenn Krisen und Überforderungen in der Familie zum Heimaufenthalt beigetragen hatten, blieben diese Beziehungen

---

[10] Ein junger Mann brach die Ausbildung ab, eine junge Frau trat in eine arbeitsmarktliche Maßnahme über, fand allerdings im Anschluss keinen Ausbildungsplatz.

sehr bedeutsam. Im Unterschied zu lebensphasenspezifischen Bezugspersonen waren diese Beziehungen über die Heimphase hinaus verfügbar und boten Kontinuität, Vertrautheit und Halt. Wo dieser Halt fehlte und Beziehungen abbrachen, ließen sich vermehrte Risiken erkennen. Neben emotionalem Halt boten ihnen die Bezugspersonen bei Bedarf auch finanzielle Unterstützung und eröffneten ihnen durch ihre Beziehungsnetze Chancen bei der Berufs- oder Arbeitsuche (vgl. oben). Geschwister übernahmen darüber hinaus eine wichtige Funktion in Bezug auf die Ermöglichung jugendtypischer Erfahrungen und bei der Vermittlung von Beziehungen zu Gleichaltrigen. Dies war für die Jugendlichen sehr zentral, da nicht alle nach dem Austritt über ein Beziehungsnetz außerhalb des Heimes verfügten.

Insgesamt zeigten die Ergebnisse, dass die Erlangung der Handlungsfähigkeit und die Mitgestaltung der Lebensbedingungen durch die jungen Menschen zentrale Voraussetzungen gelingender biografischer Verläufe darstellen. Hierbei sind die jungen Menschen auf vertrauensvolle Beziehungen und fachliche sowie finanzielle Unterstützung und auf reale Berufsbildungs- und Arbeitsmarktchancen angewiesen.

5 Die Leistungen des Sonderschulheims aus der Perspektive der ehemaligen Heimjugendlichen

Neben den biografischen Verläufen interessierten auch die Erfahrungen der Jugendlichen während des Heimaufenthaltes. Fast alle berichteten von einer schwierigen Lebensphase vor dem Heimeintritt, in der sie in der Familie und/ oder der Schule aus den unterschiedlichsten Gründen auffielen. Dies hatte eine Bewertung ihres Verhaltens als »störend«, »nicht genügend«, »beeinträchtigt« usw. zur Folge und führte schließlich zur Abklärung, Diagnose und Heimeinweisung. Aus Sicht der Jugendlichen waren sie im Heim, weil sie Probleme hatten und/oder machten. Über das Leben im Heim mit seinen Arrangements und Erziehungspraxen berichteten sie differenziert und auch kritisch, insbesondere dann, wenn sie ihre Bedürfnisse ungenügend wahrgenommen sahen.

5.1 »Diese drei Personen waren eigentlich das Wichtigste im Heim« (C45)

Der Aufbau von Beziehungen zu einer Bezugsperson im Heim wird auch in der Fachdiskussion vielfach als zentrale Gelingensbedingung für die Bewältigung des Heimaufenthalts und das jeweilige Arbeitsbündnis thematisiert (Hamberger 2008; Thiersch 1973). Die Aussagen der befragten Jugendlichen unterstreichen diesen Befund. Einen gelungenen Beziehungsaufbau beschrieben sie als Schlüsselerfahrung für die gelingende Integration im Heim. Nicht gefundenes Vertrauen und Bindungsunsicherheiten stellten Risikofaktoren dar, insbesondere für Jugendliche mit problematischen Beziehungserfahrungen. Es wurde deutlich, dass es nicht in allen Fällen gelang, im Sonderschulheim eine vertrauensvolle Beziehung aufzubauen. Teilweise erlebten sie die Bezugspersonen ambivalent: »als Gegner[11] und als Vertraute«. Einige beklagten die Einschränkung des Kontakts zur Familie.

5.2 »Ja du machst im Heim halt nicht das, was ein normales Kind zu Hause macht« (C45)

In der Beschreibung des Heimalltages zogen die Jugendlichen das Leben außerhalb des Heimes als Vergleichshorizont heran und konstruierten rückblickend einen Gegensatz zwischen der »normalen« beziehungsweise vertrauten und teilweise idealisierten Welt draußen und der »besonderen« Welt im Heim.

> Da draußen machst du einfach das, was du möchtest sozusagen, dann bist du frei, also im Heim, jetzt zum Beispiel, dort hast du nicht machen können, was du wolltest, das ist ja klar, sonst würde ja, sonst wäre es gar kein Heim. (C45)

Ein Leben im Heim bedeutet für sie, keine normale Kindheit und Jugendzeit zu erleben, es wurde häufig mit »eingeschränkt sein« und »nicht frei sein« assoziiert. Sie sahen durchaus ein, dass das Zusammenleben in der Einrichtung Regeln erforderte, um Orientierung zu geben und Chaos zu vermeiden. Deutlich kritisierten sie allerdings die Überregulierung des Alltags beziehungsweise von Zeit und Raum und das als unflexibel erlebte Regelwerk. Aus ihrer Sicht bestanden kaum Spielräume für eigene Erfahrungen, Privatheit, Rückzugsmöglichkeiten und Aushandlungsprozesse, was ein Jugendlicher als »nicht artgerechte Haltung« (C18) bezeichnete. Mit zunehmendem Alter fehlten ihnen Spielräume für jugendtypische Erfahrungen in »unpädagogischen« und selbst bestimmten Erfahrungsräumen. Sensibel reagierten sie auf ungenügende und nur scheinbar vorhandene Mitsprachemöglichkeiten: »Alle Entscheidungen werden dir vor die Füße gelegt« (C45). Als Metapher für seine im Heim erlernte Erfolgsstrategie nannte dieser Jugendliche: »Kopf runter und durch« (C45).

---

[11] Bzw. als Repräsentanten und Bevollmächtigte des Heims.

5.3 »Ich bin in der Schule besser geworden, was eigentlich ja der Sinn der Sache war« (C58)

Nach meist schwierigen Schulerfahrungen in der Regelschule erlebten insbesondere die Kinder und Jugendlichen mit Lernbeeinträchtigungen die Förderung in kleinen Gruppen und mit besonderem Lehrplan als positiv. Sie nahmen den Heimaufenthalt für sich als Option wahr, ihre schulischen Leistungen zu verbessern und damit der gesellschaftlichen Erwartung entsprechen zu können. Die tatsächliche Verbesserung der schulischen Leistungen stellte für sie ein Gradmesser für die Zufriedenheit mit ihrem Heimaufenthalt dar. Jugendliche ohne Lernbeeinträchtigungen, die sich als leistungsfähig wahrnahmen, aber im Zusammenhang mit einer zugeschriebenen Verhaltensauffälligkeit, ADHS-Diagnose oder festgestellter Kindswohlgefährdung das Schulheim besuchten, beklagten dagegen häufig die Nivellierung der Leistungen nach unten und die fehlende Anregung und Individualisierung. Insgesamt thematisierten die Jugendlichen kritisch, wie der Förderansatz – mit Näherrücken des Übergangs in die Berufsbildung – zunehmend in einen Ansatz des Forderns und der Anpassung an eine »äußere Realität« überging. Diese »äußere Realität«, die primär durch die Fachpersonen im Heim vermittelt wurde, diente gemäß ihren Einschätzungen zunehmend als Maßstab für die Abschätzung ihrer späteren schulischen und beruflichen Chancen. Ausgehend von den Defiziten der Jugendlichen, begleiteten die Fachpersonen die Jugendlichen dabei, ihre Wünsche herabzusetzen und sich anzupassen. Die Jugendlichen erlebten diesen Prozess der Abkühlung ihrer Bildungsaspirationen oft schmerzhaft, abwertend und selbstwertverletzend, was Widerstand oder Angst auslöste.

5.4 »Ich bin im Heim erwachsener geworden für die Arbeitswelt und so« (C70)

Die Jugendlichen bewerteten insgesamt die Möglichkeiten zur beruflichen Orientierung als sehr positiv. So konnten sie bereits frühzeitig beginnen, ihre Interessen auszuloten und Erfahrungen hinsichtlich beruflicher Anforderungen zu sammeln. Dieser praktische Bezug wurde als große Stärke des Einrichtungskonzepts wahrgenommen. Sie sahen sich gegenüber anderen Jugendlichen durch diese Erfahrungen im Vorteil:

> und ja, nachher beim Schnuppern, würde ich jetzt behaupten, die aus dem Sonderschulheim (...), sie arbeiten besser, als solche von auswärts (...) (C94)

Neben der intensiveren schulischen Förderung und der Berufsorientierung berichten die Jugendlichen auch davon, dass sie im Schulheim Durchhaltevermögen, Disziplin und die Fähigkeit erlernt hätten, an sie gestellte Anforderungen möglichst genau zu erfüllen. Das Einüben von Arbeitsmarkttugenden und der Anpassungsfähigkeit zielte darauf, ihnen den Anschluss an die Berufsbildung zu ermöglichen. Wenig berichtet wurde über Gelegenheiten, in denen ihre Stärken und Ressourcen gefragt waren und sie Zeit zur Auseinandersetzung damit hatten. Ebenso wurden aus Sicht der Jugendlichen nicht ausreichend Erfahrungsmöglichkeiten und Freiräume für die Auseinandersetzung mit jugendtypischen Themen und den Erwerb von Lebensführungskompetenzen zur Verfügung gestellt. Diese Begrenzung des Erfahrungsraums führte dazu, dass sie sich in Bezug auf jugendtypische Erfahrungen, etwa im Umgang mit neuen Medien, Konsum, Freundschaften und Sexualität, in ihrer Entwicklung verzögert wahrnahmen.

6 Heimerfahrungen im Lichte bewältigter Übergänge in die Selbstständigkeit

Sowohl die qualitativen als auch die quantitativen Ergebnisse verweisen insgesamt auf unterschiedliche Verläufe auf dem Weg in die Selbstständigkeit. Unter der Zielperspektive der beruflichen Integration, die von der Einrichtung als wichtiges Kriterium für die selbstständige Lebensführung verfolgt wird, stellen der Schulabschluss und die berufliche Ausbildung wesentliche Schritte dar. Hierzu leistet die untersuchte Einrichtung einen wichtigen Beitrag zur beruflichen Integration. Wie gezeigt, erreichten 71 Prozent der untersuchten Gruppe einen Schulabschluss auf Regelschulniveau. Nur 13 Prozent traten oder treten in eine unsichere Zwischenlösung über. Einer großen Mehrheit gelang es, eine berufliche Ausbildung zu beginnen (87%). Mehr als die Hälfte begann eine Ausbildung im »freien« Berufsbildungsmarkt, weniger als die Hälfte absolvierte eine IV-unterstützte Ausbildung. Von den jungen Erwachsenen, die sich zum Zeitpunkt der Befragung im Übergang in die Erwerbsarbeit befanden, gelang rund der Hälfte die berufliche Integration trotz erschwerter Bedingungen relativ problemlos *(Gruppe in Erwerbsarbeit ohne Transferleistungen)*. Die andere Hälfte war aus unterschiedlichen Gründen auf einkommensergänzende oder -ersetzende Transferleistungen angewiesen *(Gruppe mit Transferleistungen)*: zur Überbrückung finanzieller Engpässe im Übergang oder zur Stabilisierung einer langfristigen prekären Erwerbssituation.

Obwohl die quantitativen Ergebnisse auf deutliche Unterschiede zwischen der *Gruppe in Erwerbsarbeit ohne Transferleistungen* und der *Gruppe mit Transferleistungen* verwiesen, schätzte die Mehrheit der befragten Jugendlichen ihre

Verläufe zwar durchaus kritisch, aber als gelingend ein. Sie waren stolz darauf, dass sie die bisherigen Herausforderungen trotz Umwegen und Enttäuschungen bewältigen konnten, und sie hatten das Gefühl, sich – wenn auch mit Verspätung – noch beruflich integrieren zu können. In den biografischen Verläufen auf dem Weg in die Selbstständigkeit ließen sich ferner Hinweise auf wichtige Gelingensbedingungen für die Bewältigung von Benachteiligungen und diskontinuierlichen Bildungsverläufen erkennen. Zum einen erwiesen sich der Schul- und der Berufsabschluss als wichtige Anschlusskriterien. Zum anderen war entscheidend, dass die Jugendlichen Chancen wahrnehmen und ihre Verläufe aktiv (mit-)gestalten und zur Herstellung ihrer Handlungsfähigkeit bei Bedarf auf soziale Ressourcen und professionelle Unterstützung zurückgreifen konnten. Wer sich nicht einbringen konnte und/oder sich als »Opfer« institutioneller Handlungslogiken sah, schien hilflos, wenn die Unterstützung fehlte oder abnahm.

Vor dem Hintergrund der vorgestellten Ergebnisse stellen sich Fragen nach dem Beitrag der Einrichtung zur Bewältigung der biografischen Verläufe. Das sonderpädagogische Schulheim setzt sich zum Ziel, zur sozialen und beruflichen Integration der Jugendlichen beizutragen. Dazu nimmt die Einrichtung einen Bildungs- und Erziehungs- und einen Vermittlungsauftrag wahr. Wie in der Befragung der Jugendlichen – aber auch der Professionellen – erkennbar wurde, fokussieren die schulischen, therapeutischen und sozialpädagogischen Handlungspraxen mit zunehmendem Alter der Jugendlichen auf die Berufsintegration. Handlungsleitend für die Professionellen sind dabei Vorstellungen der »beruflichen Realität« und das Motto »Hauptsache eine Lehrstelle«. Mit dem Erreichen eines Berufsabschlusses wird die gelingende gesellschaftliche Integration assoziiert. Die Jugendlichen werden darauf vorbereitet, dass sie aufgrund individueller Schwierigkeiten und struktureller Benachteiligung mit erhöhten Bewältigungsanforderungen konfrontiert sein werden. Um den Anschluss dennoch zu sichern, werden die Jugendlichen auf eine erhöhte Anpassungsbereitschaft vorbereitet. Gearbeitet wird an der Fähigkeit, die eigenen Erwartungen herabzusetzen und sich mit weniger Optionen zu begnügen. Gleichzeitig werden Arbeitserfahrungen ermöglicht und Arbeitsmarkttugenden eingeübt, um »fit für den Arbeitsmarkt« zu werden. Die konzeptionelle Ausrichtung aller Arbeitsbereiche auf die Förderung der Berufswahl und die hohe Vermittlungsleistung der Einrichtung erhöhen zweifellos die Chancen auf eine Berufsausbildung. Gleichzeitig verweisen die Ergebnisse der Studie aber darauf, dass angesichts der starken Konzentration der Einrichtung auf die Förderung der beruflichen Integration andere Ziele tendenziell vernachlässigt werden, welche die soziale Integration und die Lebensbewältigung betreffen. Aus Sicht der Jugendlichen führt dies zu zahlreichen Bewältigungsschwierigkeiten im Anschluss an die Einrichtung, weil beispielsweise die Auseinandersetzung mit jugendtypischen Erfahrungen in der Einrichtung zu kurz kam. Ferner zeigen die Ergebnisse zum Übergang in die Erwerbsarbeit, dass die jungen Menschen bei der Verortung im Arbeitsmarkt auf ein hohes Maß an Selbststeuerungskompetenzen angewiesen sind. Ausgehend von den Ergebnissen einerseits, von den zentralen Veränderungen im Arbeits- und Berufsbildungsmarkt und den damit verbundenen Herausforderungen (Stauber & Walther 2011) andererseits, muss kritisch geprüft werden, ob die Orientierung in der Einrichtung und die damit verbundenen Handlungsansätze nicht zu kurz greifen. Zwar gilt Erwerbsarbeit in unserer Gesellschaft nach wie vor als zentrale Grundlage für die berufliche Integration und die gesellschaftliche Teilhabe, die Ausrichtung daran ist zweifellos auch in Jugendhilfemaßnahmen wichtig. Bezieht man allerdings mit ein, dass die Vollbeschäftigung längst keine Realität mehr ist und ein hoher Anteil von Arbeitnehmenden zunehmend mit Phasen von Arbeitslosigkeit, Unterbeschäftigung und prekären Anstellungsverhältnissen rechnen muss, stellt sich die Frage nach bewältigungsrelevanten Kompetenzen neu. Ebenso verweisen Verlaufsstudien zum Übergang von der Schule in die Erwerbsarbeit der letzten 15 Jahre auf zentrale Veränderungen und neue Risiken (Meyer 2005, 2009; Oehme 2008): Ein erhöhter Wettbewerb um Ausbildungsplätze, das Wegfallen von einfacheren Ausbildungen, erhöhte Ausbildungsanforderungen, vermehrt diskontinuierliche Verläufe sind Ausdruck dieser Veränderungen. Verbunden damit sind erhöhte Ausgrenzungsrisiken zu beobachten (z.B. Bertschy, Böni & Meyer 2007; Hupka 2004; Haeberlin, Imdorf & Kronig 2005; Schaffner 2007). Wenn die Verläufe immer ungewisser, diskontinuierlicher und damit risikoreicher und offener werden, sind Jugendliche vermehrt gefordert, ihre Prozesse aktiv mitzugestalten und eine Passung zwischen eigenen Möglichkeiten und Anforderungen herzustellen. Dies erfordert vermehrt Orientierungskompetenzen, Kompetenzen zur Steuerung der eigenen Bildungs- und Arbeitsintegrationsprozesse sowie erhöhte Bewältigungskompetenzen, um auch in Phasen von biografischen Brüchen und Unsicherheiten handlungsfähig zu bleiben und sich bei Bedarf Unterstützung zu holen. Nach Krafeld heißt gelingende Lebensbewältigung für junge Menschen »nicht mehr, gradlinige und in sich stringente Erwerbsbiografien zu entfalten und sich darüber zu definieren, sondern eine Lebensentfaltung unter Einschluss bruchhafter Erwerbsbiografien hinbekommen zu müssen« (Krafeld 2008, S. 43). Das setze zum einen eine ganzheitlichere und weniger erwerbsarbeitszentrierte Lebensorientierung voraus, und zum anderen erfordere es als zentrale Bewältigungskompetenz das »Suchen-Lernen« (a.a.O., S. 42). Lebensweltorientierte Förderungen zielt nach Krafeld auf »die Förderung von Lebensentfaltung und Lebensbewältigung unter Bedingungen, in denen gelingende berufliche Integration zwar ungeschmälert wichtig, in denen deren tatsächliche Realisierung aber immer ungewisser geworden ist« (a.a.O., S. 49). Ausgangspunkt eines lebensweltorientierten Ansatzes sind die individuellen

Erfahrungen, Bedürfnisse und Möglichkeiten der Jugendlichen und jungen Erwachsenen. Neben der Begleitung von Anpassungs- und Abkühlungsprozessen sowie der Konfrontation mit der Realität müsste die Nutzung von Spielräumen und Potenzialen verstärkt in den Blick genommen werden. Aus der biografischen Perspektive müssen die Jugendlichen darin gefördert werden, auf ihre Stärken zu setzen und mit den erlebten Stigmatisierungen umzugehen, ihre Rechte und Unterstützungsmöglichkeiten zu kennen und Fähigkeiten zu entwickeln, sodass sie ihre Bildungsverläufe trotz erschwerter Bedingungen aktiv mitgestalten können (Schaffner & Gerber 2011; Rein & Schaffner 2011). Hierfür sind Rahmenbedingungen in den Jugendhilfeeinrichtungen, den IV-unterstützten Ausbildungen und insgesamt beim Übergang in die Erwerbsarbeit erforderlich, die Raum für eigensinnige biografische Erfahrungen und Reflexionen eröffnen. Weiterhin sind auch Bezugspersonen zentral, die an die Potenziale der Jugendlichen glauben und sie auf unkonventionellen Wegen begleiten und ermutigen.

Ziel dieses Beitrags war es nicht, die zentrale Bedeutung der beruflichen Integration in Abrede zu stellen. Vielmehr geht es darum, den Blick für neue »Realitäten im Übergang in die Selbstständigkeit« zu schärfen und die Frage nach neuen und/oder vernachlässigten Förderaspekten zu stellen. Damit verbunden, müssten auch Kriterien des Erfolgs kritisch reflektiert werden. Zu prüfen wäre in der untersuchten sozial- und sonderpädagogischen Einrichtung außerdem, wie der Schwerpunkt von einer stark erwerbsarbeitszentrierten auf eine stärker lebensweltorientierte Förderung beruflicher und sozialer Integration verlegt werden könnte und welche Aufgabe dabei der Sozialpädagogik zukommt.

Literatur

Baur, Dieter, Finkel, Margarete, Hamberger, Matthias, Kühn, Axel D. & Thiersch, Hans (2002): Leistungen und Grenzen von Heimerziehung: Ergebnisse einer Evaluationsstudie stationärer und teilstationärer Erziehungshilfen. Forschungsprojekt Jule (2. Auflage). Stuttgart: Kohlhammer (Schriftenreihe des Bundesministeriums für Familie, Senioren, Frauen und Jugend [BMFSFJ], Bd. 170.
Bertschy, Kathrin, Böni, Edi & Meyer, Thomas (2007): An der zweiten Schwelle. Junge Menschen im Übergang zwischen Ausbildung und Arbeitsmarkt. Ergebnisübersicht des Jugendlängsschnitts TREE, Update 2007. Online: www.bbaktuell.ch/pdf/bba 4380a.pdf (Zugriff: 30.4.2012).
Bitzan, Maria, Bolay, Eberhard & Thiersch, Hans (2006): Die Stimme der Adressaten. Empirische Forschung über Erfahrungen von Mädchen und Jungen mit der Jugendhilfe. Weinheim: Juventa.
Blülle, Stefan (1996): Außerfamiliäre Plazierung. Ein Leitfaden für zuweisende und plazierungsbegleitende Fachleute. Zürich: Schweizerischer Fachverband für Sozial- und Heilpädagogik (SVE).

Brumlik, Micha (2004): Advokatorische Ethik. Zur Legitimation pädagogischer Eingriffe (2. Auflage). Berlin: Philo.
Fehlmann, Maja, Häfeli, Christoph & Wagner, Antonin (1987): Stationäre und sonderpädagogische Einrichtungen. In: Fehlmann, Maja, Häfeli, Christoph & Wagner, Antonin (Hrsg.): Handbuch Sozialwesen Schweiz. Herausgegeben von der Schweizerische Landeskonferenz für Sozialwesen LAKO (S. 349–360). Zürich: Pro Juventute.
Finkel, Margarete (2004): Selbstständigkeit und etwas Glück. Einflüsse öffentlicher Erziehung auf die biografischen Perspektiven junger Frauen. Weinheim: Juventa.
Gehres, Walter (1997): Das zweite Zuhause. Lebensgeschichte und Persönlichkeitsentwicklung von Heimkindern. Opladen: Leske + Budrich.
Graßhoff, Gunther (2008): Theoretische Überlegungen zu einem empirischen Programm sozialpädagogischer Adressatenforschung. Neue Praxis, Jg. 38, Heft 4, 399–408.
Haeberlin, Urs, Imdorf, Christian & Kronig, Winfried (2005): Verzerrte Chancen auf dem Lehrstellenmarkt. Untersuchungen zu Benachteiligungen von ausländischen und von weiblichen Jugendlichen bei der Suche nach beruflichen Ausbildungsplätzen in der Schweiz. Zeitschrift für Pädagogik, 51. Jg., Heft 1, 116–134.
Hamberger, Matthias (2008): Erziehungshilfekarrieren – belastete Lebensgeschichte und professionelle Weichenstellungen. Frankfurt am Main: IGfH-Eigenverlag.
Harder, Annemiek T., Köngeter, Stefan, Zeller, Maren, Knorth, Erik J. & Knot-Dickscheit, Jana (2011): Instruments for research on transition. Applied methods and approaches for exploring the transition of young care leavers to adulthood. Children and Youth Services Review, Vol. 33, No. 12, 2431–2441.
Hirtz, Melanie, Pfister, Andreas, Piller, Edith Maud & Schnurr, Stefan (2007): Evaluation des Programms »Berufsvorbereitungsklasse« des Kantonalen Jugendheims Aarburg. Soziale Innovation, 2. Jg., 26–30.
Hupka, Sandra (2004): Junge Migrantinnen und Migranten beim Übergang von der Sekundarstufe I in die Sekundarstufe II. In: Schweizerische Konferenz der Gleichstellungsbeauftragten (Hrsg.): Achtung Gender. Ausbildungsverhalten von Mädchen und jungen Frauen. Tipps und Trends. Lehrstellenprojekt 16+. Bern: Schweizerischer Verband für Berufsberatung (SVB).
Krafeld, Franz Josef (2008): Lebensweltorientierte Jugendberufshilfe. In: Schneider, Klaus (Hrsg.): Bildung und Qualifizierung jugendlicher Arbeitsloser. Theorie und Praxis der Jugendberufshilfe. Luxemburg: Inter-Actions.
Meyer, Thomas (2005): An der zweiten Schwelle: Junge Menschen im Übergang zwischen Ausbildung und Arbeitsmarkt. Ergebnisübersicht des Jugendlängsschnitts TREE, Stand 2004. Online: www.bbaktuell.ch/pdf/bba3372.pdf (Zugriff: 30.4.2012).
Meyer, Thomas (2009): Wie geht es weiter nach der Schule? Uni Nova – Wissenschaftsmagazin der Universität Basel., 112. Jg., Juni, 6–8.
Normann, Edina (2005): »Wenn man wollte, konnte man es durchhalten!« Erzieherische Hilfen aus Nutzersicht. In: Oelerich, Gertrud & Schaarschuch, Andreas (Hrsg.): Soziale Dienstleistungen aus Nutzersicht. Zum Gebrauchswert Sozialer Arbeit (S. 28–48). München: Reinhardt.
Oehme, Andreas (2009): Jugend im Übergang in Arbeit. In: Schulze-Krüdener, Jörgen (Hrsg.): Lebensalter und Soziale Arbeit. Band 3: Jugend (S. 252–272). Baltmannsweiler: Schneider-Verlag Hohengehren.

Piller, Edith (2004): Berufliche Ausbildung von Jugendlichen in der stationären Jugendhilfe in der Schweiz. Eine Bestandesaufnahme. Brugg: Fachhochschule Aargau Nordwestschweiz. Departement Soziale Arbeit.

Rahn, Peter (2005): Übergang zur Erwerbstätigkeit. Bewältigungsstrategien Jugendlicher in benachteiligten Lebenslagen. Wiesbaden: VS Verlag für Sozialwissenschaften.

Rein, Angela & Schaffner, Dorothee (2011): Prekäre Übergänge in Arbeit. Herausforderungen angesichts von Normalitätskonstruktionen und Arbeitsmarktlogik. Sozial Extra, Heft 7/8, 25–28.

Schaffner, Dorothee (2007): Junge Erwachsene zwischen Sozialhilfe und Arbeitsmarkt. Biografische Bewältigung von diskontinuierlichen Bildungs- und Erwerbsverläufen. Bern: hep.

Schaffner, Dorothee & Gerber, Susanne (2011): Übergänge gestalten. Handlungsansätze zur Begleitung von jungen Erwachsenen. Sozial Aktuell, 43. Jg., Heft 2, 19–21.

Schönbächler, Marianne & Zubler, Charlotte (2010): Step I – Befragung zur Situation der Aargauer Schulabgängerinnen und -abgänger am Ende der Volksschulzeit. Aarau: Kanton Aargau. Online: https://www.ag.ch/media/kanton_aargau/dfr/dokumente_3/statistik/publikationen/statistikthemen/15_bildung/mittelschule/STEP_I_2010.pdf (Zugriff: 30.4.2012).

Schütze, Fritz (1981): Prozessstrukturen des Lebenslaufes. In: Matthes, Joachim (Hrsg.): Biografie in handlungswissenschaftlicher Perspektive (S. 67–156). Nürnberg: Verlag der Nürnberger Forschungsvereinigung.

Schütze, Fritz (1983): Biographieforschung und narratives Interview. Neue Praxis. Kritische Zeitschrift für soziale Arbeit und Sozialpädagogik, 13. Jg., Heft 3, 283–293.

Stauber, Barbara & Walther, Andreas (2011): Übergänge in den Beruf. In: Otto, Hans-Uwe & Thiersch, Hans (Hrsg.): Handbuch Soziale Arbeit. Grundlagen der Sozialarbeit und Sozialpädagogik (S. 1703–1715). München: Reinhardt.

Strauss, Anselm L. & Corbin, Juliet M. (1996): Grounded Theory: Grundlagen Qualitativer Sozialforschung. Weinheim: Beltz PsychologieVerlagsUnion.

Thiersch, Hans (1973): Institution Heimerziehung. In: Giesecke, Hermann (Hrsg.): Offensive Sozialpädagogik (S. 56–69). Göttingen: Vandenhoeck & Ruprecht.

Wolf, Klaus (2007): Metaanalyse von Fallstudien erzieherischer Hilfen hinsichtlich von Wirkungen und »wirkmächtigen« Faktoren aus Nutzersicht. Münster: ISA (Wirkungsorientierte Jugendhilfe. Band 4). Online: www.uni-siegen.de/fb2/mitarbeiter/wolf/files/download/wissveroeff/isa_studie.pdf. (Zugriff: 30.4.2012).

Vergemeinschaftungsprozesse als vergessene Dimension der stationären Jugendhilfe
Eine ethnografische Fallstudie

Mandy Schöne, Antje Sommer und Annegret Wigger

Im Rahmen einer international vergleichenden empirischen Studie an der FHS St. Gallen zu Hilfekarrieren gewaltauffälliger Jugendlicher wurde deutlich, dass zentrale Wendepunkte in den Biografien dieser Jugendlichen immer auch durch Begegnungen mit anderen Jugendlichen in ambulanten oder stationären Hilfesettings ausgelöst wurden (vgl. Wigger, Sommer & Stiehler 2010). Dieser Befund veranlasste das Forschungsteam, die Frage zu stellen, in welcher Weise pädagogisches Handeln in stationären Jugendhilfesettings die unterschiedlichen Beziehungskonstellationen tatsächlich in den Blick nimmt und bearbeitet. Dabei interessierte insbesondere, wie das Beziehungsgeschehen unter den Jugendlichen im (Zwangs-)Kontext der stationären Jugendhilfe ihre individuelle Entwicklung prägt und wie dieses Geschehen durch andere Faktoren wie zum Beispiel das Zusammenspiel zwischen Jugendlichen und professionellen Akteur/innen oder die jeweiligen Organisationsstrukturen beeinflusst wird. Im vorliegenden Beitrag werden Ergebnisse aus dem im Rahmen eines vom Schweizerischen Nationalfonds (SNF) finanzierten Grundlagenforschungsprojektes dargestellt.[1] Im ersten Teil des Beitrages wird der theoretische Zugang und, daraus abgeleitet, das methodische Design des Forschungsprojekts erläutert. Im zweiten Teil werden anhand einer abgeschlossenen Fallstudie zu einer stationären Jugendeinrichtung Vergemeinschaftungsprozesse vorgestellt und abschließend in ihrer Bedeutung für die professionelle Gestaltung der stationären Jugendhilfe und für die Weiterentwicklung der Jugendhilfeforschung diskutiert.

---

[1] Das Forschungsprojekt mit dem Titel »Vergemeinschaftung in stationären Einrichtungen und ihre Bedeutung für die individuelle Autonomieentwicklung im Jugend- und Altersbereich« – mit einer Laufzeit von drei Jahren (2009–2012) und bewilligt von der Abteilung Geistes- und Sozialwissenschaften des SNF – untersucht die hier im Text vorgestellte Frage in vergleichender Weise zwischen unterschiedlichen Einrichtungsformen im Alters- und Jugendbereich. Im vorliegenden Beitrag werden entlang einer Fallstudie aus dem Jugendbereich Schlussfolgerungen für die stationäre Jugendhilfe gezogen.

1 Theoretischer und methodischer Zugang zum Phänomen Vergemeinschaftung in der stationären Jugendhilfe

In der sozialpädagogischen Tradition der Heimerziehung lassen sich schon früh grob drei verschiedene Ausrichtungen stationärer Betreuungsformen unterscheiden: 1. das Heim als alternative Gemeinschaft zur Primärgruppe Familie, zum Beispiel in den Ansätzen der Reformpädagogik (vgl. Bernfeld 1925) oder der sozialistisch bzw. demokratisch geprägten Kollektiverziehung (vgl. Makarenko 1982; Neill 2001; Liegle 1971); 2. das Heim als Familienersatz (vgl. z.B. Pestalozzi 1975; Wichern 1958); 3. das Heim als therapeutisches Milieu (vgl. z.B. Aichhorn 1951; Bettelheim 2007). Die verschiedenen Konzepte, die sich aktuell in unterschiedlichsten Spielarten in den Angeboten der stationären Jugendhilfe wiederfinden, beinhalten verschiedene Vorstellungen darüber, über welche Gemeinschaftsformen gelingendes Aufwachsen am besten unterstützt und die deautonomisierende Wirkung von totalen Institutionen (vgl. Goffman 1972) verhindert werden kann.

Unabhängig von ihrer Größe und Form, werden in jeder Jugendhilfeeinrichtung in irgendeiner Weise »stellvertretende Lebensräume inszeniert« (Wigger 2007), in denen Jugendliche mit anderen Jugendlichen ihre Lebenszeit teilen (müssen). Die jeweilige Alltagsstrukturierung erzeugt eine geteilte »soziale Lebenswelt« (vgl. Hitzler & Honer 1988), die für die individuelle Lebensqualität im Hier und Jetzt und für die individuellen Entwicklungschancen der Jugendlichen eine wichtige Rolle spielt. So wichtig diese geteilte Erlebniswelt im Erleben der Jugendlichen ist, so wenig weiß man jedoch – abstrakt gesprochen – über die Herstellungsregeln und über die Auswirkungen dieser Erlebniswelt auf die Jugendlichen. Welche Rolle spielen eigentlich die Jugendlichen für- und miteinander in der Erzeugung einer ganz konkreten Erlebniswelt in einer stationären Einrichtung, und welchen Einfluss haben die professionellen Akteur/innen auf diesen Herstellungsprozess? Bei der Sichtung der aktuellen Forschungsliteratur wurde deutlich, dass hier eine Forschungslücke klafft.[2] Im Zentrum aktueller

---

[2] Im deutschen Sprachraum liegt die wichtigste Phase der empirischen Auseinandersetzung mit den Funktionen und Leistungen der Heimerziehung im Rahmen der Jugendhilfe mittlerweile fast zwei Jahrzehnte zurück. Gerade in den 90er-Jahren des letzten Jahrhunderts wurden grundlegende Untersuchungen im Hinblick auf stationäre Einrichtungen durchgeführt. Die Heimerziehungsforschung der 90er-Jahre vollzog dabei einen paradigmatischen Wechsel, indem sie in den Wirkungsanalysen die Ausgangssituationen bzw. die vorhandenen Ressourcen mit den jeweiligen individuellen Bedürfnissen der Kinder und Jugendlichen in Verbindung brachte. Die Heimforschung berücksichtigte zunehmend die Perspektiven der von Fremderziehung betroffenen Kinder und Jugendlichen (u.a. Hansen 1994; Bürger 1995; Hartmann 1996; Gehres 1997; Schmidt et al. 2002). Mit diesem Fokus wurden folgende Fragen untersucht: Bedingungen und Genese des Scheiterns von Heimerziehung (Freigang

Heimforschung stehen in erster Linie Wirksamkeitsstudien und Untersuchungen über die Auswirkungen professionellen Handelns auf den Verlauf der Karriere von Jugendlichen. Die angesprochene Forschungslücke scheint einherzugehen mit einer Trendwende in der Heimerziehung, die man grob als eine Verschiebung von gruppenpädagogischen zu individualpädagogischen Ansätzen bezeichnen könnte. Auch wenn im stationären Jugendbereich methodische Spielarten sozialer oder therapeutisch ausgerichteter Gruppenarbeit immer noch zu finden sind (vgl. Gängler 2000, S. 213f.), wird der Gemeinschaft als Ganzem konzeptionell – anders als bei den oben erwähnten sozialistischen, reformpädagogischen oder demokratischen Ansätzen – weder professionelle noch wissenschaftliche Aufmerksamkeit geschenkt.[3] Vor dem Hintergrund, dass die Bedeutung von Peers für die jugendliche Entwicklung unbestritten ist, wirkt das überraschend. Lediglich Wolf (1999) verweist in seiner Analyse der »Machtprozesse in der Heimerziehung« darauf, dass die Zugehörigkeit zur Heimgruppe für Kinder und Jugendliche eine zentrale Bedeutung hat und sich dies in einer »Fixierung auf die Heimgruppe« (a.a.O., S. 71) manifestieren kann.[4] Die zunehmende Bedeutung

---

1986); Lebenserfahrungen und Lebensentwürfe heimentlassener junger Erwachsener (Wieland 1992); Heimerziehung als kritisches Lebensereignis (Lambers 1996). Aktuelle Ergebnisse zur retrospektiven Selbstsicht von ehemaligen Heimjugendlichen auf ihre Lebensbewältigung und Lebensbewährung liefert die Untersuchung von Stecklina (2002). Die wohl umfassendste Studie zu Leistungen und Grenzen erzieherischer Hilfen wurde im Rahmen des Forschungsprojekts »Jule« (Baur et al. 1998) erbracht, in der eine repräsentative (Jugendamts-)Aktenanalyse mit Einzelfallstudien ehemals in Hilfen zur Erziehung betreuter junger Menschen verknüpft wurde. Die professionelle Sichtweise auf Hilfeverläufe wurde der Subjektperspektive der Betroffenen gegenübergestellt. In der Schweiz wird zurzeit eine umfangreiche Wirkungsanalyse im Bereich des Jugendmaßnahmenvollzugs durchgeführt. Das Projekt folgt einem in Ulm bereits erprobten Modell und verfolgt ein doppeltes Ziel: (a) Optimierung von Entscheidungen zu jugendstrafrechtlichen Maßnahmen, (b) kontinuierliche Evaluierung der pädagogischen Maßnahmen (vgl. EJPD 2011). Auch die Metaanalysen von ausgewählten Studien durch Gabriel, Keller und Studer (2007) bzw. ausgewählter Fallstudien durch Wolf (2007) hinsichtlich der Wirkungen erzieherischer Hilfen geben kaum Aufschluss bezüglich der Peergroup im (Zwangs-)Kontext Heimerziehung. Jugendhilfe versteht sich in ihren methodischen Zugängen bis heute vorrangig als individualisierend, und entsprechend finden angemessene Konzepte jenseits des Einzelnen wenig bis keine Berücksichtigung in der aktuellen Praxis der Sozialpädagogik. Oder, wie Michael Winkler (2003) sehr treffend formuliert: »Obwohl es zum Alltag der Sozialpädagogik gehört, mit mehr oder wenigen festen Gruppenzusammenhängen zu arbeiten, entspricht dies somit nur noch bedingt dem fachlichen Selbstverständnis« (S. 218).

[3] Bei der Literaturrecherche fiel auf, dass der Begriff »Gemeinschaft« aus dem sozialpädagogischen Repertoire verschwunden zu sein scheint, und der Begriff »Gruppe« zunehmend durch den Netzwerkbegriff ersetzt wird (vgl. Gängler 2000).

[4] Auch Böllert (2001) verweist in ihrem Überblicksartikel zum Thema »Gemeinschaft« darauf, dass, quantitativ betrachtet, in der Sozialpädagogik nur noch singuläre Auseinandersetzungen mit dem Gemeinschaftsbegriff geführt werden. Eine Ausnahme bildet Brumlik (1989), der sich auf Kohlbergs »Just Community«-Ansatz stützt und Sozialpädagogik als eine Kunst versteht, die »im Medium der Gemeinschaft zur Gemeinschaft bildet« (Böllert 2001, S. 645).

der individuellen Hilfeplanung im Rahmen von Heimerziehung kann stellvertretend für diese Verschiebung stehen, da aus dieser Perspektive der Aufenthalt in einer Einrichtung in ein Mittel für die individuelle Zielerreichung umgedeutet wird und damit möglicherweise die Eigenständigkeit des stationären Settings als Lebenswelt mit seinen vielfältigen Wirksamkeiten unterschätzt wird. Vor dem Hintergrund dieser Auslegeordnung wurden im Forschungsprojekt folgende Fragen fokussiert:

- Welche Spielarten von Vergemeinschaftung zwischen Jugendlichen zeigen sich in unterschiedlichen stationären Jugendhilfeeinrichtungen?
- Wie und allenfalls durch wen werden diese erzeugt bzw. hergestellt?
- Welche Chancen auf individuelle Autonomieentwicklung für Jugendliche eröffnen die einzelnen Vergemeinschaftungsformen?

Der Begriff »Vergemeinschaftung« geht zurück auf Tönnies (1887) und Weber (1956) und verweist auf das im Forschungsprojekt angelegte Erkenntnisinteresse an den konkreten Prozessen und Formen von Vergemeinschaftung, die sich, wie auch immer, zwischen Jugendlichen im Rahmen stationärer Settings realisieren.[5] Da die Jugendlichen in einem konkreten Gebäude zusammenwohnen und Teile des Alltags miteinander verbringen, sind sie gezwungen, sich in irgendeiner Weise aufeinander zu beziehen. Beobachtungsgegenstand von Vergemeinschaftungsprozessen sind vor diesem Hintergrund die laufend stattfindenden Interaktionen – also nach Weber (1956) das soziale Handeln – aller Beteiligten in einer stationären Einrichtung. Um Aussagen über spezifische Merkmale unterschiedlicher Vergemeinschaftungsprozesse auch im Hinblick auf die individuelle Autonomieentwicklung machen zu können, wurde für die Analyse des empirischen Materials das Figurationskonzept von Elias (1970, 1976, 1987) hinzugezogen.

Nach Elias sind Menschen »durch unzählige und die verschiedensten Interdependenzen – angefangen bei familiären bis zu zwischenstaatlichen Beziehungen – miteinander verflochten; sie bilden soziale Figurationen, und die Gestalt dieser Figurationen bestimmt in hohem Maße ihre individuelle Lebensführung« (Goudsblom 1984). Aus der Verflechtung der Pläne, Handlungen, emotionalen und rationalen Regungen der einzelnen Menschen, die freundlich oder feindlich ineinandergreifen, ergibt sich eine spezifische Verflechtungsordnung, eine »Fi-

---

[5] Weber unterscheidet zwei Grundformen sozialer Beziehungen, die Vergemeinschaftung und die Vergesellschaftung. Unter Vergemeinschaftung versteht er die Einstellung subjektiv gefühlter Zusammengehörigkeit der Beteiligten, verbunden mit einer wechselseitigen Orientierung der Einzelindividuen aufeinander. Vergemeinschaftung als bestimmte Form der Ordnung besteht demnach nur so lange, wie es ein wechselseitiges, soziales Handeln gibt (vgl. Weber 1956).

guration« (vgl. Elias 1976). Diese bringt einerseits Möglichkeiten zum Handeln hervor und setzt andererseits den individuellen Handlungen Grenzen. Die individuelle Erfahrungswelt trifft auf eine Umwelt und Mitwelt, innerhalb deren sich die Subjektivität eines Menschen überhaupt erst als solche herausbildet. Das Figurationskonzept von Elias bietet die Möglichkeit, das Zusammenspiel von strukturierten Figurationen, die sich durch einen hohen Formalisierungsgrad wie zum Beispiel ein Organigramm, verschriftlichte Leitbilder und Regeln usw. auszeichnen, und sozialen Figurationen, die sich in gelebten Interaktionen zwischen den Individuen ausdrücken, empirisch-analytisch einzufangen. Die Analyse einer konkreten Figuration ermöglicht es, das Interdependenzgeflecht auf seine »Wir-Ich-Balance« zu untersuchen – die relative Autonomie und die relative Abhängigkeit der Menschen in ihren Beziehungen (vgl. Elias 1987). In der gruppendynamischen Forschung ist das Konzept der »Wir-Ich-Balance« weiter ausdifferenziert worden. Zentrale Dimensionen, über die sich in Gruppen eine je spezifische »Wir-Ich-Balance« beschreiben lassen, sind nach König (2001) Zugehörigkeit, Macht und Intimität. Jugendliche in stationären Einrichtungen müssen sich als Einzelne in ihrem sozialen Handeln in irgendeiner Weise auf diese drei Themen beziehen. Der Begriff »Zugehörigkeit« verweist auf das Verhältnis einer einzelnen Person zu mehreren anderen, während der Begriff der »Intimität« den Beziehungsspielraum zwischen einzelnen Personen charakterisiert. Die »Machtthematik« verweist demgegenüber auf das Interdependenzgeflecht sowohl zwischen einzelnen Personen als auch zwischen einer Person und mehreren anderen (vgl. Amann 2001; Antons 2001).

Damit lassen sich die drei Dimensionen unmittelbar auf die Charakterisierung der zu untersuchenden strukturierten und sozialen Figurationen anwenden, denn nicht nur innerhalb jeder sozialen Figuration, also in einem konkreten Interaktionsgeflecht, werden diese drei Themen auf irgendeine Art ausgehandelt, sondern auch die strukturierte Figuration einer Organisation regelt diese Bereiche mit, und sei es nur dadurch, dass sie auf Regelungen verzichtet. Man kann davon ausgehen, dass das Zusammenspiel von strukturierter und sozialer Figuration in einer stationären Jugendhilfeeinrichtung die Art und Weise der Vergemeinschaftungsprozesse unter den Jugendlichen prägt und somit die individuelle Autonomieentwicklung der Jugendlichen beeinflusst.

Autonomiespielräume scheinen, um mit Oevermann (1997) zu sprechen, dann gegeben zu sein, wenn in biografischen und/oder alltagsbedingten Krisen strukturell die Chance besteht, individuell neue Routinen der Bewältigung aufzubauen oder zu erweitern. Auf diese Weise wird es möglich, in selbstverantwortlicher Weise sein Eigeninteresse unter der Bedingung der Achtung des anderen in seiner Eigenart und Würde einerseits und der Verpflichtung gegenüber dem Gemeinwohl andererseits verfolgen zu können (vgl. a.a.O., S. 147). Das

Interesse des Forschungsprojektes richtet sich damit auf die Frage nach den Ermöglichungsräumen individueller Autonomieentwicklung von Jugendlichen in Abhängigkeit von konkreten Vergemeinschaftungsprozessen in einer stationären Einrichtung. Um jedoch das Zusammenspiel von Vergemeinschaftungsprozessen und Autonomieentwicklung beleuchten zu können, galt es, folgenden Fragen im Forschungsprozess nachzugehen:

- Durch welche Merkmale zeichnen sich unterschiedliche Vergemeinschaftungsprozesse aus?
- Wie wird eine jeweilige Vergemeinschaftungsform eigentlich hergestellt?
- Und welchen Stellenwert hat in diesem Herstellungsprozess das pädagogische Handeln der professionellen Akteur/innen?

Vor dem Hintergrund des dargelegten theoretischen Zugangs zu und Verständnisses von Vergemeinschaftungsprozessen in der stationären Jugendhilfe wurde im Forschungsprojekt ein ethnografischer Zugang gewählt, um das soziale Handeln der Jugendlichen in verschiedenen Alltagssituationen, in denen sich die Vergemeinschaftungsprozesse vollziehen, in den Blick zu bekommen. Der ethnografische Zugang ermöglicht es, mittels unterschiedlicher qualitativer Erhebungsmethoden (teilnehmende Beobachtung, ergänzende Interviews im Feld, Dokumentenanalyse) die Daten der sozialen und strukturierten Figuration zu erheben. In einem ersten Schritt wurde die soziale Figuration einer Einrichtung, also das Interaktionsgeflecht zwischen den Jugendlichen bzw. zwischen Jugendlichen und professionellen Akteur/innen, mittels einer zweiwöchigen teilnehmenden Beobachtung am Einrichtungsalltag einer Jugendwohngruppe empirisch erschlossen. Dieses Beobachtungsmaterial, aufbereitet in *expanded accounts*, wurde mit der Grounded Theory (vgl. Strauss & Corbin 1996) ausgewertet, mit dem Ziel, das zentrale Phänomen dieses Vergemeinschaftungsprozesses in seinem Bedingungsgefüge beschreiben zu können. Um den subjektiven Bedeutungsgehalt dieser Vergemeinschaftung erschließen zu können, wurde mit den Jugendlichen eine Gruppendiskussion geführt, die sequenzanalytisch (vgl. Oevermann 2002) ausgewertet wurde. Zur Erschließung der strukturierten Figuration wurden alle schriftlichen Dokumente zur Organisationsstruktur der Einrichtung und ein dazu ergänzend geführtes Interview mit der Leitung der Jugendwohngruppe inhaltsanalytisch (vgl. Mayring 2010) ausgewertet. Auf der Basis dieser Teilauswertungen wurde dann in einem nächsten Schritt das zentrale Phänomen der vorgefundenen Vergemeinschaftungsform herausgearbeitet und auf deren Autonomiespielräume hin ausgelotet. So weit der theoretisch-methodische

Zugang und Rahmen des Forschungsprojektes. Im folgenden Kapitel wird nun empirisch, entlang der Fallstudie »Zeus«,[6] der Frage nach den Vergemeinschaftungsprozessen in einer stationären Jugendhilfeeinrichtung vor dem Hintergrund des Figurationskonzeptes nachgegangen. Die Einrichtung »Zeus« ist eine stationäre Kleinsteinrichtung für Jugendliche am Rande einer Agglomeration der Deutschschweiz. Die Jugendlichen werden in der Regel im Rahmen zivilrechtlicher Kindesschutzmaßnahmen in diese Einrichtung eingewiesen. Die Kleinsteinrichtung »Zeus« »verspricht« Jugendlichen, Eltern und sogenannten Versorgern,[7] die Jugendlichen in ihrer Selbstständigkeit zu unterstützen, sodass sie später in der Lage sind, selbstständig zu leben. Zum Zeitpunkt der Beobachtung, im Herbst 2010, wohnten in der Jugendwohngruppe sieben Jugendliche, zwei Mädchen und fünf Knaben, im Alter zwischen 14 und 17 Jahren. Sie wurden durch ein geleitetes Team von vier sozialpädagogischen Fachkräften und einer Praktikantin betreut.

2 Ethnografische Fallstudie der stationären Jugendwohngruppe »Zeus«: Permanente Suche nach einer verlässlichen Position im geschlossenen Gefüge

Nachfolgend wird das Handlungsmuster der Vergemeinschaftung der Jugendlichen der Wohngruppe »Zeus« vorgestellt. Gestützt auf das Auswertungs- und Darstellungsverfahren der Grounded Theory, erläutern wir das zentrale Phänomen der Vergemeinschaftung in seinem kategorialen Bedingungsgefüge.[8]

Die Art und Weise, wie sich die Jugendlichen in der stationären Jugendwohngruppe »Zeus« vergemeinschaften, lässt sich in seinem Kern beschreiben als *situatives Immer-wieder-(zu)-nahe-Kommen in der permanenten Suche nach einer verlässlichen Position*.

Sichtbar wird das Immer-wieder-(zu)-nahe-Kommen in verschiedenen Handlungsstrategien der Jugendlichen wie dem *Situativ-in-Kontakt-Kommen*, dem *genervt re-agierenden Abwehren* und der *erschöpfenden Anklage*. In all diesen Arten des Aufeinandertreffens scheint eine gewisse Unausweichlichkeit zu liegen. Im Beobachtungsmaterial wird deutlich, wie eine Episode die andere ablöst und sich aus den einzelnen Kontakten unter den Jugendlichen nichts wei-

---

[6] Dieser Name ist frei erfunden.
[7] Das Wort »Versorger« beinhaltet sowohl den Kostenträger der Maßnahme als auch die mit einer Beistandschaft oder Vormundschaft beauftragte Person.
[8] Das zentrale Phänomen und die Kategoriennamen sind hier kursiv gesetzt, damit für die Leserschaft deutlich wird, dass es sich um aus dem Material gewonnene Kategorien handelt.

ter entwickelt. Der Intensität der einzelnen Interaktionen zwischen einzelnen oder mehreren Jugendlichen steht ihre Flüchtigkeit und Wirkungslosigkeit gegenüber. Sowohl der Versuch, situativ in einen persönlichen Kontakt zu kommen, als auch der Versuch, sich abzugrenzen oder anderes und andere abzuwehren, scheint einfach zu verhallen. Diese Wirkungslosigkeit führt allerdings nicht dazu, dass die Jugendlichen sich vollständig zurückziehen. Im Gegenteil, jeden Tag stellen sie dieselbe Dynamik miteinander wieder her und sind ihr gleichzeitig vollständig ausgeliefert. Stellt man diese Prozesse bildlich dar, so wird sichtbar, wie sich immer wieder verschiedene *flüchtige Formationen* herausbilden. So stehen plötzlich zwei Jugendliche im Türrahmen des Büros und kommentieren mit einem Spruch das gerade stattfindende Gespräch zwischen einer Fachkraft und einem anderen Jugendlichen – und einer von beiden verschwindet schon wieder, bevor die Angesprochenen reagieren. Es sind von außen her keine festen Untergruppen oder Zweierbeziehungen sichtbar. Es ist nicht wirklich wahrnehmbar, welche Jugendlichen füreinander bedeutsam(er) sind und welche nicht. Im Grunde kann man keiner nach außen sichtbaren Formation – also dem Zusammensein der einzelnen Jugendlichen in einer kleinen Gruppe – eine Bedeutung zuschreiben, da diese Formation sich in der nächsten Situation schon wieder anders darstellt. Zu einem bestimmten Zeitpunkt sind zwei Jugendliche die besten Kollegen, einen Moment zuvor sind sie sich jedoch noch gleichgültig gegenübergetreten, und zwei Stunden später können sie schon zu Feinden werden. Aus der Perspektive aller Einzelnen erzeugen diese Handlungsstrategien ein *individuelles Dazwischen-Kreisen,* nämlich zwischen In-Kontakt-Kommen, Abwehren und Anklagen. Das Erschöpfende dieses Kreisens liegt darin, dass es scheinbar keinen Ausgang gibt und man innerhalb dieses Kraftfeldes quasi gezwungen ist, sich diesem Muster zu unterziehen.

Die Bedeutung hinter diesen sichtbar energieaufwendigen Vergemeinschaftungsprozessen liegt in der *permanenten Suche nach einer verlässlichen Position*. Abstrakt gesprochen, kann man sagen, dass für die einzelnen Jugendlichen das »Wir«, also die Struktur der Gruppe, nicht transparent ist, geschweige denn, dass sie sich darüber im Klaren wären, welche Rolle sie selbst in diesem »Wir« spielen. Die fehlende Antwort auf die Frage »Was bedeute ich den einzelnen anderen Jugendlichen, und wer bin ich in dieser Gemeinschaft?« initiiert wie in einer Endlosschlaufe den Suchprozess der einzelnen Jugendlichen. In den verschiedenen Formen des *Immer-wieder-(zu)-nahe-Kommens* versuchen sie, ihre eigene Position zu klären. Auch wenn dies Einzelnen situativ durchaus gelingt, zeigt der permanente Suchprozess, dass die situativen Klärungen nicht auszureichen scheinen und stattdessen scheinbar spurlos verhallen. Wie stellt sich nun dieser Alltag konkret von außen dar? Das Erste, was beim Betreten der Wohngruppe auffällt, ist der hohe Lärmpegel. Aus der Perspektive der beiden Beobachterinnen ist es schwierig, sich auf etwas oder jemanden zu fokussieren. In den verschiedenen Räumen mit offenen Türen und miteinander verbundenen Gängen scheint sich vieles gleichzeitig abzuspielen. Es ist jedoch nicht einfach ein Nebeneinander von verschiedenen Tätigkeiten, mit denen einzelne oder mehrere Jugendliche beschäftigt sind, sondern im wahrsten Sinn des Wortes ein Durcheinander. Kaum ein Gespräch oder eine kurze gemeinsame Aktivität wird zu Ende geführt, weil entweder eine Person, sei das nun ein Jugendlicher oder ein/e professionelle/r Akteur/in, aus dem Geschehen davonläuft oder andere von außen in das Geschehen eingreifen. Aus dieser Perspektive werden die gemeinsamen Tätigkeiten wie Kochen, Essen, Rauchen, Fernsehen oder vereinzelte Gespräche zu Anlässen, über welche die eigene Position immer wieder situativ verhandelt wird. Die Positionssuche ist in dieser Wohngruppe einer informellen Dynamik überlassen, da es keinen gestalteten Rahmen gibt, in dem Positionen formell ausgehandelt werden können.

Was dies konkret im Erleben für die Jugendlichen bedeutet und welche Strategien sie entwickeln, um in dieser diffusen Struktur, diesem unsicheren »Wir« nicht unterzugehen, wurde in der Gruppendiskussion sichtbar. Auch hier erlebten wir zunächst einmal aus der Rolle der Gesprächsmoderatorinnen, wie die Jugendlichen es verstehen, sich bedeckt zu halten, sich nicht festzulegen. So wurden »Ich-/Du-Botschaften«, die von Einzelnen in das Gespräch eingebracht wurden, von den Adressierten fast nie direkt, also ebenfalls als »Ich-/Du-Botschaften«, erwidert. Auf die mangelnde Resonanz reagierten die Jugendlichen mit Angriff oder Rückzug, aber auch diese Reaktionen verhallten scheinbar ungehört. Das Gegenüber im Ungewissen über seine jeweilige Position zu lassen, kann jedoch nur gelingen, wenn die eigene reale oder gewünschte Position verdeckt bleibt. Diese Kunst – nicht explizit Stellung zu nehmen, obwohl dauernd Stellung bezogen wird – setzten die Jugendlichen mittels einer beobachtbaren Kommentierungsstrategie um, die eine Jugendliche so formulierte: »Einer muss immer etwas sagen, und weiß ich was. Jeder muss immer einen Kommentar abgeben. Es geht immer so weiter. Es ist immer, (...) halt deine Fresse, Mann.« Noch während die Jugendliche diese Strategie beschreibt, geschieht es bereits wieder, dass ein anderer Jugendlicher ihre Äußerungen mimisch und flüsternd kommentiert, sodass die Jugendliche mit »halt deine Fresse, Mann« reagiert. Die Kommentierungen kommen einmal von diesem, einmal von jenem Jugendlichen, aber letztlich verhalten sich alle nach diesem Muster. Die Kommentierungen verweisen auf situativ flüchtige Zugehörigkeiten, die jedoch meist blitzschnell wechseln und in keiner Weise verlässlich sind. Über diese – oft ineinandergreifenden – individuellen Kommentierungen drücken die einzelnen Jugendlichen mittels positiver/negativer Zustimmung Zugehörigkeit zu einzelnen/mehreren anderen Jugendlichen aus, aber die Kommentare selbst beziehen sich nicht nur als konkrete Botschaft auf die momentane Situation. Denn in der Regel, das hat die Analyse des Bedingungsgefüges des zentralen Vergemeinschaftungsphänomens ergeben, geht es auf der »Metaebene« sozusagen ums Verhandeln der »Position« der Jugendlichen im gesamten Interaktionsgefüge der Jugendwohngruppe. Je nach individueller Sicherheit werden die Kommentierungen explizit, d.h. direkt und oftmals laut, oder eben auch implizit, d.h. indirekt und leise, geäußert. Dabei ermöglicht es die Kunst der Verdeckung durch Ironisierung usw. (vgl. Schulz von Thun 2011) den Jugendlichen, in einem möglicherweise auftauchenden »Ernstfall« (u.a. wenn ein Jugendlicher den anderen auf seine Positionierung im Gefüge direkt anspricht) einen Rückzug zu machen.

Abstrakt, in der Sprache von Elias, lässt sich das zentrale Phänomen beschreiben als eine permanente, aber eigentlich ergebnislose Arbeit am »Wir«, am »Ich« und an der »Wir-Ich-Balance« in den drei Dimensionen Macht, Zugehörigkeit und Intimität. Die Jugendlichen halten miteinander einen Raum offen, in dem sowohl die Verteilung von Macht und Einfluss, die Nähe bzw. Distanz zu dieser Gemeinschaft im Sinn der Zugehörigkeit, als auch die Intimität, nämlich die Nähe zu einer anderen Person, unklar oder zumindest verdeckt bleiben muss. Es scheint für die Jugendlichen auf der Wohngruppe keinen sicheren Raum zu geben, in dem das »Wir« klare Konturen erhalten dürfte, sodass auch die »Wir-Ich-Balance« bewusster gestaltet werden könnte. Aus dem Gruppengespräch wird deutlich, wie sehr sich die Jugendlichen diesem Geschehen ausgeliefert fühlen. In Formulierungen wie »Es geht extrem viel kaputt«, »Es nervt total«, »Es hat manchmal Joghurt am Boden«, »Es geht immer so weiter« lassen die Jugendlichen sich selbst als Akteure dieses Geschehens verschwinden und werden dadurch für sich selbst, aber auch für andere scheinbar unsichtbar. Die identifizierten Handlungsstrategien, die in der *permanenten Suche nach einer verlässlichen Position* sichtbar wurden, lassen sich aus der Binnenperspektive der einzelnen Jugendlichen als *anstrengendes Aufrechterhalten der eigenen Selbstwirksamkeit* beschreiben.

Bleibt die Frage offen, wie es zu dieser Form von Vergemeinschaftung kommt bzw. wie man das Bedingungsgefüge dieses zentralen Phänomens beschreiben kann. Dazu gilt es, zunächst den Blick auf die zweite wichtige Gruppe von Akteur/innen zu richten, nämlich auf die professionellen Akteur/innen in der Wohngruppe »Zeus«. Als Teil der sozialen Figuration, des lebendigen Interaktionsgeflechtes, spielen sie, so ein zentrales Ergebnis aus dem Beobachtungsmaterial, eine wichtige Rolle im Gefüge des stationären Jugendhilfesettings.

Die Handlungsstrategie der »Sozis«, wie die Jugendlichen sie nennen, lässt sich als *immer wieder situativ Handlungskontrolle übernehmend* beschreiben. Diese dominante Handlungsstrategie mit ihren Unterkategorien *ständiges situatives Anweisen, Hinterher-(Ver-)Sorgen* und *punktuelles Sich-Kümmern-um* ...

scheint den Gegenpart zu den jugendlichen Handlungsstrategien des *genervt (re)agierenden Abwehrens* und des *erschöpfenden Anklagens* zu bilden. In dieser Komplementarität von ständigem Anweisen und reagierendem oder agierendem Abwehren sind Sozis und Jugendliche aufeinander verwiesen. Für beide Seiten scheint sich im Alltag an diesem Kreislauf nichts zu verändern. Dieses dominante Muster verdeckt durchaus vorhandene Beziehungen zwischen einzelnen Jugendlichen und Sozis, sodass möglicherweise vorhandene positiv erlebte Beziehungen in der Dynamik des Interaktionsgeflechtes keinerlei Wirksamkeit entfalten. Versucht man, den Einfluss der Sozis auf der Ebene der sozialen Figuration zu beschreiben, so bekommt man den Eindruck, dass sich diese zwar genauso wie die Jugendlichen an der Herstellung des Geflechtes beteiligen, dass sie selbst – vergleichbar den Jugendlichen – sich diesem Geflecht jedoch genauso ausgeliefert fühlen, da sie keine Chance sehen, ihren Gestaltungswünschen im Alltag der Wohngruppe Nachhaltigkeit zu verleihen. Damit sind Jugendliche wie Sozis in eine Dynamik eingebunden, die ihnen in gewisser Weise als Selbstläufer erscheint. Aus dieser Perspektive ist es nur folgerichtig, dass eine gemeinsame Handlungsstrategie beider Gruppen darin besteht, *im Mühsamen zusammen zu verharren*. Fast könnte man von einem gemeinsamen Schicksal sprechen, das als verbindende Struktur sowohl zwischen den Jugendlichen als auch zwischen Jugendlichen und Sozis fungiert.

In der vorgestellten Einzelfallstudie der Wohngruppe »Zeus« wird deutlich, dass das Bedingungsgefüge der sozialen Figuration und die darin sich zeigende Vergemeinschaftungsform der Jugendlichen – die *permanente Suche nach einer verlässlichen Position* – aus den Praktiken der beiden Akteursgruppen allein nicht rekonstruierbar ist. Dies verweist auf die Bedeutung der strukturierten Figuration, die im nächsten Kapitel näher beleuchtet werden soll.

3 *Im Mühsamen zusammen verharren*: Zur Wirkmächtigkeit strukturierter Figurationen

Gerade die gemeinsame Handlungsstrategie – *im Mühsamen zusammen verharren* – verweist auf Einflussfaktoren, die eng mit der strukturierten Figuration verknüpft sind. Schon in der Beobachtung fiel auf, dass die professionellen Akteur/innen zur Durchsetzung oder Legitimierung ihrer Handlungen normativ-objektivistische Einordnungsfragmente benutzen. Ihre fragmentarische Form ließ oft nur schwer nachvollziehen, ob sie sich aus Alltagstheorien, Regularien, dem Leitbild der Organisation oder disziplinären Theorien speisen. Im engeren Sinn handelte es sich um Setzungen wie »Fitness dient dem Aggressionsabbau«, »Das muss hier einfach jeder machen«, »Sanktionssysteme fördern positives Verhalten« oder »Erst wenn man etwas allein durchziehen kann, ist man wirklich selbstständig« und »Im Zimmer gibt es keinen Besuch«. Einmal abgesehen von den Inhalten zeichnen sich solche Fragmente durch eine fehlende Kontextualisierung aus. Es bleibt aus der Außenperspektive und oft auch den Beteiligten selbst unklar, aus welchen Zusammenhängen zum Beispiel konkrete Regeln stammen. So galt zum Beispiel die Regel, dass die Jugendlichen nur allein zum Rauchen in den Garten gehen dürfen und auf keinen Fall zu zweit oder in einer Gruppe. Wie die Regel entstanden ist und welche Absicht damit verfolgt werden sollte, war weder den Jugendlichen noch den professionellen Akteur/innen selbst klar. Versucht man, die verschiedenen Fragmente, die im Alltag immer wieder auftauchten und zur Absicherung genutzt wurden, aufeinander zu beziehen, so lässt sich aus dem Erhebungsmaterial eine dominante Sinnkonstruktion identifizieren: der *Mythos des Für-sich-selbst-Seins in Gemeinschaft*. Obwohl die Vorstellung des Für-sich-selbst-sein-Könnens in Gemeinschaft durch den Alltag der Jugendlichen völlig konterkariert wird, da sie faktisch in der Wohngruppe nie für sich selbst sind, verweisen viele Begründungen und eine Anzahl Regularien auf der Wohngruppe explizit und implizit auf eine ideelle Figur des autarken Individuums, das sich völlig unabhängig von Gemeinschaft zu bewähren hat. Auf dieses Ziel versuchen die Fachkräfte mit den Jugendlichen hinzuarbeiten. Das Erziehungsziel, Autonomie unter Wahrung berechtigter Interessen anderer, führt bei den Fachkräften unter der Hand zu einem Modell von Autarkie, das dem Ich-AG-Konstrukt vergleichbar ist. Das Besondere dieser Sinnkonstruktion liegt jedoch in ihrer Form. Als Mythos ist sie nicht mehr (an)greifbar. Sie erscheint den Akteur/innen naturhaft gegeben, egal, ob man sie für sinnvoll oder nicht sinnvoll hält, da die Herkunft des Mythos allen Beteiligten unbekannt ist.

Aus der Außenperspektive prägt dieser Mythos als ideelle Figur die soziale Figuration, die Art und Weise der Interaktionen und vermittelt darüber auch die Vergemeinschaftungsform. Ein weiterer Einflussfaktor stellt das Gebäude selbst dar, d.h. das Haus mit seinen Räumen und Nutzungs- und Verbotsregeln. Die materialisierte Form der Wohngruppe »Zeus« stellt eine *geschlossene Durchgangszone* dar. Dieser Kontext ist sehr wirkmächtig, denn das *geschlossen* verweist darauf, dass die Jugendlichen die Durchgangszone nicht eigenmächtig verlassen können, da sie durch Behörden hier platziert wurden. Vorgegeben sind auch zentrale Nutzungsregeln, nämlich, wer sich mit wem, zu welchen Zeiten und Anlässen und wo inner- und außerhalb des Hauses bewegen darf. In dieser geschlossenen Struktur herrscht eine Form von Öffentlichkeit, in der der persönlich-private Raum nur schwierig aufrechtzuerhalten ist, denn in dieser Durchgangszone scheint alles sicht- und hörbar zu sein, und das gilt sowohl für die Jugendlichen als auch für die professionellen Akteur/innen. Der so auch kollektiv konstruierte Raum einer *in sich geschlossenen Durchgangszone* beinhaltet verschiedene Sektoren mit je spezifischen Nutzungsregeln, angefangen von den einzelnen Zimmern und Etagen bis hin zum Garten, dem Dorf und der Region. Diese Regularien kommen teilweise in den *normativ-objektivistischen Einordnungsfragmenten* explizit zum Ausdruck und verweisen auf einen in der sozialen Figuration nur punktuell sichtbaren Ordnungszusammenhang. Ergänzend zur Beobachtung und Gruppendiskussion konnte im Rahmen der Dokumentenanalyse und im Interview mit der Leitungsperson der Ordnungszusammenhang weiter erschlossen werden. Die strukturierte Figuration der Wohngruppe »Zeus« lässt sich demnach beschreiben als *entmächtigende widersprüchliche Sinnkonstruktion: individuelle Förderung durch kollektiv verbindliche Regularien*. Diese widersprüchliche Sinnkonstruktion scheint sowohl im beschriebenen Mythos als auch in den Handlungsstrategien der professionellen Akteur/innen auf. Während der Mythos die Autarkie des Individuums propagiert und damit eigentlich auf die individuelle Förderung zielt, zeigt die dominierende Handlungsstrategie der professionellen Akteur/innen – *immer wieder situativ Handlungskontrolle übernehmend* –, dass diese in erster Linie auf die Einhaltung eines kollektiven (Zwangs-)Rahmens ausgerichtet sind. Sie sind in ihrer alltäglichen Arbeit mit einem pädagogischen Paradox konfrontiert, dessen Herkunft ihnen selbst nicht bewusst ist, da sich ihre Energien in erster Linie auf das Gestalten, Aushalten und Verstehen des Interaktionsgeschehens im Hier und Jetzt richten.

Aber nicht nur die professionellen Akteur/innen, sondern auch die Jugendlichen erfahren diese Entmächtigung, der sie permanent ein *angestrengtes Aufrechterhalten der eigenen Selbstwirksamkeit* entgegenstellen. Auch sie bleiben in diesem (Zwangs-)Rahmen gefangen. Ihre Positionssuche, die immer auch mit der Verdeckung der eigenen Position einhergeht, zeigt auch, dass der Mythos des autarken Individuums in diese Vergemeinschaftungsform hineinspielt: Auch die Jugendlichen zeigen auf der Vorderbühne, dass sie auf keinerlei Beziehung angewiesen sind, dass sie niemanden benötigen – weder die professionellen Akteur/innen noch die anderen Jugendlichen. »Niemanden nötig zu haben« – diese Pose aufrechtzuerhalten vor dem Hintergrund biografisch und lebensphasenspezifischer Bedürftigkeit seitens der Jugendlichen, ist ein schwieriges Unterfangen. Es erstaunt daher nicht, dass die Jugendlichen dieses Zusammenleben als ausgesprochen erschöpfend erleben. Denn auch den professionellen Akteur/innen gelingt es nicht, die Pose aufzubrechen, weil ja auch sie sich dem Mythos des autarken Individuums verschrieben haben. Dies wird nicht nur sichtbar an einer Anzahl von Regelungen, sondern auch daran, dass die vielen Interventionen sich fast immer auf einzelne Jugendliche richten und nie auf die Gestaltung und Thematisierung der Gemeinschaft der Jugendlichen an sich. Vor dem Hintergrund des Figurationskonzeptes von Elias (1970) wird demnach deutlich, dass die professionellen Akteur/innen in der Wohngruppe »Zeus« weder einen gestalterischen Zugang zur sozialen Figuration, obwohl sie darin selbst mitspielen, noch zur strukturierten Figuration bzw. zu ihrer Verflechtungsordnung haben.

In der nachfolgenden Grafik[9] wird der beschriebene Bedingungszusammenhang zwischen der strukturierten und der sozialen Figuration der Wohngruppe veranschaulicht. Erst aus dem Zusammenspiel beider Figurationen lässt sich das zentrale Phänomen der Vergemeinschaftung begreifen, die *permanente Suche nach einer verlässlichen Position*.

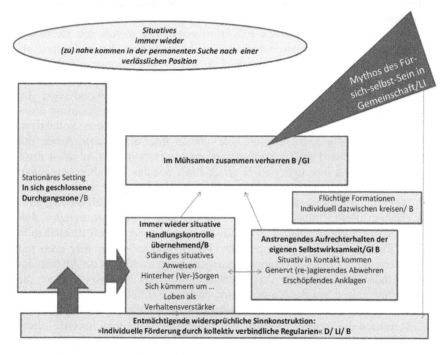

Elias' Erkenntnis, dass jede/r in seinen oder ihren Handlungen in den wichtigen Interaktionsgeflechten, in denen wir unsere Lebenszeit verbringen, aufeinander ausgerichtet und mehr oder weniger voneinander abhängig, also immer auch den Handlungen anderer ausgesetzt ist, gilt für die Jugendlichen in einer stationären Wohngruppe in besonderer Weise. Denn sie haben weniger Möglichkeiten, die

---

[9] Die den Kategorien zugeordneten Buchstaben benennen die Materialien, aus denen die jeweiligen Kategorien gewonnen wurden: B = Beobachtung, D = Dokumentenanalyse, GI = Gruppeninterview, LI = Leitungsinterview.

für sie wichtigen Interaktionsgeflechte selbstständig bzw. eigenständig auszuwählen. Sie sind auf diese stationäre Wohngruppe mit den anderen Jugendlichen und professionellen Akteur/innen verwiesen. Daher sind sie umso mehr darauf angewiesen, dass sich ihnen die Jugendwohngruppe als ein sicherer Ort darstellt, an dem sie vor belastenden Lebenserfahrungen, existenziellen Unsicherheiten und spezifischen Lebensrisiken geschützt sind (vgl. Wolf 1999, S. 301). Im zentralen Phänomen der *permanenten Suche nach einer verlässlichen Position im geschlossenen Gefüge* der Vergemeinschaftungsform Wohngruppe »Zeus« kommt allerdings zum Ausdruck, dass die besondere »Wir-Ich-Balance« in diesem Interdependenzgeflecht eine ausgesprochene Verunsicherung unter den Jugendlichen erzeugt, die selbst wiederum Motor für die Aufrechterhaltung dieses Vergemeinschaftungsmodus ist. Erst wenn sich die professionellen Akteur/innen selbst der Analyse der von ihnen bewusst und unbewusst hergestellten Figuration »Wohngruppe Zeus« stellen, kann es ihnen gelingen, dem pädagogischen Anspruch gerecht zu werden und einen entwicklungsförderlichen Lebensort für die Jugendlichen zur Verfügung zu stellen.

Damit zeigt die Fallstudie »Zeus«, im Sinne einer Weiterführung von Wolfs Machtanalysen im Heimbereich, dass das Figurationskonzept von Elias sich in besonderer Weise eignet, die komplexen Verflechtungsordnungen einer stationären Jugendhilfeeinrichtung zu analysieren. Denn Figurationen gestalten im Verständnis von Elias (1970) in hohem Maße die Lebensführung der einzelnen Menschen – hier der Jugendlichen wie der professionellen Akteur/innen –, auch wenn damit »nicht gemeint [ist], dass die Figurationen, deren Teil ein Mensch ist, sein Verhalten vollständig determinieren würden. Figurationen können einerseits Möglichkeiten zum Handeln hervorbringen und andererseits den Handlungen Grenzen setzen« (Wolf 1999, S. 119).[10] Auf die Fallstudie bezogen, bedeutet dies, dass hier die Figuration – im Speziellen der Vergemeinschaftungsmodus – es den Jugendlichen deutlich erschwert, individuelle Autonomie zu entwickeln, da sie in der intransparenten »Wir-Ich-Balance« gefangen bleiben. Verstärkt durch die *entmächtigende Sinnkonstruktion* der strukturierten Figuration führt dies in der Wohngruppe auch zu einem deutlich geringeren Handlungsspielraum für die professionellen Akteur/innen.

Voraussetzung für die Nutzung von theoretischen Konzepten wie dem der Figuration ist ein Professionsverständnis, das sich am Modell »reflexiver Professionalität« (Dewe 2009) orientiert. Allerdings, so zeigt die Fallstudie, ist die Realisierung des Konzeptes einer reflexiven Professionalität auch von der Ver-

---

[10] Dabei ist der Hinweis wesentlich, dass es Elias nicht um die Beschreibung mechanischer Ursache-Wirkungs-Verknüpfungen geht, sondern vielmehr die Herausarbeitung der Interdependenz der Entwicklungen im Fokus der Analysen steht (vgl. Elias 1977).

fügbarkeit von Theorien und Forschungsergebnissen abhängig. Daher soll im letzten Kapitel abschließend ein (Aus-)Blick auf den Beitrag der Jugendhilfeforschung zur Weiterentwicklung reflexiver Professionalität in der stationären Jugendhilfe geworfen werden.

4 Ausblick: Der Beitrag der Jugendhilfeforschung zur (Weiter-)Entwicklung reflexiver Professionalität in der stationären Jugendhilfe

Nach Abschluss der Auswertung der ethnografischen Fallstudie wurden den professionellen Akteur/innen der Wohngruppe »Zeus« im Rahmen einer Teamsitzung die Ergebnisse vorgestellt. Diese lösten als Erstes einen emotionalen Wiedererkennungseffekt aus: Die professionellen Akteur/innen fühlten sich im Erleben ihrer anspruchsvollen Arbeit verstanden. Aus ihrer Sicht spiegelten die Ergebnisse eine individuell geteilte Erfahrung, die sie selbst jedoch nicht benennen konnten. Dies verweist auf die Schwierigkeit, dass professionelle Akteur/innen selbst nicht oder nur bedingt in der Lage sind, die von ihnen wahrgenommenen Phänomene im Alltag der stationären Jugendhilfeeinrichtung in ihrer Herstellungslogik und auch Verflechtungsordnung zu durchschauen und ihre eigene Rolle sowie ihren eigenen Beitrag darin zu erkennen. Darüber hinaus wurde bei der Rückmeldung der Auswertungsergebnisse im Team deutlich, dass erst das empirisch generierte und rückgebundene theoretische Wissen über die Wirkungsweise sozialer und strukturierter Figurationen in stationären Jugendhilfeeinrichtungen ihnen die Möglichkeit bot, über alternative professionelle Handlungsoptionen in ihrem Kontext nachzudenken.[11] Genau an diesem Punkt setzt Dewe (2009) mit dem Konzept der reflexiven Professionalität an. Demnach können professionelle Akteur/innen ihre eigenen professionellen Handlungsoptionen erst dann erweitern, wenn sie in der Lage sind, ihre lebensweltlichen Erfahrungen in Bezug zu gegenstandsrelevanten Theorien zu setzen. Dies bedeutet in der Konsequenz für die Jugendhilfeforschung, dass diese in der Lage sein muss, theoretisches Wissen zur Verfügung zu stellen, das der komplexen und vielschichtigen Verflechtungsordnung der stationären Jugendhilfe gerecht wird. Hier stellt man jedoch fest, dass die derzeit existierenden Theorien offensichtlich auf

---

[11] Auf Basis unserer Forschungsdaten entwickelten wir handlungsleitende Fragen für die Weiterentwicklung ihres Konzeptes: Was wird in der Einrichtung unter Autonomie verstanden? Wie wird aus pädagogischer Perspektive das Verhältnis zwischen Gruppe und Einzelnen gesehen? Wie wird das professionelle Beziehungsangebot gestaltet? Diese Möglichkeit wurde positiv aufgenommen, allerdings wissen wir nicht, ob und wie sich diese Anregungen in der Praxis niedergeschlagen haben.

einem allzu hohen Abstraktionsniveau liegen und wenig bis keine Anschlüsse u.a. für professionelle Akteur/innen bieten. Mit der Weiterentwicklung des Figurationskonzeptes[12] für die stationäre Jugendhilfe wurde in diesem Beitrag ein theoretisches Modell entfaltet, das die Verflechtung und das Zusammenspiel von Struktur und Handlung im konkreten Feld der stationären Jugendhilfe aufschlüsselt und damit nicht nur für professionelle Akteur/innen, sondern auch für Forschende in der Jugendhilfe selbst einen theoretischen und forschungsmethodischen Zugang eröffnet. Um konkrete Teilfragen der stationären Jugendhilfe angemessen bearbeiten zu können erscheint es uns notwendig, die konkrete Verflechtungsordnung, in denen die zu untersuchenden Themen eingebettet sind, im Zusammenspiel von sozialer und strukturierter Figuration zu identifizieren. Teilt man den theoretischen Blick auf das Feld der stationären Jugendhilfe, dann erscheint ein ethnografischer Zugang aus forschungsmethodischen Überlegungen sinnvoll, da dieser zur »Untersuchung von kulturellen und sozialen Praktiken, Handlungsmodalitäten und deren institutionell strukturellen Rahmungen« (Cloos & Thole 2006, S. 9) besonders geeignet scheint. Mit der vorliegenden ethnografischen Fallstudie wurde allerdings auch »unsicheres Terrain« (Heinzel et al. 2010) betreten, da die Ethnografie in der Jugendhilfeforschung auf keine lange Tradition zurückblicken und sich somit auf vergleichsweise wenig Feldforschungserfahrungen stützen kann. »Unsicheres Terrain« aber auch insofern, als es galt, die verschiedenen Formen der Datenerhebung, Beobachtung, Gespräche im Feld, arrangierte Gruppendiskussionen, Dokumentenanalyse und Leitungsinterviews, mit angemessenen Auswertungsmethoden zu verknüpfen sowie die einzelnen Auswertungsergebnisse vor dem Hintergrund des theoretischen Rahmens angemessen aufeinander zu beziehen.

Wenn Köngeter sich für eine »Ethnografie der eigenen Profession« (2010, S. 230) stark macht, so könnte man hinzufügen, dass diese in der stationären Jugendhilfe in eine Ethnografie der Jugendhilfeeinrichtung eingebettet sein müsste. Die – wie theoretisch und entlang der Fallstudie deutlich wurde – »vergessene« Dimension der Vergemeinschaftung in stationären Jugendhilfeeinrichtungen verweist darauf, dass sich, in Ergänzung und im Zusammenspiel miteinander, die Jugendhilfeforschung und -praxis mit den Herstellungsprozessen wirkmächtiger Vergemeinschaftungsprozesse sowie mit möglichen Gestaltungs-

---

[12] Klaus Wolf hat in seiner Studie *Machtprozesse in der Heimerziehung* bereits das Figurationskonzept von Elias für die empirische Forschung nutzbar gemacht. Allerdings hat er den Fokus auf die Beziehungsverhältnisse zwischen professionellen Akteur/innen und Jugendlichen gelegt und diese analytisch mit dem Machtkonzept von Elias theoretisch vertieft. Im Unterschied dazu haben wir die Untersuchung der Figuration als Zusammenspiel von strukturierter und sozialer Figuration zum Untersuchungsgegenstand gemacht, um aus diesem Zusammenspiel heraus die sich konstituierenden Vergemeinschaftungsprozesse begreifen zu können.

perspektiven entwicklungsfördernder Vergemeinschaftungsprozesse in stationären Einrichtungen auseinandersetzen müsste. Allerdings bedarf es für derartige Innovationsprozesse neuer Formen der kooperativen Wissensbildung (vgl. Gredig & Sommerfeld 2007). Hier lässt sich mindestens für die Schweizer Landschaft der stationären Jugendhilfe (noch) ein hoher Bedarf feststellen. Es wäre daher zu begrüßen, wenn sich Forschende und professionelle Akteur/innen vermehrt auf einen Wissensprozess einließen, der die spezifischen Kompetenzen der beiden Akteursgruppen der stationären Jugendhilfe nutzbar macht. Ein erstes Modell, das diese gemeinsame Wissensproduktion ermöglichen soll, wurde im Rahmen eines internationalen Forschungsprojektes entwickelt und evaluiert (vgl. Fröhlich-Gildhoff et al. 2011). Dabei ging es darum, mit professionellen Akteur/innen der Jugendarbeit, die mit gewaltauffälligen Kindern und Jugendlichen arbeiten, in eine gemeinsame Auseinandersetzung über die für diese Thematik relevanten Forschungsergebnisse zu kommen. Oder anders ausgedrückt: Die lebensweltlichen Erfahrungen der professionellen Akteur/innen sollten mit bestehenden Theorien und Forschungsergebnissen ins Gespräch gebracht werden und umgekehrt. Gelingt es wechselseitig, diese Anschlussstellen sicht- und gestaltbar zu machen, kann man gemeinsam auf dieser Basis das Wissen weiterentwickeln mit Blick sowohl auf erweiterte professionelle Handlungsoptionen als auch auf generalisierbares Wissen. Zusammengefasst, geht es demnach in der Jugendhilfeforschung nicht alleine darum, gegenstandsnahes Wissen im Rahmen von Forschung zu erzeugen, sondern das in Forschungsarbeiten erzeugte Wissen im Rahmen von Validierungsprozessen mit den beteiligten Akteur/innen (Professionelle, Kinder und Jugendliche) so zu verhandeln, dass daraus gemeinsam neues Wissen im Rahmen reflexiver Professionalität entstehen kann (vgl. Wigger, Weber & Sommer 2012). Hierin liegt eine weitere Aufgabe, aber auch Herausforderung der Jugendhilfeforschung.

Literatur

Aichhorn, August (1951): Verwahrloste Jugend. Die Psychoanalyse in der Fürsorgeerziehung. Bern: Huber.
Amann, Andreas (2001): Gruppendynamik als reflexive Vergemeinschaftung. In: Antons, Klaus, Amann, Andreas, Clausen, Gisela, König, Oliver & Schattenhofer, Karl (Hrsg.): Gruppenprozesse verstehen. Gruppendynamische Forschung und Praxis (S. 28–39). Opladen: Leske + Budrich.
Antons, Klaus (2001): Der gruppendynamische Raum. In: Antons, Klaus, Amann, Andreas, Clausen, Gisela, König, Oliver & Schattenhofer, Karl (Hrsg.): Gruppenprozesse verstehen. Gruppendynamische Forschung und Praxis (S. 309–314). Opladen: Leske + Budrich.

Baur, Dieter, Finkel, Margarete, Hamberger, Matthias, Kühn, Axel D. & Thiersch, Hans (1998): Leistungen und Grenzen von Heimerziehung: Ergebnisse einer Evaluationsstudie stationärer und teilstationärer Erziehungshilfen. Stuttgart: Kohlhammer (Schriftenreihe des Bundesministeriums für Familie, Senioren, Frauen und Jugend [BMFSFJ], Bd. 170).

Bernfeld, Siegfried (1925): Sisyphos oder die Grenzen der Erziehung. Leipzig: Internationaler Psychoanalytischer Verlag.

Bettelheim, Bruno (2007): Liebe allein genügt nicht. Die Erziehung emotional gestörter Kinder (2. Auflage). Stuttgart: Klett-Cotta.

Böllert, Karin (2001): Gemeinschaft. In: Otto, Hans-Uwe & Thiersch, Hans (Hrsg.): Handbuch Sozialarbeit/Sozialpädagogik (S. 644–652). Neuwied: Luchterhand.

Brumlik, Micha (1989): Kohlbergs »Just Community«-Ansatz als Grundlage einer Theorie der Sozialpädagogik. Neue Praxis, Bd. 19, Heft 5, 374–383.

Bürger, Ulrich (1995): Strukturwandel und Entwicklungslinien der Heimerziehung im Zeichen von Regionalisierung und Lebensweltorientierung. Unsere Jugend, Heft 47, 469–479.

Cloos, Peter & Thole, Werner (2006): Pädagogische Forschung im Kontext von Ethnografie und Biografie. In: dies. (Hrsg.): Ethnografische Zugänge. Professions- und adressatInnenbezogene Forschung im Kontext von Pädagogik (S. 9–18). Wiesbaden: VS Verlag für Sozialwissenschaften.

Dewe, Bernd (2009): Reflexive Sozialarbeit im Spannungsfeld von evidenzbasierter Praxis und demokratischer Rationalität: Plädoyer für die handlungslogische Entfaltung reflexiver Professionalität. In: Becker-Lenz, Roland, Busse, Stefan, Ehlert, Gudrun & Müller, Silke (Hrsg.): Professionalität in der sozialen Arbeit. Standpunkte, Kontroversen, Perspektiven (S. 89–109). Wiesbaden: VS Verlag für Sozialwissenschaften.

Eidgenössisches Justiz- und Polizeidepartement (EJPD) (2011): Kurzinformationen zu laufenden und abgeschlossenen Modellversuchen im Schweizerischen Straf- und Massnahmenvollzug. Online: www.ejpd.admin.ch/content/dam/data/sicherheit/straf_ und_massnahmen/modellversuch/kurzinfo-mv-d.pdf (Zugriff: 15.3.2011).

Elias, Norbert (1970): Was ist Soziologie? München: Juventa.

Elias, Norbert (1976): Über den Prozess der Zivilisation. Soziogenetische und psychogenetische Untersuchung. 2 Bände. Frankfurt am Main: Suhrkamp.

Elias, Norbert (1977): Zur Grundlegung einer Theorie sozialer Prozesse. Zeitschrift für Soziologie, Jg. 6, Heft 2, 127–149.

Elias, Norbert (1987): Wandlungen der Wir-Ich-Balance. In: ders.: Die Gesellschaft der Individuen (S. 207–315). Frankfurt am Main: Suhrkamp.

Freigang, Werner (1986): Verlegen und Abschieben. Zur Erziehungspraxis im Heim. Weinheim: Juventa.

Fröhlich-Gildhoff, Klaus, Kjellman, Cecilia, Lecaplain, Patrick, Stelmaszuk, Zofia Waleria & Wigger, Annegret (Hrsg.) (2011): Developing quality-based support for young people with violent behaviour. Experiences and results of a European research-practice transfer project. Freiburg im Breisgau: FEL.

Gabriel, Thomas, Keller, Samuel & Studer, Tobias (2007): Wirkungen erzieherischer Hilfen. Metaanalyse ausgewählter Studien. Münster: ISA (Wirkungsorientierte Jugendhilfe. Band 3). Online: www.wirkungsorientierte-jugendhilfe.de/seiten/material/ wojh_schriften_heft_3.pdf. Münster (Zugriff: 26.4.2012).

Gängler, Hans (2000): Sozialpädagogisch inszenierte Gemeinschaft. In: Henseler, Joachim & Reyer, Jürgen (Hrsg.): Sozialpädagogik und Gemeinschaft (S. 204–216). Baltmannsweiler: Schneider-Verlag Hohengehren.

Gehres, Walter (1997): Das zweite Zuhause. Lebensgeschichte und Persönlichkeitsentwicklung von Heimkindern. Opladen: Leske + Budrich.

Goffman, Erving (1972): Stigma. Frankfurt am Main: Suhrkamp.

Goudsblom, Johan (1984): Die Erforschung von Zivilisationsprozessen. In: Gleichmann, Peter, Goudsblom, Johann & Korte, Hermann (Hrsg.): Macht und Zivilisation. Materialien zu Norbert Elias' Zivilisationstheorie II (S. 83–104). Frankfurt am Main: Suhrkamp.

Gredig, Daniel & Sommerfeld, Peter (2007): New Proposals for Generating and Exploiting Solution-Oriented Knowledge (Electronic Version). In: Research on Social Work Practice OnlineFirst, 2007, Online: http://rsw.sagepub.com/cgi/rapidpdf/ 10497315 07302265v1 (Zugriff: 26.4.2012).

Hansen, Gerd (1994): Schaden Erziehungsheime der Persönlichkeitsentwicklung dort lebender Kinder? Eine empirische Untersuchung zur Sozialisation durch Institutionen der öffentlichen Erziehungshilfe. Unsere Jugend, Jg. 46, Heft 5, 221–228.

Hartmann, Klaus (1996): Lebenswege nach Heimerziehung. Freiburg im Breisgau: Rombach.

Heinzel, Friederike, Thole, Werner, Cloos, Peter & Köngeter, Stefan (Hrsg.) (2010): »Auf unsicherem Terrain«. Ethnographische Forschung im Kontext des Bildungs- und Sozialwesens. Wiesbaden: VS Verlag für Sozialwissenschaften.

Hitzler, Ronald & Honer, Anne (1988): Reparatur und Repräsentation. In: Soeffner, Hans-Georg (Hrsg.): Kultur und Alltag (S. 267–283). Göttingen: Schwartz (Soziale Welt, Sonderband 5).

Köngeter, Stefan (2010): Zwischen Rekonstruktion und Generalisierung – Methodologische Reflexionen zur Ethnographie. In: Heinzel, Friederike, Thole, Werner, Cloos, Peter & Köngeter, Stefan (Hrsg.): »Auf unsicherem Terrain«. Ethnographische Forschung im Kontext des Bildungs- und Sozialwesens (S. 229–241). Wiesbaden: VS Verlag für Sozialwissenschaften.

König, Oliver (2001): Individualität und Zugehörigkeit – die Gruppe »Kurt«. In: Antons, Klaus, Amann, Andreas, Clausen, Gisela, König, Oliver & Schattenhofer, Karl (Hrsg.): Gruppenprozesse verstehen. Gruppendynamische Forschung und Praxis (S. 205–279). Opladen: Leske + Budrich.

Lambers, Helmut (1996): Heimerziehung als kritisches Lebensereignis. Eine empirische Längsschnittuntersuchung über Hilfeverläufe im Heim aus systemischer Sicht. Münster: Votum.

Liegle, Ludwig (1971): Kollektiverziehung im Kibbutz. Texte zur vergleichenden Sozialisationsforschung. München: Piper.

Makarenko, Anton S. (1982): Gesammelte Werke. Bände 3–5. Abteilung 1, Veröffentlichungen zu Lebzeiten. Ein pädagogisches Poem. Stuttgart: Klett-Cotta.

Mayring, Philipp (2010): Qualitative Inhaltsanalyse. Grundlagen und Techniken (11., aktualisierte und überarbeitete Auflage). Weinheim: Beltz.

Neill, Alexander S. (2001): Theorie und Praxis der antiautoritären Erziehung. Das Beispiel Summerhill. Reinbek bei Hamburg: Rowohlt.

Oevermann, Ulrich (1997): Theoretische Skizze einer revidierten Theorie professionalisierten Handelns. In: Combe, Arno & Helsper, Werner (Hrsg.): Pädagogische Professionalität. Untersuchungen zum Typus pädagogischen Handelns (S. 70–182). Frankfurt am Main: Suhrkamp.

Oevermann, Ulrich (2002): Klinische Soziologie auf der Basis der Methodologie der objektiven Hermeneutik – Manifest der objektiv hermeneutischen Sozialforschung. Online: www.ihsk.de/publikationen/Ulrich_Oevermann-Manifest_der_objektiv_ hermeneutischen_Sozialforschung.pdf (Zugriff: 26.4.2012).

Pestalozzi, Johann Heinrich (1975): Brief an einen Freund über seinen Aufenthalt in Stans (3. Auflage). Weinheim: Beltz.

Schmidt, Martin, Schneider, Karsten, Hohm, Erika, Pickartz, Andrea, Macsenaere, Michael, Petermann, Franz, Flosdorf, Peter, Hölzl, Heinrich & Knab, Eckart (2002): Effekte erzieherischer Hilfen und ihre Hintergründe. Stuttgart: Kohlhammer (Schriftenreihe des Bundesministeriums für Familie, Senioren, Frauen und Jugend [BMFSFJ], Bd. 219). Online: www.bmfsfj.de/RedaktionBMFSFJ/Broschuerenstelle/ Pdf-Anlagen/PRM-23978-SR-Band-219,property=pdf (Zugriff: 27.4.2012).

Schulz von Thun, Friedemann (2011): Miteinander reden. Band 1: Störungen und Klärungen. Band 2: Stile, Werte und Persönlichkeitsentwicklung. Band 3: Das »Innere Team« und situationsgerechte Kommunikation. Reinbek bei Hamburg: Rowohlt.

Stecklina, Gerd (2002): Projekt: Lebensbewältigung und -bewährung. Dresden: Institut für Sozialpädagogik, Sozialarbeit und Wohlfahrtswissenschaften.

Strauss, Anselm L. & Corbin, Juliet M. (1996): Grounded Theory: Grundlagen Qualitativer Sozialforschung. Weinheim: Beltz.

Tönnies, Ferdinand (1887): Gemeinschaft und Gesellschaft. Leipzig: Fues.

Weber, Max (1956): Wirtschaft und Gesellschaft. Tübingen: Mohr.

Wichern, Johann H. (1958): Sämtliche Werke. Band 4, T. 1. Schriften zur Sozialpädagogik (Rauhes Haus und Johannisstift). Berlin: Lutherisches Verlagshaus.

Wieland, Norbert (1992): Ein Zuhause – kein Zuhause: Lebenserfahrungen und -entwürfe heimentlassener junger Erwachsener. Freiburg im Breisgau: Lambertus.

Wigger, Annegret (2007): Was tun Sozialpädagoginnen und was glauben sie, was sie tun? Professionalitätsstudie im Heimbereich (2., überarbeitete Auflage). Opladen: Barbara Budrich.

Wigger, Annegret, Sommer, Antje & Stiehler, Steve (2010): Arbeiten mit gewaltauffälligen Kindern und Jugendlichen. Eine Herausforderung für Schulen, Vormundschaftsbehörden und Jugendanwaltschaften. Zürich: Rüegger.

Wigger, Annegret, Weber, Matthias & Sommer, Antje (2012): Eine Weiterbildung der besonderen Art: Ein Pilotprojekt zur Ausbildung reflexiver Professionalität. In: Becker-Lenz, Roland, Busse, Stefan, Ehlert, Gudrun & Müller-Hermann, Silke (Hrsg.): Professionalität in der Sozialen Arbeit. Band 4. Wiesbaden: VS Verlag für Sozialwissenschaften.

Winkler, Michael (2003): Ansätze einer Theorie kollektiver Erziehung – mit Nebenwirkungen zur Pädagogik der Glen Mills Schools. In: Gabriel, Thomas & Winkler, Michael (Hrsg.): Heimerziehung. Kontexte und Perspektiven (S. 212–239). Basel: Reinhardt.

Wolf, Klaus (1999): Machtprozesse in der Heimerziehung. Münster: Votum.

Wolf, Klaus (2007): Metaanalyse von Fallstudien erzieherischer Hilfen hinsichtlich von Wirkungen und »wirkmächtigen« Faktoren aus Nutzersicht. Münster: ISA (Wirkungsorientierte Jugendhilfe. Band 4). Online: www.uni-siegen.de/fb2/mitarbeiter/wolf/files/download/wissveroeff/isa_studie.pdf. (Zugriff: 26.4.2012).

Trugbilder des Erwachsenenlebens
Autonomie lernen in sozialpädagogischen Einrichtungen für Minderjährige – eine ethnografische Studie[1]

Laurence Ossipow, Gaëlle Aeby und Marc-Antoine Berthod

1 Einleitung

Bei unserer Studie zu den Identitätsprozessen, die von jungen Menschen beider Geschlechter in offenen Genfer Jugendheimen durchlebt werden,[2] wollten wir uns ursprünglich nur mit bestimmten Praktiken und Konzepten im Zusammenhang mit unserer Problemstellung befassen – der Frage, wie die Jugendlichen und die Mitglieder der Betreuungsteams die Bezugssysteme der Zugehörigkeit und die damit verbundenen Gefühle in Szene setzen. Zwischen 2007 und 2008 untersuchten wir während 13 Monaten ihre Praktiken und Vorstellungen, indem wir eine Reihe von alltäglichen und *außergewöhnlichen* Momenten beobachteten (mit Letzteren sind Riten und besondere Ereignisse gemeint) und semidirektive Gespräche führten. Wir wollten uns bewusst nicht mit den Lebensgeschichten der platzierten Jugendlichen befassen (auch wenn sie uns Bruchstücke aus ihrer Vergangenheit anvertrauen sollten), sondern uns ausschließlich auf das konzentrieren, was sie *hinc et nunc* erlebten oder für die Zukunft planten. Indessen wurde uns sehr rasch klar, dass es nötig war, ein für die Betreuungsarbeit wesentliches und transversales Thema in unsere Überlegungen einzubeziehen – die Frage der Autonomie. Immer wieder zeigte sich, dass dieser Begriff im Mittelpunkt der Praktiken und Äußerungen unserer Gesprächspartner/innen zu den identitären

---

[1] Dieser Text wurde von Susanne Alpiger aus dem Französischen übersetzt und von Christoph Gassmann und Véréna Keller lektoriert. Wir bedanken uns herzlich bei ihnen. Ein Dank geht auch an das CEDIC (HES-SO) für die finanzielle Unterstützung.
[2] Diese von Laurence Ossipow (Gesuchstellerin), Marc-Antoine Berthod (Mitgesuchsteller) und Gaëlle Aeby durchgeführte Studie – »Le travail social à l'épreuve des rites: processus identitaires et citoyenneté des adolescent-e-s placé-e-s en foyer« (2007–2009) – wurde vom Schweizerischen Nationalfonds zur Förderung der wissenschaftlichen Forschung (SNF/DORE, Nr. 118161) und vom Centre d'études de la diversité culturelle et de la citoyenneté dans les domaines de la santé et du social (CEDIC) finanziert. Das Manuskript ist in Arbeit.

Prozessen stand. Einer ethnologischen Vorgehensweise verpflichtet, die nicht von vornherein das gesamte Untersuchungsfeld festlegt, haben wir auch diese Elemente berücksichtigt, die erst »im Feld« auftauchten und an dem die Betreuungsteams offenbar nicht vorbeikommen.

Zu Beginn des Beitrags beschreiben wir kurz unser methodisches Setting, bevor wir die untersuchten Institutionen und das politisch-erzieherische Umfeld in Genf vorstellen. Es folgt eine Diskussion des Begriffs der Autonomie im Zusammenhang mit der Transition ins Erwachsenenleben. Wir zeigen, wie die Platzierung als »strukturierende Klammer« aufgefasst und erlebt wird, als Rahmen, in dem man Autonomie »ausprobieren« und erwachsen werden kann. Zum Schluss setzen wir unsere Ergebnisse in Beziehung zum Genfer System der Jugendbetreuung und weisen auf einige paradoxe Elemente hin, die das System zwischen sozialpädagogischer Absicht und administrativen Zwängen durchziehen.

2 Das Untersuchungsfeld: offene Jugendheime

Unsere Untersuchung wurde zwischen 2007 und 2008 durchgeführt und dauerte 13 Monate, in jeder der drei untersuchten Institutionen also etwas mehr als vier Monate. Gaëlle Aeby war unsere Hauptforscherin im Feld; sie verbrachte wöchentlich rund zwanzig Stunden in der Institution, an verschiedenen Wochentagen und zu wechselnden Tageszeiten. Ihre Beobachtungen über das Geschehen im »institutionalisierten Zusammenleben« hielt sie in Feldtagebüchern fest. Diese ergänzte sie durch wöchentliche Berichte, in denen sie die Schlüsselereignisse der jeweils vergangenen Woche zusammenfasste und Voranalysen vorschlug. Alle diese Dokumente wurden an ihre beiden Kollegen weitergereicht, die so ebenfalls in den Ablauf des Heimalltages eintauchen konnten. Im Übrigen führte Gaëlle Aeby semidirektive Gespräche mit den Jugendlichen und – zusammen mit Laurence Ossipow – auch mit jedem einzelnen Mitglied der Betreuungsteams (insgesamt 21). Sämtliche Gespräche wurden vollständig transkribiert. Das hat uns ermöglicht, bestimmte Bereiche zu vertiefen, deren Bedeutung sich im Laufe der Beobachtungen gezeigt hatte, so etwa das Konzept der Autonomie. Im Rahmen regelmäßiger Sitzungen der drei Forscher/innen wurden die Daten laufend diskutiert und analysiert. Eine Analyse der Dokumentation der Institutionen und des sozialpädagogischen Umfelds unserer Studie rundete unsere Beobachtungen und Gespräche ab.

Gemäß dem Bericht der Genfer Stelle für Bildungsforschung (Service de la recherche en éducation – SRED) waren Ende 2007 im Kanton Genf 366[3] Minderjährige in sozialpädagogischen Einrichtungen platziert. Bezogen auf die gesamte minderjährige Bevölkerung, entsprach die Zahl platzierter Jugendlicher 4,2 Promille.[4] Zu diesen 366 Minderjährigen kommen die im Jahr 2006 rund 60 Platzierungen außerhalb des Kantons sowie die 120 in Pflegefamilien untergebrachten Kinder hinzu, insgesamt also rund 520 Minderjährige (Lurin, Pecorini & Wassmer 2008). Kern des Genfer Systems für die Betreuung und Platzierung von Minderjährigen ist das Jugendamt (Office de la Jeunesse – OJ), insofern, als es für den Schutz der Minderjährigen und die Begleitung der Familien zuständig ist, Platzierungen bewilligt und die entsprechenden Einrichtungen beaufsichtigt. Die Platzierungen werden hauptsächlich vom Dienst zum Schutz von Kindern und Jugendlichen (Service de protection des mineurs – SPMi)[5] vorgenommen.

Die drei untersuchten Institutionen gehören zu den Genfer sozialpädagogischen Einrichtungen (Institutions genevoises d'éducation spécialisée – IGE). Bei zweien handelt es sich um Heime, wobei das eine für acht weibliche Jugendliche und das andere für acht männliche Jugendliche im Alter zwischen 14 und 18 Jahren Platz bietet. Die dritte Einrichtung ist eine gemischte Struktur, eine Wohngruppe – »L'appartement« – für Jugendliche im Alter von 16 bis 18 Jahren, die als autonomer betrachtet werden. Diese Einrichtungen bieten eine mittel-/langfristige, institutionelle Betreuung mit Unterbringung, aber ohne integrierte Schule. Sie werden auch als offene Wohnheime bezeichnet. Dass Jugendliche von diesen Einrichtungen aufgenommen werden, setzt voraus, dass sie in einer Ausbildung stehen, also entweder zur Schule gehen oder eine vorberufliche Ausbildung absolvieren. Jugendliche, die sich nicht in einer Ausbildung befinden, werden an andere Strukturen verwiesen, die Betreuung mit interner Schule anbieten. Aus ähnlichen Gründen werden auch Jugendliche, die unter schweren psychischen Störungen leiden und/oder gewalttätiges Verhalten zeigen, von den von uns untersuchten Heimen nicht aufgenommen.

Platzierungen können mit oder ohne behördliches Mandat erfolgen. Von den Behörden oder einem Gericht angeordnete Platzierungen lassen sich in zwei Kategorien unterteilen: zivilrechtliche (vormundschaftliche) Platzierungen und strafrechtliche Platzierungen. Bei zivilrechtlichen Platzierungen ist der Platzie-

---

[3] In diesen Zahlen enthalten sind auch »La Clairière« (Maßnahmenvollzug) und die »École climatique de Boveau« (Institution mit Schule außerhalb des Kantons Genf).
[4] Im Jahr 2007 lebten in Genf 87 997 Minderjährige und 42 303 junge Erwachsene (18–25 Jahre). Im selben Jahr begleitete der SPMi 9,4% der unter 18 Jahre alten Wohnbevölkerung. Platziert wird nur eine Minderheit der durch den SPMi begleiteten Kinder und Jugendlichen.
[5] Er ist 2006 aus dem Zusammenschluss des Jugendschutzdienstes (Service de la protection de la jeunesse) und der Amtsvormundschaft (Service du Tuteur général) entstanden.

rungsbeschluss Sache der Vormundschaftsbehörden (»Tribunal tutélaire«, Vormundschaftsgericht) im Rahmen von Kindesschutzmaßnahmen, bei strafrechtlichen Platzierungen liegt er bei den Jugendstrafbehörden (»Tribunal de la jeunesse«, Jugendgericht). Bei freiwilligen Platzierungen entscheiden im Einvernehmen mit dem SPMi die Eltern als Inhaber der elterlichen Gewalt, ihr Kind in einem Heim unterzubringen. Trotz dieser unterschiedlichen Platzierungsmodalitäten stehen in der öffentlichen Meinung sehr oft die strafrechtliche Dimension und vor allem die Thematik der Jugendkriminalität im Vordergrund. Interessanterweise haben diese Unterschiede, die auf rechtlicher Ebene wirksam sind, bei der Wahl der Platzierungseinrichtungen keinerlei Konsequenzen. In der Tat ist der gemeinsame Nenner immer eine Familiensituation, die eine Entfaltung der betroffenen Jugendlichen vorübergehend oder dauerhaft nicht gestattet.

Die Zahl der freien Betreuungsplätze für Jugendliche stellt ein Problem dar. Der Bericht des SRED hat gezeigt, dass im Kanton Genf bestimmte Angebote nicht oder nicht in ausreichendem Maße vorhanden sind. So fehlt es insbesondere an »Einrichtungen mit enger Betreuung« (geschlossene oder halbgeschlossene Heime) und an »therapeutischen Heimen«. Einige Politiker/innen und Vertreter/innen sozialpädagogischer Kreise möchten nun neue Formen der Betreuung entwickeln, die kostengünstiger sind als Platzierungen. Sie denken beispielsweise an die offene Erziehungshilfe und an Familienbegleitung (Action éducative en milieu ouvert et au sein de la famille – AEMO), die bei den Akteurinnen und Akteuren der Sozialpädagogik auf großes Interesse stößt. Die von diesen Diskussionen direkt betroffenen Leitungen der Einrichtungen, mit denen wir zusammengearbeitet haben, bezeichnen die von ihnen praktizierte Platzierung zwar als mögliche Betreuungsmaßnahme unter anderen; je nach Biografie der Jugendlichen und ihrer familiären Situation betrachten sie sie aber nach wie vor als beste Lösung für alle Beteiligten.

Wie steht es nun um die Autonomie der Jugendlichen in diesem Kontext, und wie trägt die Platzierung in einer Institution zum Erwerb und zur Entwicklung von Autonomie bei?

3 Autonomie als alltagssprachlicher und als wissenschaftlicher Begriff

Autonomie ist in den Betreuungsteams, die eine Stärkung des Handlungsvermögens der platzierten Jugendlichen anstreben, ein erklärtes Erziehungsziel.[6] Wie Molénat in Anlehnung an Ehrenberg (2009) unterstreicht, war der Begriff der Autonomie noch vor rund vierzig Jahren mit dem Status einer Utopie verknüpft, eines zu erreichenden Ideals, »eines Ansporns zur Kritik an den sozialen Normen« (Molénat 2010, S. 32); heute gilt Autonomie als zwingende Norm. In unseren zeitgenössischen westlichen Gesellschaften wird dem Individuum erst vollständige Existenz zugebilligt, wenn es autonom ist. Dieses Streben nach Autonomie gilt als Garantie für Emanzipation, insbesondere gegenüber der ursprünglichen Erziehung und den gemachten Erfahrungen. Wie Castel (2003) zeigt, wirkt sich die Förderung der Autonomie, sobald sie zur Norm erhoben wird, aber auch negativ aus, namentlich in der Arbeitswelt und in der Sozialen Arbeit. Sie verpflichtet zur Übernahme von Verantwortung und fordert zu Veränderungen auf, ohne dass den Menschen immer die entsprechenden, notwendigen Mittel (insbesondere in Bezug auf die Ausbildung) zur Verfügung gestellt werden (Ossipow, Lambelet & Csupor 2008). Bei Platzierungen von Jugendlichen in sozialpädagogischen Heimen ist die Autonomie das Ziel, an dem festzuhalten ist, damit sie sowohl von der Familie als auch von den Betreuungsteams unabhängig werden und sich eigene Bezugssysteme schaffen können. Dies zustande zu bringen, zeuge für den Übergang ins Erwachsenenleben bzw. den Übertritt aus dem Status des Minderjährigen in den des Volljährigen. Im Übrigen sollten die platzierten Jugendlichen auf diese Weise den harten Schritt in die Volljährigkeit (staatsbürgerliche und zivilrechtliche Mündigkeit) bewältigen können, der sie zum Austritt aus der Institution und (selten) zur Rückkehr in die Familie zwingt, sie sollten so ein finanziell vollständig unabhängiges Leben führen oder allenfalls die Dienste, die jungen Erwachsenen im Alter von 18 bis 25 Jahren angeboten werden, nutzen können (wir kommen in unseren Schlussbemerkungen darauf zurück).

Die Frage der Autonomie beschäftigt die Betreuerinnen und Betreuer stark. So erinnern sie die jungen Bewohnerinnen und Bewohner sehr häufig an ihre Aufgabe, selbstständig zu werden.[7] Autonomie bleibt dabei aber ein komplexes

---

[6] In der Erziehungspraxis ist das Streben nach Autonomie sehr präsent, wird aber oft nur in Bezug auf die verletzlichsten Personen zur Sprache gebracht. Wie Paul Ricœur in *Le juste 2* (2001) betont, hängen Autonomie und Verletzlichkeit miteinander zusammen.

[7] Jedenfalls stellt dies ein Betreuer im Heim für männliche Jugendliche fest:»Ich glaube, dass sie das Wort Autonomie hier hundertmal häufiger hören als in einer Familie; Autonomie ist wirklich das Lieblingsthema im Heim.«

Feld. In der Theorie ist der Begriff Ausgangspunkt unterschiedlicher Auffassungen zur Sozialisierung des Individuums, wie Join-Lambert Milova (2004; 2006), Autorin einer vergleichenden Analyse von Erziehungsheimen in Frankreich, Deutschland und Russland, erklärt. Aus Durkheim'scher Sicht entsteht Autonomie durch die Verinnerlichung von Regeln und sozialen Normen; sie ist die Finalität eines Prozesses. Nach Bourdieu ist Autonomie nur eine Täuschung, da die Funktion der Sozialisierung in der Sicherung der sozialen Reproduktion besteht (Bourdieu & Passeron 1970). Gemäß einem dritten Ansatz, den Join-Lambert Milova (2004; 2006) mit dem von Dubet und Martuccelli (1998) verknüpft, bleibt die Autonomie eng verbunden mit der Fähigkeit der Akteurinnen und Akteure, Entscheidungen zu treffen. Unsererseits ziehen wir diesen letzten Ansatz vor, obwohl die platzierten Jugendlichen auf den ersten Blick aufgrund ihrer gesellschaftlichen Stellung (sie stammen ausnahmslos aus Familien mit geringem ökonomischem, kulturellem und sozialem Kapital) und des sozio-historischen Kontextes, in dem sie sich bewegen, in ihren Entscheidungsmöglichkeiten stark eingeschränkt sein können. Bei diesem letzten Punkt fokussieren zahlreiche Politikerinnen und Politiker und Sozialhilfeverantwortliche auf die Eigenverantwortung und stellen ein selbstständiges Leben für jede und jeden in den Vordergrund, ohne dafür auch Rahmenbedingungen zu schaffen oder ausreichende Ressourcen zur Verfügung zu stellen.

Im Übrigen führt die Multidimensionalität des Autonomiekonzepts zu einer komplexen Analyse des Übergangs bzw. der Transition ins Erwachsenenalter. Zumindest bis Ende des 19. Jahrhunderts war dieser Übergang durch das Zusammentreffen bestimmter Schwellen des Lebenszyklus ziemlich klar abgegrenzt. Auch wenn man in gewisser Hinsicht von einer Lebensgemeinschaft oder der Zugehörigkeit zu einem Dorf abhängig blieb, wurde ein junger Mann – beispielsweise bäuerlicher Herkunft – zum Erwachsenen, wenn er seine Wehrpflicht erfüllt, sich verlobt, seine eigene oder (bei Familienhöfen) beschränkt eigene Wohnung hatte und wenn nach der Heirat sein erstes Kind auf die Welt kam. Man spricht heute nicht mehr von Übergang ins Erwachsenenalter, sondern von Transition, wie Cavalli und Galland (1993) schreiben: »Die Jugendzeit hat sich verlängert«, sowohl in den begüterten sozialen Schichten als auch in den sogenannten Unterschichten, sowohl bei den Mädchen als auch bei den Jungen. Die Lebensalter haben sich nicht nur zeitlich verschoben. Die Schwellen haben sich voneinander gelöst und sind desynchronisiert. Jene am Ende des Jugendalters entsprechen nicht mehr denen beim Eintritt ins Erwachsenenleben. So entstehen Zwischenräume, in denen die Heranwachsenden weder Jugendliche noch Erwachsene sind. Galland (1996) unterteilt diese Zwischenphase in drei Sequenzen: Postadoleszenz (Wohnen bei den Eltern), Jugend (Auszug aus dem Elternhaus) und Vor-Erwachsenen-Phase (Eingehen einer Partnerschaft und vor allem Eintritt in die

Elternrolle). Selbstverständlich unterscheiden sich die Phasen je nach Geschlecht, Ausbildung und sozioökonomischem Hintergrund. Mit Ausnahme der besser ausgebildeten Jugendlichen mit langer Studienzeit scheinen diese Phasen bei den jungen Frauen früher einzutreten und schneller aufeinander zu folgen als bei den jungen Männern: Die jungen Frauen verlassen das Elternhaus nach Ende der Schulzeit deutlich rascher als die jungen Männer. Bei den weiblichen Jugendlichen ist der Auszug aus dem Elternhaus weniger stark mit einer festen Arbeitsstelle verknüpft. Sie können durch Partnerschaft oder Heirat direkt in den Erwachsenenstatus wechseln, indem sie mit einem Mann zusammenziehen, der bereits einen eigenen Haushalt hat. Aufgrund der Ausbildung oder des schwierigen Zugangs zur Arbeit für Jugendliche werden die herkömmlicherweise als Grenze zwischen Jugend und Erwachsenenalter geltenden Schwellen heute später überschritten als noch vor zwanzig Jahren (Galland 1996).

Es ist heute deshalb auf jeden Fall schwierig, eine klare und durchgehende Grenze zwischen Adoleszenz und Erwachsenenalter zu ziehen. Für Van de Velde, Autorin von *Devenir adulte. Sociologie comparée de la jeunesse en Europe,* »hat der Eintritt ins Erwachsenenleben eher mit einer Vorstellung von sich selbst zu tun als mit dem Erwerb eines Status. Das Leben wird länger und damit auch die Zeitspanne, um das zu erreichen, was als Alter der individuellen oder sozialen Reife betrachtet wird« (Van de Velde 2008, S. 1). Die Kriterien für das Erwachsenenalter sind heute ebenfalls weniger starr, da die Arbeitsplätze immer flexibler werden und die Ehe eher wie ein einfacher Vertrag angesehen wird. Deshalb sind die Wege ins Erwachsenenleben weniger linear und lassen sich weniger klar begrenzen als der Übergang von einem Alter in ein anderes. Die Jugend wird somit eher als variabler Individuationsprozess definiert. Im Übrigen hängt die Herausbildung von Autonomie vom jeweiligen nationalen Umfeld ab, das sie eher fördert oder behindert, wie Van de Velde aufzeigt. Sie weist darauf hin, dass die Transition ins Erwachsenenalter unter dem Blickwinkel der zu ihrer Förderung umgesetzten Sozialpolitik betrachtet werden sollte; wir werden im letzten Teil dieses Beitrags darauf zurückkommen. Die Transition ins Erwachsenenalter bedeutet also nicht, dass jemand materiell unabhängig ist und tun und lassen kann, was er oder sie will. Der Übergang ist mit Formen der Autonomie verbunden, die zumindest aus Kant'scher Perspektive auf der Fähigkeit des Individuums beruhen, sich eigene Gesetze und Regeln zu geben, indem es sich die gegebenen zu eigen macht oder neue aufstellt, soweit sie nicht die Freiheit der anderen beschneiden. Die Transition ins Erwachsenenalter beruht in erster Linie auf Beziehungsfähigkeit und auf der Kompetenz, um Hilfe zu bitten und Hilfe anzunehmen. Wie auch de Singly (2001) betont, darf Autonomie nicht mit Selbstversorgung, wirtschaftlicher Unabhängigkeit oder selbstständigem Wohnen verwechselt werden.

4 Die Etappen einer Platzierung

Bei einer Platzierung gibt das jeweils vorhandene System eine Abfolge von Phasen vom Eintritt bis zum Austritt vor, an denen die Fortschritte der platzierten Jugendlichen gemessen werden können. Wenn man von Autonomie Jugendlicher in Heimen spricht, sind sowohl ein Prozess als auch eine Transition angedeutet – Etappen, die schrittweise zum Heiligen Gral – dem Status des autonomen Erwachsenen – führen. Der Weg hin bis zum Ziel lässt sich in verschiedene Phasen unterteilen, aus denen sich drei herauskristallisieren lassen – dem Beispiel der Phasen folgend, die Van Gennep (1909) zur Analyse der Übergangsriten vorgeschlagen hat: der Zeitpunkt des Eintritts (oder der »Trennung« vom vorangegangenen Lebensabschnitt, bei dem es sich um ein Leben im Elternhaus oder in einer anderen Betreuungseinrichtung handeln kann); die Phase der Anpassung, die Zeit der Platzierung, die von regelmäßigen Evaluationen, spezifischen Riten und alltäglichen, aber auch außergewöhnlichen Momenten begleitet wird (Übergang/Schwelle – Van Gennep [1909] – oder Liminalität – Turner[8] [1990]), und zuletzt das Ende der Platzierung. In jeder Etappe steht Unterschiedliches auf dem Spiel, in jeder werden die Fortschritte der Jugendlichen im Hinblick auf Autonomie und die Realisierung ihrer Ziele auf spezifische Weise beurteilt.

4.1 Der Eintritt

Die im Vorfeld und direkt beim Eintritt mit den Mitgliedern der Betreuungsteams geführten Gespräche leisten Gewähr, dass der Antrag der Platzierungsstelle und die Erwartungen der Familie und des oder der Jugendlichen mit dem Angebot der Einrichtung übereinstimmen. Allgemeines Ziel aller drei Institutionen ist es, Lernprozesse der Jugendlichen zu fördern und ihnen beim Erlangen ihrer Autonomie zu helfen. Vorgängig muss aber sichergestellt werden, dass die künftig platzierte Person bereits über einen ausreichend hohen Grad an Autonomie verfügt, damit sie in die Einrichtung aufgenommen werden kann: Die Jugendlichen müssen in der Lage sein, eine externe Aktivität auszuüben, sobald sie pädagogische Unterstützung erhalten.

Parallel zu diesen Gesprächen durchlaufen die Jugendlichen ein Ritual, das unsere Aufmerksamkeit verdient. Es handelt sich um den »Schnupperabend«, an

---

[8] Turner verwendet diesen Begriff im ursprünglichen Sinn von *limen,* des Schwellenzustands unmittelbar vor der Grenze der (Wieder-)Eingliederung in einen anderen Status in der gewöhnlichen Welt, in der Gesellschaft. Im vorliegenden Fall leben die Jugendlichen nicht abseits der Gesellschaft, gehören aber dennoch teilweise zu einer spezifischen Welt mit eigenen Regeln und Hierarchien.

dem man herausfinden will, ob sich der neue Bewerber oder die Bewerberin an das Leben in der Institution wird anpassen können. Im Heim für männliche Jugendliche verbringt der Kandidat während des Aufnahmeprozesses zwei Abende dort, um seinen künftigen Lebensort kennenzulernen. Im Heim für weibliche Jugendliche ist nur ein Abend und in der Wohngruppe ein Abend und die Teilnahme am Sonntagsbrunch vorgesehen. Bei jedem Erstbesuch stellt das diensthabende Mitglied des Betreuungsteams – wenn möglich die Bezugsperson, die sich später besonders um den Jugendlichen oder die Jugendliche kümmern wird – die Einrichtung vor und führt durch das Heim. Mit der Teilnahme an einer gemeinsamen Mahlzeit bietet sich dem Bewerber oder der Bewerberin auch die Möglichkeit, die Stimmung im Heim wahrzunehmen.

Während dieser Begrüßungsabende erklären die Betreuerinnen und Betreuer den Jugendlichen, mit welchem Verhalten man das Vertrauen der Verantwortlichen gewinnt und so später eine Sondererlaubnis oder beispielsweise – bei den männlichen Jugendlichen – ein Zimmer erhält, wie es nur »vertrauenswürdigen Jugendlichen« zugeteilt wird, vor allem deshalb, weil solche Zimmer Fenstertüren haben. Bei den weiblichen Jugendlichen unterstreicht eine Betreuerin bei einem Besuch die Bedeutung von Autonomie und Vertrauen; sie erinnert die »Neue« daran, dass mit der Platzierung das Ziel verfolgt wird, das Jugendheim »stabiler und autonomer« wieder zu verlassen. Sie weist auch darauf hin, dass der Erwerb der Autonomie eine innere Reife voraussetzt, die erst nach einer gewissen Zeit erlangt wird. In den Heimen konkretisiert sich diese schrittweise größere Autonomie in einer immer weiter ausgedehnten Ausgangserlaubnis. Manchmal kommt eine Jugendliche auch in den Besitz des Hausschlüssel, sodass sie in der Nacht heimkehren kann, ohne ihre Rückkehr melden zu müssen – das ist allerdings ein sehr seltenes Privileg. In der gemischten Struktur wird von den möglichen künftigen Bewohnerinnen und Bewohnern noch mehr Autonomie verlangt, vor allem in emotionaler Hinsicht, bevor sie aufgenommen werden, da die Betreuung nicht rund um die Uhr gewährleistet wird.[9] Auch die praktischen Aufgaben nehmen zu – beispielsweise Miete zahlen –, und die platzierten Jugendlichen müssen in der Lage sein, ihren Alltag und die Beziehungen zu ihren Mitbewohnerinnen und Mitbewohnern selbst zu gestalten. Offiziell beginnt die Platzierung damit, dass die Vertreterinnen und Vertreter der Institution, die Platzierungsstelle (für das Dossier zuständiger Sozialarbeiter oder zuständige Sozialarbeiterin), die Familie und der/die Jugendliche einen Vertrag unterzeichnen.

---

[9] Neben den Mitgliedern des Betreuungsteams, die ab und zu vorbeikommen, ist ein Team von Nachtwachen vorhanden, die abwechslungsweise die Nacht in der gemischten Einrichtung verbringen.

4.2 Die Anpassungsperiode

Nach dem Eintritt folgt die von den Professionellen als »Anpassungsperiode« bezeichnete Phase. In den beiden Heimen werden während dieser dreimonatigen Periode besonders viele Gespräche geführt, um zu beurteilen, wie die Jugendlichen und ihre Angehörigen die Platzierung erleben. Im Heim für männliche Jugendliche werden in Familiengesprächen, an denen der Jugendliche, seine Familie, seine Bezugsperson und der Psychologe der Institution teilnehmen, Platzierungsziele festgelegt. Diese werden nach Abschluss des Prozesses von allen Beteiligten bestätigt und unterzeichnet. Während dieser Treffen werden auch tiefer gehende Diskussionen über die familiäre Situation, die Geschwisterbeziehungen, den persönlichen Lebensweg seit der Kindheit und die angetroffenen Probleme geführt.

Im Heim für weibliche Jugendliche finden Gespräche zur »Zielevaluation« statt. In der Tat werden die Ziele vor dem Eintritt definiert und müssen danach evaluiert werden. Beteiligt ist derselbe Kreis von Personen, der auch bei einem Gespräch mit den männlichen Jugendlichen teilnimmt, außerdem ist die Präsenz des Sozialarbeiters oder der Sozialarbeiterin der Platzierungsstelle erforderlich. Das Setting ist perfektioniert, es wird auch eine Kamera eingesetzt. Der Familientherapeut kann so das Gespräch direkt und in einem anderen Raum verfolgen, was ihm einen distanzierteren Blick erlauben soll. Am Ende des Gesprächs entfernt sich der Betreuer für einen Augenblick, um mit seinem Kollegen kurz Bilanz zu ziehen und einige allgemeine Bemerkungen in Form von Komplimenten an die Adresse der Familie zu formulieren. Diese wird über die Vorgehensweise informiert und kann die Videoaufzeichnung ablehnen.

Nach Ablauf der ersten drei Monate findet in beiden Heimen, dem für männliche und dem für weibliche Jugendliche, erneut ein Treffen statt, mit denselben Teilnehmern wie bei der Vertragsunterzeichnung. Dieses Treffen hat zum Zweck, Bilanz über die vergangenen Monate zu ziehen, die Platzierung zu bestätigen oder aufzuheben und die weiteren Schritte festzulegen.

In der gemischten Struktur dauert die Anpassungsperiode fünf Monate. Sie ist in drei Teile gegliedert: die einmonatige »orange« Phase, die zweimonatige »grüne« Phase und die ebenfalls zweimonatige »blaue« Phase. Bei jedem Übergang treffen sich die an der Platzierung Beteiligten, um Bilanz zu ziehen und den Übergang von einer Phase in die nächste zu bestätigen (oder nicht). In jeder Phase wird den Jugendlichen mehr Verantwortung übertragen. Sie müssen ihre Fähigkeiten im zwischenmenschlichen Bereich und bei der Selbstorganisation unter Beweis stellen. So wird ihnen das Monatsbudget von 1200 Franken, das Miete und Nahrungsmittel umfasst, in »Phase eins« in wöchentlichen Teilbeträgen, in »Phase zwei» alle zwei Wochen und in »Phase drei« monatsweise ausbezahlt. In dieser Struktur führen die Jugendlichen mithilfe ihrer Bezugsperson auch einen Ordner, um die in verschiedenen Bereichen (Alltag, Beziehung zur Gemeinschaft, Aktivitäten, Administratives, Ernährung) erzielten Fortschritte und angetroffenen Schwierigkeiten wöchentlich zu evaluieren. Schließlich planen die Jugendlichen sorgfältig ihr Wochenprogramm und halten es auf einem Formular fest.

Die Jugendlichen werden für unterschiedlich lange Zeit platziert; in manchen Fällen wird eine bestimmte Dauer genannt, die aber nie unwiderruflich festgelegt ist. Bei einer strafrechtlichen Platzierung kann der Richter eine Maßnahme von mindestens einem Jahr bestimmen. Da aber kein Datum definiert wird, kann die Dauer variieren. In dieser zeitlich dehnbaren Periode bekommen die meisten Maßnahmen zur Förderung der Autonomie, die im folgenden Teil dieses Beitrags vorgestellt werden, erst ihren Sinn.

4.3 Das Ende der Platzierung

In allen drei Einrichtungen wird das Ende der Platzierung theoretisch in Absprache mit allen Akteurinnen und Akteuren bei einem formellen Treffen vereinbart. An einem Abschiedsabend kann sich die platzierte Person von ihren Mitbewohnerinnen und Mitbewohnern und vom Betreuungsteam verabschieden. Häufig werden die Austritte durch äußere Ereignisse beschleunigt. Ein Austritt findet in folgenden drei Fällen statt: (1) wenn die Ziele erreicht sind; (2) bei Erlangen der Volljährigkeit[10]; (3) wenn ein Misserfolg konstatiert wird, der zu einer Betreuung in einer anderen Einrichtung oder Pflegefamilie oder zur Rückplatzierung in die Familie führt. In der Praxis fällt das Ende der Platzierung oft mit dem Erreichen der Volljährigkeit zusammen.

Bei den männlichen Jugendlichen findet immer ein Abschlussgespräch statt, das anders als die übrigen Gesprächen eine echte Gelegenheit ist, um den Jugendlichen mit Komplimenten zu bedenken, ihn in gewisser Weise ein letztes Mal durch Lob zu stärken. Es geht nun nicht mehr um Fortschritte, die Institution hat ihren Auftrag erfüllt, sondern um Bestätigung der erworbenen Fähigkeiten. Im Übrigen weisen die anwesenden Verantwortlichen den Jugendlichen noch einmal auf die zur Verfügung stehenden Ressourcen hin. Dieses Abschlussritual scheint die Funktion zu haben, die Zukunft heraufzubeschwören und performativ zu wirken, indem die Personen, die den Ritus durchlaufen, als Individuen instituiert, legitimiert und geheiligt werden (Bourdieu 1984), als Menschen, die sich

---

[10] Bei strafrechtlichen Platzierungen kann die Platzierung über die Volljährigkeit hinaus bis zum Alter von 22 Jahren verlängert werden.

auf der Höhe ihres neuen Status befinden. Dabei werden sie symbolisch oder konkret von den Personen getrennt, die den Ritus noch nicht durchlaufen können oder nie in der Lage sein werden, ihn zu durchlaufen. In den Heimen machen die Verantwortlichen den austretenden Jugendlichen Komplimente, um ihnen deutlich zu machen, dass sie nun als autonome Personen betrachtet werden, welche die in sie gesetzten Erwartungen erfüllen und sich im »richtigen« Leben »durchschlagen« können.

Im Zusammenhang mit der Diskussion über die Transition ins Erwachsenenleben, die den Übergang über verschiedene, heute nicht mehr miteinander verbundene Schwellen bedingt, erhalten die Phasen der Platzierung und insbesondere deren Ende eine zweifache Bedeutung. Gewiss geht es, wie gezeigt, zum einen darum, den in der Einrichtung erlangten Grad an Autonomie während eines abschließenden Gesprächs zu kommentieren oder zu bekräftigen und den zurückgelegten Weg ein letztes Mal zu feiern. Zum anderen aber bedeutet der Austritt aus der Einrichtung für die platzierten Jugendlichen – bei Erreichen der Volljährigkeit – auch, dass sie eine der Schwellen überschreiten, die ins Erwachsenenalter führen, eine Schwelle, vergleichbar mit dem Auszug aus dem Elternhaus und vor allem mit der Mündigkeit und Handlungsfähigkeit, die sie nun unwiderruflich besitzen (außer im Falle einer strafrechtlichen Platzierung). Zwar markiert das Ende der Platzierung allein nicht den Eintritt ins Erwachsenenalter. Es ist aber sicher eines der prägenden Ereignisse für diese Jugendlichen, die nun selbst für sich sorgen müssen.

5 Praktiken der Autonomie im Jugendheim

5.1 Die Alltagsaktivitäten

Die als »Begleitung« bezeichnete, bald direktive und kontrollierende, bald suggestive und distanzierte Betreuungsarbeit fokussiert auf alltägliche Verrichtungen, Techniken und Grundhaltungen (Aufstehen, Zubettgehen, Hygiene), die eigentlich während der Kindheit hätten erlernt werden sollen und auf die die Erziehung im Jugendheim korrigierend einwirken kann. Die Teams wissen zwar, dass es bei der Autonomie nicht nur um die alltäglichen oder banalen Verrichtungen geht, die zeigen, dass man sich bei bestimmten Grundaktivitäten teilweise allein zu helfen weiß. Dennoch versuchen sie, auf diesen Weg und diesen Übergang ins Erwachsenenalter einzuwirken, und schenken den Alltagsaktivitäten besondere Beachtung. Selbstständiges Aufstehen (ohne dass ein Mitglied des Betreuungsteams den/die Jugendliche/n wecken muss) scheint die erste Gewohnheit sein, die es zu erwerben gilt. Dieses Thema wird von unseren Gesprächspartnerinnen und Gesprächspartnern am häufigsten und spontansten erwähnt, wobei zugleich deutlich wird, dass die Erziehungsarbeit individuell gestaltet wird, denn die Jugendlichen werden nicht alle gleich behandelt. Im Heim für männliche Jugendliche werden beispielsweise nur diejenigen geweckt, von denen man weiß, dass sie es noch nicht so bald alleine schaffen, wie eine Betreuerin erklärt:

> Ich glaube, man versucht dort anzusetzen, wo sie sind. Sie kommen alle mit unterschiedlichen Gewohnheiten zu uns. Man muss sie überall dort begleiten, wo es nicht von alleine geht, zum Beispiel beim Aufstehen ... Man weckt nicht unbedingt die, von denen man weiß, dass sie es können (man sagt: »ich weiß, dass du's kannst, ich bin nicht dein Wecker«). Hingegen ist einem bewusst, dass es für andere schwieriger ist, die weckt man, versucht aber dennoch immer zu sagen: »Eines Tages musst du es allein schaffen!« Man muss sie also wirklich begleiten, damit sie es einmal alleine können. (BetrF, HeimM, Nr. 11, Zeilen 291–297[11]).

Das Aufstehen ist auch das einzige Element, bei dem die Betreuerinnen und Betreuer eingestehen, dass ihre Anforderungen manchmal etwas im Widerspruch zur konkreten Umsetzung stehen: »Manchmal erleichtert man ihnen gewisse Dinge ... (...) Um sicherzugehen, dass sie einen Termin nicht verpassen, fährt man sie mit dem Auto hin und so« (BetrM, HeimM, Nr. 7, Zeilen 632 und 635–636). Zwar wird das Zubettgehen, das sowohl mit der Einhaltung des Abendprogramms als auch mit Einschlaftechniken verknüpft ist, weniger oft als Lernprozess und Kontrollobjekt erwähnt, aber es scheint ganz ähnlich wie das Aufstehen ein Moment, der sich für die Entwicklung der Autonomie besonders gut eignet. Das hat vor allem damit zu tun, dass das Schlafengehen mit dem Alleinsein verbunden ist und mit der Herausforderung, schrittweise seine eigenen Einschlafmethoden zu finden. So beobachten die Betreuungsteams, dass viele der platzierten Jugendlichen in der abendlichen Einsamkeit des Schlafzimmers wieder mit ihren Ängsten konfrontiert werden, die häufig mit ihrem schwierigen Lebensweg zusammenhängen. Die Jugendlichen mit Einschlafschwierigkeiten erhalten deshalb vom Betreuer oder von der Betreuerin, die beim Zubettgehen vorbeischaut, eine ganze Palette von Ratschlägen, die sie befolgen können: ruhige Musik hören, ein

---

[11] Signaturen wie »Betr« geben in den Zitaten die Funktion an (Betr für Betreuer/Betreuerin, Dir für Direktion, Psy für Psychologe/in) und »M/F« das Geschlecht der Person, »HeimM« gibt an, dass es sich um eine Person handelt, die im Heim für männliche Jugendliche arbeitet (und in der gemischten Struktur, da dasselbe Betreuungsteam für beide Einrichtungen zuständig ist), »HeimW« steht für das Heim für weibliche Jugendliche; »Nr.« entspricht der Nummer des Gesprächs von 1 bis 21, und die »Zeilen« geben die Stelle im transkribierten Dokument an, aus dem der Auszug stammt.

Buch oder eine Zeitschrift lesen, ein Glas Wasser trinken oder Entspannungstechniken üben.

Das zweite Element, auf dessen Erlernen die Betreuungsteams mehr oder weniger ausdrücklich Wert legen, ist das Einhalten bestimmter Hygieneregeln (Zähne putzen, duschen, sein Zimmer aufgeräumt und sauber halten). Sie vermeiden allerdings, in diesem die körperliche Intimität betreffenden Bereich zu aufdringlich zu sein. Zwei weitere Arten von Kompetenzen, die zur Entwicklung der Autonomie beitragen sollen, sind das Waschen der Kleider und das Kochen. Während das Waschen technischer Natur zu sein scheint und sich auf die individuelle Sphäre beschränkt, involviert das Kochen die Jugendlichen kollektiv. Kochen zu können, ist wichtig (mit der Zubereitung von Mahlzeiten können verschiedene Fertigkeiten und Rezepte erlernt werden, die ermöglichen, dass man sich nach dem Austritt aus dem Heim zu helfen weiß, und sie bietet Gelegenheit, gewisse Hygienenormen – sich vor dem Kochen die Hände waschen – und Gesundheitsregeln – Früchte und Gemüse essen, fette und zu salzige Lebensmittel meiden; allgemein die Regeln einer gesunden Ernährung befolgen – zu vermitteln). Es ist aber – vor allem im Heim für weibliche Jugendliche – kein zwingendes Zeichen für Autonomie. Zudem sind die eben beschriebenen alltäglichen Lernprozesse mit Ausnahme von Ordnung und Hygiene vor allem in den Äußerungen des Teams im Heim für männliche Jugendliche zentral, als ob Jungen in diesem Bereich mehr zu lernen hätten oder als ob das Betreuungsteam im Heim für weibliche Jugendliche sich davor hüten wollte, etwas zur Sprache zu bringen, was als eher typisch weiblich denn männlich gelten könnte. Wie die Leitung der Einrichtung für weibliche Jugendliche beim Besuch der Küche bemerkte: Es dürfe nicht sein, dass das Heim mit einer »Haushaltungsschule« gleichgesetzt werde.

Die Betreuungsteams legen Gewicht auf alle Elemente, mit denen sich der Zustand der von ihnen betreuten Personen verbessern lässt. Sie kümmern sich insbesondere um das körperliche Wohlbefinden, eine ausgewogene Ernährung und den Schlaf der Jugendlichen. Man muss ihnen beibringen, »wie man für sich sorgt, da sie sich ziemlich gehen lassen«, unterstreicht ein Betreuer (BetrM, HeimM, Nr. 3, Zeilen 399–401). Die Betreuungsteams versuchen, Ordnungs- und Sauberkeitsnormen in Erinnerung zu rufen und aufzuwerten, gleichzeitig wollen sie die Jugendlichen dazu bewegen, dass sie sich um sich selbst kümmern und Psyche und Körper in ein ideales Gleichgewicht bringen. Die meisten Jugendlichen erklären, dass sie einen Teil oder alle der oben beschriebenen Grundaufgaben mehr oder weniger gut beherrschen. Somit besteht die erzieherische Aufgabe vor allem im Ziel, daraus eine selbstauferlegte Regel, verinnerlichtes Wissen, Routine, einen Automatismus zu machen.

5.2 Umgang mit einem Budget und Ausbildung

Der Umgang mit Geld ist ein Lernprozess, der für die Betreuerinnen und Betreuer wesentlich zu dem gehört, was es braucht, um schließlich erwachsen zu werden. Es geht hier nicht um Lernprozesse, mit denen sich die Jugendlichen bereits vertraut machen konnten, wie diejenigen, die wir eben für die Alltagsaktivitäten beschrieben haben. Im Vordergrund steht hier vielmehr die Reflexion über Ausgeben und Sparen und über die Verschuldungsgefahr, auf die in verschiedenen Bereichen der Sozialen Arbeit mit Besorgnis hingewiesen wird.

Jede und jeder Jugendliche muss ein Budget verwalten, das aus verschiedenen Rubriken mit fixen Beträgen besteht, die nur für den jeweiligen Zweck verwendet werden können: Kleider, Pflegeprodukte (Shampoo, Zahnpasta usw.) und Taschengeld. Mit Ausnahme des Taschengelds müssen der Bezugsperson, die die Entwicklung der Finanzen genau verfolgt, Belege (Kassenquittungen) vorgelegt werden. Je nach Fähigkeiten der Person und dem in sie gesetzten Vertrauen können verschiedene Systeme zum Einsatz kommen: Auszahlung nach und nach, entsprechend den Bedürfnissen, oder Auszahlung wöchentlich, zweimal monatlich oder einmal pro Monat. Meistens durchlaufen die Jugendlichen während ihrer Platzierung alle diese Etappen. Verschiedene Jugendliche haben Schulden, deren Rückzahlung Teil der Budgetführung sein kann. Andere können auch beschließen, für ein bestimmtes Vorhaben zu sparen (beispielsweise für den Führerschein), und dies in ihr Budget aufnehmen. Sie müssen sich dann aber an diesen Beschluss halten und dürfen das ersparte Geld nicht für andere Zwecke verwenden. Durch die Verwaltung der eigenen Finanzen mit Hilfe eines Mitglieds des Betreuungsteams ist es häufig möglich, gegenüber der Familie unabhängig zu werden.

Die Beobachtung der Erziehungspraktiken lässt erkennen, wie sehr die Beziehung zum Geld, das oft als Triebfeder bezeichnet wird, im Zentrum der Betreuungsstrategien steht. »Um ihr Verantwortungsgefühl zu wecken, lasse ich sie für das Vergessen ihres öV-Abos Bußen einkassieren, bis sie verstehen, dass man das Abo zum richtigen Zeitpunkt lösen muss (…). Geld bewegt vieles …«, meint ein Betreuer (BetrM, HeimM, Nr. 7, Zeilen 569–572 und 590).

Auch auf die Ausbildung wird ein großer Teil der Betreuungsenergie und der verfügbaren Ressourcen verwendet. Die Ausbildung erfolgt in verschiedenen Schultypen (Gymnasium, Handelsschule, allgemeinbildende Schule) oder in einer Lehre. Wird die externe Ausbildung zeitweilig unterbrochen, verfügen die Heime über eine interne Ausbildung *(Team Atelier),* die auf eine Schule oder eine Lehre oder eine bezahlte Arbeitsstelle ohne spezifische Ausbildung vorbereitet. Dieses System ist subsidiär, sodass dennoch rasch eine externe Aktivität gefunden werden muss. Besonders viel Wert wird auf die Ausbildung der jungen

Frauen gelegt. Dies hängt insbesondere mit dem Kampf gegen Vorurteile im familiären und manchmal sogar gesellschaftlichen Umfeld (im Netz der Sozialarbeiter, die sich außerhalb des Heims um die platzierten Personen kümmern) zusammen, welche die Unabhängigkeit der weiblichen Jugendlichen mit einer unqualifizierten Arbeit und dem Eingehen einer Paarbeziehung verbinden.

Neben schulischen und beruflichen Aspekten besteht die Ausbildung auch darin, dass man lernt, wo man in verschiedenen Situationen Informationen finden kann. Ausgangspunkt ist die Überlegung, dass vielen platzierten Jugendlichen ein Netz von Angehörigen fehlt, die sie beraten und je nachdem in die richtige Richtung lenken können. Neben dem Erwerb der Fähigkeit, bei Bedarf eine Information zu finden, bedeutet autonom sein auch zu lernen, dass man seine Projekte auf die verfügbaren finanziellen Mittel und Ressourcen abstimmt. Verschiedene Mitglieder der Betreuungsteams nennen dies oft »das Realitätsprinzip wieder in Kraft setzen«. Dieses Wieder-in-Kraft-Setzen – das aus der Psychoanalyse schöpft – ist ein Leitmotiv in der Sozialarbeit und insbesondere im Bereich der öffentlichen Fürsorge (Ossipow, Lambelet & Csupor 2008). Es geht um »die Antwort auf die Frage ›Wo stehst du?‹; darum, die Kluft zwischen dem, was du sagst, und dem, was du tust, zu benennen; darum, den Sinn für Realität wiederherzustellen«, erklärt ein Betreuer: »›Du willst Anwalt werden, ja, aber mit deinen schulischen Leistungen …‹; ›du willst bei der Post arbeiten; ja, aber mit den Straftaten, die du begangen hast …‹« (BetrM, HeimM, Nr. 7, Zeilen 531–534 und 543–547).

5.3 Citoyennität, ziviles Verhalten und Sanktionen

Im Übrigen scheinen die Jugendlichen elementare Anstandsregeln lernen oder neu lernen zu müssen (Begrüßungsregeln, Kleidersitten, Tischmanieren):

> Bei Tisch darf man nicht mit dem Stuhl wippen, man darf keine Handys dabei haben, man darf nicht rülpsen. (…) Schon dass man zum Essen bei Tisch sitzt, ist nicht für alle selbstverständlich. (…) Man beginnt manchmal bei ziemlich grundlegenden Dingen. (BetrM, HeimM, Nr. 3, Zeilen 446–455)

So die Aussage eines Betreuers, der die Aspekte Anstand und Konformität mit der Norm unterstreicht, die den Jugendlichen beigebracht werden müssen, damit sie sich später, im »richtigen« Leben außerhalb des Heims, angemessen zu verhalten wissen:

> Man muss … die Jugendlichen nicht »formatieren«, sondern mit dem in Übereinstimmung bringen, was die Gesellschaft von ihnen erwartet. (…) Dieses Glätten

macht sehr viel Arbeit, man muss die Gepflogenheiten, Höflichkeit, das Leben in der Gemeinschaft insgesamt lernen. (BetrM, HeimM, Nr. 10, Zeilen 606–610)

Autonomie bestehe zunächst einmal darin, Entscheidungen zu treffen und für sich einen Platz zu finden, betont ein Betreuer des Heims für männliche Jugendliche – den die Parallele mit den Besserungsanstalten etwas stört. Zu dieser notwendigen Konformität und Umerziehung, die Autonomie mit sich bringt, meint er aber:

> Zuerst kommt die Trennung von der Familie und vom Umfeld, die vielleicht etwas notwendig ist, dann die Umerziehung! Wie nannte man die Heime früher – Umerziehungs-, pardon: Besserungsanstalten. Die Jugendlichen sind für die Gesellschaft etwas seltsam und schief, deshalb werden sie umgezogen und geradegebogen, ganz einfach ... Damit sie sich wieder besser fühlen. (BetrM, HeimM, Nr. 7, Zeilen 683-687).

Vielleicht werden diese Jugendlichen darum enger betreut als andere, weil sie oft mit einer »gefährlichen Jugend« in Verbindung gebracht werden. Sie werden enger betreut, weil sie zum einen im Heim leben und ihnen zum anderen Lernprozesse angeboten werden, die oft jene doppeln, die ihnen bereits in der Schule aufgezwungen oder angeboten worden sind. Die platzierten Personen erhalten eine Einführung in die Citoyennität[12] und werden häufig aufgefordert, mit Fachleuten über ihre Gesundheit und ihre Abhängigkeiten (insbesondere über das wiederkehrende Problem des Zigarettenrauchens) oder über Dinge zu sprechen, die ihre Intimsphäre berühren könnten. So hat das Heim für weibliche Jugendliche im Anschluss an Fragen zur Schwangerschaft einer Betreuerin ein Treffen zum Thema Mutterschaft organisiert. Zudem nahmen alle von der Stiftung verwalteten Heime an einer Forumstheatervorstellung[13] zum Thema Pädophilie teil.

---

[12] An der Heimsitzung ist diese Einführung am einfachsten, auch wenn sich die Citoyennität auf indirekte Weise auch auf anderen Ebenen ausüben lässt. Jede Woche treffen sich die Jugendlichen und die für sie zuständigen Personen, um das Gemeinschaftsleben sowohl in praktischer Hinsicht (z.B. Planung der Aktivitäten) als auch in gruppendynamischer Hinsicht (z.B. ausdrücken, was einen stört) zu besprechen. Dank diesem System lernt man, vor anderen zu sprechen, eine Traktandenliste einzuhalten oder begründete Forderungen zu formulieren. Mehr zu diesem Punkt ist bei Ossipow (2011) zu lesen, wo die Ausübung der Citoyennität im Heim für männliche Jugendliche analysiert wird.

[13] Es handelte sich um ein Angebot der Theatertruppe Caméléon (www.lecameleon.ch), die sich auf interaktive Animationen im Präventionsbereich spezialisiert hat. Die Schauspielerinnen und Schauspieler stellen in einer Szene eine Situation der Unterdrückung oder des Misserfolgs dar. Dann spielen sie dieselbe Geschichte noch einmal, wobei das Publikum aufgefordert ist, zu einem beliebigen Zeitpunkt einzugreifen, die Szene zu unterbrechen und auf der Bühne den Platz eines beliebigen Schauspielers einzunehmen, um eine Lösung für das Gesehene zu zeigen. Auf die Vorstellung folgt eine Diskussion.

Schließlich werden die Jugendlichen auch – zusätzlich zu den entsprechenden Angeboten in der Schule – zu den Fragen von Toleranz und Rassismus aufgeklärt. Und obwohl sie das Heim bis zur vereinbarten Zeit nach Belieben verlassen können, werden sie bei Ausflügen oder Reisen an Orte, die ihnen weniger vertraut sind (bestimmte Großstädte im Ausland, kulturelle Veranstaltungen), kollektiv begleitet. Vielleicht geht es darum, dass sie Orte kennenlernen, an deren Besuch sie vielleicht nicht denken würden oder auf die sie keine Lust hätten, wären sie nicht im Heim. Oder es soll getestet werden, ob sie sich im öffentlichen Raum »zu benehmen« wissen. Vielleicht aber sollen sie auch daran erinnert werden, dass sie sich eines Tages allein »zurechtfinden« müssen, ohne schützende Vermittlung der Betreuerinnen oder Betreuer (vor allem bei Auslandreisen).

Bis zum Austritt aus der Platzierungseinrichtung wird an der Vorbereitung auf die Autonomie stetig und hart gearbeitet, vor allem mit Anreizen und positiven Aufforderungen. Aber keine Autonomie ohne Sanktion! Im sozialpädagogischen Bereich wird Autonomie durch eine schrittweise Verinnerlichung des Sinns für Grenzen und für Verantwortung erworben – was vielleicht etwas widersprüchlich ist – und nicht, wie man auch denken könnte, durch Rebellion oder Übertretungen. Wenn man von Lernen, Autonomisierung oder Fortschritt spricht, so bleibt die Frage der Misserfolge, Fehlschläge und Umwege, die der Verwirklichung der gesteckten Ziele vorangehen, etwas im Hintergrund. So sind Systeme mit Strafen und Belohnungen im Jugendheim gang und gäbe, obwohl die Platzierung selbst keine Sanktion, sondern eine pädagogische Maßnahme ist. Und wenn ein Jugendlicher oder eine Jugendliche gegen die Maßnahmen im Heim, die ihn oder sie hin zur Autonomie führen sollten, Widerstand leistet, so wird er oder sie bestraft, »um weiterzukommen«. Die Sanktionen ermöglichen es, ein unerlaubtes Verhalten oder eine Übertretung zu »benennen« und zu beheben. Sie sind ein Erziehungsinstrument, das die Verstöße der Jugendlichen begleitet und sie auf den rechten Weg zurückbringen soll. Gründe für eine Sanktion gibt es viele: nicht angekündigte Verspätungen, unentschuldigte Abwesenheit, Ausreißen, versäumtes Zimmeraufräumen oder Ausführen einer Aufgabe im Haushalt, Beschimpfungen, Verpassen einer Mahlzeit oder Schuleschwänzen. Es gibt Geldstrafen (das Verpassen einer Mahlzeit kostet sieben Franken), meist wird aber der Ausgang gestrichen, die Rückkehrzeit früher angesetzt, oder es werden zusätzliche für die Gemeinschaft nützliche Aufgaben angeordnet (Laub rechen im Garten). Im Heim folgt die Erziehung also – wie an anderen Orten des (insbesondere familiären) Zusammenlebens – einer recht einfachen Logik: Gutes Verhalten wird belohnt (z.B. flexiblere Ausgehzeiten), schlechtes Verhalten bestraft. Die Sanktion gilt aber nur als Reaktion der ersten Stufe. Auf jeden Fall ist eine tiefer gehende Arbeit erforderlich, die sich gemäß den Betreuungsteams auf die Pläne der Individuen konzentrieren muss. Eine Platzierung in einer Institution hat dann einen Sinn, wenn ein persönliches Projekt formuliert und dank dem pädagogischen Rahmen realisiert werden kann. Während unserer Untersuchung gab es im Heim für weibliche Jugendliche eine ziemlich große Krise, weil mehrere junge Frauen gegen ihre Platzierung rebellierten. Diese Situation erforderte eine in die Tiefe gehende Arbeit der Mitglieder des Betreuungsteams, weil sie es nicht mehr ertrugen, nur mit dieser Logik von Übertretung und Strafe zu arbeiten, die ohne – allein Sinn ergebende – gründliche Überlegung im jeweiligen Augenblick gehandhabt wird. Diese Sanktionen hindern die Jugendlichen und die Betreuerinnen und Betreuer nicht daran, Spielräume zu nutzen. Und manchmal stellen die Jugendlichen in den Freiräumen der Institution ihren Erfindungsgeist und Einfallsreichtum unter Beweis. Wahrscheinlich lernen sie auch mit diesem schwierigen Spiel von Regeln und Grenzen, erwachsen zu werden.

5.4 Ausprobieren – Das Jugendheim als Trainingslager

Dank einer geschickten Kombination von Alltagsaktivitäten, Raum zum Nachdenken, Begleitung und Sanktionen bietet das Heim einen Ort und eine Einheit von Strukturen, die es ermöglichen, sich in Autonomie zu üben. »Es ist eine Bewährungsprobe im Konkreten (...) mit einem Sicherheitsnetz« (BetrM, HeimM, Nr. 3, Zeilen 469–470), sagt ein Betreuer aus dem Heim für männliche Jugendliche. Ein weiterer Betreuer aus diesem Jugendheim doppelt nach:

> Das Wichtigste für mich ist, dass der Jugendliche beim Austritt möglichst gut gewappnet ist. Er soll gut gerüstet sein, um aus dem Heim auszutreten und etwas zu beginnen. In der Realität ist ein Jugendlicher nie bereit. Für mich fangen sie an zu arbeiten, wenn sie das Heim verlassen. Wir bieten hier einen Ort, wo sie lernen können, ruhiger zu werden und wieder den Kontakt zu den Leuten, mit dem Leben zu finden. Das Heim ist ein Ort des Übergangs und ein Ort der Vorbereitung. Wo man so tut, als ob, wo man übt, autonom zu sein. (BetrM, HeimM, Nr. 12, Zeilen 521–528)

Ausprobieren bedeutet, sich – in einer Grenzzeit und einem Grenzraum, gleichzeitig außerhalb und in der Welt – in Richtung der Inkorporierung einer inneren Regel zu entwickeln, die mithilfe der Fachleute vereinbart wurde. Häufig haben die Betreuer und Betreuerinnen die Funktion eines »Punchingballs« und werden, wenn sie etwas Autorität besitzen, sehr oft als Coachs[14] betrachtet, die eher »be-

---

[14] Diese Auffassung von Coachs, die die Jugendlichen eher begleiten als erziehen, kann mit einer Veränderung der Erziehungsformen und dem Streben nach Autonomie und persönlicher Entfaltung in Verbindung gebracht werden. Delay, Frauenfelder, Schultheis und Stassen (2007, S. 195–197) schreiben diese einer Anerkennung der Kinderrechte und den neuen Managementmodellen zu, die im

gleiten« als einen Prozess durchsetzen. In alltäglichen und ritualisierten Interaktionen, im vielfachen Austausch von häufig agonistischen Witzeleien und durch verschiedene Formen der Imitation eignen sich die Jugendlichen so die richtigen Kodes und Verhaltensweisen an. Die Betreuungsteams zählen auch auf die Gruppendynamik, die dabei helfen soll, verhandeln und diskutieren zu lernen. Die Jugendlichen sind so gezwungen, sich zu konfrontieren, etwas auszuhandeln (z.B. den Austausch von Zigaretten oder die Benutzung des Computers), auch wenn die für sie zuständigen Personen immer bereit sind, bei Konflikten zu intervenieren.

Obwohl es sich bei diesen Jugendheimen um offene Einrichtungen handelt, beziehen sich die Betreuungsteams erstaunlicherweise selten auf die außerhalb des Heims bestehenden Beziehungsnetze (mit Ausnahme der Familie und des Sozialhilfenetzes) und auch nicht auf die Kompetenzen und Strategien, die die von ihnen betreuten Jugendlichen besitzen oder anwenden, um »sich durchzuschlagen«. Es geschieht alles so, als ob sie – ihren pädagogischen Beitrag betonend – vergessen würden, was die Jugendlichen auf ihrer Seite von sich aus lernen. Genauso wenig werden die Herausforderungen oder Schwierigkeiten, die diese Jugendlichen häufig überwinden mussten, als mögliche Ressource für die Entwicklung von Reife und Autonomie erwähnt, sondern eher als Behinderungen.

6 Materielle Autonomie und Autonomie des Willens

Join-Lambert Milova (2006) zeigt, dass die Betreuerinnen und Betreuer in den von ihr untersuchten Heimen in St. Petersburg, Paris und Berlin die Frage der Autonomie sowohl als »Antrieb« als auch als »Zielbestimmung« auffassen. Tatsächlich müssen die Jugendlichen nicht nur Entscheidungen treffen und sich in Verantwortung üben (Autonomie des Willens), sie müssen sich auch ein normatives System aneignen und sich ins Berufsleben integrieren (materielle Autonomie). Einerseits müssen sie persönliche Pläne realisieren und sich innerhalb der Grenzen des gemeinsamen Lebens im Heim autonom organisieren. Andererseits sollen sie die Kompetenzen erwerben, die später zu einem materiell unabhängigen Leben führen sollen.

Goyette und seine Mitautorinnen (2007), die die Rahmenbedingungen für die Vorbereitung auf das autonome Leben und die sozioprofessionelle Integration der unter der Obhut des kanadischen Staats stehenden Jugendlichen unter-

---

von Boltanski und Chiapello (1999) beschriebenen »neuen Geist des Kapitalismus« entwickelt wurden.

sucht haben, unterscheiden zwei Arten von Fähigkeiten: die »greifbaren Fähigkeiten« (hard skills), die sich auf Aspekte der Alltagsbewältigung beziehen, und die »weichen Fähigkeiten« (soft skills), die mit der Kommunikation und dem Ausdruck von Gefühlen verknüpft sind. Diese Unterscheidung wird auch in der *Strategie für eine schweizerische Kinder- und Jugendpolitik* (Bundesrat 2008, S. 7f.) aufgenommen: Was im formalen Bildungsbereich kognitiv gelernt werden kann, gilt als *hard skills*. *Soft skills* hingegen bestehen aus Haltungen und der sozialen und personalen Kompetenz *(savoir-être)*, die sich aus einer Kombination von Erfahrungen, Kenntnissen, Fähigkeiten und Einstellungen heraus bildet. Das kanadische Forschungsteam ist auch der Auffassung, dass die Idee des autonomen Lebens vor allem ein Vorwand ist, um Einfluss auf die Arbeitsmarktfähigkeit *(employability)* der Jugendlichen zu nehmen. Aus seiner Sicht streben die meisten Programme vor allem »funktionale Autonomie« (finanzielle Unabhängigkeit) an und vernachlässigen die Autonomie des Willens oder die Beziehungsfähigkeiten, die für eine gelungene Existenz ebenso wichtig sind.

Die Betreuerinnen und Betreuer unserer Untersuchung sind sich bewusst, dass dieses Ungleichgewicht existiert, und setzen so weit wie möglich den Schwerpunkt verstärkt bei der Autonomie des Willens und weniger bei der funktionalen Autonomie. Die Leiterin des Heims für weibliche Jugendliche bringt die Bedeutung der mit dem Selbstwertgefühl verbundenen relationalen Autonomie wie folgt zum Ausdruck:

> Was ich unter Autonomie verstehe? Ein weiter Bereich. Für mich bedeutet Autonomie zunächst ... es gibt die sehr praktischen Aspekte des Lebens. Aber man kann wissen, wie man wäscht, kocht oder sein Zimmer aufräumt, und dennoch überhaupt nicht autonom sein. Für mich bedeutet Autonomie eher, Vertrauen in sich, seine Fähigkeiten und Kompetenzen, seine Ressourcen zu haben, denn danach, wenn man ein gutes Selbstbild hat, lernt man, manche Sachen zu tun. (DirF, HeimW, Nr. 17, Zeilen 379–383)

Obwohl wir derselben Auffassung sind wie die Forscher/innen, welche die Frage der Autonomie von jener der Unabhängigkeit trennen möchten, ist doch zu betonen, dass die alltäglichen Aktivitäten im Zusammenhang mit der materiellen Autonomie (die *hard skills* oder greifbaren Fähigkeiten) die Autonomie des Willens (die *soft skills*, die weichen Fähigkeiten) nähren. Wäsche zu waschen, besteht beispielsweise nicht nur darin, seine Kleider zu waschen, sondern ist eine Aktivität, die Beziehungsfragen aufwirft. Zum Beispiel muss man sich an den zugeteilten Waschtag halten und die Kleider eines Kollegen, die zwar gewaschen, aber in der Wäschetrommel vergessen worden sind, mit Respekt behandeln. Wäsche zu waschen, hat also mit der materiellen Autonomie, aber auch mit der Autonomie des Willens und mit Anstand zu tun.

Ein weiteres Paradox besteht darin, dass der Erwerb von Autonomie zwar zur Selbstorganisation und Entwicklung des persönlichen Willens beiträgt, aber auch mit der Fähigkeit verbunden ist, um Unterstützung zu bitten. So hält der Psychologe, der in zwei der drei untersuchten Einrichtungen arbeitet, fest:

> [Autonomie bedeutet,] sich als Subjekt zu erleben, das sein Leben aktiv gestaltet, das mit der Zeit die Zügel seiner Existenz an die Hand nehmen kann. Dies aber immer in einem Beziehungskontext. (…) Für mich bedeutet Autonomie, dass ich auch weiß, wie man die im Umfeld verfügbaren Ressourcen gut nutzt, aber mit dem ICH. Ich lerne, die Ressourcen gut zu nutzen. Es gibt das ICH, das sich abhebt und Antrieb ist für eine ganze Reihe von Verwandlungen, und ein gegebenes Umfeld, mit dem es verbunden ist. Es geht nicht darum, sie allein, ohne Papa, ohne Mama, ohne Betreuungsteam, zurechtzufinden. Wir arbeiten deshalb daran, sie für eine andere Auffassung zu sensibilisieren, bei der es nicht um das »alles ganz allein« geht. (PsyM, HeimM, Nr. 21, Zeilen 345–353)

Auch die Jugendlichen, die bei Einzelgesprächen danach gefragt wurden, was sie während ihrer Platzierung gelernt hätten, weisen auf Elemente hin, die eher mit der Beziehungsautonomie, der Autonomie des Willens und den *soft skills* zusammenhängen, beispielsweise die Entwicklung besserer familiärer Beziehungen oder die Möglichkeit, Abstand zu nehmen und über ihr Leben nachzudenken.

7 Jugendpolitiken: Schwerpunkt der Verantwortung

Wie wir zu Beginn dieses Beitrags erwähnten, hängt die Entwicklung von Autonomie auch vom nationalen Umfeld ab, das sie fördert oder behindert. Ohne Unterscheidungen nach Geschlecht vorzunehmen, analysiert Van de Velde (2008) vier Arten von Lebenswegen und Jugendschicksalen nach sozialen und nationalen Konfigurationen, in denen sie stattfinden: »Sich finden, die persönliche Entwicklung« ist charakteristisch für die dänische Gesellschaft, in der junge Erwachsene dank einem direkt ausbezahlten Grundeinkommen unabhängig von den elterlichen Ressourcen sind. Die Devise »Verantwortung übernehmen, individuelle Emanzipation« gilt in Großbritannien, das eine kürzere Jugendzeit fördert, die auf rasches Erreichen des sozialen und familiären Status eines Erwachsenen ausgerichtet ist, und außer Studiendarlehen für Langzeitausbildungen keine staatlichen Beihilfen auszahlt. »Seinen Platz finden, gesellschaftliche Integration« bezieht sich auf die französische Gesellschaft, in der die Jugend die einzige Zeitspanne zu sein scheint, in der man (mit elterlicher und staatlicher Hilfe) eine Ausbildung absolvieren kann. »Sich niederlassen, Zugehörigkeit zur Familie« wiederum scheint typisch zu sein für die spanische Gesellschaft, in der die Zeit der Jugend am längsten dauert, weil die jungen Erwachsenen im Elternhaus darauf warten, bis die Voraussetzungen erreicht sind, um sich im Erwachsenenleben stabil einzurichten.

Wie steht es nun mit der Jugend (und den platzierten Jugendlichen) in der Schweiz? Wenn man die kantonalen und nationalen Unterschiede ausblendet, so sind Gemeinsamkeiten mit der Situation in Frankreich festzustellen. Es herrscht ein »familiarisierender« Liberalismus, d.h., Jugendliche in Ausbildung sind im Wesentlichen von der familiären Solidarität abhängig. Abgesehen von den Kinderzulagen (ab 2012 300 Franken monatlich bis zur Volljährigkeit, längere Zahlungen für Personen in Ausbildung), Stipendien (bedarfsabhängig und/oder in Form von Darlehen) und einem relativ gut entwickelten Berufsbildungssystem, das Ausbildung mit Lohn und rascher Eingliederung in die Berufswelt paart, sind die Jugendlichen auf ihre Familie angewiesen, um schrittweise autonom zu werden. Da die Zahl der (platzierten oder nicht platzierten) jugendlichen Sozialhilfebezieherinnen und -bezieher in Genf zunimmt,[15] wird der Grundsatz der Unterstützungspflicht seit einigen Jahren wieder mehr betont.[16] Anders als beispielsweise in Dänemark ist also kein Grundeinkommen vorgesehen, und die Sozialhilfe wird eher wie eine Schuld als wie ein Anspruch angesehen. Diese Situation hat entscheidende Auswirkungen auf die Autonomie und das Erwachsenwerden im Heim. In Genf endet die Platzierung bei strafrechtlichen und zivilrechtlichen Maßnahmen automatisch mit Erreichen der Volljährigkeit. Allerdings besteht die Möglichkeit, einen Vertrag für »jeunes majuers« (junge Erwachsene) abzuschließen, damit der oder die Jugendliche noch während maximal eines Jahres von einem Sozialarbeiter oder einer Sozialarbeiterin des SPMi begleitet wird. Außerdem verlassen die Jugendlichen das Heim nicht gleich nach ihrem Geburtstag, sondern erst in den folgenden Wochen. Für junge Erwachsene, die noch Betreuung benötigen, aber keinen Vertrag für »jeune majeur« besitzen oder bereits 19 Jahre alt sind, ist das »Hospice général«, die kantonale Sozialhilfeinstitution, zuständig, die bedürftigen Personen Sozialhilfeleistungen zuspricht. Für die strafrechtlich platzierten Jugendlichen gibt es Möglichkeiten, die Platzierung bis zum Alter von 22 Jahren zu verlängern. Außerdem können die jungen Erwachsenen von 18 bis 25 auch eine nicht finanzielle Begleitung in Anspruch nehmen, die im Rahmen der für die unter 25-Jährigen bestimmten Dienststellen der Ge-

---

[15] Wie Csupor und Vuille (2007, S. 283f.) zeigen, entsprach die Sozialhilfequote bei den jungen Antragstellern (zwischen 20 und 25 Jahren) im Jahr 1995 13% der gesamten Bezüger. 2003 lag diese Quote bei 20,4% (zwischen 18 und 25 Jahren). Zu dieser Zahl hinzu kommen noch 393 Jugendliche, die im Dossier ihrer Eltern berücksichtigt werden, welche selbst Sozialhilfe beziehen.
[16] Vgl. Ossipow, Lambelet, Csupor (2008, S. 31) zur Analyse der politischen Diskurse zur Sozialhilfe.

meinde angeboten wird, oder aber die Unterstützung von *Infor jeunes*, einem neu gestalteten Angebot der Sozialhilfedirektion in Genf. Jugendliche in Erstausbildung,[17] die von ihren Eltern bei der Ausbildung nicht unterstützt werden können, werden von Sozialarbeiterinnen und Sozialarbeitern in ihrem Quartier individuell (und nicht mehr als Mitglied des Familienhaushalts) begleitet. Wenn sie keine Wohngelegenheit finden (was in der Stadt Genf mit ihrem chronischen Wohnungsmangel, wo Wohnungen nur an Personen mit einer Stelle und regelmäßigem Einkommen vermietet werden, häufig der Fall ist), können sie einen Antrag auf Aufnahme in einer Einrichtung für junge Erwachsene stellen.[18] Im Kanton Waadt hingegen werden Jugendliche in Erstausbildung (Berufslehre oder Schulen der Sekundarstufe II) bis zum Abschluss von der Sozialhilfe finanziell und persönlich begleitet. In Genf hingegen fallen Förderung des Autonomieideals und konkrete Unterstützung der Autonomie außerhalb der Familiensolidarität auseinander.

8 Schlussbemerkungen

Im Fall der platzierten Jugendlichen funktioniert das Erreichen der Volljährigkeit somit wie eine Schwelle, wie ein echter Moment des Übergangs oder gar des Kippens – und dies in den Praktiken und Vorstellungen sowohl der Jugendlichen als auch der Betreuerinnen und Betreuer. Die Platzierung wird als »strukturierende Klammer« erlebt, als liminale Periode, in der die Grenze zum »richtigen« Leben ständig in Erinnerung gerufen und der Austritt häufig angesprochen wird.

---

[17] Die Sozialhilfe berücksichtigt grundsätzlich nur die Erstausbildungen (Berufslehren und Ausbildungen auf Sekundarstufe, wie das Gymnasium, die Handelsschule und die allgemeinbildende Schule). Die Sozialarbeiterinnen und Sozialarbeiter von *Infor jeunes* bemühen sich auch, den Jugendlichen, die ihre Ausbildung fortsetzen, bei Gesuchen um Stipendien und sonstige Gelder zu helfen. Dies wird aber, genau genommen, nicht durch die Sozialhilfe übernommen (Informationen aus einem Gespräch mit der Leitung von *Infor*, 18.11.2011).

[18] In Genf stehen neben einem teilweise mit dieser Art von Betreuung für Jugendliche vertrauten Hotel nur zwei Einrichtungen zur Verfügung: eine Institution für Notfälle mit schwierigen Bedingungen (die Jugendlichen müssen das Heim tagsüber beispielsweise verlassen), welche die Jugendlichen nur vorübergehend aufnimmt (maximal 3 Monate), die andere im Rahmen eines von *Infor jeunes* betreuten Gebäudes mit rund zwanzig Plätzen. Bei diesem Angebot einer quasi unabhängigen Wohngelegenheit müssen die Jugendlichen aber dennoch einmal wöchentlich an einer Haussitzung teilnehmen, um über das Funktionieren der Einrichtung Bilanz zu ziehen. Es ist nicht einfach, einen Platz in dieser zweiten Institution zu finden. Das Gesuch muss lange vor dem Austritt aus der Einrichtung für Minderjährige gestellt werden. Es handelt sich nicht um eine Institution, die eine Fortsetzung der Platzierung im Heim anbietet, sondern um Wohnen für junge Erwachsene, für die sich auch nicht platzierte Personen bewerben können.

Vor diesem Hintergrund wird der Austritt aus dem Heim oft als abrupt erlebt. Die Jugendlichen werden aufgefordert, »auszuprobieren« und sich Zeit zu nehmen, um ihre Bezugspunkte und existenziellen Richtlinien zu finden. Aber dieser Prozess wird ziemlich heftig gestoppt mit einer »Deadline«, die zu beschleunigten Erfahrungen und Entscheidungen und zum Eintritt in die Erwachsenenwelt in einem fiktiven Zusammenhang zwingt. In diesem Sinn wird die Jugendzeit der platzierten Jugendlichen eher verkürzt als verlängert. Sie müssen die Verantwortung für Dinge übernehmen, die den meisten Gleichaltrigen, die noch mit ihrer Familie zusammenwohnen (oder außerhalb der Familie in der eigenen Wohnung unterstützt werden), erspart bleiben. Im Übrigen sind sie aufgrund ihrer oft lückenhaften schulischen Laufbahn und der bescheidenen elterlichen Unterstützung oder Sozialhilfe meistens gezwungen, kurze Ausbildungen zu absolvieren oder direkt und ohne Ausbildung ins Erwerbsleben einzusteigen.

Damit die platzierten Personen das Jugendheim bei Erreichen der Volljährigkeit möglichst gut gewappnet verlassen können, versuchen die Betreuungsteams, auf die Entwicklung ihrer Autonomie hinzuwirken, die in unseren westlichen Gesellschaften einen besonders hohen Stellenwert genießt. Für die Akteurinnen und Akteure der Sozialpädagogik ist die Entwicklung verschiedener Formen von Autonomie besonders wichtig, weil sie mit Minderjährigen arbeiten. Ihre Tätigkeit stützt sich auf die Entwicklung zweier komplementärer Dimensionen; die erste bezieht sich auf das Erlernen von Unabhängigkeit (materielle Autonomie), die zweite umfasst einen inneren Prozess der persönlichen Entwicklung und relationalen Reifung (Autonomie des Willens). Die Betreuungsteams arbeiten an der ersten Dimension, indem sie versuchen, den Jugendlichen Wissen und Fähigkeiten zu vermitteln, deren Bedeutung diese vor allem dann anerkennen, wenn es darum geht, den Umgang mit Geld zu erlernen. Den platzierten Personen sollen die Mittel angeboten werden, auf eigenen Füßen zu stehen, denn die Angst ist groß, dass sie wie häufig auch ihre Eltern »in die Sozialhilfe geraten«. Diese Arbeit wird aber sehr rasch an materielle Grenzen stoßen und mit der Logik staatlicher Hilfen und des Ausbildungs- und Arbeitsmarkts konfrontiert werden. Deshalb wird der einfacher formalisierbare Erwerb der *hard skills* manchmal zulasten der *soft skills* bevorzugt, die einen inneren Weg und Reifeprozess erfordern. Die *soft skills* lassen sich weniger gut quantifizieren und sind schwieriger auszuüben und zu vermitteln. An dieser Form der Autonomie des Willens, um mit Join-Lambert Milova (2006) zu sprechen, wird auf diskretere Weise und im Wesentlichen auf der Beziehungsebene gearbeitet. Obwohl das »richtige Leben« (d.h. das Leben außerhalb des Heims) als die beste Art und Weise für den Erwerb und die Entwicklung einer »echten« Autonomie erwähnt wird, beschreiben die Betreuungsteams die Platzierung als wichtige Etappe auf dem Weg zur Reife. Die meisten platzierten Jugendlichen anerkennen diese

Dimension im Interview ebenfalls. Die Platzierung ermöglicht es, sich zu üben, auszuprobieren, innerhalb der Institution mit Elementen zu experimentieren, die anschließend in anderen sozialen Bereichen (Familienleben, Schule, Berufsleben) lebenslang zur Anwendung kommen.

Es liegt jedoch ein gewisses Paradox vor, Jugendliche, die zuweilen als verantwortungslos und unreif angesehen werden, eng zu betreuen und zu »begleiten«, um sie anschließend – quasi von einem Tag auf den anderen – sich selbst zu überlassen. Wie auch de Singly (2000) für die jungen Französinnen und Franzosen beobachtet, begünstigt die Sozialpolitik eine bestimmte Form von *double bind:* Während die Werte und gesellschaftlichen Normen eine elastische Auffassung des Erwachsenwerdens vermitteln, bei der die Suche nach sich selbst und breite oder mehrfache Ausbildungen ihren Platz haben, die anschließend einen einfachen und flexiblen Berufseinstieg garantieren, unterstützt der Staat diese Formen von Autonomie kaum.

In Übereinstimmung mit der heutigen Rhetorik, nach der man Reife während des ganzen Erwachsenenlebens erwirbt (vgl. insbesondere Boutinet 2006), betrachten die Betreuungsteams die Autonomie selbstverständlich als Prozess, für den der liminale Raum und die begrenzte Dauer einer Platzierung nicht ausreichen. Sie wissen, dass die Jugendlichen im Allgemeinen und »ihre« Jugendlichen im Besonderen mehr Zeit benötigen, um autonom und unabhängig zu werden. Sie können aber nichts oder fast nichts für die Jugendlichen tun, welche die Volljährigkeit erreicht haben, ohne aber die nötigen Mittel zur Verfügung zu haben, um sich »durchzuschlagen«. Dies gilt vor allem, wenn sie – wie das oft der Fall ist – eben erst eine Ausbildung begonnen haben (es ist heute nicht außergewöhnlich, dass erst mit 17 oder 18 Jahren eine Lehre angefangen wird, sodass den Lernenden noch während zwei bis drei Jahren große Anstrengungen abverlangt werden, aber fast keine Unterstützung geboten wird. Unter diesem Zeitdruck (weil sie wissen, wie viel noch erreicht werden müsste) scheinen die Betreuungsteams die Autonomie auf Verantwortungsbewusstsein und Höflichkeit (im weiten Sinn von Anstand und Toleranz) zu beschränken. Bei der Entwicklung von Autonomie geht es also ebenso darum, »Unebenheiten zu glätten«, wie um die Konstruktion des Selbsts im offenen Lebensweg. Wenn man die Autonomieprozesse der in pädagogischen Einrichtungen platzierten Jugendlichen untersucht, zeigen sich – schärfer als bei Jugendlichen mit familiärer Unterstützung – die Risse eines sozialen Systems, das Volljährigkeit und Reife nach einer strikten Buchhalterlogik behandelt.

Literatur

Boltanski, Luc & Chiapello, Ève (1999): Le nouvel esprit du capitalisme. Paris: Gallimard.
Boutinet, Jean-Pierre (2006): Anthropologie du projet. Paris: PUF.
Bourdieu, Pierre & Passeron, Jean-Claude (1970): La Reproduction. Éléments pour une théorie du système d'enseignement. Paris: Éditions de Minuit.
Bourdieu, Pierre (1982): Les rites comme actes d'institution. Actes de la recherche en sciences sociales, Vol. 43, 58–63.
Bundesrat (2008): Strategie für eine schweizerische Kinder- und Jugendpolitik. Bern: Bundesamt für Sozialversicherungen (BSV). Online: www.bsv.admin.ch → Themen → Kinder- und Jugendfragen → Jugendförderung (Zugriff: 4.4.2012).
Castel, Robert (2003): L'insécurité sociale: Qu'est-ce qu'être protégé? Paris: Seuil.
Cavalli, Alessandro & Galland, Olivier (Hrsg.) (1993): L'allongement de la jeunesse. Paris: Actes Sud.
Csupor, Isabelle & Vuille, Michel (2007): Des jeunes à l'aide sociale: sens et demande de l'aide sociale. In: Vuille, Michel & Schultheis, Franz (Hrsg.): Entre flexibilité et précarité: regards croisés sur la jeunesse (S. 277–322). Paris: L'Harmattan.
Delay, Christophe, Frauenfelder, Arnaud, Schultheis, Franz & Stassen, Jean-François (2007): Enfance en danger – familles dangereuses. Les métamorphoses de la question sociale sous le règne du nouveau capitalisme. In: Vuille, Michel & Schultheis, Franz (Hrsg.): Entre flexibilité et précarité: regards croisés sur la jeunesse (S. 189–209). Paris: L'Harmattan.
Dubet, François & Martuccelli, Danilo (1998): A l'école: sociologie de l'expérience scolaire. Paris: Seuil.
Ehrenberg, Alain (2009): La santé mentale: transformation de la société, transformation de la psychiatrie. Dialogue de Descartes, N° 3. Online: http://dialogues.univ-paris5.fr/spip.php?article60 (Zugriff: 3.4.2012).
Galland, Olivier (1996): L'entrée dans la vie adulte en France. Bilan et perspectives sociologiques. Sociologie et sociétés, Vol. 28, N° 1, 37–46. Online: http://id.erudit. org/iderudit/001280ar (Zugriff: 3.4.2012).
Goyette, Martin, Chénier, Geneviève, Royer, Marie-Noële & Noël, Véronique (2007): Le soutien au passage à la vie adulte des jeunes recevant des services des centres jeunesse. Éducation et francophonie, Dossier L'insertion socioprofessionnelle des jeunes, Vol. XXXV, N° 1, 95–119. Online: www.acelf.ca/c/revue/pdf/XXXV_1_ 095.pdf (Zugriff: 3.4.2012).
Join-Lambert Milova, Hélène (2004): L'autonomie et les éducateurs de foyer: pratiques professionnelles et évolutions du métier en France, en Russie et en Allemagne. Diss. Paris, Université de Paris 8. Online: oned.gouv.fr/recherches/These-HeleneMilova. pdf (Zugriff: 3.4.2012).
Join-Lambert Milova, Hélène (2006): Autonomie et participation d'adolescents placés en foyer (France, Allemagne, Russie). Sociétés et jeunesses en difficulté, N° 2. Online: http://sejed.revues.org/index188.html (Zugriff: 3.4.2012).

Lurin, Jacqueline, Pecorini, Muriel & Wassmer, Pierre-Alain (2008): Accueil et placement d'enfants et d'adolescents. Évaluation du dispositif de l'éducation spécialisée à Genève. Genf: Service de la recherche en éducation; département de l'instruction publique. Online: www.ge.ch/recherche-education/doc/publications/docsred/2008/educ-special.pdf (Zugriff: 3.4.2012).

Molénat, Xavier (2010): L'autonomie. Nouvelle utopie? Sciences humaines, N° 220, 31–36.

Ossipow, Laurence, Lambelet, Alexandre & Csupor Isabelle (2008): De l'aide à la reconnaissance. Ethnographie de l'action sociale. Genf: ies éditions.

Ossipow, Laurence (2011): La citoyenneté à l'épreuve des rites. L'exemple des réunions de foyer dans un dispositif d'éducation spécialisée. Pensées plurielles, N° 26, 65–80.

Ricœur, Paul (2001): Le juste 2. Paris: Esprit.

Singly, François de (2000): Penser autrement la jeunesse. Lien social et politique, Vol. 43, 9–21. Online: http://id.erudit.org/iderudit/005086ar (Zugriff: 3.4.2012).

Turner, Victor (1990): Le phénomène rituel. Structure et contre-structure. Paris: PUF [Originalausgabe: The ritual process: structure and anti-structure. Chicago: Aldine 1969; dt. (1989) : Das Ritual. Struktur und Anti-Struktur. Frankfurt am Main: Campus].

Van de Velde, Cécile (2008): Devenir adulte. Sociologie comparée de la jeunesse en Europe. Paris: PUF.

Van Gennep, Arnold (1909): Les rites de passage. Paris: Emily Nourry [dt. (1986): Übergangsriten. Frankfurt am Main: Campus)].

Diversität in der Pflegekinderhilfe
Untersuchungen zu Entwicklungsverläufen und zur strukturellen Vielfalt von Pflegeverhältnissen

Yvonne Gassmann

1 Einleitung: Gute Bedingungen für Pflegekinder?

Das Aufwachsen in Pflegefamilien geht mit Risiken einher. In der Schweiz ist dieses Bewusstsein heute auch geprägt durch das *Unrecht,* das »Verdingkinder« und »Kinder der Landstraße« erfahren haben (vgl. Leuenberger, Mani, Rudin & Seglias 2011; Galle & Meier 2009). Erst seit 1978 braucht es in der Schweiz für die Aufnahme von Pflegekindern eine Bewilligung, seither sind Pflegeverhältnisse nach Art. 316 des Zivilgesetzbuches (ZGB) auch aufsichtspflichtig. Einer parlamentarischen Initiative gemäß sollte dieser wichtige *Kindesschutzartikel* revidiert werden (Nationalrat [NR] 2010, Parlamentarische Initiative 10.508). Dies ist eine Konsequenz zweier gescheiterter Versuche, die Pflegekinderverordnung (PAVO), ebenfalls 1978 in Kraft getreten, total zu revidieren. Konsensfähige Definitionen, verbindliche Standards und Kriterien für die Platzierung und Begleitung von Kindern und Jugendlichen in Pflegefamilien ließen sich in diesem Prozess indessen nicht finden. Für den Pflegekinderbereich in der Schweiz fehlt die Erhebung von Grunddaten. Es gibt wenig fundierte empirische Forschung und kaum Längsschnitterhebungen. Die politische Diskussion, aber auch die pädagogischen Aspekte und Empfehlungen zum Zusammenleben in Pflegefamilien sind von Familienideologien geprägt. Die Vermischung von Vollzeitpflege in Pflegefamilien und Heimen einerseits, Kinderbetreuung bei Tageseltern und in Kindertagesstätten anderseits führte beim Revisionsprozess der PAVO zu absurden Lösungsvorschlägen. Dass es sich bei der Vollzeitpflege immer um *Kindesschutz* handelt (vgl. Art. 11 BV; Art. 20 UN-Kinderrechtskonvention), weil die Kinder ihren Lebensmittelpunkt in diesem Falle nicht bei ihren Eltern haben, wurde übersehen. Ebenso wurde missachtet, dass Pflegekinder nicht immer platziert werden, sondern dass in manchen Fällen *subsidiär* im Einverständnis mit den Eltern Lösungen gefunden werden. So kommen Kinder vielfach bei *Verwandten* oder im *nahen Sozialraum* unter. Über 50 Prozent aller Pflegeeltern sind mit dem aufgenommenen Kind verwandt (Bundesrat 2006). Neben den verwandten Pflegeeltern kommen weitere 20 Prozent aller Pflegeeltern aus dem Bekanntenkreis der sogenannten Herkunftsfamilie. Nur in rund 40 Prozent der Fälle, in denen Kinder in Pflegefamilien leben, wurde die elterliche Obhut aufgehoben (vgl. Art. 370 ZGB; Gassmann 2000, S. 201; Romer, Oechsli & Gassmann 2010).

Eine neue Regelung für den Pflegekinderbereich fehlt also immer noch.[1] Dennoch finden die an einem Pflegeverhältnis Beteiligten in manchen Fällen sinnvolle *kontinuitätsorientierte Lösungen*, die das Vermeiden von Brüchen und die Bewahrung von Beziehungen und Kompetenzen berücksichtigen. »Permanency Planning« benennt die international anerkannte Bedeutung einer weitsichtigen Planung, welche »die Beständigkeit der Eltern-Kind-Beziehung« oder die »Dauerhaftigkeit der [pflegefamilialen] Kindesbeziehung« sichert (Salgo 1991, S. 120). So hielt das Schweizerische Bundesgericht fest:

> Es sind die Bedürfnisse des Kindes hinsichtlich Stabilität und Kontinuität der Beziehungen zu berücksichtigen. Es gilt zu vermeiden, dass ein Kind, das längere Zeit bei Pflegeeltern gelebt hat und dort stark verwurzelt ist, durch eine unverhoffte Umplatzierung in seiner weiteren seelisch-geistigen und körperlichen Entwicklung ernsthaft gefährdet wird. Eine solche Gefahr droht, wenn sich das Kind wirklich in die Familie der Pflegeeltern integriert hat und diese seine Hauptbezugspersonen geworden sind (BGE 5A_196/2010 vom 10.5.2010).

Eine gesetzliche Verbindlichkeit fehlt, und was die Begleitung und Erziehung von Pflegekindern angeht, basieren die Ansätze auf unsoliden Grundlagen und persönlichen Präferenzen. Über die Effekte und Nebeneffekte der Entscheide und Interventionen ist wenig bekannt. Die Pflegekinder kommen mit vielen und teilweise chronischen Belastungen in die Pflegefamilien. Aufgrund ihrer Geschichte (Belastungen, Deprivation) oder genetisch-biologischer Dispositionen und Handicaps sind sie *vulnerabel*. Neben dem umfassenden Erziehungsauftrag ergeben sich aus dem diffizilen Verhältnis zur Herkunftsfamilie und in der Zusammenarbeit mit Behörden weitere Aufträge an die Pflegeeltern. Diese sind teilweise versteckt oder widersprüchlich, zum Beispiel dem Pflegekind eine »richtige Familie« zu sein oder das Pflegekind bald zurückzugeben oder beides zugleich. Die Anforderungen an Pflegefamilien sind hoch, aber, wie dieser Beitrag zeigt, mit viel Engagement der Pflegeeltern und reflexiven und selbstreflexiven Strategien der begleitenden Fachpersonen in vielen Fällen doch zu bewältigen.

---

[1] Am 1. Januar 2013 soll das neue Kindes- und Erwachsenenschutzgesetz in Kraft treten. Eine interdisziplinäre Fachbehörde wird aktiv, und Kindesvertretungen werden angeordnet.

Diversität in der Pflegekinderhilfe 131

1998 wurden Pflegeeltern und ihre Pflegekinder erstmals in einer Studie zur Wahrnehmung und zum Erleben von Pflegebeziehungen erfasst. Damals konnten *Ressourcen* ermittelt werden, die fast allen Pflegeeltern erlauben, ein zunächst »fremdes« Kind erfolgreich in ihre Familie zu integrieren und die Herkunftsfamilien damit zu entlasten (vgl. Gassmann 2000). Von der Follow-up-Erhebung, die 2007 stattgefunden hat, berichtet der vorliegende Beitrag. Er geht zunächst auf die Strukturierung des Forschungsgegenstandes ein (Kap. 2), dann folgen methodische Aspekte (Kap. 3). Im Ergebnisteil werden *Entwicklungsverläufe* anhand des Verbleibs der mittlerweile jugendlichen Pflegekinder, der Bewältigung von Entwicklungsaufgaben und der Gestaltung von unterschiedlichen Pflegebeziehungen präsentiert (Kap. 4). Im Anschluss werden Folgerungen abgeleitet, wie *gute Bedingungen für Pflegekinder* gestaltet werden müssten (Kap. 5).

2 Strukturierung des Forschungsgegenstandes: Prozessmodell

Im Zentrum der Pflegekinderforschung muss die Frage nach guten Bedingungen für Pflegekinder stehen. Der Zugang zum Forschungsgegenstand basiert daher auf einer *salutogenetischen Perspektive*. Dabei wird nach Bedingungen gelingenden Aufwachsens, Schutzfaktoren und Widerstandsfähigkeit gefragt (Bengel & Belz-Merk 1997, S. 24). Das Forschungsinteresse richtet sich auf Ressourcen im *Beziehungsgeflecht*. Den Beteiligten wird *Resilienz* zugetraut. Dennoch werden *Belastungsfaktoren* und die *Vulnerabilität* von Pflegekindern und des pflegefamilialen Beziehungsgeschehens anerkannt: Es geht um das Verhältnis von Belastungen und Ressourcen.

Der Ausgang (Outcome) und das »Gelingen« der Familienpflege sollte zum Zeitpunkt bewertet werden, da die Pflegekinder zu Jugendlichen und jungen Erwachsenen geworden sind. Gelingen ist in Pflegebeziehungen viel stärker von der *Dynamik* und den *Prozessen* beteiligter Systeme abhängig als von inhaltlichen Zielen. Je nach Perspektive und persönlicher Betroffenheit, individuellen Präferenzen und Familienbildern der Beteiligten würde Gelingen auch ganz unterschiedlich definiert. Durch die Beurteilung der Bewältigung von allgemeinen, normativen Entwicklungsaufgaben des Jugendalters kann der *Effekt* der Platzierung und Erziehung in der Pflegefamilie dennoch objektiv betrachtet werden. An gesellschaftlichen Normen gemessen und im Vergleich mit Gleichaltrigen kann die Bewältigung von Entwicklungsaufgaben eingeschätzt werden (vgl. Herzog 1988, S. 138f. und 144). Als theoretische Forschungsgrundlage eignet sich daher das Konzept der *Entwicklungsaufgaben,* das sich durch Havighurst etabliert hat (1948/1956 zit. nach Flammer & Alsaker 2002, S. 56). In Anlehnung an dieses Konzept wurden zudem *pflegekindspezifische Entwicklungsaufgaben* definiert:

- die Gestaltung einer als unterstützend und wohlwollend eingeschätzten Beziehung (Bindung) zu den Pflegeeltern und Orientierung im veränderten sozialen Umfeld,
- die Zufriedenheit damit, ein Pflegekind zu sein, und die Identitätsbildung als Pflegekind,[2]
- der Umgang mit zwei Familien und die Bewältigung von Loyalitätskonflikten und
- die Gestaltung der Beziehung (des Bezugs) zu den leiblichen Eltern oder die Aufarbeitung der biografischen Erfahrung (Gassmann 2009, S. 326).

Abbildung 1: Prozessmodell: Gelingende Pflegebeziehungen – geeignete Pflegefamilien (Gassmann 2009, S. 93)

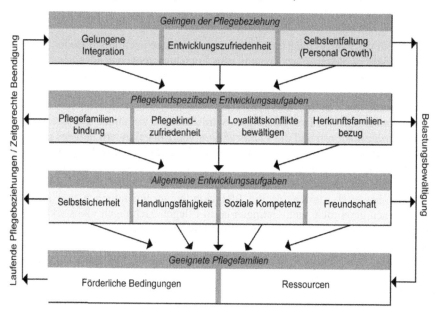

---

[2] Identitätsbildung ist eine zentrale allgemeine Entwicklungsaufgabe und zusätzlich eine pflegekindspezifische Problematik (vgl. Gassmann 2009, S. 72–74).

Die Forschungsfragen lassen sich in *thematische Bereiche* gliedern: 1. der Verbleib der Pflegekinder, 2. gute Bedingungen für Pflegekinder und 3. »typische« und »geeignete« Pflegefamilien. Die theoretisch relevanten Aspekte, Fragestellungen und Hypothesen sind in einem *Prozessmodell* angeordnet (vgl. Abb. 1), das sowohl die Dynamik berücksichtigt als auch erlaubt, hypothesengeleitet zu forschen. Was eine gelungene Pflegebeziehung umfasst, ist eine Frage der normativen Erwartung. *Gelungene Integration* (gegenseitige Zugehörigkeit), *Entwicklungszufriedenheit* und *Selbstentfaltung (personal growth)* und das Vorhandensein von Ressourcen, die im Beziehungsgeschehen die Belastungen nicht überhandnehmen lassen, kennzeichnen (im Prozessmodell) eine gelungene Pflegebeziehung (vgl. Gassmann 2000). Folgende Hypothesen wurden formuliert (vgl. Gassmann 2009, S. 88–93):

- Eine »gelungene Pflegebeziehung« stellt eine Voraussetzung dar, damit das Pflegekind spezifische und allgemeine Entwicklungsaufgaben bewältigen kann.
- Die Bewältigung pflegekindspezifischer Entwicklungsaufgaben stellt eine Voraussetzung dar, um allgemeine Entwicklungsaufgaben bewältigen zu können.
- In »geeigneten« Pflegefamilien stimmt die Belastungs-Ressourcen-Balance. Es lassen sich gute Bedingungen für Pflegekinder ausmachen (Ausgang der Pflegebeziehungen, die Entwicklung der Pflegekinder und das Gelingen der Pflegebeziehungen).

3 Methodische Aspekte

Um Erkenntnisse zu guten Bedingungen für Pflegekinder zu gewinnen, sind unterschiedliche *Blickwinkel* auf die Pflegekinder und Pflegefamilien nötig. Die *Verknüpfung* (Triangulation) verschiedener methodischer und theoretischer Zugänge zum Forschungsgegenstand ermöglicht es, die Erkenntnisse *komplementär* zu erweitern (Flick 2008).

3.1 Untersuchungsperspektiven: Follow-up-Untersuchung und Intramethodenmix

Bei der *Datentriangulation* werden verschiedene *Datenquellen* berücksichtigt (Denzin, zit. nach Flick 2008, S. 13). Die dargelegte Forschung basiert auf der Variation der Perspektive und Zeit sowie der Analysemethoden. Pflegemütter,

Pflegeväter und Pflegeelternpaare hatten bei der *Ersterhebung* 1998 Auskunft zum Gelingen ihrer Pflegebeziehungen und zu strukturellen Ausgangsbedingungen, Belastungen und Ressourcen gegeben. Bei der *Follow-up-Studie* 2007 berichteten Pflegeeltern und Pflegekinder über das Gelingen der Pflegebeziehungen und die Bewältigung von Entwicklungsaufgaben. Die Pflegeeltern schilderten zusätzlich Belastungen und Ressourcen. Zudem machten Fachpersonen (Behörden) Angaben zum Verbleib von Pflegekindern. Alle drei Gruppen gaben Auskunft zu strukturellen Kontextbedingungen.

Die Erhebungen erfolgten mittels Fragebogen. 2007 wurden zwei Fragebogenversionen zum Erleben und zur Wahrnehmung der Pflegebeziehung durch Pflegeeltern eingesetzt, je nachdem, ob die Pflegeeltern ihr Pflegekind noch zu Hause hatten oder nicht mehr. Zwei Fragebogenversionen gab es für Pflegekinder und ehemalige Pflegekinder, und die Behörden bekamen einen Fragebogen zum Verbleib von Pflegekindern.

Der Forschungsgegenstand sollte auch *explorativ* untersucht werden, da die Forschungsgrundlage im Pflegekinderbereich zu wenig solide ist, um ein theorie- und hypothesengeleitetes Vorgehen alleine zu rechtfertigen. Empirisches Vorwissen fehlte insbesondere zu möglichen Formen oder Typen von Pflegebeziehungen (vgl. Gassmann 2009, S. 103–106). Die Fragebogen für Pflegeeltern und Pflegekinder erlaubten einen *quantitativen* und *qualitativen* Zugang zum Gegenstand, indem auch Antworten zu *Ratingskalen* und *Freitexte* vorgesehen waren. Es handelt sich demnach um einen *Intramethodenmix* (Johnson & Hunter 2003, S. 298).

Mit Einschätzungen zu 101 Zürcher Pflegekindern konnte die Follow-up-Erhebung umgesetzt werden. Die Rücklaufquoten lagen bei 80 Prozent bei den Pflegeeltern, bei 55 Prozent bei den Pflegekindern und bei 91 Prozent bei den Fachpersonen. Insgesamt lagen Angaben zu 98 Prozent der bei der zweiten Erhebung anvisierten Pflegekinder vor. Die Pflegekinder waren 1998 durchschnittlich 9,7 Jahre und 2007 18,4 Jahre alt. Diejenigen Pflegekinder, die nicht mehr in der Pflegefamilie lebten, hatten durchschnittlich 9,0 Jahre in Pflege verbracht, die Pflegekinder in laufenden Pflegeverhältnissen waren 2007 durchschnittlich seit 13,7 Jahre in den Pflegefamilien (Gassmann 2009, S. 327f.).

3.2 Zusammenführende Analysen: Regressionsmodelle und Fall-Summaries

Für die Diskussion von guten Bedingungen für Pflegekinder und die Analyse geeigneter Pflegefamilien ist das vorgestellte *Prozessmodell* grundlegend (vgl. Abb. 1). Es bedarf *zusammenführender Analysen*. Einerseits wurden hypothesengeleitet Zusammenhänge (Wechselwirkungsprozesse) *statistisch* analysiert (Kap 4.2). Andererseits wurden die Pflegeverhältnisse anhand der Freitextantworten von Pflegemüttern, Pflegevätern und Pflegekindern *charakterisiert* (Kap. 4.3).

3.2.1 Regressionsmodelle zu Entwicklungsaufgaben

Wenn allgemeine Entwicklungsaufgaben bewältigt werden können, so beruht dies auf einer gelungenen Pflegebeziehung und auf der Bewältigung von Entwicklungsaufgaben, die für Pflegekinder *spezifisch* sind (vgl. Kap. 2). Als eine wichtige *Zielvariable* (Outcome) der *Pflegefamilienplatzierung* kann die Fähigkeit der jugendlichen Pflegekinder, normative Aufgaben der Adoleszenz zu bewältigen, definiert werden. Die folgenden normativen Entwicklungsaufgaben wurden mittels Fragebogen (Ratingskalenantworten und Freitexte) erhoben (vgl. Kap. 3.1): Aufbau von Selbstsicherheit, Handlungsfähigkeit, sozialer Kompetenz und der Fähigkeit, Freundschaften zu knüpfen. Diese vier Aspekte werden in vier *Regressionsmodellen* betrachtet (vgl. Gassmann 2000, S. 279f.; Gassmann 2009, S. 276). Zunächst wurde jeweils eine *exploratorische schrittweise Regressionsanalyse* vorgenommen, um bedeutsame unabhängige Variablen (Prädiktoren) zu ermitteln, die einen Effekt auf die Zielvariable haben. Danach wurde ein *optimiertes Modell* für die jeweilige allgemeine Entwicklungsaufgabe berechnet. Dies erfolgte jeweils nach der Methode »Einschluss« und wird im Folgenden dargelegt (vgl. Kap. 4.2).

3.2.2 Anhand von Fall-Summaries typisierte Pflegebeziehungen

Es sollten auch »Typen« von Pflegebeziehungen herausgearbeitet werden. Dafür wurden fallweise die verschiedenen Freitextantworten der Pflegeeltern und Pflegekinder zusammengestellt und durch Fallmerkmale ergänzt (Gassmann 2009, S. 105f./266). Folgende Personen äußerten sich jeweils mit Textantworten zu einem »Fall«:

Pflegemutter, Pflegevater und Pflegekind:	in 8 Fällen,
Pflegemutter und Pflegekind:	in 11 Fällen,
Pflegevater und Pflegekind:	in 3 Fällen,
Pflegemutter und Pflegevater:	in 11 Fällen,
Pflegemutter:	in 35 Fällen,
Pflegevater:	in 10 Fällen.

Eine erste *Übersicht* über das thematische Spektrum der Freitexte der Pflegeeltern und Pflegekinder wurde nach der Methode der *Globalauswertung* von Legewie (1994) gewonnen. Das Vorgehen erfolgte *fallbezogen*. Es wurden spezifische Leitfragen an den Text gestellt und die *Kommunikationssituation* sowie die *Motive* der Textproduzenten fokussiert. Die Auswertung der Zusammenfassungen orientierte sich an folgenden Leitfragen (vgl. Legewie 1994; Mayring 2007):

1. Was ist das Besondere, das Bezeichnende, das Typische?
2. Welcher Prozess ist über die Zeit (1998 bis 2007) erkennbar?
3. Was wird mit welchem Anliegen und mit welcher Intention mitgeteilt?
4. »Welches ist hier die eigentliche Geschichte?« (Strauss 1991, S. 66; vgl. Gassmann 2009, S. 150).

Der Auswertungsprozess führte zu *leitfragenorientierten* Zusammenfassungen (Fall-Summaries), die mittels prägnanter Überschriften oder Mottos bezeichnet wurden (vgl. Flick 2007, S. 417f.; Legewie 1994). Im Laufe des Prozedere wurde ein Leitfaden zur Typisierung der Pflegebeziehungen auf Basis der Fall-Summaries entwickelt (Gassmann 2009, S. 149/266). 76 Fälle konnten einem der sieben Charaktere zugewiesen werden (vgl. Kap. 4.3). Zwei Fälle ließen sich nicht zuordnen, da zu wenig qualitative Daten vorlagen.

4 Ergebnisse

Im Folgenden sind einige Hauptresultate der Follow-up-Untersuchung zu den Themen »Verbleib der Pflegekinder« (Kap. 4.1), »Bedingungen, um Entwicklungsaufgaben zu bewältigen« (Kap. 4.2) und »›typische‹ respektive typisierte Pflegebeziehungen« (Kap. 4.3) dargestellt.

4.1 Ergebnisse zum Verbleib von Pflegekindern

4.1.1 Status der Pflegebeziehung: laufend oder beendet

Achtzweidrittel Jahre nach der ersten Erhebung waren 59 Prozent der erfassten Pflegebeziehungen »beendet« (vgl. Tab. 1). Dies ist der Zeitraum, in dem fast alle Pflegekinder zu Jugendlichen und jungen Erwachsenen geworden sind (Altersrange: 9–27 Jahre). 77 Prozent der Pflegeeltern blieben nach Beendigung des Pflegeverhältnisses im Kontakt zum Pflegekind: Dreißig Pflegeeltern(-paare) hatten zum zweiten Erhebungszeitpunkt *regelmäßig,* das heißt mindestens viermal pro Jahr, Kontakt zum Pflegekind. Drei Pflegeeltern hatten noch Kontakt zum Pflegekind, aber weniger oft, und zehn hatten keinen Kontakt mehr (vgl. Gassmann 2009, S. 163f.).[3]

Tabelle 1: Status der Pflegebeziehungen
(Häufigkeiten; Gassmann 2009, S. 159)

Status	kindzentrierte Pflegeelterndaten		ergänzende Behördendaten		Total	
	N	%	N	%	N	%
laufend	32	41	3	13	35	35
beendet	46	59	14	61	60	59
unbekannt	0	0	6	26	6	6
Total	78	100	23	100	101	100

4.1.2 Fachliche Unterstützung und Aufsicht

Die Sozialarbeiterinnen und Sozialarbeiter, die den Behördenfragebogen ausfüllten, wussten selbst oder aufgrund der Akten nicht immer, ob das Pflegeverhältnis noch bestand. In einzelnen Fällen konnten sie eine Person nennen, die eventuell weitere Auskunft über das Fortbestehen des Pflegeverhältnisses geben konnte. Die Regelmäßigkeit fachlicher Unterstützung und Aufsicht als minimale Qualitätssicherung kann aufgrund dieses *Wissensdefizits* nicht beurteilt werden. Bei 34 von 94 Pflegekindern, für die eine Fachperson einen Behördenfragebogen ausfüllte, war nicht bekannt, ob die Pflegekinder noch in der Pflegefamilie lebten. Bei 60 Pflegeverhältnissen war ihnen der Status als laufend (N = 20) oder beendet (N = 40) bekannt. Sie konnten jedoch nur bei 38 Pflegeverhältnissen Angaben zum letzten Kontakt zu Beteiligten des Pflegeverhältnisses machen. Insgesamt berichteten sie nur bei 40 Prozent der behördlich erfassten Pflegebeziehungen über Kontakt einer Fachperson zur Pflegefamilie. Dieser erfolgte zumeist verordnungskonform innerhalb der Jahresfrist (vgl. PAVO; Gassmann 2009, S. 257f.). Da die Mehrheit der Pflegeverhältnisse (78%) vertraglich festgelegt ist, überrascht es, dass nur für einen vergleichsweise kleinen Teil der Pflegeverhält-

---

[3] Datenbasis sind die Angaben der Pflegeeltern. Für einen Fall fehlt die entsprechende Angabe, in einem anderen Fall haben Pflegemutter und Pflegevater unterschiedlich häufig Kontakt, und ein Pflegekind ist verstorben.

nisse auch Kontakt zwischen einer Fachperson und der Pflegefamilie berichtet werden kann.

4.1.3 Lokaler Verbleib der Pflegekinder und Verbleibgruppen

Zum lokalen Verbleib der Pflegekinder fand sich die folgende Verteilung (N = 101):

- 35 Prozent der Pflegekinder waren in der Pflegefamilie verblieben,
- 24 Prozent Pflegekinder waren in ihre Herkunftsfamilie zurückgekehrt,
- 18 Prozent der Pflegekinder waren in ein Heim platziert worden,
- 10 Prozent waren in der Pflegefamilie verblieben, bis sie selbstständig leben konnten und wollten,
- bei 6 Prozent der Pflegekinder war nicht bekannt, ob sie noch in der Pflegefamilie lebten (Befragung der Behörden),
- 4 Prozent der Pflegekinder waren in eine weitere Pflegefamilie gekommen,
- für 3 Prozent der Pflegekinder war der auf die Pflegefamilie folgende Aufenthaltsort nicht bekannt (Befragung der Behörden),
- ein Pflegekind war verstorben (Gassmann 2009, S. 161).

Die Pflegekinder konnten vier *Verbleibgruppen* zugewiesen werden: der Gruppe der Kinder, die in ihre Herkunftsfamilie *rückgeführt* wurden (26%), den *umplatzierten* Pflegekindern (24%), den in den Pflegefamilien *verbliebenen* Pflegekindern (39%) und den in den Pflegefamilien *selbstständig gewordenen* Pflegekindern (10%). Die Hälfte der in ihre Herkunftsfamilien reintegrierten Pflegekinder (N = 23) war bis zu 4,9 Jahren (Median; Ø = 5,4 Jahre) in der Pflegefamilie gewesen; die andere Hälfte länger. Für umplatzierte Pflegekinder lag der Median bei 8,3 Jahren (N = 21; Ø = 8,9 Jahre), für die selbstständig gewordenen bei 19,2 Jahren (N = 9; Ø = 18,3 Jahre), und für verbliebene lag der Median bei 13,5 Jahren (N = 34; Ø = 13,7 Jahre; vgl. Abb. 2). Bezüglich der *Pflegeverhältnisdauer* unterschieden sich die vier Verbleibgruppen hoch signifikant voneinander (Gassmann 2009, S. 166).[4] In der Stichprobe handelt es sich im Vergleich mit anderen Untersuchungen um *lang dauernde Pflegebeziehungen*. In vielen Fällen übernehmen Pflegeeltern eine *Lebensaufgabe*.

---

[4] Mit dem Post-hoc-Test nach Waller-Duncan werden vier homogene Untergruppen ermittelt.

Abbildung 2: Boxplots zur Pflegeverhältnisdauer in den Vergleichsgruppen (Gassmann 2009, S. 166)

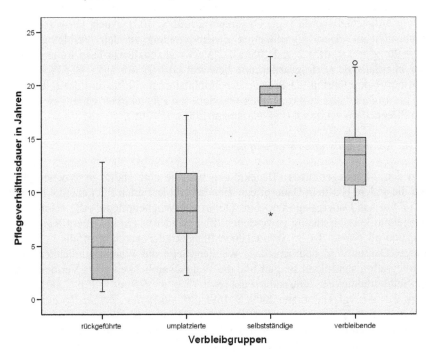

Selbstständig gewordene Pflegekinder mit einem *durchschnittlichen Aufnahmealter* von 2,4 (Range: 0,1–12,8) Jahren und verbliebene Pflegekinder mit einem mittleren Aufnahmealter von 3,1 (Range: 0,1–9,8) Jahren waren im Durchschnitt jünger in Pflege gekommen als umplatzierte oder reintegrierte Pflegekinder mit einem durchschnittlichen Aufnahmealter von 4,6 (Range: 0,0–10,5) respektive 5,3 (Range: 0,0–13,6) Jahren. Die Pflegekinder in den Gruppen unterschieden sich bezüglich ihres Aufnahmealters jedoch *nicht signifikant* (Gassmann 2009, S. 167).[5] Dies ist ein wesentlicher Befund, da das (tiefe) Aufnahmealter der Pfle-

---

[5] Die Variable Aufnahmealter ist nicht normalverteilt, daher kommt der Kruskal-Wallis-Test zur Anwendung. Es können keine signifikanten Unterschiede in den vier (N = 89, χ^2 = 5.9, df = 3, p > .05/n.s.) respektive drei (N = 98, χ^2 = 5.2, df = 2, p > .05/n.s.) Verbleibgruppen ausgemacht werden.

gekinder als eines der wenigen Merkmale gilt, das im Zusammenhang mit dem Erfolg von Pflegeverhältnissen steht. Das vorliegende Ergebnis relativiert bisherige Befunde, bei denen ein starker Zusammenhang zwischen Aufnahmealter und Erfolg aufgezeigt wurde (vgl. Gassmann 2000, S. 103). Auch *Verwandtschaft* steht nicht in einem signifikanten Zusammenhang zu den Verbleibgruppen ($N = 90$, $\chi^2 = 1.9$, $df = 2$, $p > .05$/n.s.).[6] Verwandtschaft wurde in früheren Studien ebenfalls als »Erfolgskriterium« bewertet (vgl. Textor 1995, S. 57). 42 Prozent der rückgeführten, 23 Prozent der umplatzierten, 50 Prozent der selbstständig gewordenen und 26 Prozent der verbliebenen Pflegekinder waren jeweils mit den Pflegeeltern verwandt (vgl. Gassmann 2009, S. 170f.).

4.1.4 Reintegration und Wochenpflege

Von den 24 rückgeführten Pflegekindern war die eine Hälfte in Wochenpflege und die andere Hälfte in Dauerpflege. Bei den umplatzierten Pflegekindern kamen 17 (77%) aus Dauerpflege und fünf (23%) aus Wochenpflege. Alle zehn in der Pflegefamilie selbstständig gewordenen Pflegekinder waren in Dauerpflege gewesen, und 33 (94%) der 35 verbliebenen Pflegekinder waren ebenfalls in Dauerpflege. Daraus wird deutlich, dass Wochenpflege die Wahrscheinlichkeit einer Reintegration signifikant steigert und die Wahrscheinlichkeit eines Verbleibes bis zur Selbstständigkeit signifikant senkt ($N = 91$, $\chi^2 = 19.7$, $df = 2$, $p \leq .001$ / Cramers $V = .47$; vgl. Gassmann 2009, S. 169f.). *Wochenpflege begünstigt eine Reintegration.* In 63 Prozent von 91 Fällen kamen Kinder aus Wochenpflegeverhältnissen zu ihren Eltern zurück, aber nur 17 Prozent der Dauerpflegekinder wurden reintegriert. Hingegen erlaubte Dauerpflege in 60 Prozent der Fälle einen Verbleib der Kinder, Jugendlichen und jungen Erwachsenen in den Pflegefamilien.

4.1.5 Zeitgerechte Beendigung

Um selbstständig zu leben, verließen die Pflegekinder die Pflegefamilien in allen Fällen, die eindeutig zugeordnet werden konnten, *geplant und nicht plötzlich* ($N = 5$), das heißt *zeitgerecht*. Drei Viertel der *Rückkehren* in die Herkunftsfamilien fanden ebenso zeitgerecht statt. Drei Viertel der *Pflegestellenwechsel* erfolgten hingegen ungeplant und plötzlich respektive *vor der Zeit*. Der auf die Platzie-

---

Selbst wenn die rückgeführten von den anderen Pflegekindern unterschieden werden, ist der Unterschied des Aufnahmealters *nicht* signifikant (Mann-Whitney-U-Test: $U = 578.0$, $p > .05$/n.s.).
[6] Ebenso stehen die Ausgangsbedingungen »persönliche Betroffenheit« ($N = 85$, $\chi^2 = 2.3$, $df = 2$, $p > .05$/n.s.) und »Pflege auf Anfrage« ($N = 89$, $\chi^2 = 1.6$, $df = 2$, $p > .05$/n.s.) nicht in einem bedeutsamen Zusammenhang mit dem Ausgang der Pflegebeziehung (vgl. Gassmann 2000, S. 201–203).

rung folgende Aufenthaltsort steht, wenn den Rückführungen die Umplatzierungen gegenübergestellt werden, in signifikantem Zusammenhang mit der »Zeitgerechtigkeit« der Beendigung (χ^2 = 6.9, df = 1, p ≤ .01 / Phi = .50). Vor allem hinter einer *Umplatzierung* sind *Schwierigkeiten* zu vermuten. Aber nicht in jedem Fall erfolgte eine Umplatzierung aus einer Problemlage heraus.[7] Signifikant häufig lag einer Umplatzierung jedoch ein ungeplantes und plötzliches Agieren zugrunde, bei dem die weiteren Risiken nicht absehbar waren (Gassmann 2009, S. 163f.). Es handelte sich, so gesehen, um einen Abbruch. Nachfolgend Freitextpassagen von drei Pflegemüttern, die dies veranschaulichen:

> Weil Timo nur noch Rückschritte machte, uns als Familie gefährdete (Feuer im Zimmer), musste er von einem Tag auf den anderen in ein Time-out. Dort stürzte er noch tiefer.

> Hannes hatte eine ausgeprägte Beeinträchtigung der Affektsteuerung, war konzentrationsschwach und verlor schnell den Überblick. Durch seine Impulsivität geriet er in Verdacht, gemeingefährlich zu sein, und wurde ausgeschult (…). Ich wünschte mir mehr Unterstützung für Hannes in seiner schwierigen Situation statt »Kriminalisierung«, Schulausschluss und Schulheim.

> Sven ist nach vielen Delikten und einer schweren Körperverletzung (…) im Gefängnis. Die Maßnahme für junge Erwachsene wird wahrscheinlich nicht weitergeführt, weil er nicht will.

Die folgenden beiden Ausschnitte aus Freitextpassagen von Pflegemüttern zeigen, wie eine *Bewältigung* des Alltags möglich war:

> Immer wieder stand ich völlig gelöst im Alltag auch gegenüber Pascal (z.B. nach einem Wochenende bei seinen Eltern). Und bald merkte ich wieder, dass der Alltag nur mit besonderen Anstrengungen, Überlegungen, Feingefühl und bewusstem Handeln zu bewältigen ist. Um meine Gedanken zu ordnen und abzulegen, schrieb ich vieles nieder. So fühlte ich mich weniger belastet.

> Über Jahre war das Zusammenleben (die Stimmung) in der Familie geprägt von Marcos dominantem Verhalten (immer am Reden, Behaupten, Widerreden, Widerstand für alles, was zusammen gemacht werden musste (…). Jetzt hat sich Marco sehr beruhigt, und sein Verhalten hat sich sehr verändert, ist angenehmer geworden (…).

---

[7] Zum Beispiel wurde ein in der Pflegefamilie erwachsen gewordenes, mehrfach behindertes Pflegekind, seinen Entwicklungsbedürfnissen entsprechend, später in ein Heim platziert.

Werden die Freitextpassagen, die auf Abbrüche hinweisen, jenen Passagen gegenübergestellt, die auf die Bewältigung der Alltagsbelastung in der Pflegefamilie hinweisen, fällt die Rolle auf, welche Akteurinnen und Akteure *von außen* einnehmen, wenn es zu einer Beendigung des Pflegeverhältnisses kommt. Bei sechzehn erfolgten Umplatzierungen von Pflegekindern in ein Heim oder eine andere institutionell vernetzte Pflegefamilie bezeichneten sich in neun Fällen die Pflegeeltern selbst als Initianten der Umplatzierung, in vier Fällen wurde die Behörde aktiv, und in drei initiierte das Pflegekind die Beendigung. Diese Einschätzungen zur »Beendigungsinitiative« erfolgten aus der Sicht der Pflegeeltern und waren retrospektiv. Die Beurteilungen können daher auch von späteren *Sinnkonstruktionen* abhängen.

4.2 Ergebnisse zur Bewältigung von Entwicklungsaufgaben

4.2.1 Zusammenstellung der wichtigen Variablen

Variablen, die sich anhand der theoretischen Betrachtungen (vgl. Kap. 2), der Ergebnisse zum Verbleib der Pflegekinder (vgl. Kap. 4.1) und der folgenden Ergebnisse zur Typisierung von Pflegebeziehungen (vgl. Kap. 4.3) sowie bei der ersten Erhebung (Gassmann 2000) als bedeutsam erwiesen hatten, wurden als unabhängige Variablen in die Regressionsmodelle aufgenommen. Die abhängigen Zielvariablen der Regressionsmodelle sind die vier allgemeinen Entwicklungsaufgaben des Jugendalters: Erwerb von Selbstsicherheit, Handlungsfähigkeit, sozialer Kompetenz und der Fähigkeit, Freundschaften zu schließen.

Die unabhängigen Variablen lassen sich fünf Bereichen zuordnen:

(1) Gelingen
- Entwicklungszufriedenheit (t_1 und t_2)
- Gelungene Integration (t_1 und t_2)
- Selbstentfaltung *(personal growth)* (t_1 und t_2)

(2) Bewältigung pflegekindspezifischer Entwicklungsaufgaben
- Herkunftsfamilienbezug
- Pflegefamilienbindung
- Pflegekindzufriedenheit
- Loyalitätskonfliktbewältigung

(3) Kontextbedingungen
- Verbleibgruppe der Pflegekinder
- Dauer der Pflegebeziehung

- Aufnahmealter und Alter des Pflegekindes bei der Einschätzung (als Kovariaten)
- Art des Pflegeverhältnisses: Dauer- oder Wochenpflege (t_1 und t_2)
- Verwandtschaft zwischen Pflegefamilie und -kind
- weitere Pflegekinder in der Familie (t_1 und t_2)
- mehr als nur nötigsten Kontakt zwischen Pflege- und Herkunftseltern (t_1 und t_2)

(4) Belastungsfaktor(en)
- Belastung als Pflegemutter/Pflegevater (Rollenbelastung t_1 und t_2)[8]

(5) Ressourcen
- Lebensfreude (t_1 und t_2)
- (authentisches) Ersatz- versus Ergänzungsfamilienverständnis
- Professionalität in der Begegnung mit dem Pflegekind (Gassmann 2009, S. 277).

4.2.2 Bewältigung allgemeiner Entwicklungsaufgaben

Die Tabellen 2, 3, 4 und 5 zeigen die *optimierten* Regressionsmodelle zu den allgemeinen Entwicklungsaufgaben. Die Bewältigung der allgemeinen Entwicklungsaufgaben kann durch hoch signifikante Regressionsmodelle erklärt werden. Hohe Varianzanteile bei der »Selbstsicherheit« (72%; vgl. Tab. 2), der »Handlungsfähigkeit« (63%; vgl. Tab. 3) und der »sozialen Kompetenz« (67%; vgl. Tab. 4) können in den Modellen »vorhergesagt« werden. »Freundschaft« lässt sich im Modell zu einem Drittel prognostizieren (33%; vgl. Tab. 5).

Tabelle 2: Optimiertes Regressionsmodell zur Selbstsicherheit (Gassmann 2009, S. 279)

Selbstsicherheit (abhängige Variable)	β	T	p
Pflegekindzufriedenheit	.554	4.9	≤ .001
»Professionalität«	-.166	2.5	≤ .05
Entwicklungszufriedenheit t_2	.258	2.3	≤ .05
korrigiertes R^2	.715		
ANOVA	F = 62.7, df = 3, p ≤ .001		

---

[8] Die Lebensfreude der Pflegeeltern und ihre Rollenbelastung erwiesen sich bei der ersten Erhebung als wichtige Prädiktoren für das Gelingen der Pflegebeziehung.

Tabelle 3: Optimiertes Regressionsmodell zur Handlungsfähigkeit
(Gassmann 2009, S. 280)

Handlungsfähigkeit (abhängige Variable)	β	T	p
Entwicklungszufriedenheit t_2	.488	6.00	≤ .001
Pflegeverhältnisdauer	.320	4.14	≤ .001
Behinderung	-.324	-4.22	≤ .001
»mehr als nötigsten Kontakt« t_1	.189	2.59	≤ .05
Selbstentfaltung *(personal growth)* t_2	.189	2.45	≤ .05
korrigiertes R^2	.629		
ANOVA	F = 26.1, df = 5, p ≤ .001		

Tabelle 4: Optimiertes Regressionsmodell zur sozialen Kompetenz
(Gassmann 2009, S. 282)

soziale Kompetenz (abhängige Variable)	β	T	p
gelungene Integration t_2	.566	7.0	≤ .001
Rollenbelastung t_2	-.354	-.4	≤ .001
korrigiertes R^2	.666		
ANOVA	F = 75.9, df = 2, p ≤ .001		

Tabelle 5: Optimiertes Regressionsmodell zur Freundschaft
(Gassmann 2009, S. 283)

Freundschaft (abhängige Variable)	β	T	p
Pflegekindzufriedenheit	.348	3.5	≤ .001
Pflegefamilienbindung	.288	2.9	≤ .01
Behinderung	-.273	-2.9	≤ .01
korrigiertes R^2	.334		
ANOVA	F = 13.7, df = 3, p ≤ .001		

Das Prozessmodell veranschaulicht, dass das Gelingen der Pflegebeziehung eine Voraussetzung dafür darstellt, dass allgemeine Entwicklungsaufgaben bewältigt werden können. Entwicklungszufriedenheit, Selbstentfaltung *(personal growth)* und gelungene Integration sind wichtige Prädiktoren (vgl. β-Werte in den Tab. 2,

3 und 4). Die beiden eingangs formulierten Hypothesen, dass sowohl das Gelingen der Pflegebeziehung als auch die Bewältigung von pflegekindspezifischen Entwicklungsaufgaben Voraussetzungen sind, damit Pflegekinder allgemeine Entwicklungsaufgaben der Adoleszenz bewältigen können, werden damit bestätigt (vgl. Kap. 2).

Gelungene Integration stellt mit einem β-Wert von 57 Prozent im Modell zur sozialen Kompetenz einen sehr starken Prädiktor dar (vgl. Tab. 4). *Entwicklungszufriedenheit* findet sich als stärkster Prädiktor im Modell zur Handlungsfähigkeit mit dem β-Wert von 49 Prozent (vgl. Tab. 3) und auch als Prädiktor im Modell zur Selbstsicherheit mit dem β-Wert von 26 Prozent (vgl. Tab. 2). *Selbstentfaltung (personal growth)* stellt im Modell zur Handlungsfähigkeit einen Prädiktor dar (β-Wert: 19%; vgl. Tab. 3). Alle drei Komponenten des Gelingens, die im Rahmen der Follow-up-Erhebung gemessen wurden, zeigen somit Effekte auf die Bewältigung allgemeiner Entwicklungsaufgaben.

Auch die Bewältigung von pflegekindspezifischen Entwicklungsaufgaben ist eine Voraussetzung, um allgemeine Entwicklungsaufgaben zu bewältigen. *Pflegekindzufriedenheit* ist mit einem β-Wert von 55 Prozent ein sehr wichtiger Prädiktor für Selbstsicherheit und mit einem β-Wert von 35 Prozent der stärkste Prädiktor für Freundschaft (vgl. Tab. 2 und 5). Die Pflegefamilienbindung ist mit einem β-Wert von 29 Prozent ein weiterer wichtiger Prädiktor für Freundschaft (vgl. Tab. 5; Gassmann 2009, S. 283f.).

Verschiedene Kontextbedingungen sind *relevant* für die Bewältigung von allgemeinen Entwicklungsaufgaben. Die *Pflegeverhältnisdauer* ist mit dem β-Wert von 32 Prozent der zweitstärkste Prädiktor (nach Entwicklungszufriedenheit) für die Handlungsfähigkeit. Eine *Behinderung* beeinträchtigt hingegen die Handlungsfähigkeit, was ebenso mit einem negativen β-Wert von 32 Prozent ausgedrückt wird (vgl. Tab. 3). Für Freundschaft stellt »keine Behinderung« mit einem β-Wert von 27 Prozent ebenfalls einen Prädiktor dar (vgl. Tab. 5). »Mehr als nur der nötigste Kontakt« zu den Herkunftseltern ist ein Prädiktor für die Handlungsfähigkeit (β-Wert: 19%; vgl. Tab. 4). Die weiteren berücksichtigten Kontextbedingungen, Art des Pflegeverhältnisses als Dauer- oder Wochenpflege, Verwandtschaft zwischen Pflegefamilie und Pflegekind, weitere Pflegekinder in der Pflegefamilie sowie die *altersspezifischen Kovariaten* und die Verbleibsgruppen, erlauben keine Prognose zur Bewältigung von Entwicklungsaufgaben der Adoleszenz.

Auch die Belastung als Pflegemutter oder Pflegevater ist bedeutsam für den Erwerb von sozialer Kompetenz als allgemeine Entwicklungsaufgabe. Die bei der zweiten Erhebung erfragte (niedrige) Rollenbelastung der Pflegeeltern ist (neben der gelungenen Integration) mit dem β-Wert von 35 Prozent ein Prädiktor für soziale Kompetenz (vgl. Tab. 4). Die Rollenbelastung von 1998 erlaubt jedoch keine Vorhersage.

Eine der erfassten Ressourcen ist bedeutungsvoll für den Aufbau von Selbstsicherheit als allgemeine Entwicklungsaufgabe. Die Ressource »*Un*professionalität« (Authentizität) ist ein Prädiktor, um die Selbstsicherheit zu prognostizieren (β-Wert: 17%; vgl. Tab. 2).

Indikatoren der Zweiterhebung geben bessere Hinweise auf die Bewältigung allgemeiner Entwicklungsaufgaben als Prädiktoren der Ersterhebung. Die Variablen mit Messwiederholung, die sich als wichtige Indikatoren für die Bewältigung von allgemeinen Entwicklungsaufgaben erwiesen (Entwicklungszufriedenheit, gelungene Integration, Selbstentfaltung *[personal growth]*, Rollenbelastung) wurden in der Follow-up-Untersuchung erhoben. Die Ausnahme ist »mehr als der nötigste Kontakt zu den Herkunftseltern«, was sich zum Zeitpunkt der Ersterhebung als wichtig erwiesen hatte. Dieser Befund basiert jedoch auf einem relativ großen Regressionsmodell, und die Variable »mehr als der nötigste Kontakt t_1« wird erst als vierte im Modell berücksichtigt, weshalb dieser Zusammenhang relativiert werden kann (vgl. Gassmann 2009, S. 283–285).

4.2.3 Pflegekindzufriedenheit

In den Regressionsmodellen erweist sich Pflegekindzufriedenheit als die wichtigste pflegekindspezifische Entwicklungsaufgabe, die bewältigt werden muss, damit Jugendliche allgemeine Entwicklungsaufgaben meistern können. Folgende Anteile der Varianz der allgemeinen Entwicklungsaufgaben werden durch den Prädiktor Pflegekindzufriedenheit aufgeklärt:

- Selbstsicherheit   67 Prozent
- Soziale Kompetenz   66 Prozent
- Freundschaft   47 Prozent
- Handlungsfähigkeit   32 Prozent

Der Code »Pflegekindzufriedenheit« (N_c = 14) konnte nur jenen Textstellen zugewiesen werden, die aus den Freitextantworten der Pflegekinder selbst stammten. Die nachstehenden Beispiele aus laufenden Pflegeverhältnissen veranschaulichen, dass die Zufriedenheit mit der Tatsache, ein Pflegekind zu sein, mit einer hohen Identifikation mit der Pflegefamilie einhergeht und dass dabei die Pflegefamilie als »eigene« Familie bewertet wird (Gassmann 2009, S. 199).

> Meiner Meinung nach WERDEN Pflegekinder mit genauso viel Liebe erzogen/aufgezogen wie »normale«. Ich denke, es liegt nicht an einer Pflegefamilie, ob ich mich nun so mag, wie ich bin. Ich glaube, viele Pflegekinder brauchen das nur als Vorwand, um ihr (wegen anderen Gründen) eventuell nicht so tolles Leben zu rechtfer-

Diversität in der Pflegekinderhilfe

tigen (...). Ich denke, vielen Kindern würde es wie mir mehr helfen, in einer guten Pflegefamilie zu wohnen, als in einer verkrachten Familie!

In meiner Situation konnte ich kein besseres Leben bis jetzt haben.

Meine Pflegefamilie ist für mich meine *richtige* Familie, und ich könnte mir keine besseren Eltern vorstellen. Ich bin glücklich, auch wenn meine *richtige* Mutter manchmal Terror macht ☺ (Hervorhebungen Y.G.).

Der Code »Schwierigkeiten mit dem Status Pflegekind« ($N_c = 4$) wurde hingegen nur selten vergeben. Die entsprechenden Anmerkungen stammen von den Pflegeeltern. Ein Pflegevater äußerte sich so:

Er hatte oft Mühe, dass er in einer Pflegefamilie wohnte. Sein Selbstwertgefühl litt dadurch. Seine Kollegen usw. hänselten ihn, weil er nicht bei seinen Eltern wohnte. Dieser Zustand blockierte ihn in seiner Entwicklung.

Die Pflegekinder, die mit dem Status »Pflegekind« nicht zurechtkommen, haben, wie aus den Freitexten hervorgeht, entweder den Wunsch, zur Herkunftsfamilie zurückzukehren oder von der Pflegefamilie adoptiert zu werden (vgl. Gassmann 2009, S. 199f).

Zweiundzwanzig in ihren Pflegefamilien verbliebene Pflegekinder beantworteten Fragen zum Thema »Pflegekindzufriedenheit« auf Ratingskalen. 70 Prozent der Pflegekinder, die in ihrer Pflegefamilie verblieben waren, gaben an, sie würden selber (eher als nicht) auch Pflegekinder aufnehmen. 76 Prozent dieser Gruppe von Pflegekindern dachten, dass sich Pflegekinder eher nicht von leiblichen Kindern unterscheiden. 86 Prozent dieser Pflegekinder schätzten jedoch Heimkinder gegenüber Pflegekindern als eher benachteiligt ein. 75 Prozent dieser Gruppe schätzten die Heimkinder auch gegenüber den leiblichen Kindern als eher benachteiligt ein. Die Hälfte dieser Gruppe von Pflegekindern dachte hingegen, dass leibliche Kinder gegenüber Pflegekindern eher keine Vorteile hätten. Jedoch dachten 95 Prozent, dass leibliche Kinder gegenüber Heimkindern eher einen Vorteil haben. 63 Prozent der verbliebenen Pflegekinder dachten, es treffe eher zu, dass Kinder möglichst immer bei ihren leiblichen Eltern bleiben sollten. Alle verbliebenen Pflegekinder gaben an, dass sie von ihrer Pflegefamilie eher profitieren konnten.

4.3 Ergebnisse zu typisierten Pflegebeziehungen

Im Folgenden wird eine *Typisierung* von Pflegebeziehungen vorgestellt, die auf Freitexten basiert. Der Analysefokus richtete sich auf das *Besondere* und den jeweiligen *Prozess* in der betrachteten Pflegebeziehung (vgl. Kap. 3.2; Gassmann 2009, S. 265). Es ließen sich sieben »Typen« finden.

4.3.1 Adoptionsbeziehung

Diese Freitextpassage stammt von einer Pflegemutter, die Adoptivmutter geworden ist, und veranschaulicht eine Adoptionsbeziehung:

> Miriam entwickelt sich ganz normal. Sie ist gut integriert in der Klasse und ist sehr beliebt (...). Da wir Miriam adoptiert haben, ist sie für uns wie eine leibliche Tochter – das Verhältnis zu ihr ist ganz normal: Tochter–Mutter/Tochter–Vater (...)! Miriam fragt fast nie [etwas] zu ihrer leiblichen Mutter und ihrem leiblichen Vater – wenn sie jedoch Fragen hat, beantworte ich sie natürlich, und wir werden ihr helfen, ihre leibliche Mutter zu finden.

Nur in vier der 76 Fälle findet sich der Typ »Adoptionsbeziehung«. Er steht für eine erfolgte Adoption und eine gelungene Beziehung. Die Beziehungen gestalten sich *betont unproblematisch*. Die Adoption war bereits vor der Platzierung des Kindes von den Pflegeeltern gewünscht, oder sie ergab sich erst im Verlaufe des Pflegeverhältnisses durch sich verändernde Umstände. Das Pflegekind wurde zum Adoptivkind und ist somit rechtlich, aber auch sozial einem eigenen Kind gleichgestellt. Die Pflegeeltern sind nun Adoptiveltern und *ersetzen* die Herkunftseltern definitionsgemäß. Es findet *kaum Kontakt* zur Herkunftsfamilie statt (vgl. Gassmann 2009, S. 266f.). Dieser Typus wird der Forderung nach einer an der Beziehungskontinuität ausgerichteten Perspektive und Hilfeplanung äußerst gerecht (vgl. Kap. 1).

4.3.2 Adoptionsähnliche Pflegebeziehung

Die folgenden beiden Freitextpassagen stammen von einem Pflegevater und seinem Pflegesohn in einer adoptionsähnlichen Pflegebeziehung:

> Wir haben keine leiblichen Kinder, zwei größere Pflegekinder und ein kleines Adoptivkind leben mit uns. Alle Kinder sind seit sehr klein bei uns. Wir betrachten uns als »normale« Familie. Nur ein Kind hat noch Kontakt zu den Eltern.

Diversität in der Pflegekinderhilfe 149

> Ich bin froh, so eine gute Pflegefamilie zu haben, sie ersetzen meine leiblichen Eltern von A bis Z.

Neben der erfolgten Adoption findet sich der verwandte Typ »adoptionsähnliche Pflegebeziehung« in neun Fällen. Hier fehlt eine rechtliche Adoption, aber es erfolgte eine soziale Adoption des Pflegekindes. Diese Pflegebeziehungen gelingen und kennzeichnen sich durch eine positiv verlaufende Pflegebeziehung. Es handelt sich um eine Beziehung, die auf Dauer und über die Volljährigkeit des Pflegekindes hinaus angelegt ist. Die Herkunftseltern werden durch die Pflegeeltern ersetzt. Zu dieser Gruppe von Pflegebeziehungen gehören häufig diejenigen mit *schwer behinderten* Pflegekindern. Die Herkunftseltern sind *abwesend* und/oder wenig einbezogen. Das Pflegekind lebt von seiner Herkunftsfamilie distanziert (vgl. Gassmann 2009, S. 267).

4.3.3 Kontinuitätsorientierte Pflegebeziehung

Die folgenden Freitextpassagen kommen von einer Pflegetochter und einer Pflegemutter aus einer kontinuitätsorientierten Pflegebeziehung:

> [Ich] trug von klein auf den Nachnamen meiner Pflegefamilie. Seit ich sechzehn bin, heiße ich, offiziell amtlich registriert, wie meine Pflegefamilie.

> Vanessa hatte von Anfang an regelmäßigen Kontakt zur leiblichen Mutter. Ihren leiblichen Vater kannte sie nur dem Namen nach. Freunden gegenüber spricht sie nicht von ihnen. Mit der Mutter meidet sie jeglichen Kontakt (die Mutter ist sehr kompliziert und sehr unbeholfen). Vanessa geniert sich ihrer. Die Mutter meldet sich hin und wieder telefonisch, auch bei uns.

Der Typ »kontinuitätsorientierte Pflegebeziehung« kommt am häufigsten vor. Diesem Typ wurden 31 Fälle zugewiesen. Die kontinuitätsorientierten Pflegebeziehungen gelingen. Die Befragten betonen eine langfristige und grundsätzlich auf Dauer angelegte Pflegebeziehung, bis zur Volljährigkeit und darüber hinaus. Die Pflegefamilie wird durch die Herkunftsfamilie weitgehend ersetzt. Mindestens ein Herkunftselternteil ist für das Pflegekind dennoch bedeutsam. Pflegekinder, die bei *Großeltern* leben, befinden sich oft in einer kontinuitätsorientierten Pflegebeziehung. Das Pflegekind fühlt sich der Pflegefamilie stark zugehörig. Eine Rückkehroption besteht aus der Perspektive der Pflegefamilie nicht (vgl. Gassmann 2009, S. 267).

4.3.4 Pflegebeziehung mit »schwierigem« Pflegekind

Die folgenden Freitextpassagen stammen von einer Pflegemutter, deren Pflegebeziehung als solche mit »schwierigem« Pflegekind typisiert wurde.

> Tim erlebte ich von seine[n ersten] Lebenswoche[n] bis nach seinem sechsten Geburtstag als ein Kind mit einer breiten Entwicklungsgeschichte. Auch bedingt durch die ersten Lebensjahre. Tim war als Säugling deprimiert und benötigte große Aufmerksamkeit, Ruhe, Körperkontakt und Geduld. Im Kontakt mit anderen Erwachsenen, auch ihm fremden Menschen, war er leider immer distanzlos und anhänglich (…).

> Wir ließen uns später scheiden (…). Trotzdem durfte Tim bei mir bleiben. Die Lebensumstände wurden jedoch schwieriger und immer mehr »wohlmeinende und gutdenkende« (Freunde) mischten sich in die Beziehung zwischen Tim und mir ein (…). Das Ziel damals war von der Behörde so erklärt worden, dass die Herkunftsfamilie zuerst drogenfrei werden muss. Obwohl sie heute gesund ist, konnte Tim nicht zu ihr zurück (…). Die Heimleiterin instrumentalisierte Tim sehr stark und arbeitete manipulativ. Sie sorgte dafür, dass der Kontakt zwischen [ihm] und mir abriss. Bis heute werden meine Fragen, wo sich Tim befindet, nicht beantwortet.

»Pflegebeziehung mit ›schwierigem‹ Pflegekind kam zehnmal vor und steht für Pflegebeziehungen, die aufgrund von gravierenden Schwierigkeiten mit dem Pflegekind und Problemen im Kontext des Pflegeverhältnisses beendet wurden. Meistens handelte es sich um einen Abbruch. Die Pflegeverhältnisse gelingen nicht. Psychische Störungen oder delinquentes Verhalten des Pflegekindes sowie schwierige Umstände in der Pflegefamilie oder problematische Beziehungen zwischen der Pflegefamilie, der Herkunftsfamilie und oft auch mit den Fachpersonen verhinderten ein Fortbestehen der Pflegebeziehung. Diese Kinder gehören emotional weder zu ihren leiblichen Eltern noch zu ihrer Pflegefamilie. Sie verhalten sich schwierig, werden als schwierig wahrgenommen, oder die Schwierigkeiten werden ihnen und weniger den Umständen zugeschrieben (Gassmann 2011, S. 11). Die Pflegekinder wurden in Einrichtungen umplatziert. *Orientierungslosigkeit* des Pflegekindes zwischen Pflege- und Herkunftsfamilie und fehlende tragende Beziehungen sind kennzeichnend. Eine *spezifische Bindungsproblematik* dieser Pflegekinder liegt nahe.[9] Vielfach wurde eine Fachperson aktiv und hat die Umplatzierung (den Abbruch) eingeleitet (vgl. Gassmann 2009,

---

[9] Die geschilderten Probleme lassen sich in einen engen Zusammenhang mit dem Problemspektrum von komplexen posttraumatischen Belastungsstörungen respektive einer Traumaentwicklungsstörung bringen (vgl. Schmid 2008, S. 289f.).

S. 267f.). Verschiedene Freitextpassagen verdeutlichen, dass die Umplatzierungen nicht hilfreich waren (vgl. Kap. 4.1; Beispiele für Abbrüche). Die Ressourcen der Pflegeeltern blieben ungenutzt.

4.3.5 Sozialpädagogische Großfamilienbeziehung

Die Pflegemutter und der Pflegevater aus einer sozialpädagogischen Großfamilienbeziehung äußerten sich wie folgt:

> Da wir eine [viel-]köpfige (Groß-)Familie waren, war es uns möglich, leichter mit Problemen umzugehen, da alle Kinder ungefähr die gleichen Probleme durchlebt haben. Vieles wurde auch unter den Kindern ausdiskutiert. Wir funktionierten einfach als einheitliche Familie. Das Wort »Pflegekinder« wurde nie ausgesprochen. Es fühlten sich einfach alle als Geschwister.
>
> Er ist immer ein angenehmes, ausgeglichenes Kind gewesen. Ist sehr ehrgeizig, die seiner Meinung nach fehlende schulische Bildung (»nur« Realschule) nachzuholen. Wir hätten uns auch bei den eigenen Kindern nicht mehr gewünscht oder von ihnen erwartet. Er war einfach immer ein lässiger, aufgestellter Knabe.

Eine spezifische Ausbildung und Erfahrung mit vielen Pflegekindern führen zu einer im Bewusstsein der Pflegeeltern »professionellen« Pflegebeziehung. Dieser Typ der »sozialpädagogischen Großfamilienbeziehung« kam in sieben Fällen vor. Solche Pflegebeziehungen gelingen. Die Pflegeeltern reflektieren die Vorgänge und ihre Handlungen. Teilweise nutzen sie dazu Supervision und gestalten den Umgang mit den Herkunftseltern bewusst. Diesen Pflegefamilien ist ihr Status als sozialpädagogische Großfamilie bewusst, und eine Bindung an die Pflegefamilie erfolgt *parallel* zur aktiven Auseinandersetzung mit der Herkunft des Pflegekindes. Eine große Pflegefamilie mit mehreren Pflegekindern versteht sich nicht in jedem Fall als sozialpädagogische Großfamilie (vgl. Gassmann 2009, S. 268). Die (Pflege-)Geschwister und die Erfahrung mit vielen (Pflege-)Kindern sind eine wichtige Ressource und tragen trotz des Statusbewusstseins und der selbst wahrgenommenen Professionalität zur »Normalität« im Alltag bei.

4.3.6 Pflegebeziehung mit umfassenden Herkunftsfamilienkontakten

Die Pflegemutter in einer Pflegebeziehung mit umfassenden Herkunftsfamilienkontakten berichtete zu ihrer Situation:

> Lia war unser Enkelkind. Da unsere Tochter sehr jung war bei der Geburt von Lia, lebte sie zu Hause und machte eine Ausbildung. Für Lia war es normal, zwei Mamis

zu haben, sie fühlte sich rundum wohl in der Großfamilie (...). Sobald unsere Tochter gegen Abend nach Hause kam, kam Lia in ihre Obhut. Auch nachts und am Wochenende trug sie die Verantwortung. Wir sprachen oft zusammen über unsere Vorstellung über die Beziehung zu Lia und zueinander.

Eine »Pflegebeziehung mit umfassenden Herkunftsfamilienkontakten« wird durch das große Engagement der Pflegeeltern für eine qualitativ gute Beziehung zur Herkunftsfamilie typisiert. Diese Pflegebeziehungen gelingen, finden sich aber nur in vier Fällen. Dieser Typ wird charakterisiert durch das große Engagement der Pflegeeltern für einen Beziehungsaufbau, eine gute Beziehung und regelmäßige Kontakte zur Herkunftsfamilie. Die Pflegefamilie betont die große *Wertschätzung* für die Herkunftsfamilie. Die Pflegefamilie ergänzt die Herkunftsfamilie. Die Pflegekinder sind stark an die Pflegefamilie gebunden, und sie bleiben oder werden auch stark in die Herkunftsfamilie integriert (vgl. Gassmann 2009, S. 268).

4.3.7 Pflegebeziehung auf Zeit

Eine Pflegemutter mit einer Pflegebeziehung auf Zeit berichtet zur Situation:

> Lars hat sich gut (fast normal) entwickelt. Die Mutter gründete eine »neue« Familie (...). Der Vater mit psychischen Schwierigkeiten machte sein Bestes für Lars. Wir boten Schonraum, und plötzlich wollten alle Lars bei sich haben. So ließen wir los, um [ihn] nicht noch mehr zu zerteilen (...). Als Kind entwickelte er sich gut. Er hatte in der Steiner-Schule keinen Notendruck (...). Das Pflegeverhältnis entstand aus der Nachbarschaft/Tagesmutter und war nur für ein halbes bis ein Jahr geplant (Entziehungskur der Mutter). Es wurden fünf Jahre daraus. Die Mutter lebte zu Beginn des Pflegeverhältnisses mit Lars bei ihrer Mutter. So hatte [er] keine »Herkunftsfamilie«, sondern drei Orte: beim Vater, bei Oma mit Mutter, Pflegefamilie.

»Pflegebeziehung auf Zeit« trifft auf elf Pflegeverhältnisse zu. Zum Zeitpunkt der Follow-up-Erhebung waren sie bereits beendet, und die Pflegekinder waren zu ihren Eltern (einem Elternteil) in eine veränderte oder stabilisierte familiale Situation zurückgekehrt. Pflegebeziehungen auf Zeit gelingen. Es bestanden regelmäßige Besuchskontakte zwischen dem Pflegekind und seiner Herkunftsfamilie. Die Pflege- und Herkunftseltern haben regelmäßigen Kontakt, die beiden Familien *ergänzen* sich, und die Pflegeeltern haben ein entsprechendes Selbstverständnis. Grundsätzlich ist mindestens ein Herkunftselternteil kompetent, Kinder zu erziehen. Deshalb ist die Unterbringung zeitlich befristet. Die Bindung an die Pflegefamilie ist zwar wichtig, der Bezug zur Herkunftsfamilie bleibt aber während der Platzierung ausgeprägt (vgl. Gassmann 2009, S. 268). Es handelt sich oft um Wochenpflegearrangements. Vor allem wenn eine Reintegration realisiert werden soll, rechtfertigen diese Analysen die Betrachtung der Wochenpflege als konzeptionelle Alternative zur Dauerpflege (vgl. Gassmann 2011, S. 11).

Abbildung 3: Typisierte Pflegebeziehungen (Gassmann 2009, S. 269)

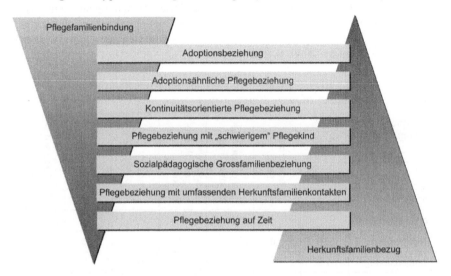

Die Typen lassen sich schematisch anordnen, je nachdem, wie stark Bezug, Nähe und Distanz des Pflegekindes zur Herkunftsfamilie und wie ausgeprägt die Bindung an die Pflegefamilie ist (vgl. Abb. 3). Statt der Polarisierung von Ersatz- und Ergänzungsfamilie oder Laien- und professioneller Pflegefamilie kann ein ganzes *Spektrum* unterschiedlicher Gewichtungen von Pflegefamilienbindung und Herkunftsfamilienbezug ausgemacht werden, das eine *Formenvielfalt* im Pflegekinderbereich abbildet (Gassmann 2009, S. 275). Unabhängig davon, ob die Pflegefamilie die Herkunftsfamilie ersetzt oder ergänzt, und unabhängig von anderen Merkmalen gelingen die Pflegebeziehungen. Das ist einzig bei Pflegebeziehungen nicht der Fall, bei denen die Pflegekinder emotional weder zu ihrer Pflegefamilie noch zu ihrer Herkunftsfamilie gehören.

Die tabellarische Zusammenstellung veranschaulicht, dass die einzelnen Typen von Pflegefamilien bezüglich quantitativer Kriterien unterschiedlich homogen ausfallen. Während die der Gruppe »Adoptionsbeziehung« zugewiesenen Fälle sich im Hinblick auf die meisten der betrachteten Kriterien kaum unterscheiden, gestaltet sich die größte Gruppe mit kontinuitätsorientierten Pflegebeziehungen bezüglich verschiedener Kriterien heterogen. *Verwandtschaft* der Pflegeeltern mit dem Pflegekind fällt dennoch auffallend häufig mit einem kontinuitätsorientierten Pflegeverhältnis zusammen. Das Gemeinsame von Adoptionsbeziehungen und adoptionsähnlichen Pflegebeziehungen ist die lange Dauer. Die Gruppe »Pflegebeziehung mit ›schwierigem‹ Pflegekind« zeichnet sich dadurch aus, dass alle Kinder umplatziert wurden. »Pflegebeziehung auf Zeit« lässt sich durch beendete Pflegebeziehungen mit fast ausschließlich reintegrierten Pflegekindern sowie durch Wochenpflege, in neun von elf Fällen, objektivieren (vgl. Tab. 6; Gassmann 2009, S. 272).

Tabelle 6: Strukturelle Bedingungen der typisierten Pflegefamilien (Gassmann 2009, S. 270)

strukturelle Bedingungen	Adoption	adoptions- ähnlich	kontinuitäts- orientiert	»schwieri- ges« Pflege- kind	sozial- pädagogisch	umfassende Kontakte	Pflege auf Zeit
Anzahl Fälle	4	9	31	10	7	4	11
Verbleibgruppen:		a					
– rückgeführte	0	0	5	0	0	3	10
– umplatzierte	0	1	1	10	3	0	1
– verbliebene	4	3	20	0	4	1	0
– selbstständige	0	4	5	0	0	0	0
Dauer (Range in Jahren)	9,8 –14,1	13,8 –23,3	0,8 –22,7	2,4 –15,0	6,1 –21,5	3,4 –13,7	1,5 –9,2
Wochenpflege	0	0	3	2	0	1	9
Verwandtschaft	0	1	14	1	0	1	4
weitere Pflege- kinder							
– 1998	0	3	9	4	6	1	2
– 2007	1	2	7	1	5	0	0
Behinderung	0	3	5	0	1	0	0

[a] Ein Pflegekind in einer adoptionsähnlichen Pflegebeziehung ist verstorben.

5 Folgerungen: Individuelle Bedingungen für Pflegekinder

5.1 Indikationsgerechte Arrangements

Die »pflegefamiliale Platzierung« erfolgt oft vor der ausführlichen Exploration der Ist-Situation und vor der Klärung der Perspektiven, denn Kindeswohlgefährdungen waren handlungsleitend, oder Pflegeverhältnisse sind im Sozialraum gewachsen. Um die Situation differenziert zu analysieren und die Beteiligten in ihrem Entscheid adäquat begleiten zu können, ist *Zeit* erforderlich. Zeit wäre zu gewinnen, indem Pflegeverhältnisse, zwar mit der Option Dauerpflege, zunächst als *Wochenpflege* respektive als eine neue Pflegeform eingerichtet würden.[10]

Die Pflegebeziehungen verlaufen oft nicht so, wie es von den Beteiligten beabsichtigt wird. Die Dauerpflege ist vielfach nicht geeignet, um das Ziel der Reintegration des Pflegekindes in seine Herkunftsfamilie zu realisieren. Demnach sind Ansatzpunkte sowohl in der *Zieldefinition* als auch in der *Hilfeplanung* zu suchen. Dauerpflege eignet sich, um Kinder langfristig in die Obhut von »Ersatzfamilien« zu geben. Es gestaltet sich eine *authentische Familie*. Ist hingegen eine Reintegration in die Herkunftsfamilie das Ziel oder ist eine Rückführung in die Herkunftsfamilie grundsätzlich noch möglich, so eignet sich die Platzierungsform Dauerpflege nicht per se, in der das Pflegekind grundsätzlich auch am Wochenende und oft mit einer »Dauerperspektive« in der Pflegefamilie lebt. Vielmehr müssen neue Pflegeformen entwickelt werden. Aufgrund der Ergebnisse gilt *Wochenpflege* als geeignet, um Reintegrationen zu realisieren, aber auch, um für die förderliche Entwicklung der Pflegekinder in einer *verbindlichen Als-ob-Familie* zu sorgen. Die Ergebnisse verlangen, die Möglichkeit der Wochenpflege als sinnvolle Ressource der Familienpflege zu betrachten (vgl. Kap. 4.1; Kap. 4.3). Wenn eine Rückkehr zur Herkunftsfamilie beabsichtigt wird, ist es nicht folgerichtig, die Kontakte zu minimieren oder zu unterbrechen. Vielmehr ist es notwendig, sie kontinuierlich aufrechtzuerhalten und zu stabilisieren.[11] Konsequenterweise müssen neue Pflegeformen entwickelt werden, die zum Beispiel im Rahmen von sozialpädagogisch begleiteten Besuchen und Wochenenden den Fortbestand der Beziehung gewährleisten. So können die Eltern an ihren Erziehungsfertigkeiten arbeiten (Gassmann 2009, S. 315).

---

[10] Ausschlussgründe für Wochenpflege sind mit Bezugnahme auf Fegert (2005, S. 201f.) gegeben, wenn ein Umgang der Herkunftseltern mit dem Pflegekind untersagt werden muss, weil schwere Misshandlungs- und Missbrauchstraumata vorliegen oder sich das Pflegekind anhaltend weigert.
[11] Daher sind in diesen Fällen sozialräumlich orientierte, gemeinde- und milieunahe Hilfen indiziert (vgl. Blandow 2002).

Eine konzeptionelle Entwicklung von »Wochenpflege plus« könnte sich an den Erfahrungen orientieren, die im Rahmen von Bereitschaftspflegemodellen mit anvisierten Rückführungen in Deutschland gemacht wurden (vgl. Blandow 1999, 2008) oder an den familienpädagogischen Unterbringungen mit Rückführungsoption in Österreich (vgl. Lercher 2012). Solche Handlungsanleitungen tragen gleichzeitig dazu bei, dass sich eine Dauerpflege mit einer langfristigen Perspektive schneller etablieren kann, wenn sie aufgrund einer ausbleibenden Stabilisierung der Herkunftsfamilie indiziert ist. Somit könnten öfter kontinuitätsorientierte und adoptionsähnliche Pflegeverhältnisse mit expliziter Dauerperspektive ausgestaltet werden (vgl. Blandow 2007, S. 27; Kap. 1).[12]

5.2 Umplatzierungen vermeiden

Umplatzierungen von Pflegekindern mit Verhaltensschwierigkeiten müssen aufgrund der empirischen Ergebnisse vermehrt *vermieden* werden (vgl. Kap. 4.1; 4.3). Statt aufgeben, müssen *Veränderungen* angestrebt werden. Das Tempo, mit dem in schwierigen Situationen agiert wird, muss gedrosselt werden, um geplant vorgehen zu können. Um zukünftige Umplatzierungen von Pflegekindern nach Möglichkeit zu vermeiden, kann man bei der Klärung der Indikationsfrage ansetzen. Ebenso müssen Veränderungen innerhalb der Pflegefamilie ermöglicht und begleitet werden. Die Pflegefamilien brauchen Entlastung, ihre kognitiven und aktiven Bewältigungsfähigkeiten sind zu erweitern. Pflegefamilien muss Hilfe angeboten werden, und sie müssen über ihre *Entscheidungsmöglichkeiten* und ihre *Rechte* informiert werden. Es ist für die Entwicklung der Pflegekinder ungünstig, Pflegefamilien in diesen Punkten anders zu behandeln als andere Familien. Den jugendlichen Pflegekindern, die umplatziert werden, fehlen oft tragfähige Beziehungen. Es ist wesentlich, dass ihnen die Pflegeeltern als Bezugspersonen zur Verfügung stehen, unabhängig davon, ob die Pflegekinder derzeit diese Ressource nutzen können oder ob diese in Form eines Angebotes für die Zukunft bestehen bleibt. Einzelne Beispiele belegen, dass die umplatzierten Pflegekinder manchmal den Weg zurück in ihre Pflegefamilie finden (Gassmann 2009, S. 322f.).

»Schwierige Pflegekinder« haben oft eine spezifische Bindungsproblematik. 80 Prozent der körperlich misshandelten Kinder haben einen desorganisier-

---

[12] Um Unsicherheitsfaktoren für Pflegeeltern und Pflegekinder in Dauerpflege mit langfristiger Perspektive vermehrt ausschalten zu können, brauchen Pflegeeltern und -kinder explizitere Rechte und stärkere Beachtung ihrer Partizipationsrechte (vgl. z.B. UN-Kinderrechtskonvention; Salgo 1991, S. 120f./127–129).

ten Bindungsstil (vgl. Schmid, Fegert & Petermann 2010, S. 52). Die Ausprägung der Bindungsprobleme und Psychopathologie steht im Zusammenhang mit der Häufigkeit eines Betreuungsortswechsels (vgl. Pérez et al. 2010, S. 72). Wenn Umplatzierungen zur Diskussion stehen, müssen die neuen Risiken kalkuliert werden. Die Wechsel gehen immer mit dem Raub von Beziehungen und Kompetenzen einher. Vielfach machen die Pflegekinder neue Ohnmachtserfahrungen. Komplexe Traumafolgestörungen und traumapädagogische Aspekte sind zu berücksichtigen.

5.3 Pflegekindzufriedenheit fördern

Um die Entwicklungsaufgaben der Adoleszenz bewältigen zu können, müssen Pflegekinder die Inpflegegabe als kritisches Lebensereignis *verarbeitet haben,* was auch die Bewältigung von Loyalitätskonflikten beinhaltet (vgl. Kap. 4.2). Erlebte, aber verarbeitete Ungleichgewichte fördern die Entwicklung (vgl. Herzog 1991, S. 18). Nur Pflegekindern, die die erfahrene Diskontinuität ins eigene Selbst integrieren konnten und mit ihrer Situation, ein Pflegekind zu sein, zufrieden sind, gelingt eine *sichere Identitätsbildung.* Vor allem der Aufbau von Selbstsicherheit und sozialer Kompetenz, aber auch Freundschaftsbeziehungen sind abhängig von der *Pflegekindzufriedenheit.* Für den Aufbau von Freundschaften erwies sich, in Übereinstimmung mit anderen Befunden (vgl. Noack & Haubold 2003, S. 140), die Bindung an die Pflegefamilie als wesentlich. Zusammenfassend ist die Etablierung von Pflegekindzufriedenheit die relevante *spezifische Entwicklungsaufgabe.* Sie stellt die wichtigste Voraussetzung zur Bewältigung von allgemeinen Entwicklungsaufgaben des Jugendalters dar, im Besonderen der Selbstsicherheit (Subjektwerdung) als Zielkriterium pädagogischer Tätigkeit (Herzog 2002, S. 90f.; vgl. auch Gassmann 2009, S. 303f.).

5.4 Diversität würdigen und ermöglichen

Ein Pflegeverhältnis, das sich an den Bedürfnissen des Kindes, an seinem Wohl, seinen Interessen und Rechten orientiert, muss *individuell* gestaltet sein. Denn die Situationen, in denen sich Pflegekinder befinden, sind komplex und vielfältig, ihre Lebenserfahrungen sind ganz unterschiedlich. Manche Pflegekinder wurden vernachlässigt, gequält, wiederholt traumatisiert und sind verstört; andere bringen viele Ressourcen mit. Eine bedürfnisgerechte Pflegekinderhilfe zeichnet sich deshalb durch *Diversität* aus, die den jeweiligen Belastungen und Ressourcen gerecht werden kann. Diversität meint einerseits die strukturelle Vielfalt, die in Pflegeverhältnissen möglich sein soll. Andererseits verweist sie auf die Umwandlung eines Pflegeverhältnisses, auf den dynamischen *Prozess* einer zeitgerechten Hilfeplanung. Wenn ein Kind zum Beispiel befristet untergebracht wurde, können spätere Standortgespräche mit den Beteiligten zeigen, dass ein langfristiges Verbleiben des Pflegekindes in der Pflegefamilie angezeigt ist und das Pflegeverhältnis entsprechend angepasst werden muss.

Der Pflegekinderbereich muss sich auch in die Breite weiterentwickeln, weil es *keine Regeln* gibt, die das Gelingen eines Pflegeverhältnisses garantieren. Faustregeln wie jene, dass das Pflegekind zum Beispiel das jüngste Kind in einer Familie sein soll, um die natürliche Geburtenreihenfolge der Geschwister nicht zu stören, werden bei Platzierungen gerne berücksichtigt. Diese Überlegung orientiert sich an einer »normalen« Familie. Manchmal hat die Praxis gezeigt, dass es richtig war, für ein Kind eine entsprechende Familie mit älteren Pflegegeschwistern zu suchen. Überprüft man solche Faustregeln empirisch, lassen sich oft keine signifikanten Zusammenhänge finden (vgl. Kap. 4.1). Vielfalt muss möglich sein, um den individuellen Bedürfnissen des Kindes gerecht zu werden. Die Absicht, eine möglichst gute Passung zwischen Pflegekind und Pflegefamilie zu finden, bleibt in Wirklichkeit oft illusorisch, denn Pflegeverhältnisse entstehen oft von selbst, lange bevor ein sozialer Dienst einbezogen ist (vgl. Kap. 1). Kinder und ihre Eltern suchen eher intuitiv nach einem geeigneten und sicheren Ort. Auch platzierende Fachpersonen können nicht sicher sein, welches die wichtigsten Kriterien der Passung zwischen Kind und Pflegefamilie sind. Ein »richtiges« Vorgehen während des Pflegeverhältnisses gibt es auch nicht, beispielsweise bei der Gestaltung der Kontakte zu den Eltern und der Reintegration in die Herkunftsfamilie. Wünsche der Beteiligten, Aufträge an die Fachpersonen sowie implizite und formulierte Ziele stehen oft im Widerspruch zueinander (vgl. Gassmann 2011, S. 8). Es braucht *eine individuelle, prozessorientierte und kommunikative Passung.*

Literatur

Bengel, Jürgen & Belz-Merk, Martina (1997): Subjektive Gesundheitsvorstellungen. In: Schwarzer, Ralf (Hrsg.): Gesundheitspsychologie. Ein Lehrbuch (2., überarbeitete und erweiterte Auflage) (S. 23–41). Göttingen: Hogrefe.

Blandow, Jürgen (1999): Das Arbeitsfeld von PFIFF e.V. – Die Institution Pflegefamilie. Geschichte, Empirie und Differenzierungsformen. In: Blandow, Jürgen, Krumenacker, Franz-J., Luthe, Detlef & Walter, Michael (Hrsg.): Spezialisierung und Qualifizierung der Vollzeitpflege durch einen Freien Träger. Abschlussbericht der Wissenschaftlichen Begleitforschung. Universität Bremen.

Blandow, Jürgen (2002): Sozialraum und Milieuorientierung in der Pflegekinderarbeit. Paper presented at the Tagung »Sozialraum und Pflegekinderarbeit« des Institutes für soziale Arbeit e.V. am 31.3.2003 in Münster.
Blandow, Jürgen (2007): Entwicklungslinien im Pflegekinderwesen. Jugendhilfe, 45. Jg., Heft 1, 21–28.
Blandow, Jürgen (2008): Rückführung von Pflegekindern in die Herkunftsfamilie. Fakten, Erfahrungen, Überlegungen. Pflegekinder, Heft 1, 27–42.
Bundesrat (2006): Das Pflegekinderwesen in der Schweiz. Bericht des Bundesrates. Online: www.ejpd.admin.ch/content/dam/data/gesellschaft/gesetzgebung/kinderbetreuung/ber-br-d.pdf (Zugriff: 15.3.2012).
Fegert, Jörg M. (2005): Wann ist der begleitete Umgang, wann ist der Ausschluss des Umgangs bei Pflegekindern indiziert? In: Stiftung zum Wohl des Pflegekindes (Hrsg.): 3. Jahrbuch des Pflegekinderwesens. Kontakte zwischen Pflegekind und Herkunftsfamilie (2. Auflage) (S. 197–206). Idstein: Schulz-Kirchner.
Flammer, August & Alsaker, Françoise D. (2002): Entwicklungspsychologie der Adoleszenz. Die Erschließung innerer und äußerer Welten im Jugendalter. Bern: Huber.
Flick, Uwe (2007): Qualitative Sozialforschung. Eine Einführung (vollständig überarbeitete und erweiterte Neuauflage). Reinbek bei Hamburg: Rowohlt.
Flick, Uwe (2008): Triangulation. Eine Einführung (2. Auflage). Wiesbaden: VS Verlag für Sozialwissenschaften.
Galle, Sara & Meier, Thomas (2009): Von Menschen und Akten. Die Aktion »Kinder der Landstraße« der Stiftung Pro Juventute. Zürich: Chronos.
Gassmann, Yvonne (2000): Zwischen zusammen wachsen und auseinandergehen. Eine Studie zur Wahrnehmung und zum Erleben von Pflegebeziehungen durch Pflegeeltern. Bottenwil: Lysingur.
Gassmann, Yvonne (2009): Pflegeeltern und ihre Pflegekinder. Empirische Analysen von Entwicklungsverläufen und Ressourcen im Beziehungsgeflecht. Münster: Waxmann.
Gassmann, Yvonne (2011): Diversität in Pflegeverhältnissen und Pflegebeziehungen. Vielfalt muss möglich sein. Netz. Fachzeitschrift Pflegekinder, Heft 2, 8–11.
Herzog, Walter (1988): Das Verständnis der Zeit in psychologischen Theorien der Entwicklung. Schweizerische Zeitschrift für Psychologie, Jg. 47, Heft 2/3, 135–145.
Herzog, Walter (1991): Der »Coping Man« – ein Menschenbild für die Entwicklungspsychologie. Schweizerische Zeitschrift für Psychologie, Jg. 50, Heft 1, 9–23.
Herzog, Walter (2002): Zeitgemäße Erziehung. Die Konstruktion pädagogischer Wirklichkeit. Weilerswist: Velbrück.
Johnson, Burke & Hunter, Lisa A. (2003): Data Collection Strategies in Mixed Methods Research. In: Tashakkori, Abbas & Teddlie, Charles (Hrsg.): Handbook of Mixed Methods in Social and Behavioral Research (S. 297–320). Thousand Oaks: Sage.
Legewie, Heiner (1994): Globalauswertung von Dokumenten. In: Boehm, Andreas, Mengel, Andreas & Muhr, Thomas (Hrsg.): Texte verstehen. Konzepte, Methoden, Werkzeuge (S. 177–182). Konstanz: UVK.
Lercher, Gertrud (2012): Kinder für eine bestimmte Zeit in Pflegefamilien platzieren. Herkunftseltern für die Heimkehr ihrer Kinder rüsten. Netz. Fachzeitschrift Pflegekinder, Heft 1, 4–6.

Leuenberger, Marco, Mani, Lea, Rudin, Simone & Seglias, Loretta (2011): »Die Behörde beschließt« zum Wohl des Kindes? Fremdplatzierte Kinder im Kanton Bern 1912–1978. Baden: hier + jetzt.

Mayring, Philipp (2007): Qualitative Inhaltsanalyse. Grundlagen und Techniken (9. Auflage). Weinheim: Beltz (UTB).

Nationalrat (NR), Kommission für Rechtsfragen (4.11.2010). 10.508 – Parlamentarische Initiative. Kinderbetreuung. Einschränkung der Bewilligungspflicht. Online: www.parlament.ch/d/suche/seiten/geschaefte.aspx?gesch_id=20100508 (Zugriff: 15.3.2012).

Noack, Peter & Haubold, Stefan (2003): Peereinflüsse auf Jugendliche in Abhängigkeit von familienstrukturellen Übergängen. In: Reinders, Heinz & Wild, Elke (Hrsg.): Jugendzeit – time out? Zur Ausgestaltung des Jugendalters als Moratorium (S. 137–157). Opladen: Leske + Budrich.

Pérez, Tanja, Di Gallo, Alain, Schmeck, Klaus & Schmid, Marc (2010): Zusammenhang zwischen interpersoneller Traumatisierung, auffälligem Bindungsverhalten und psychischer Belastung bei Pflegekindern. Kindheit und Entwicklung, Jg. 20, Heft 2, 72–82.

Romer, Jacqueline, Oechsli, Philipp & Gassmann, Yvonne (2010): Stellungnahme zur Kinderbetreuungsverordnung (VE-2010). Online: http://pflegekinder.dezemberundjuli.ch/Dokumente/KiBeV-Stellungnahme-VE-2010%20Pflegekinder-Aktion.pdf (Zugriff: 15.3.2012).

Salgo, Ludwig (1991): Die Regelung der Familienpflege im Kinder- und Jugendhilfegesetz (KJHG). In: Wiesner, Reinhard & Zarbock, Walter H. (Hrsg.): Das neue Kinder- und Jugendhilfegesetz (KJHG) und seine Umsetzung in die Praxis (S. 115–150). Köln: Carl Heymanns.

Schmid, Marc (2008): Entwicklungspsychopathologische Grundlagen einer Traumapädagogik. Trauma & Gewalt, Jg. 4, Heft 2, 288–309.

Schmid, Marc, Fegert, Jörg M. & Petermann, Franz (2010): Traumaentwicklungsstörung: Pro und Contra. Kindheit und Entwicklung, Jg. 19, Heft 1, 47–63.

Schweizerisches Bundesgericht. Bundesgerichtsentscheid (BGE) 5A 196/2010 (Droit de la famille/retrait de la garde de l'enfant). Online: jumpcgi.bger.ch/cgi-bin/JumpCGI?id=10.05.2010_5A_196/2010 (Zugriff: 15.3.2012).

Strauss, Anselm L. (1991): Grundlagen qualitativer Sozialforschung. Datenanalyse und Theoriebildung in der empirischen soziologischen Forschung. München: Fink (UTB).

Textor, Martin R. (1995): Forschungsergebnisse zur Familienpflege. In: Textor, Martin R. & Warndorf, Peter K. (Hrsg.): Familienpflege. Forschung, Vermittlung, Beratung (S. 43–66). Freiburg im Breisgau: Lambertus.

Gesetze/Verordnungen/Richtlinien (chronologisch)

Schweizerisches Zivilgesetzbuch vom 10. Dezember 1907 (ZGB, Stand 1.1.2012). SR 210. Online: www.admin.ch/ch/d/sr/2/210.de.pdf (Zugriff: 10.4.2012).

Verordnung über die Aufnahme von Kindern zur Pflege und zur Adoption (PAVO, 1977, Stand am 01.01.2012). SR 211.222.338. Online: www.admin.ch/ch/d/sr/2/211.222. 338.de.pdf (Zugriff: 10.4.2012).

Bundesverfassung der Schweizerischen Eidgenossenschaft vom 18. April 1999 (BV, Stand 1.1.2011). SR 101. Online: www.admin.ch/ch/d/sr/101/index.html (Zugriff: 10.4.2012).

UN-Kinderrechtskonvention. Übereinkommen über die Rechte des Kindes (UN-KRK, 1989, Stand 8.4.2010). Online: www.admin.ch/ch/d/sr/0_107/ (Zugriff: 10.4.2012).

Quality4Children Standards in der außerfamiliären Betreuung in Europa (2007). Online: www.quality4children.ch/media/pdf/q4cstandards-deutschschweiz.pdf (10.04.2012).

Verordnung über die außerfamiliäre Betreuung von Kindern (Kinderbetreuungsverordnung, KiBeV; Vorentwurf 2009). Online: www.ejpd.admin.ch/content/dam/data/ gesellschaft/gesetzgebung/kinderbetreuung/entw-kibev-d.pdf (Zugriff: 10.4.2012).

Verordnung über die außerfamiliäre Betreuung von Kindern (Kinderbetreuungsverordnung, KiBeV; Vorentwurf 2010). Online: www.ejpd.admin.ch/content/dam/data/ gesellschaft/gesetzgebung/kinderbetreuung/vorentw-kibev2-d.pdf (Zugriff: 10.4. 2012).

2 Kinder- und Jugendhilfe im Kontext der Schule

Wirkungschronologien in der Schulsozialarbeit

Rahel Heeg und Florian Baier

Das Institut Kinder- und Jugendhilfe der Hochschule für Soziale Arbeit HSA FHNW konnte in den vergangenen Jahren mehrere Evaluationen von Schulsozialarbeit an verschiedenen Standorten in der Schweiz durchführen. Die Abschlussberichte dieser Evaluationen wurden aus verschiedenen Gründen nicht veröffentlicht. Der Autorin und dem Autor dieses Beitrags wurde jedoch die Möglichkeit gegeben, die in insgesamt fünf Evaluationen erhobenen Daten zusammenzuführen und neu nach eigenen Fragestellungen auszuwerten. Damit konnten standortübergreifende Charakteristika und Gemeinsamkeiten von Schulsozialarbeit sowie lokale Unterschiede in anonymisierter Form herausgearbeitet werden. Die vollständigen Ergebnisse dieser Sekundäranalysen der Evaluationsdaten wurden veröffentlicht (Baier & Heeg 2011).

Im Folgenden werden bestimmte Befunde daraus dargestellt. Darauf aufbauend, wird diskutiert, wie sich diese Empirie auf Qualitätsentwicklungsprozesse in der Praxis beziehen lässt. Dazu wird zunächst kurz das Verfahren bei den Sekundäranalysen der Evaluationsdaten erläutert. Im Anschluss daran werden ausgewählte Befunde vertieft dargestellt und hinsichtlich ihrer Praxisrelevanz konkretisiert.

1 Sekundäranalysen von Evaluationsdaten

Im Rahmen von Sekundäranalysen werden neue Fragestellungen an bereits vorhandenes Datenmaterial herangetragen. Die neuen Fragen können daher nur so weit beantwortet werden, wie es das bereits vorhandene Datenmaterial zulässt. Dieser Umstand gilt zwar für jegliche Datenauswertung, zeigt sich im Rahmen von Sekundäranalysen jedoch besonders deutlich (vgl. Meyer 2007, S. 271ff.; Bortz & Döring 2006, S. 370ff.; Stiehler 2001, S. 29ff.; Diekmann 1995).

Im Rahmen der durchgeführten Evaluationen von Schulsozialarbeit wurden folgende Datenerhebungsmethoden angewandt:

- Zeiterfassungen in der Schulsozialarbeit,
- Falldokumentationen; es liegen insgesamt 269 Falldokumentationen vor,
- Projektdokumentationen,
- Interviews mit den Schulsozialarbeitenden,
- Interviews mit relevanten Akteuren aus den Steuerungs- und Leitungsgremien,
- quantitative Befragungen der Lehrkräfte (mit der Möglichkeit, die Schulsozialarbeit in eigenen Worten zu kommentieren); es liegen insgesamt 191 Fragebögen vor,
- quantitative Befragungen aller Schüler/innen (mit der Möglichkeit, die Schulsozialarbeit in eigenen Worten zu kommentieren); von insgesamt 1527 befragten Schüler/innen nutzten 87 Prozent die offenen Antwortmöglichkeiten.

Alle Daten wurden mit vergleichbaren Instrumenten erhoben, sodass es möglich war, die Daten aus den verschiedenen Evaluationen zusammenzuführen. Die aggregierten Daten wurden nach folgenden Fragestellungen ausgewertet:

- Welches sind die zentralen Arbeitsinhalte der Schulsozialarbeit?
- Welchen Einfluss haben bestimmte Rahmenbedingungen auf die Praxis?
- Für welche Zwecke wird die Schulsozialarbeit funktionalisiert?
- Welche Rolle spielen fachliche Struktur- und Handlungsmaximen?
- Wie wirkt Schulsozialarbeit?
- Welche Herausforderungen und Standards sind bei der Evaluation von Schulsozialarbeit zu beachten?

Grundlegend wurde zudem den Fragen nachgegangen, wo sich im Vergleich der evaluierten Standorte Gemeinsamkeiten und Unterschiede finden lassen und wodurch diese entstehen.

Im Folgenden werden ausgewählte Ergebnisse der Sekundäranalyse vorgestellt. Dabei werden primär Aussagen von Kindern und Jugendlichen zur Schulsozialarbeit ausgewertet, ergänzt mit quantitativen Ergebnissen.

2 Wirkungschronologien im Kontext von Freiwilligkeit, Nicht-Freiwilligkeit und Unfreiwilligkeit

Handlungsfelder Sozialer Arbeit stehen in den letzten Jahren immer häufiger vor der Herausforderung, Nachweise zu ihren Wirkungen liefern zu müssen. Für die Schulsozialarbeit wurden gegenwärtige Befunde aus der Wirkungs- und Nutzer/innenforschung bereits in verschiedenen Publikationen dargestellt und diskutiert (vgl. insbesondere Olk & Speck 2009, 2010; Baier 2008; Schumann, Sack & Schumann 2006; Streblow 2005; Seithe 1998).

Obwohl im Rahmen der hier zugrunde liegenden Evaluationen keine explizite Wirkungsforschung durchgeführt wurde bzw. die Evaluationen nicht als »Wirkungsevaluationen« konzipiert waren, lassen sich aus den gesammelten Forschungsdaten einige Befunde herausarbeiten, die in Bezug auf die Wirkungsfrage relevant sind. Die aus den Evaluationsdaten herausgearbeiteten Kategorien wurden in zeitliche Beziehung zueinander gesetzt, da Wirkungen immer zeitliche Abfolgen beschreiben (zum Beispiel steht zuerst eine Interaktion und anschließend eine Veränderung). Dabei hat sich gezeigt, dass es einige zentrale Elemente gibt, die die Verläufe der Interaktionen zwischen Schulsozialarbeit und Kindern und Jugendlichen besonders beeinflussen. Diese Verläufe werden im Folgenden als »Wirkungschronologien« bezeichnet. Bei ihrer Beschreibung wurde deutlich, dass je nach Qualität der einzelnen Elemente einer solchen Wirkungschronologie unterschiedliche Verläufe und unterschiedliche Wirkungen entstehen. Der Verlauf und die Wirkung einer Beratung sind demnach abhängig von der Qualität der Wirkungsvoraussetzungen.

Im Folgenden werden drei Typologien dieser Wirkungschronologien genauer beschrieben. Zentrales Unterscheidungsmerkmal ist das initiale Prozessmoment der *Freiwilligkeit*. Die Relevanz dieses Aspekts ergab sich in zweierlei Hinsicht: Zum einen wird der Begriff der Freiwilligkeit im Diskurs und in Forschungen zur Schulsozialarbeit vielfach angeführt, jedoch selten theoretisch ausdifferenziert. Dies führt zu Unklarheiten und Kontroversen. Zum anderen wurde in den durchgeführten Evaluationen die Frage der Freiwilligkeit von allen Seiten (von Kindern und Jugendlichen, Lehrkräften, Schulsozialarbeitenden, Schulleitungen) häufig aufgegriffen und kommentiert. In der Auswertung des Datenmaterials erwies sich die im Folgenden erläuterte theoretische Perspektive auf Freiwilligkeit als hilfreich, um das empirische Material zu strukturieren und die darin angedeuteten Prozessverläufe sichtbar zu machen.

Um die Relevanz von Freiwilligkeit in der Interaktion mit der Schulsozialarbeit darzustellen, werden zunächst einige empirische Befunde dargestellt. Anschließend wird der Begriff der Freiwilligkeit auf theoretischer Ebene genauer differenziert, um darauf aufbauend die empirischen Befunde theoriegeleitet zu interpretieren und darzustellen.

Ein Vergleich der evaluierten Standorte hat gezeigt, dass Interaktionen mit der Schulsozialarbeit auf unterschiedliche Weise initiiert werden: Während an einem der Standorte die Schulsozialarbeit fast alle Beratungen als »freiwillig von Kindern und Jugendlichen nachgefragt« kategorisierte, war an einem anderen Standort die Mehrheit der Beratungen durch die Lehrkräfte angewiesen. Diese verschiedenen Praxisformen weisen auf unterschiedliche Verständnisse von Schulsozialarbeit, aber auch auf unterschiedliche Rahmenbedingungen hin.

Für die befragten Kinder und Jugendlichen ist (fehlende) Freiwilligkeit ein zentrales Thema, das sie in ihren Kommentaren zur Schulsozialarbeit oft aufgriffen. So formulierten einige von ihnen auf die Frage, was sich ändern sollte:

> Dass man nicht wegen jedem Kleinigkeit zum sozialarbeiter geschikt wird.

> Das sie uns nicht mehr Termine schikt sonder wenn wir etwas haben alleine gehen.

> [Was an der Schulsozialarbeit nicht gut ist:] Das man dorthin geschikt werden muss und nicht freiwillig gehen kan. Denn ich persönlich vertraue der Schulsozialarbeit nicht und niemand kan mir helfen, dem ich nicht vertraue.

> Die Schulsozialarbeit bringt nicht viel, denn man wird meistens dorthin geschickt und von alleine will man gar nicht ...

> Ich war ein paar Mal bei der Schulsozialarbeit (man hatte mich hingeschickt). Der Schulsozialarbeiter hat bloß total klischeehafte Ratschläge gegeben und einen absolut unangebrachten Vorschlag gebracht ... weiter will ich nicht drauf eingehen.

> Ich denke, der Schulsozialarbeiter macht das recht gut, nur mir bringt es nichts. Wenn ich Probleme habe, regle ich es auf meine Art und selbstständig. Ich brauche keine Beratung von der Schulsozialarbeit. Ich teile meine Probleme mit niemandem.

Unfreiwillige Interaktionen mit der Schulsozialarbeit unterliegen demnach offenbar dem Problem, dass sie weder an einem Hilfebedarf der Schüler/innen anknüpfen noch auf Kooperationsbereitschaft aufbauen können. Mehr noch: Nicht nur die konkrete Erfahrung, gegen den eigenen Willen mit der Schulsozialarbeit in Kontakt zu kommen, wird negativ beurteilt, sondern bereits die Möglichkeit, dass so etwas prinzipiell geschehen kann, führt zu Unbehagen. Freiwilligkeit, so können die Aussagen auch gedeutet werden, ist für Schüler/innen eine Grundvoraussetzung, um Hilfe anzunehmen. Sie wird insbesondere dann zum expliziten Thema, wenn sie *nicht* gewährleistet ist. In der fehlenden Freiwilligkeit sehen Kinder und Jugendliche eine zentrale Ursache für misslingende Beratungen.

Auch in den Schlussbeurteilungen der Schulsozialarbeitenden im Rahmen der Falldokumentationen kommt die zentrale Bedeutung von Freiwilligkeit zum Ausdruck. In diesen Beurteilungen zeigen sich deutliche, statistisch signifikante Unterschiede zwischen freiwilligen und angewiesenen/vermittelten Beratungen. Die Schulsozialarbeitenden beurteilen freiwillige Beratungen fast ausnahmslos positiv, im Hinblick sowohl auf Beziehungsaspekte als auch auf den Erfolg der Beratung. Bei angewiesenen Beratungen sind die Beurteilungen (je nach Frage) in 60 bis 90 Prozent der Fälle positiv. Auch angewiesene Beratungen können demnach einen positiven Verlauf nehmen. Bei einem Teil der angewiesenen Beratungen ist jedoch kein positiver Beratungsverlauf zu beobachten.

Abbildung 1: Beurteilungen der Schulsozialarbeit: Wirkung und Beziehungsqualität je nach Freiwilligkeit (N = 72, 48, 73)[1]

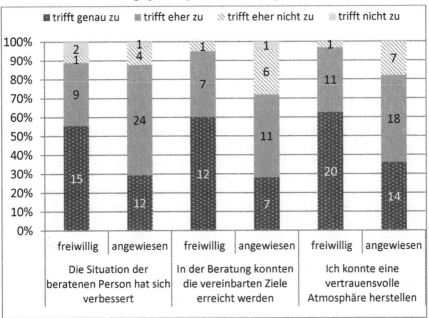

Es lässt sich festhalten, dass Freiwilligkeit zum einen als Erfolgsgarant angesehen werden kann. Zum anderen nehmen auch angewiesene Beratungen häufig einen positiven Verlauf. Die Interpretation wird dabei durch den Umstand erschwert, dass sich bei den vorliegenden Daten nicht immer trennscharf unterscheiden lässt, ob eine durch eine Lehrkraft vermittelte Beratung grundlegend gegen den Willen eines Kindes oder Jugendlichen geschieht, also unfreiwillig ist. Um diese Entstehungskontexte als Wirkungsvoraussetzungen besser zu begreifen, ist es sinnvoll, sich zunächst theoretisch differenzierter mit dem Begriff der Willensfreiheit auseinanderzusetzen.

---

[1] Die Zahl der Antworten schwankt je nach Item beträchtlich, weshalb die jeweiligen Antwortzahlen als N angegeben werden.

2.1 Unterscheidung zwischen Freiwilligkeit, Nicht-Freiwilligkeit und Unfreiwilligkeit

Im Fachdiskurs zur Schulsozialarbeit wird die besondere Bedeutung von Freiwilligkeit immer wieder hervorgehoben (vgl. dazu ausführlich Baier 2011), zumeist ohne dass der Begriff theoretisch differenziert dargelegt wird. Die folgende kurze Darstellung verschiedener Dimensionen von Willensfreiheit erlaubt es, das Verständnis von Freiwilligkeit zu vertiefen und damit gleichzeitig der Komplexität von Ausgangssituationen in der Praxis besser gerecht zu werden. Zentral ist dafür die Überwindung der Dichotomie von »freiwillig« und »unfreiwillig«, dahingehend, dass zwischen Freiwilligkeit, Nicht-Freiwilligkeit und Unfreiwilligkeit unterschieden wird.

In seiner Analyse verschiedener Verständnisse und Konzeptionen von Willensfreiheit arbeitete Laucken heraus, dass »Willensfreiheit nur als ein Sinnmoment einer Geschichte, die ein Mensch erlebend lebt, vorkommen kann« (Laucken 2004, Abs. 192). Das von Laucken entwickelte Verständnis von Willensfreiheit ermöglicht es, unterschiedliche Grundvoraussetzungen der Nutzung von beziehungsweise Kontaktaufnahme mit der Schulsozialarbeit kategorisch und begrifflich zu unterscheiden. Die Definition von Willensfreiheit als Sinnmoment einer Geschichte, die ein Mensch erlebend lebt, ermöglicht nicht nur ein Verständnis von Freiwilligkeit, sondern zudem eine weitere Differenzierung in die Dimensionen von Nicht-Freiwilligkeit und Unfreiwilligkeit.

Theoretisch lässt sich mit Bezug auf Laucken Freiwilligkeit in der Schulsozialarbeit dadurch charakterisieren, dass Kinder und Jugendliche eine Geschichte erleben (zum Beispiel Mobbing oder Probleme in der Familie), in deren Kontext es für sie einen subjektiven Sinn ergibt, die Schulsozialarbeit zu nutzen (oder sie möchten durch einen Kontakt zur Schulsozialarbeit zumindest herausfinden, ob eine Nutzung von Schulsozialarbeit für sie Sinn ergeben kann).

In den durchgeführten Evaluationen wurden darüber hinaus Fälle dokumentiert, in denen Schüler/innen durch andere Personen (vorrangig Lehrkräfte) zur Schulsozialarbeit geschickt wurden. In diesen Fällen, in denen Kinder und Jugendliche nicht durch eigene, affirmative Sinnzuschreibungen zur Schulsozialarbeit gelangen, können bei ihnen zwei unterschiedliche Formen von Sinnzuschreibungen vorhanden sein: Entweder haben sie keine konkrete Sinnzuschreibung gegenüber der Schulsozialarbeit, weil sie diese mit den Geschichten, die sie erleben, gar nicht in Verbindung bringen. In solchen Fällen lässt sich in Anlehnung an Laucken von Nicht-Freiwilligkeit sprechen. Dies gilt nicht nur für initiierte Beratungen, sondern zum Beispiel auch für Aktivitäten der Schulsozialarbeit in Gruppen und Klassen, die nicht immer im Vorfeld von den beteiligten Schüler/innen explizit nachgefragt oder gewünscht werden. Auch bei diesen

Tätigkeiten kann nicht davon ausgegangen werden, dass sie an subjektive Sinnzuschreibungen der Kinder und Jugendlichen anknüpfen.

Schließlich kann es sein, dass Kinder und Jugendliche ablehnende Sinnzuschreibungen gegenüber der Schulsozialarbeit haben und daher nicht mit ihr interagieren möchten. Auch solche Fälle wurden in den Evaluationen dokumentiert. Die Gründe dafür können unterschiedlich sein. Vielleicht vertrauen die Kinder und Jugendlichen der Schulsozialarbeit nicht, oder sie verfügen über andere Formen und Möglichkeiten der Problembewältigung. Zentral ist, dass sie sich von der Schulsozialarbeit keinen subjektiven Nutzen versprechen oder sogar eine Verschlimmerung ihrer Situation befürchten. Bei autonomer Handlungsfreiheit würden sie demnach nicht mit der Schulsozialarbeit interagieren. Werden sie dennoch mit der Schulsozialarbeit in Kontakt gebracht (zum Beispiel durch Lehrkräfte oder direkte Kontaktaufnahme der Schulsozialarbeit), so lässt sich von unfreiwilligen Ausgangssituationen in der Interaktion sprechen, weil die Interaktion nicht den Sinnzuschreibungen dieser Kinder und Jugendlichen entspricht.

Zusammengefasst: Bei *freiwilliger* Nutzung sehen Kinder und Jugendliche einen subjektiven Sinn in Interaktionen mit der Schulsozialarbeit, bei *nicht freiwilliger* Nutzung sind bei ihnen keine Sinnzuschreibungen gegenüber der Schulsozialarbeit vorhanden, und in *unfreiwilligen* Prozessen werden Kinder und Jugendliche mit der Schulsozialarbeit in Kontakt gebracht, obwohl sie für sich einen Sinn darin sehen, *nicht* mit der Schulsozialarbeit zu interagieren. Freiwilligkeit setzt somit affirmative Sinnzuschreibungen, Handlungsautonomie und real vorhandene Handlungsoptionen voraus, nicht freiwilligen und unfreiwilligen Kontakten geht hingegen die Machtausübung Dritter voraus.

Diese drei verschiedenen Formen und Qualitäten der Kontaktaufnahme zur Schulsozialarbeit sind Ausgangspunkte dreier unterschiedlicher Wirkungstypologien, die im Folgenden als Wirkungschronologien beschrieben werden. In Kapitel 2.2 wird die Wirkungschronologie für freiwillige Nutzung anhand der empirischen Ergebnisse der Sekundärevaluation ausführlich dargestellt. Die Wirkungschronologien für nicht freiwillige und unfreiwillige Nutzung von Schulsozialarbeit werden in den Kapiteln 2.3 und 2.4 skizziert.

2.2 Wirkungschronologie bei freiwilliger Nutzung der Schulsozialarbeit

2.2.1 Wirkungsvoraussetzungen 1 und 2: Kenntnis des Angebots der Schulsozialarbeit und subjektive Sinnzuschreibungen der Kinder und Jugendlichen

Wie oben erläutert, kennzeichnet sich eine freiwillige Nutzung von Schulsozialarbeit dadurch, dass Schüler/innen etwas erleben, vor dessen Hintergrund es für sie einen subjektiven Sinn ergibt, die Schulsozialarbeit zu kontaktieren. Eine subjektive Sinnzuschreibung gegenüber der Schulsozialarbeit und eine damit verbundene freiwillige Nutzung setzen jedoch zunächst voraus, dass die Schüler/innen das Angebot der Schulsozialarbeit kennen, damit sie es auf ihre eigene Lebenssituation beziehen können. Dass Kinder und Jugendliche eine Vorstellung vom Angebot und möglichen Nutzen der Schulsozialarbeit haben, ist somit das erste Moment einer auf Freiwilligkeit beruhenden Wirkungschronologie. Diese Feststellung ist nur scheinbar trivial, denn nicht alle Schüler/innen wissen, was die Schulsozialarbeit ist. Je nach Standort sagen zwischen 4 und 14 Prozent aller Kinder und Jugendlichen aus, dass sie die Schulsozialarbeit nicht kennen und dass sie nicht wissen, was diese tut. Die Bekanntheit unterscheidet sich demnach je nach Standort. Auch bei der Frage, welche konkreten Interaktionserfahrungen Kinder und Jugendliche mit der Schulsozialarbeit gemacht haben, zeigen sich lokale Unterschiede, wie Abbildung 2 zeigt.

Abbildung 2: Bekanntheit von Schulsozialarbeit (N = 549, 289, 241, 200, 249)

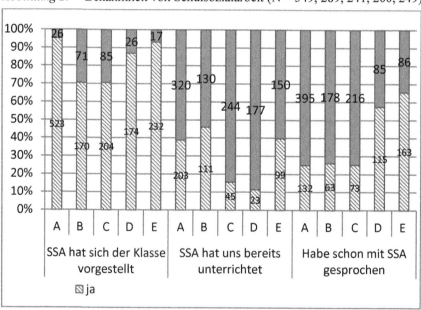

An allen evaluierten Standorten hatte sich die Schulsozialarbeit zum Ziel gesetzt, sich in allen Schulklassen persönlich vorzustellen. Dementsprechend hoch war ihre allgemeine Bekanntheit. Größer waren die Unterschiede bei der Frage, ob bereits Projekte im Klassenverband durchgeführt wurden und ob die Schüler/innen bereits persönlich mit den Schulsozialarbeitenden gesprochen hatten. Hier zeigten sich deutliche lokale Unterschiede.

Auch wenn die Mehrheit aller Schüler/innen die Schulsozialarbeitenden bereits persönlich gesehen haben und ungefähr wissen, was sie tun, haben längst nicht alle eine konkrete Vorstellung davon, wofür die Schulsozialarbeit genutzt werden kann:

> Also ich denke, dass es nicht viel bringt, weil er läuft den ganzen Tag nur rum.

> Schulsozialarbeit ist etwas für Mädchen, die Probleme mit ihrem Busen haben.

Wenn eine freiwillige Nutzung der Schulsozialarbeit voraussetzt, dass Kinder und Jugendliche deren Angebot kennen, so erfordert dies aufseiten der Schulsozialarbeit, dass sie sich entsprechend adressierbar macht. Die Rückmeldungen der Kinder und Jugendlichen zeigen diesbezüglich, dass für sie nicht allein die Themen bedeutsam sind, für welche sich die Schulsozialarbeit als zuständig erachtet. Darüber hinaus ist auch die Art und Weise relevant, wie die Schulsozialarbeit Themen und Probleme aufnimmt und bearbeitet. Ihr Angebot charakterisiert sich also zusätzlich zu thematischen Zuständigkeiten auch durch die Form der Bearbeitung sozialer und individueller Probleme. Für Kinder und Jugendliche scheinen dabei insbesondere die *eigenständige Rolle* der Schulsozialarbeit, ihre *Erreichbarkeit* sowie *anwaltschaftliches Handeln* seitens der Schulsozialarbeitenden von Bedeutung zu sein. Die folgenden Zitate verdeutlichen, welchen Wert eine eigenständige Rolle der Schulsozialarbeit für Kinder und Jugendliche hat:

> Ich finde es super, dass wir einen Schulsozialarbeiter haben, weil du über Sachen reden kannst, die du mit z.B. Lehrer/innen, Schwester, Bruder und Mutter nicht bereden kannst. Ich finde es sehr super, dass wir einen Schulsozialarbeiter haben. Super!

> Gut! Gute Idee! Lehrer können die Probleme NICHT! lösen.

> Sie war sehr neutral und hat geholfen, jeden einzelnen zu Wort kommen zu lassen.

> Die Lehrer(innen) haben meist keine zeit für dich und sie verstehen meist gahr nicht umwas es geht.

> [An der Schulsozialarbeit ist gut,] dass es einfach jemand unparteiischen gehen kann, wenn man Probleme in der Klasse oder mit sonstigen »Kollegen« hat.

> [An der Schulsozialarbeit ist gut,] das es gerecht ist.

> Es hat mir gefallen wie sie für mich eingesetzt hat ich bin ihr dafür sehr dankbar.

[An Schulsozialarbeit ist gut,] das sie dir auch hilft wen man fast von der Schule fliegt.

Sie helfen Klassen bei Problemen mit Lehrern.

Ich denke ist sehr gut wen man in der Schule probleme hat, da der Sozi dann zu den Personen gehen kann! Das könnten Eltern nicht.

Hier wird deutlich, dass eine eigenständige Rolle der Schulsozialarbeit im Schulkontext eine besondere Qualität für Kinder und Jugendliche verbürgt und dass dies Teil des Angebotes der Schulsozialarbeit ist, gegenüber dem Kinder und Jugendliche Sinnzuschreibungen entwickeln.

Kinder und Jugendliche schreiben der Schulsozialarbeit auch einen Sinn zu, weil sie in ihr eine niederschwellige, das heißt vor allem leicht erreichbare *Hilfe* sehen. Dazu ist sowohl räumliche als auch zeitliche Präsenz notwendig. In den Kommentaren der Kinder und Jugendlichen taucht in diesem Zusammenhang die Strukturmaxime der *Niederschwelligkeit* als ein zentrales Kriterium für die Qualität von Schulsozialarbeit auf, das entweder positiv hervorgehoben oder eingefordert wird:

Dass sie im Haus sind, und man dadurch gleich zu ihm gehen kann.

Es ist ganz einfach zur Schulsozialarbeit zu gehen. Man muss keine Angst haben.

Sie ist für alle Kinder an der Schule da und nimmt sich auch bei Problemen viel Zeit sie zu besprechen. Sie fragt auch von sich aus wie es einem geht oder auch persönliche sachen wie z.B. Lehrstelle suchen usw.

Sie nimt sich auch spontan Zeit, was ich sehr gut finde.

Ich finde es toll dass die Schulsozialarbeiterin da ist. In der Pause kommt sie zu uns und redet mit uns und erzählt uns Witze. Aber es ist besonders, dass wenn meine freunde Probleme haben, können sie zur Schulsozialarbeiterin gehen!

Das sie oft ihn den Pausen hier ist und ihre Kinder (Kunden) fragt wie es geht ob er oder sie weniger Probleme hat.

Wenn ich ihn were würde ich all Monat in die Klassen gehen und nach Problemen fragen.

Sie sollte mehr im Büro in unserem Schulhaus sein.

Sollte öfter bei uns auf dem Pausenhof sein.

Wirkungschronologien in der Schulsozialarbeit

> Ich fände es gut, wenn man auch ohne Wochenlang vorher einen Termin zu vereinbaren, zu ihr gehen zu können.

In den Aussagen der Kinder und Jugendlichen zeigt sich jedoch auch, dass die Niederschwelligkeit bzw. Erreichbarkeit nicht nur von den Stellenprozenten und einer offenen Bürotür abhängig ist. Darüber hinaus sprechen einige Kinder und Jugendliche über mentale Schwellen, die die Nutzung der Schulsozialarbeit erschweren oder sogar verhindern, zum Beispiel weil sich einige Kinder und Jugendliche nicht trauen, zu den Schulsozialarbeitenden zu gehen:

> Sie sollte mit jedem Schüler/in reden weil ein paar Kinder trauen sich nicht zu ihr zu gehen und über Probleme reden.

> Also wenn ich zur Schulsozialarbeit gehe, weiß ich nicht, wie ich anfangen soll zu reden. Sonst hab ich kein Problem.

> Ich finde es gut das wir eine Schulsozialarbeit in der Schule haben. Aber wen ich ein Problem habe was mich angeht, kann ich nicht im Schulsozialarbeit lösen. Ich traue mich nicht.

Der Aspekt der Niederschwelligkeit kann somit nicht einzig auf formal-strukturelle Aspekte (Stellenprozente, Räumlichkeiten usw.) bezogen werden, denn es können auch mentale Schwellen vorhanden sein, auf die seitens der Schulsozialarbeit eingegangen werden sollte, um tatsächliche Niederschwelligkeit und somit eine zentrale Wirkungsvoraussetzung zu erreichen. Niederschwelligkeit zu realisieren, bedeutet insofern auch, sensibel für individuelle »Schwellen« aufseiten der Schüler/innen zu sein und diese durch geeignete Mittel abzubauen, wie zum Beispiel formlose und lockere Kontakte.

Dass formlose Kontakte zwischen Kindern und Jugendlichen und Schulsozialarbeitenden Letztere »greifbar« und »ansprechbar« machen, zeigt sich deutlich in den offenen Antworten der Schüler/innen. An den Standorten, an denen die Schulsozialarbeitenden inoffizielle Kontakte zu Kindern und Jugendlichen bewusst suchten, indem sie zum Beispiel vor und nach dem Unterricht und in den Pausen präsent waren, wurde dies von den Schüler/innen in ihren Kommentaren vielfach positiv erwähnt und wurde auffällig oft die Person der Schulsozialarbeitenden (positiv) kommentiert.

Als drittes Strukturelement des Angebotes schätzen die Kinder und Jugendlichen an der Schulsozialarbeit, dass sie in ihrem Sinne auf Probleme eingeht und somit *anwaltschaftlich* für Kinder und Jugendliche handelt. Deutlich wird dies insbesondere auch, wenn seitens der Kinder und Jugendlichen anwaltschaftliches Handeln erwartet, dies von der Schulsozialarbeit jedoch nicht eingelöst wird:

> [Was die Schulsozialarbeit ändern sollte:] Mehr für die Schüler/innen da sein wenn sie Streit mit einer Lehrerin haben und nicht nach einiger Zeit sagen ich kann nichts endern.
>
> Ich finde es ist schon gut das es eine Schulsozialarbeiterin gibt aber sie setzt sich gar nicht vür uns ein des wegen wers besser wen jemand anderer den Posten Bekomt.

Subjektive Sinnzuschreibungen seitens der Kinder und Jugendlichen kristallisieren sich somit aus dem Zusammenspiel von individueller Lebenslage einerseits und der wahrgenommenen Zuständigkeit, dem wahrgenommenen Angebot sowie der Erreichbarkeit und Rolle der Schulsozialarbeit.

2.2.2 Wirkungsvoraussetzung 3: Die Schulsozialarbeit signalisiert und beweist Vertrauenswürdigkeit

Das dritte, zeitlich anschließende Prozesselement einer auf Freiwilligkeit beruhenden Wirkungschronologie ist die von der Schulsozialarbeit angebotene Vertrauenswürdigkeit (vgl. auch Bolay 1999). In den Evaluationsdaten wurde deutlich, wie wichtig es für Kinder und Jugendliche ist, dass sie der Schulsozialarbeit vertrauen können. Seitens der Schulsozialarbeit wird das erwünschte Vertrauen insbesondere durch die *Schweigepflicht* gewährleistet, die von den Kindern und Jugendlichen positiv bewertet wird. Die folgenden Zitate zeigen diese Zusammenhänge exemplarisch auf:

> Also ich finde es gut, weil es Leute in der Schule gibt, mit denen man reden kann. Wenn man sonst in keinen so vertrauen hat oder einfach nicht reden kann mit anderen. Dann ist es gut, wenn es Schulsozialarbeiter gibt, weil diese nichts weiter erzählen dürfen.

> Es ist gut, dass sie es für sich behaltet.

Die Schweigepflicht ist das Vertrauensangebot der Schulsozialarbeitenden an die Kinder und Jugendlichen und gibt dem Beratungsgespräch einen geschützten Rahmen. Kinder und Jugendliche erfahren dadurch, dass sie selbst die Kommunikation über ihre Angelegenheiten und über sich selbst bestimmen können und dass nichts gegen ihren Willen kommuniziert wird.

Die Mehrheit der Kinder und Jugendlichen schätzt die Schulsozialarbeit als vertrauenswürdig ein. Unterschiedliche Praxen spiegeln sich je nach Standort auch in den Antworten der Kinder und Jugendlichen wider: An Standorten mit einem für Kinder und Jugendliche intransparenten und unglaubwürdigen Umgang mit der Schweigepflicht ist die Zahl kritischer oder ablehnender Stimmen deutlich höher als an Standorten, an denen die Schulsozialarbeit der Schweigepflicht einen hohen Stellenwert einräumt. An den zweifelnden oder negativen Stimmen wird deutlich, dass allein die Versicherung der Schulsozialarbeit, sie stehe unter Schweigepflicht, noch kein Vertrauensverhältnis schafft:

> Ich weiß ja nicht, ob sie etwas weiter erzählt ich bin mir nicht sicher.

Insofern arbeiten Schulsozialarbeitende entweder mit einem Vertrauensvorschuss, den sie nachträglich belegen müssen, oder sie müssen zunächst ihre Vertrauenswürdigkeit glaubhaft darstellen, damit sich Kinder und Jugendliche auf gemeinsame Interaktionsprozesse einlassen. Wird der vonseiten der Kinder und Jugendlichen gewährte Vertrauensvorschuss von der Schulsozialarbeit nicht bestätigt und eingelöst, so hören Kinder und Jugendliche auf, die Schulsozialarbeit zu nutzen, und bewerten sie negativ – das haben die Evaluationsdaten zur Intensität der Nutzung deutlich gezeigt. Sie sehen in der Schulsozialarbeit keine sinnvolle Hilfe mehr und nutzen sie entsprechend nicht mehr freiwillig. Die folgenden Aussagen von Kindern und Jugendlichen auf die Frage, was sich ändern sollte, verdeutlichen die zentrale Funktion des vertraulichen Rahmens:

> Sie sollte ihre Geheimnisse für sich behalten.

> Sie sollte das Wort Schweigepflicht einhalten!

> Nur unter vier Augen sprechen! Freundinnen dürfen nichts davon wissen!

> Dass die Schulsozialarbeit nicht alles der Lehrerin sagt. Einmal war ich bei ihr und als wir fertig waren, hat sie es gesagt.

2.2.3 Wirkungsvoraussetzung 4: Interpersonale Dimensionen des Arbeitsbündnisses

Im Diskurs um Schulsozialarbeit wird häufig die Bedeutung der Beziehung zwischen den Professionellen und den Nutzer/innen hervorgehoben. Dies schließt an Reflexionen und Empirie aus der psychotherapeutischen Beratung an (vgl. z.B. Rogers 1996; Gaiswinkler & Roessler 2009). Da Beziehungen jedoch inhaltlich wie strukturell unterschiedlich gestaltet werden können, stellt sich die Frage, wie Beziehungen zwischen Professionellen in der Schulsozialarbeit und Kindern und Jugendlichen konkret aussehen sollten. Im Folgenden wird dargestellt, welche Befunde diesbezüglich aus den Evaluationsdaten herausgearbeitet werden konnten.

Quantitative Ergebnisse: Zusammenhänge zwischen Beziehungsqualität und Beratungserfolg

Als Erstes wurden die Einschätzungen der Schulsozialarbeitenden nach Beendigung einer Beratung analysiert. Es liegen insgesamt 269 Beratungsdossiers vor. Die Schulsozialarbeitenden beurteilten 64 Prozent aller Beratungen als sehr oder eher erfolgreich, 25 Prozent als teils erfolgreich und 10 Prozent als eher nicht oder gar nicht (1,5 Prozent) erfolgreich. In 39 Prozent aller Beratungen hat sich das Problem aus Sicht der Schulsozialarbeitenden nach der Beratung gelöst, in 52 Prozent aller Fälle teilweise gelöst und nur in 6 Prozent aller Fälle nicht gelöst.

Hinsichtlich dieser Befunde wurde der Frage nachgegangen, ob sich unterschiedliche Erfolgseinschätzungen über die Beziehungsqualität erklären lassen. Um diese Frage zu beantworten, wurden folgende Items auf Zusammenhänge geprüft:

- Indikator für emotionale Qualität der Beratung:
  - *Ich konnte eine vertrauensvolle Atmosphäre herstellen.*
- Erfolgsindikatoren:
  - *Die Situation der beratenen Person hat sich verbessert.*
  - *In der Beratung konnten die vereinbarten Ziele erreicht werden.*
  - *Die Beratung war insgesamt erfolgreich.*

Diese Faktoren korrelieren alle hoch signifikant miteinander (p <.001). Aus der Perspektive der Schulsozialarbeitenden hängt demnach der Erfolg einer Beratung eng damit zusammen, ob sie eine vertrauensvolle Atmosphäre herstellen konnten.

Daran schließt die Frage an, wie der Zusammenhang zwischen Erfolgsbewertungen und Beziehungsaspekten vonseiten der Kinder und Jugendlichen gesehen wird. Grundlage der Analyse sind 157 Fragebögen von Kindern und Jugendlichen, die direkt nach einer Beratung eine anonyme Bewertung abgaben. Die Kinder und Jugendlichen beurteilten die Veränderungen durch die Beratung insgesamt sehr positiv. Fast 90 Prozent aller Befragten sagten aus, die Gespräche hätten ihnen weitergeholfen und das Problem habe sich ganz oder teilweise gelöst.

Um prüfen zu können, inwiefern eine positive Einschätzung mit Beziehungsaspekten korreliert, wurde auf Grundlage der vorhandenen Items eine Skala »Emotionale Qualität der Beziehung« gebildet. Diese besteht aus den Items »Ich wurde ernst genommen«, »Ich habe mich wohlgefühlt« und »Der/die Schulsozialarbeiter/in hat mich gut verstanden« (3 Items, Cronbach's Alpha 0.782). Es wurde geprüft, ob diese Skala mit folgenden Items korrelierte:

- *Die Gespräche haben mir weitergeholfen.*
- *Ich weiß besser, an wen ich mich wenden kann.*
- *Die Schulsozialarbeit hat mir gute Tipps gegeben.*

Die Skala »Emotionale Qualität der Beziehung« korreliert in statistisch hoch signifikanter Weise positiv mit den verschiedenen Aussagen zu Wirkungsdimensionen. Auch aus der Perspektive der beratenen Kinder und Jugendlichen hängt demnach die emotionale Qualität der Beratung eng mit der Erfolgseinschätzung zusammen.

Qualitative Ergebnisse: Beziehungsqualität aus Sicht der Schüler/innen: Sympathie und Empathie

Die Interpretation der offenen Antworten aus den Vollbefragungen aller Schüler/innen macht deutlich, dass Kinder und Jugendliche die personalen Eigenschaften der Schulsozialarbeitenden, deren Beziehung zu Kindern und Jugendlichen sowie den Erfolg der Hilfe oder die Wahrscheinlichkeit der Nutzung der Schulsozialarbeit bei Hilfsbedürftigkeit in einem engen Zusammenhang sehen. Dies wird im Folgenden anhand einiger zentraler Dimensionen und Begriffe exemplarisch aufgezeigt.

Als eine solche Dimension erwies sich die *Sympathie*. Vielfach formulierten Schüler/innen Gefühle der Zuneigung gegenüber den Schulsozialarbeitenden: Sie charakterisieren sie mit Begriffen wie »sympathisch«, »nett«, »freundlich«, »herzlich«, »mitfühlend«, »cool« und »hat viel Ausstrahlung« und beschreiben sie als einfühlsam, beziehungsbereit und engagiert. Sympathie und eine darauf aufbauende Beziehung wird auch als Gefühl des »Gut-miteinander-Auskommens« formuliert.

Sie kann gut zuhören.

Sie ist sehr nett und Mag Kinder und Witze.

Man kann auch mit ihr lachen.

Sie gibt alles um mir zu helfen.

Er ist ein chilliger Kerl, mit dem man es lustig haben kann.

Er hat einen sehr guten Kontakt mit den Schülern. Er spielt sehr gern mit den Schülern.

Kinder und Jugendliche können jedoch auch distanziertere Sichtweisen auf Schulsozialarbeitende haben, woraus eher eine verhaltene oder gar keine freiwillige Interaktion mit der Schulsozialarbeit resultiert:

> Ich finde er ist irrgend wie komisch.

Bei Beratungen, die als nicht erfolgreich bewertet wurden, werden Abneigungen hinsichtlich personaler Dimensionen geäußert. Auf die Frage, was an der Schulsozialarbeit geändert werden sollte, antworteten zwei Jugendliche:

> Böö, ungefähr alles. Andere Person schicken.

> Die Besprechung müsste etwas witziger sein, es ist alles etwas trübe und deprimiert.

Als eine weitere wichtige Dimension erwies sich die Fähigkeit der Schulsozialarbeitenden zur *Empathie*. Die Schüler/innen hoben sehr oft als positiv hervor, dass sie sich ernst genommen und verstanden fühlten. Den Schulsozialarbeitenden gelingt es in den Beratungen offenbar oft, die Lebenssituationen der Kinder und Jugendlichen angemessen zu verstehen und dies auch entsprechend zu kommunizieren.

> Sie ging sofort auf alles ein, verstand die Situation sehr gut und war sehr engagiert!

> Sie sah meine Gefühle wie es mich betrifft.

> Als ich mit ihm gesprochen habe, merkte ich, dass er mir wirklich zuhört und er es auch wirklich verstehen will.

> Der Sozialarbeiter versteht schohn mit wenigen worten was abspielt.

> Sie versteht die Probleme die man hat gut.

> Sie ist sehr auf mich eingegangen und hat die Sache sehr ernst genommen.

Empathie, Sympathie und Verstehensmomente haben unter anderem auch mit der Anerkennung und Partizipation von Kindern und Jugendlichen zu tun. Wird ihnen ermöglicht, die Situation mitzubestimmen oder ein vorliegendes Problem mit zu definieren, so fühlen sie sich als Beziehungsgegenüber ernst genommen:

> [Auf die Frage, was an der Schulsozialarbeit positiv sei:] Wir konnten noch den Lehrer hinzufügen.

Der Lehrer war aus Sicht des Schülers entweder Teil des Problems oder aber wichtig für die Problemlösung, und der Schüler beurteilte es entsprechend positiv, dass er diese Sichtweise einbringen durfte. Kinder und Jugendliche sind auf diese Weise aktiv in den Definitionsprozess einer Situation mit eingebunden und erhalten durch die Schulsozialarbeit Handlungs- und Mitbestimmungsmöglichkeiten.

Der Aufbau einer empathischen Beziehung hat auch einen zeitlichen Aspekt. Wenn ein Kind als positiv hervorhob,

> das die Schulsozialarbeiterin mit guter Geduld zugehört hat,

so drückt es damit aus, dass die Schulsozialarbeiterin individuumsbezogen gehandelt hat und nie das Gefühl vermittelte, die Beratung schematisch oder pragmatisch-routiniert abwickeln zu wollen.

Einige Schüler/innen berichten von Missverständnissen oder fehlender Bereitschaft der Schulsozialarbeitenden, ihnen zuzuhören. Aus den Kommentaren lässt sich eine hohe Emotionalität und Enttäuschung ablesen. Die Schüler/innen kritisieren einseitige Situationsdefinitionen von Schulsozialarbeitenden und erleben es als Entmündigung, Bevormundung und Respektlosigkeit, wenn ihnen eine bestimmte Situationswahrnehmung, ein Rat oder eine bestimmte Lösung vorgegeben wird. Auf die Frage, was sich ändern sollte, wurde zum Beispiel formuliert:

> Müsste sich das Problem näher erklären lassen. Ich finde er hört zu wenig zu und redet selbst mehr.

> Sie kennt die Jugend nicht. Die Frau hat keine Ahnung von wahren Problemen.

> Sie hilft einfach gar nichts, und sie versteht einen auch gar nicht!!

> Sie sollte uns besser kennen um unsere Probleme zu verstehen.

> Die Tipps sind manchmal unreal (nicht zu gebrauchen heute). Man würde so nichts erreichen, also mehr mit der Zeit gehen und das Verhalten der Schüler mehr studieren.

Zudem kritisieren Schüler/innen Vorkommnisse, bei denen sich die Schulsozialarbeit zu weit in ihre Lebenswelten begibt, ohne dass dies von den Schüler/innen gewünscht oder als sinnvoll erachtet wird:

> Eigentlich finde ich es gut das es den Schulsozialarbeiter gibt weill er mich schon mal in einem Streit geholfen hat. Aber zum teil finde ich es nicht gut weil es sind nicht seine Probleme sondern meine! Und ich gehe immer zu meinen Eltern!
>
> [Auf die Frage, was die Schulsozialarbeit ändern sollte:] Das sie nicht immer fragt wegen denn Privat Leben.
>
> Er sollte vielleicht nicht so streng sein. Z.B. wenn ein paar im Haus streiten (zum Spaß) sollte er nicht eingreifen.

Empathisches Verhalten verbürgt demnach dann Qualitäten, wenn es durch Respekt und Anerkennung geprägt ist und wenn es mit einem vorhandenen Bedürfnis von Kindern und Jugendlichen, verstanden zu werden, korrespondiert. Schlägt Empathie in ungefragte »Lebenswelterkundungen« und soziale Kontrolle um, so wird dies negativ beurteilt.

Theoretisch abstrahiert, kann formuliert werden, dass Schulsozialarbeitende durch ihr Beziehungsangebot, durch freundliches, anerkennendes, respektvolles, partizipatives und empathisches Auftreten für Kinder und Jugendliche im Rahmen ihrer lebensweltlichen Fragen und Probleme zu »relevanten Anderen« (vgl. Mead 1973, 1987) bzw. zu »anderen Erwachsenen« im Schulhaus (Bolay, Flad & Gutbrod 2004) werden, die als Interaktionspartner bei der Bewältigung von Problemen infrage kommen. Eine Schulsozialarbeit, die sich durch Sympathie, Empathie, Partizipation und Vertrauenswürdigkeit auszeichnet, bietet Kindern und Jugendlichen die Möglichkeit, angstfrei subjektiv bedeutsame Herausforderungen aus ihrer eigenen Lebenswelt einzubringen und zu bearbeiten.

> Dass ich ihr einfach alles sagen konnte.
>
> Sie war für alles offen.
>
> Dass man alles mögliche sagen kann ohne das es einem Peinlich ist.
>
> Das sie offen und erliche Antworten gibt.

Sowohl in den positiven als auch in den kritischen Rückmeldungen von Kindern und Jugendlichen zeigt sich, dass Inhalte und Strukturen der Beziehungen von Schulsozialarbeitenden und Schüler/innen wichtige Wirkungsvoraussetzungen für erfolgreiche Hilfeprozesse sind. Dies wird insbesondere auch dadurch deutlich, dass diejenigen Kinder und Jugendlichen, welche die Gestaltung der Beziehung kritisieren, auch den Erfolg der Beratung sowie den Nutzen der Schulsozialarbeit deutlich weniger positiv beurteilen. Anders gesagt: Kinder und Jugendliche nehmen fortlaufend Sinnklärungen gegenüber der Schulsozialarbeit vor, und zunächst affirmative Sinnzuschreibungen können sich durch die Interaktion mit den Schulsozialarbeitenden in negative Bedeutungszuschreibungen wandeln, wodurch wiederum die Wahrscheinlichkeit für eine weitere freiwillige Nutzung und entsprechende Wirkungen abnimmt.

2.2.4 Wirkungsvoraussetzung 5 und Wirkungen: Biografischer Gebrauchswert führt zu Handlungsbefähigungen und Wohlbefinden

Wirkungen von Schulsozialarbeit können unterschiedliche Formen annehmen. Soll die Schulsozialarbeit eine Hilfe für Kinder und Jugendliche sein und in diesem Sinne Wirkungen entfalten, so besteht eine weitere Wirkungsvoraussetzung darin, dass die Angebote der Schulsozialarbeit einen »biografischen Gebrauchswert« (Bolay 2010b) für die Kinder und Jugendlichen haben. Dieser kann darin bestehen, dass gemeinsam neue Lösungsstrategien für Probleme gefunden werden oder dass auf formell-materieller Ebene einem Kind ermöglicht wird, an einem Freizeitangebot teilzunehmen, oder dass einem Jugendlichen bei der Ausbildungsplatzsuche geholfen wird. Ob die Schulsozialarbeit für Schüler/innen einen subjektiven biografischen Gebrauchswert hat, entscheidet sich im Einzelfall und aus der individuellen Situation des Kindes bzw. Jugendlichen heraus.

Wenn die Schulsozialarbeit Hilfe anbietet, die zur Lebenssituation von Kindern und Jugendlichen passt und ihnen in ihrer Lebensbewältigung nützt, so resultieren aus den Interaktionen zwischen Schulsozialarbeit und Kindern und Jugendlichen neue Handlungsbefähigungen. Folgende Zitate von Kindern und Jugendlichen verdeutlichen dies:

> Sie hat mir viele Wege gezeigt auf die ich selber nie gekommen wäre.

> Was ich auch noch gut finde ist, dass man dort wichtige Ideen zu einem Problem bekommt, und danach auch das richtige tut.

> Bei Problemen hilft sie uns, sie kann sie zwar nicht auflösen, aber sie hilft uns sie zu lösen oder wie man am besten mit ihnen umgeht.

Strebt die Kinder- und Jugendhilfe als Ziel ihrer Aktivitäten eine Förderung von Lebenskompetenz an (vgl. Münchmeier, Rabe-Kleberg & Otto 2002), so können diese Zitate auch als Befunde interpretiert werden, die der Schulsozialarbeit einen Erfolg in Bezug auf dieses Ziel attestieren, denn Kinder und Jugendliche erweitern offensichtlich durch Interaktionen mit der Schulsozialarbeit ihr eigenes Spektrum an Problemlösekompetenzen.

Zudem wird aus den zahlreichen positiven Aussagen der Kinder und Jugendlichen deutlich, dass sich ihr Wohlbefinden durch die Interaktion mit der Schulsozialarbeit steigert, wie zum Beispiel in folgender Aussage hervorgehoben wird:

> Es tut gut sogar sehr gut wenn man über das Problem einmal das ganze geredet hat.

Der biografische Gebrauchswert einer Beratung liegt demnach nicht unbedingt darin, dass ein Problem gelöst wird, sondern kann auch im Gefühl liegen, verstanden und in der Lösungssuche unterstützt zu werden.

Entsteht für Kinder und Jugendliche kein biografischer Gebrauchswert, so sehen sie auch keinen Nutzen in der Schulsozialarbeit, wie folgende Aussage in Bezug auf ein nicht gelöstes Problem in einer Klasse verdeutlicht:

> OK! Ich kann nur sagen ihre Klassen-»Hilfe« hat nichts genutzt! Also lassen sie es lieber!!

Schulsozialarbeit wirkt jedoch nicht nur durch Interaktionen auf der Einzelfallebene, sondern darüber hinaus auch symbolisch auf der Organisationsebene: Schulen mit Schulsozialarbeit bringen gegenüber den Kindern und Jugendlichen zum Ausdruck, dass sie durch ein erweitertes Angebot die Lebenslagen und -probleme ihrer Schüler/innen ernst nehmen und entsprechende Hilfe und Unterstützung anbieten. Schüler/innen erleben dies als ein Moment der Anerkennung (vgl. Bolay 2010a). Schulsozialarbeit kann demnach auch auf Menschen Wirkungen haben, die selbst noch gar nicht in direkter Interaktion mit ihr standen (vgl. auch Baier 2010). Entsprechend erachten nicht nur diejenigen Kinder und Jugendlichen, die selber positive Erfahrungen damit gemacht haben, es als wichtig, dass es an ihrer Schule Schulsozialarbeit gibt, sondern auch ein beträchtlicher Teil derjenigen, die (noch) keine direkten positiven Erfahrungen gemacht haben.

Wirkungschronologien in der Schulsozialarbeit

Abbildung 3: Erfahrungen mit und Beurteilung von Schulsozialarbeit (n = 495)

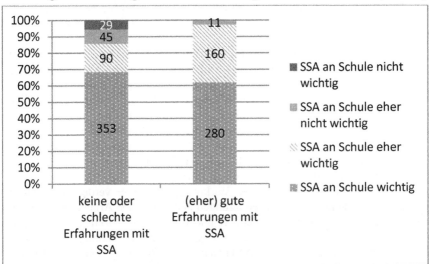

Zusammengefasst, lässt sich für die freiwillige Nutzung von Schulsozialarbeit folgende Wirkungschronologie skizzieren:

Tabelle 1: Wirkungschronologie bei freiwilliger Nutzung

Wirkungsvoraussetzung 1	Das Angebot der Schulsozialarbeit ist den potenziellen Nutzer/innen bekannt.
Wirkungsvoraussetzung 2	In Bezug auf eine Geschichte, die Kinder und Jugendliche (und gegebenenfalls weitere Nutzer/innen) erleben, ergibt die Kontaktaufnahme mit bzw. Nutzung von Schulsozialarbeit für die Kinder und Jugendlichen subjektiv einen Sinn.
Wirkungsvoraussetzung 3	Die Schulsozialarbeit signalisiert und beweist Vertrauenswürdigkeit.
Wirkungsvoraussetzung 4	Kinder und Jugendliche gehen ein Arbeitsbündnis ein und binden die Schulsozialarbeit in ihre Bewältigungsstrategien ein (und werden damit zu Nutzer/innen).
Wirkungsvoraussetzung 5	Kinder und Jugendliche erkennen im Angebot der Schulsozialarbeit einen biografischen Gebrauchswert
Wirkungen	Handlungsbefähigungen und Steigerung des Wohlbefindens

Die Befunde aus den Evaluationen verdeutlichen, dass alle Elemente einer solchen Chronologie relevant sind, wenn am Ende Wirkungen erreicht werden sollen. Mangelt es bei einer Wirkungsvoraussetzung an Qualität, so ist der gesamte Prozess gefährdet.

Schulsozialarbeit kann in der Praxis dann wirkungsvoll sein, wenn sie im Schulalltag präsent ist, wenn sie also sowohl zeitlich als auch räumlich verfügbar und wenn die Kontaktaufnahme für Kinder und Jugendliche (auch mental) niederschwellig ist; wenn die Schulsozialarbeitenden sich als vertrauenswürdige Partner/innen erweisen; wenn sie in Beratungen die Sichtweisen und Situationsdefinitionen der Kinder und Jugendlichen ernst nehmen und diese in der Lösungsfindung partizipativ einbinden; und schließlich, wenn ihre Lösungsvorschläge und Hilfestellungen den Schüler/innen angemessen erscheinen und für sie damit einen biografischen Gebrauchswert haben.

Eine kritische Reflexion dieser Wirkungschronologie verdeutlicht jedoch auch die Relevanz normativer Orientierungen in der Sozialen Arbeit, da mit deren Hilfe festgestellte Wirkungen reflektiert und erwünschte Wirkungen formuliert werden können. Im Diskurs um eine wirkungsorientierte Jugendhilfe wird betont, dass ein Ziel sozialarbeiterischer Aktivitäten in der Förderung von »Well-Being« liegt, dieses »Well-Being« jedoch nicht mit »Wohlbefinden«, sondern vielmehr mit »Wohlergehen« übersetzt werden muss, da dadurch auch die Ebene der zur Verfügung stehenden materiellen Lebensgrundlagen und Entwicklungsoptionen mit bezeichnet wird (vgl. Otto, Scherr & Ziegler 2010, S. 150). Wohlbefinden ist hingegen ein subjektives Gefühl, das sogar über Benachteiligungen hinwegtäuschen kann. Empirisch festgestelltes Wohlbefinden ist daher ein ambivalenter Indikator, denn es könnte auch ein Hinweis darauf sein, dass sich die Befragten durch die Soziale Arbeit nur besser in ihrer Benachteiligung arrangieren, ohne diese zu überwinden. Soziale Arbeit wäre demzufolge auch dahingehend zu reflektieren, ob sie ungewollt dazu beiträgt, Benachteiligungen aufrechtzuerhalten, indem sie diese erträglicher macht, anstatt sie überwinden zu helfen. Über die hier zur Verfügung stehenden Evaluationsdaten hinaus müsste demnach noch geprüft werden, ob mit dem gemessenen Wohlbefinden auch Wohlergehen verbunden ist, damit wir von erfolgreicher Schulsozialarbeit sprechen könnten.

2.3 Wirkungschronologien bei nicht freiwilligen Projekten und Beratungen

Analog lässt sich nun der Frage nachgehen, wie Wirkungschronologien aussehen, wenn die erste Interaktion zwischen Schulsozialarbeit und Kindern und Jugendlichen stattfindet, ohne dass diese der Nutzung der Schulsozialarbeit einen subjektiven Sinn zuschreiben. Das ist in der Praxis der Schulsozialarbeit zum Beispiel dann der Fall, wenn Schulsozialarbeitende mit ganzen Klassen zu einem bestimmten Thema arbeiten. Bei diesen Aktivitäten kann nicht davon ausgegangen werden, dass alle Schüler/innen der Interaktion mit der Schulsozialarbeit bereits im Voraus einen Sinn beimessen. Projekte, Klasseninterventionen und soziale Gruppenarbeiten können in Bezug auf das oben skizzierte Verständnis von Willensfreiheit somit als nicht freiwillig für Schüler/innen kategorisiert werden, wenn dem Kontakt mit der Schulsozialarbeit keine subjektive Sinnzuschreibung (weder affirmativ noch ablehnend) seitens der Schüler/innen vorausging (zum Beispiel wenn ein Projekt aufgrund eines Schulprogramms und nicht auf Wunsch der Schüler/innen durchgeführt wird) und sie sich dem Kontakt mit der Schulsozialarbeit nicht entziehen können (zum Beispiel aufgrund obligatorischer Teilnahme). Beratungen sind nicht freiwillig, wenn Schüler/innen durch Dritte zur Schulsozialarbeit vermittelt oder von der Schulsozialarbeit direkt kontaktiert werden, ohne dass sie bereits eine eigene Entscheidung getroffen hätten, ob sie der Schulsozialarbeit einen für sie positiven oder negativen Sinn zuschreiben.

Entsprechend sind in nicht freiwilligen Arbeitsformaten weniger Wirkungserwartungen der nachfragenden Subjekte (Schüler/innen) der Ausgangspunkt der Interaktion. Vielmehr werden nicht freiwillige Interaktionen durch Wirkungserwartungen von Erwachsenen oder anderen Dritten (zum Beispiel anderen Schüler/innen) initiiert.

Schüler/innen nehmen bei nicht freiwilligen Kontakten mit der Schulsozialarbeit eine subjektive Sinnklärung vor. (Bildungs-)Wirkungen können in solchen Settings dann erzielt werden, wenn Schüler/innen im Kontakt mit der Schulsozialarbeit zum Schluss kommen, dass es für sie sinnvoll ist, sich mit den von der Schulsozialarbeit vermittelten Inhalten auseinanderzusetzen. Der individuelle Nutzen kann sich in einer kompetenteren Lebensbewältigung, der Entfaltung sozialer Kompetenzen, höherem Wohlbefinden oder der allgemeinen Entwicklung von Persönlichkeit niederschlagen. Wenn jedoch Inhalte der Schulsozialarbeit oder die Formen der Bearbeitung nicht anschlussfähig an Lebenswelten und Bewältigungsstrategien der Schüler/innen sind und wenn es der Schulsozialarbeit nicht gelingt, einen Bezug zu subjektiven Erlebensweisen der Schüler/innen herzustellen, so werden Schüler/innen kaum positive Sinnzuschreibungen vornehmen, und Wirkungen werden geringer ausfallen oder ausbleiben.

Will die Schulsozialarbeit im Rahmen von Projektarbeiten vermeiden, dass Kinder und Jugendliche gegenüber der Schulsozialarbeit ablehnende Sinnzuschreibungen vornehmen, so bietet es sich an, Schüler/innen bereits im Vorfeld von Projekten an der Auswahl der Themen zu beteiligen. Durch eine solche Partizipation in Bezug auf zu bearbeitende Themen wird es möglich, dass Schüler/innen Themen wählen, die an ihr gegenwärtig »erlebtes Leben« unmittelbar anschließen, und dass eine Auseinandersetzung mit diesen Themen somit von Beginn an für sie einen Sinn ergibt.

Ähnliche Prüfprozesse sind wahrscheinlich, wenn Schüler/innen seitens der Lehrkräfte zur Schulsozialarbeit vermittelt werden. Obwohl die ausgewerteten Evaluationsdaten diesbezüglich keine detaillierten empirischen Beschreibungen zulassen, kann aufgrund der unterschiedlichen Ausgangssituationen der Beratungen vermutet werden, dass es Fälle gibt, bei denen Beratungen durch Dritte initiiert werden und die Schüler/innen zunächst weder affirmative noch ablehnende Sinnzuschreibungen gegenüber der Schulsozialarbeit haben. Dass die »Sinnprüfung« seitens der Schüler/innen in vielen Fällen mit einem für die Schulsozialarbeit positiven Ergebnis endet, dokumentiert der beträchtliche Prozentsatz an angewiesenen Beratungen, die aus Sicht der Schulsozialarbeit erfolgreich endet.

Eine Wirkungschronologie bei nicht freiwilligen Ausgangssituationen kann schematisch wie folgt aussehen:

Tabelle 2: Wirkungschronologie bei nicht freiwilliger Nutzung

Ausgangssituation	Schüler/innen kommen im Rahmen eines thematischen Projekts, einer Klassenintervention, einer sozialen Gruppenarbeit oder einer angewiesenen Beratung in Kontakt mit der Schulsozialarbeit.
Wirkungsvoraussetzung 1	Schüler/innen nehmen während der Interaktion positive Sinnzuschreibungen in Bezug auf das Projekt, die Gruppenarbeit oder die Beratung vor, da sie den Inhalt der Arbeitsformen sowie die Arbeitsweise auf ihr subjektiv erlebtes Leben beziehen können.
Wirkungsvoraussetzung 2	Die Schulsozialarbeit signalisiert und beweist Vertrauenswürdigkeit.
Wirkungsvoraussetzung 3	Kinder und Jugendliche gehen ein Arbeitsbündnis ein und binden die Schulsozialarbeit in ihre Bewältigungsstrategien ein (und werden damit zu Nutzer/innen).
Wirkungsvoraussetzung 4	Kinder und Jugendliche erkennen im Angebot der Schulsozialarbeit einen biografischen Gebrauchswert
Wirkungen	Handlungsbefähigungen und Wohlbefinden

2.4 Wirkungschronologien im Rahmen unfreiwilliger Beratungen

Während sich Nicht-Freiwilligkeit dadurch kennzeichnet, dass Schüler/innen mit der Schulsozialarbeit in Kontakt kommen, ohne dass sie der Schulsozialarbeit eine besondere Bedeutung bezüglich ihrer eigenen Lebensbewältigung zuschreiben, kennzeichnet sich Unfreiwilligkeit dadurch, dass Schüler/innen gegen ihren

Willen mit der Schulsozialarbeit in Kontakt gebracht werden. Dies setzt voraus, dass Kinder und Jugendliche eine Sinnzuschreibung gegenüber der Schulsozialarbeit haben, jedoch in der Form, dass es für sie subjektiv keinen Sinn ergibt, mit der Schulsozialarbeit in Kontakt zu treten bzw. diese zu nutzen. Werden Kinder und Jugendlichen mit solchen Sinnzuschreibungen trotzdem mit der Schulsozialarbeit in Kontakt gebracht, verlieren sie ihre Handlungsautonomie, und es entsteht Unfreiheit.

Es stellt sich die Frage, ob in solch unfreiwilligen Beratungssettings überhaupt Wirkungen entstehen können, denn die Schüler/innen fragen keine Wirkungen nach und verschließen sich auch gegenüber Wirkungsintentionen der Schulsozialarbeit. Im Urteil der Schüler/innen, die explizit zu dieser Frage Stellung nehmen, »bringt es nichts«. Offenbar wollen sie die Schulsozialarbeit nicht in ihre Strategien der Lebensbewältigung einbinden. Wenn sie durch externe Machtausübung trotzdem dazu gebracht werden, kann eine »aktive Nicht-Nutzung« entstehen, also eine Verweigerungshaltung (vgl. dazu auch Liechti 2009). Der erzwungene Kontakt bestärkt sie in diesen Fällen in ihrer bereits vorhandenen negativen Bedeutungszuschreibung zur Schulsozialarbeit, wie in den negativen Kommentaren zur Schulsozialarbeit deutlich wird. Auch dies kann eine Wirkung von Schulsozialarbeit sein, obwohl sie wohl kaum intendiert ist.

Jenseits ethischer Bedenken in Bezug auf unfreiwillige Zuweisungen (vgl. Baier 2011) muss die Wirkung unfreiwilliger Beratungen grundsätzlich infrage gestellt werden. Wie aus den Aussagen der Kinder und Jugendlichen deutlich wurde, kann die Schulsozialarbeit unfreiwillige Beratungen nur strukturell und nicht auf ein erwünschtes Ergebnis hin steuern. Wenn kein Arbeitsbündnis entsteht, bleiben die Anregungen vonseiten der Schulsozialarbeit subjektiv bedeutungslos und werden nicht in eigenes Handeln aufgenommen (oder nur so weit, wie es aufgrund der sozialen Machtverhältnisse notwendig erscheint. Dies kann dann zwar als Verhaltensänderung, nicht jedoch als Bildungswirkung bezeichnet werden).

Auf Grundlage der Forschungsdaten zur Relevanz von Freiwilligkeit und der theoretischen Bezüge zur Willensfreiheit können auch Reflexionen zur weiteren Praxisentwicklung und zur Wirkung von unfreiwilligen Beratungen angestellt werden. Demnach können unfreiwillig entstandene Interaktionen für Kinder und Jugendliche dann nachhaltig positive Wirkungen haben, wenn es der Schulsozialarbeit gelingt, die unter Zwang entstandene Ausgangssituation aufzulösen und die Interaktion in ein Dienstleistungsverhältnis zu verändern, das auch für die entsprechenden Schüler/innen Sinn ergibt. Wenn Schulsozialarbeit für Kinder und Jugendliche Wirkungen im Sinne positiver Entwicklungsmöglichkeiten entfalten soll, sind Schulsozialarbeitende bei unfreiwilligen Ausgangssituationen zunächst aufgefordert, die anfängliche Unfreiheit wieder in subjektive Autonomie zu verwandeln. Konkret bedeutet dies, dass die Schulsozialarbeit zu

Beginn einer angewiesenen Beratung die jeweiligen Schüler/innen darauf hinweist, dass Beratungen generell freiwillig sein sollten. Um dies zu ermöglichen, sollte die Schulsozialarbeit den Schüler/innen nochmals das eigene Angebot erläutern, damit die Schüler/innen auf dieser Grundlage selbstständig entscheiden können, ob sie in einen Beratungsprozess einsteigen und wiederkommen möchten. Damit wird den Schüler/innen die Möglichkeit zurückgegeben, gemäß ihren subjektiven Bedeutungszuschreibungen zu handeln.

Unfreiwillige Überweisungen von Schüler/innen zur Schulsozialarbeit sind demnach nicht kalkulierbare und gegebenenfalls dysfunktionale Verfahren, denn sie können als kränkende Machtausübung und Bevormundung erlebt werden und die Schüler/innen in ihrer ablehnenden Haltung gegenüber der Schulsozialarbeit bestärken, wenn es den Schulsozialarbeitenden nicht gelingt, die der Kontaktaufnahme vorausgegangene Unfreiheit und Demütigung aufzulösen und eine freiwillige Form der Nutzung zu initiieren.

Sollen Beratungen, die unter Bedingungen der Unfreiheit entstanden sind, positive Wirkungen für Kinder und Jugendliche ermöglichen, so ist folgende Wirkungschronologie denkbar:

Tabelle 3: Wirkungschronologie bei unfreiwilliger Nutzung

Ausgangssituation	Kinder und Jugendliche schreiben der Interaktion mit der Schulsozialarbeit eine negative Bedeutung zu, da sie gegen ihren Willen mit ihr in Kontakt gebracht wurden.
Wirkungsvoraussetzung 1	Das (kränkende) Machtgefälle und die Unfreiheit der Ausgangssituation werden aufgehoben, indem dem Subjekt wieder Handlungen gemäß eigener Bedeutungszuschreibungen ermöglicht werden.
Wirkungsvoraussetzung 2	Schulsozialarbeit macht ein freiwillig wählbares Angebot.
Wirkungsvoraussetzung 3	Schüler/innen ändern ihre Bedeutungszuschreibung und schreiben dem Angebot der Schulsozialarbeit einen neuen, für sie positiven Sinn zu.
Wirkungsvoraussetzung 4	Die Schulsozialarbeit signalisiert und beweist Vertrauenswürdigkeit.
Wirkungsvoraussetzung 5	Kinder und Jugendliche gehen ein Arbeitsbündnis ein und binden die Schulsozialarbeit in ihre Bewältigungsstrategien ein (und werden damit zu Nutzer/innen).
Wirkungsvoraussetzung 6	Kinder und Jugendliche erkennen im Angebot der Schulsozialarbeit einen biografischen Gebrauchswert.
Wirkungen	Handlungsbefähigungen und Wohlbefinden

3 Die Relevanz der Forschungsbefunde für die Praxis: Wirkungschronologische Praxis- und Qualitätsentwicklung

Die herausgearbeiteten Wirkungschronologien können zum einen als empirische Befunde und als Beitrag zur Wirkungsforschung verstanden werden. Darüber hinaus stellt sich jedoch auch die Frage, ob sie einen Nutzen für die Praxis- und Qualitätsentwicklung der Schulsozialarbeit haben. Dieser Frage wird im Folgenden nachgegangen.

Die Analyse der vorliegenden Daten hat es ermöglicht, einzelne Elemente von Wirkungsprozessen in ihren zeitlichen Bezügen zueinander zu rekonstruieren. Auf diese Weise wurde deutlich, welche Momente eines Hilfeprozesses besonders relevant sind, um im weiteren Verlauf des Prozesses Wirkungen erreichen zu können.

Von den herausgearbeiteten Wirkungschronologien kann ein Beitrag zur Professionalisierung und Qualitätsentwicklung in der Schulsozialarbeit erarbeitet werden, wenn sich konkretisieren lässt, wie die einzelnen Prozessmerkmale beziehungsweise Wirkungsvoraussetzungen bestmöglich erreicht oder realisiert werden. Die folgende Tabelle zeigt in der linken Spalte die einzelnen Prozessmomente einer auf Freiwilligkeit beruhenden Wirkungschronologie. In der zweiten Spalte werden exemplarisch einige relevante Praxiselemente angeführt, die dazu beitragen, die einzelnen Momente der Wirkungschronologien bestmöglich zu realisieren. In der dritten Spalte werden Qualifikationsanforderungen skizziert, auf denen eine wirkungsorientierte Praxis notwendigerweise aufbaut, und in der vierten Spalte werden einige Prozesse und Strukturen benannt, die die Qualität der Wirkungsvoraussetzungen beeinträchtigen.

Die Übersicht zu empirisch erarbeiteten Wirkungsvoraussetzungen skizziert nicht nur Prozessmomente gelingender Praxis. Darüber hinaus wird aus ihr ersichtlich, zu welchen Zeitpunkten einer Wirkungschronologie welche Probleme entstehen können.

Das dargestellte Muster einer wirkungschronologischen Praxis- und Qualitätsentwicklung kann damit sowohl im Einzelfall als auch für die Gesamtsituation der Schulsozialarbeit als Analyseraster dienen, um Bedingungen des eigenen Wirkens zu reflektieren.

Tabelle 4: Wirkungschronologische Qualitätsentwicklung

Prozessmomente einer Wirkungschronologie (basierend auf freiwilliger Nutzung)	Praxiselemente, durch die Qualität erzeugt wird (Wirkungsvoraussetzungen)	Qualifikationsanforderung an Schulsozialarbeitende	Mögliche Prozess- und Wirkungshemmnisse
1. Den potenziellen Nutzer/innen ist das Angebot der Schulsozialarbeit bekannt	• Kontakt zu allen Schüler/innen • Information an alle Schüler/innen • Alters- und geschlechteradäquate Kommunikation • Individueller Beziehungsaufbau/formlose Kontakte	• Kompetenz für alters- und geschlechterangemessene Vorstellungen des Angebotes • Fachliches Rollen- und Aufgabenverständnis • Kompetenz zu individuellem/formlosem Beziehungsaufbau zu Schüler/innen • Kompetenz zur Selbstdarstellung, Öffentlichkeitsarbeit	• Fehlende Zeitressourcen für formlose Kontakte und Information von Schüler/innen (zu gering bemessene Stellenprozente) • Diffuse/falsche Vorstellungen vom Angebot der Schulsozialarbeit (bei Lehrkräften, Eltern, Kindern und Jugendlichen, weiteren Fachpersonen) • Schlechte räumliche Situation (isolierte Lage)
2. Für Schüler/innen ergibt die Nutzung von Schulsozialarbeit subjektiven Sinn	• Lebensweltnahe Angebote und Hilfe • Bedarfs- und nutzer/innengerechte Praxisformen • Partizipation von Schüler/innen an Falldefinition und Lösungserarbeitung • Niederschwelligkeit: zeitnahe und einfach zu erreichende Hilfe • Schulsozialarbeit als fachliche Dienstleistung für Kinder und Jugendliche (eigenständige Rolle) • Sozialraum- und Lebensweltanalysen • Vernetzte Hilfe/Unterstützung • Anwaltschaftliches Handeln • Erfolgreiche Hilfe in der Vergangenheit (bereits gemachte positive Erfahrungen)	• Kenntnisse der Lebenswelten und -stile der Schüler/innen • Kenntnisse über sozialräumliche und soziale Bedingungen des Aufwachsens der Schüler/innen • Kompetenzen zur Durchführung von Sozialraum- und Lebensweltanalysen • Kenntnisse und Kompetenzen in partizipativer Prozessgestaltung • Alters- und gendersensible Angebotsgestaltung • Fähigkeit zu Kooperation mit schulischen und schulnahen Diensten	• Nutzung der Schulsozialarbeit ist mit Stigmatisierungen verbunden • Nicht freiwillige und unfreiwillige Interaktionen mit der Schulsozialarbeit • Schulsozialarbeit ist nicht erreichbar (zu gering bemessene Stellenprozente) • Schulsozialarbeit wird als Sanktionsinstanz funktionalisiert • Angebote, Hilfe und Tipps der Schulsozialarbeit sind nicht individuums- und lebensweltbezogen • Sichtweisen der Schüler/innen werden in die Definition des Falles/Problems nicht einbezogen
3. Die Schulsozialarbeit signalisiert und beweist Vertrauenswürdigkeit	• Über Schweigepflicht informieren, Schweigepflicht einhalten, explizit mit Schüler/innen den Umgang mit der Schweigepflicht vereinbaren • Respekt und Wertschätzung	• Sicherer Umgang mit den Regeln und Handlungsmaximen des Datenschutzes und der Schweigepflicht • Kooperation mit Schule und Vereinbarung zum Umgang mit und zur Einhaltung der Schweigepflicht	• Informationsbedarf der Lehrkräfte/Schulleitung zu Einzelfällen • Bruch der Schweigepflicht seitens der Schulsozialarbeit • Fehlende Kommunikation über den Umgang mit der Schweigepflicht
4. Arbeitsbündnis und Einbindung der Hilfe in Lebensbewältigungsmuster der Nutzer/innen	• Biografischer Gebrauchswert der Hilfe • Anwendbarkeit der Lösungen/Hilfe • Anwaltschaftliches Handeln	• Umfangreiche Fach- und Methodenkompetenz • Professionelle Gesprächsführung • Vernetztes Arbeiten • Elternarbeit • Kooperation mit Schule	• Mangelnde Partizipation und Aushandlung

4 Fazit: Der Prozess im Blick der Wirkungsforschung

Im Rahmen von Wirkungsforschung wird vielfach einzig die Ergebnisebene empirisch in den Blick genommen, da sich auf dieser Ebene zeigt, ob angestrebte Ziele erreicht werden konnten. Allerdings bleibt dabei die Frage unbeantwortet, wodurch die festgestellten Wirkungen überhaupt entstanden sind. Genau genommen, kann eine Wirkungsforschung, die einzig und allein die Ergebnisebene untersucht, nicht einmal verlässlich klären, ob die festgestellten Wirkungen tatsächlich oder ausschließlich auf die Praxis Sozialer Arbeit zurückgeführt werden können. Unbeantwortet bleibt dann auch die Frage, ob eine Veränderung der Praxis oder von deren Rahmenbedingungen auch andere, umfangreichere oder geringere Wirkungen zur Folge haben würde.

Die in diesem Beitrag empirisch und theoretisch herausgearbeiteten Elemente von Wirkungsprozessen und die zeitlichen Bezüge dieser Elemente zueinander zeigen hingegen, dass es verschiedene Stationen im Wirkungsprozess gibt, an denen sich der weitere Verlauf positiv oder negativ entscheidet.

Zudem verweisen die Wirkungschronologien darauf, dass es professioneller und personenbezogener Praxis in der Schulsozialarbeit bedarf, wenn Wirkungen erreicht werden sollen, denn es müssen zum Beispiel Verstehensprozesse gestaltet und Vertrauensverhältnisse entwickelt werden, die Professionswissen und Einzelfallbezug voraussetzen und daher nicht schematisch realisierbar sind. Insofern führt eine solche empirische Rekonstruktion von Prozessverläufen auch nicht dazu, dass Soziale Arbeit technisierbar wird, sondern sie verdeutlicht im Gegenteil, an welchen Stellen sozialarbeiterisches, pädagogisches Arbeiten jenseits technisierbarer Verfahren notwendig ist, um erwünschte Wirkungen zu erreichen.

Darüber hinaus ist eine solch umfassendere Wirkungsforschung auch ein professions*politisches* Instrument, um Steuerungskonzepten entgegentreten zu können, die die Qualität und Legitimität sozialer Dienstleistungen einzig nach ihrem »Output« bewerten. Eine Wirkungsforschung, die auch Prozesse und Rahmenbedingungen der Wirkungserzeugung in den Blick nimmt, kann aufzeigen, unter welchen Bedingungen welche Wirkungen erzeugt werden können, und somit auch ein Argumentarium liefern, um Strukturen und Rahmenbedingungen von Praxis zu thematisieren, wenn die Praxis wirkungsvoll sein soll.

Durch die hier vorgeschlagene Erweiterung der Dichotomie von Freiwilligkeit und Unfreiwilligkeit hin zur Differenzierung von freiwillig, nicht freiwillig und unfreiwillig lässt sich besser verstehen, welche Ausgangssituationen in der Schulsozialarbeit denkbar beziehungsweise real vorfindbar sind und welche Wirkungen daraus resultieren können. Die denkwürdige Formel, dass auch »unfreiwillige« Beratungen in Zwangskontexten wirkungsvoll sein können, kann dadurch genauer ausformuliert werden: Auch unfreiwillige und nicht freiwillige

Ausgangssituationen können dann zu Bildungswirkungen führen, wenn es der Schulsozialarbeit gelingt, diese Ausgangssituationen in freiwillige Arrangements zu verändern, innerhalb deren Kinder und Jugendliche der Interaktion mit der Schulsozialarbeit einen eigenen subjektiven Sinn beimessen. Empirische Befunde und Konzepte zur Motivation von Kindern und Jugendlichen in Beratungssettings (vgl. z.B. Liechti 2009; Seithe 2008) lassen sich auf Grundlage dieser Analysen auch dahingehend erweitern, dass für einen erfolgreichen Beratungsprozess nicht nur die Motivation von Kinder und Jugendlichen eine Rolle spielt (oder dass es gelingt, die Kinder und Jugendliche bestmöglich zu motivieren). Vielmehr verweisen die Reflexionen zur Freiwilligkeit darauf, dass es auf die Sinnhaftigkeit des Angebotes der Schulsozialarbeit für Kinder und Jugendliche ankommt, denn auf dieser Grundlage entscheiden sie, ob sie die Angebote nutzen und sich darauf einlassen wollen. Insofern darf mangelnde Kooperation in der Beratung nicht einseitig auf fehlende Motivation von Kindern und Jugendlichen zurückgeführt werden.

Literatur

Baier, Florian (2008): Schulsozialarbeit. In: Baier, Florian & Schnurr, Stefan (Hrsg.): Schulische und schulnahe Dienste. Angebote, Praxis und fachliche Perspektiven (S. 87–120). Bern: Haupt.

Baier, Florian (2010): Zusammenhänge zwischen Berufspraxis und Wirkungen von Schulsozialarbeit: Elemente einer wirkungsvollen Praxis. In: Olk, Thomas & Speck, Karsten (Hrsg.): Forschung zur Schulsozialarbeit: Stand und Perspektiven (S. 255–268). Weinheim: Juventa.

Baier, Florian (2011): Die Ethik in den Strukturmaximen und Handlungsprinzipien. In: Baier, Florian & Deinet, Ulrich (Hrsg.): Praxisbuch Schulsozialarbeit. Methoden, Prinzipien und Haltungen (S. 135–158). Opladen: Barbara Budrich.

Baier, Florian & Heeg, Rahel (2011): Praxis und Evaluation von Schulsozialarbeit. Sekundäranalysen von Forschungsdaten aus der Schweiz. Wiesbaden: VS Verlag für Sozialwissenschaften.

Bolay, Eberhard (1999): Unterstützen, vernetzen, gestalten. Eine Fallstudie zur Schulsozialarbeit. Herausgegeben vom Landeswohlfahrtsverband Württemberg-Hohenzollern, Stuttgart: LWV.

Bolay, Eberhard (2010a): Anerkennungstheoretische Überlegungen zum Kontext Schule und Jugendhilfe. In: Ahmed, Sarina & Höblich, Davina (Hrsg.): Theoriereflexionen zur Kooperation von Jugendhilfe und Schule. Brücken und Grenzgänge (S. 30–48). Baltmannsweiler: Schneider-Verlag Hohengehren.

Bolay, Eberhard (2010b): Wirkungen einer sozialraumverankerten Schulsozialarbeit – bzw. etwas weiter gefasst: sozialraumverankerter schulnaher Jugendhilfeangebote. Input bei der Expert(inn)entagung »Neue Ansätze in der Wirkungsforschung in der Schulsozialarbeit« am 6./7.12.2010 in Erfurt. Unveröffentlichtes Vortragsskript.

Bolay, Eberhard, Flad, Carola & Gutbrod, Heiner (2004): Jugendsozialarbeit an Hauptschulen und im BVJ in Baden-Württemberg. Abschlussbericht der Begleitforschung zur Landesförderung. Hrsg. vom Sozialministerium Baden-Württemberg. Stuttgart/Tübingen. Online: www.schule-bw.de/schularten/hauptschule/werteerz-gewalt/ schulsozialarbeit/Jugendsozialarbeit-an-Schulen.pdf (Zugriff: 26.4.2012).

Bortz, Jürgen & Döring, Nicola (2006): Forschungsmethoden und Evaluation für Human- und Sozialwissenschaftler. Berlin: Springer.

Diekmann, Andreas (1995): Empirische Sozialforschung. Grundlagen, Methoden, Anwendungen. Reinbek bei Hamburg: Rowohlt.

Gaiswinkler, Wolfgang & Roessler, Marianne (2009): Using the expertise of knowing and the expertise of notknowing to support processes of empowerment in social work practice. Journal of Social Work Practice, Vol. 23, No 2, 215–227.

Laucken, Uwe (2004): Gibt es Willensfreiheit? Möglichkeiten der psychologischen Vergegenständlichung von Willens-, Entscheidungs- und Handlungsfreiheit. Forum Qualitative Sozialforschung/Forum: Qualitative Social Research, Vol. 6, Nr. 1, Art. 8. Online: www.qualitative-research.net/index.php/fqs/article/download/523/1133 (Zugriff: 26.4. 2012).

Liechti, Jürg (2009): Dann komm ich halt, sag aber nichts: Motivierung Jugendlicher in Therapie und Beratung. Heidelberg: Auer.

Mead, George Herbert (1973): Geist, Identität und Gesellschaft. Frankfurt am Main: Suhrkamp.

Mead, George Herbert (1987): Gesammelte Aufsätze. Frankfurt am Main: Suhrkamp.

Meyer, Wolfgang (2007): Datenerhebungen: Befragungen – Beobachtungen – Nichtreaktive Verfahren. In: Stockmann, Reinhard (Hrsg.): Handbuch zur Evaluation. Eine praktische Handlungsanleitung (S. 223–277). Münster: Waxmann.

Münchmeier, Richard, Rabe-Kleberg, Ursula & Otto, Hans-Uwe (2002): Bildung und Lebenskompetenz. Kinder- und Jugendhilfe vor neuen Aufgaben. Opladen: Leske + Budrich.

Olk, Thomas & Speck, Karsten (2009): Was bewirkt Schulsozialarbeit? Theoretische Konzepte und empirische Befunde an der Schnittfläche zwischen formaler und nonformaler Bildung. Zeitschrift für Pädagogik, Jg. 55, Heft 6, 910–927.

Olk, Thomas & Speck, Karsten (Hrsg.) (2010): Forschung zur Schulsozialarbeit: Stand und Perspektiven. Weinheim: Juventa.

Otto, Hans-Uwe, Scherr, Albert & Ziegler, Holger (2010): Wie viel und welche Normativität benötigt die Soziale Arbeit? Befähigungsgerechtigkeit als Maßstab sozialarbeiterischer Kritik. neue praxis, Heft 2, 137–163.

Rogers, Carl R. (1996): Therapeut und Klient. Grundlagen der Gesprächspsychotherapie. Frankfurt am Main: Fischer.

Schumann, Michael, Sack, Anja & Schumann, Till (2006): Schulsozialarbeit im Urteil der Nutzer. Evaluation der Ziele, Leistungen und Wirkungen am Beispiel der Ernst-Reuter-Schule II. Weinheim: Juventa.

Seithe, Mechthild (1998): Abschlussbericht der wissenschaftlichen Begleitung des Landesprogrammes »Jugendarbeit an Thüringer Schulen«. Hrsg. vom Thüringer Ministerium für Soziales und Gesundheit. Erfurt. Online: www.schulsozialarbeit.ch/cms/ content/uploaddocuments/jugenda_thueringer_schulen.pdf (Zugriff: 26.4.2012).

Seithe, Mechthild (2008): Engaging: Möglichkeiten Klientenzentrierter Beratung in der Sozialen Arbeit. Wiesbaden: VS Verlag für Sozialwissenschaften.

Stiehler, Hans-Jörg (2001): Leben ohne Westfernsehen. Leipzig: Leipziger Universitätsverlag.

Streblow, Claudia (2005): Schulsozialarbeit und Lebenswelten Jugendlicher. Ein Beitrag zur dokumentarischen Evaluationsforschung. Opladen: Barbara Budrich.

Mythos Kooperation
Die Klischierung des Legitimationsproblems in aktuellen Institutionalisierungsformen der Schulsozialarbeit

Christian Vogel

Kooperation war das Leitmotiv, entlang dem sich der rasante Prozess der Institutionalisierung von Schulsozialarbeit vollzogen hat, der sich im deutschsprachigen Raum seit den 1990er-Jahren beobachten lässt. Die Forderung, zwischen den Berufsgruppen zusammenzuarbeiten, war in den fachlichen Diskursen um die Schule omnipräsent und kann bis heute generell auf eine breite Zustimmung zählen. Dies weitgehend unabhängig von der beinahe ebenso häufig festgestellten oder auch beklagten Heterogenität der Konzeptionen oder Definitionen von dem, was Schulsozialarbeit ist oder sein sollte. Die Zusammenarbeit von Schule und Sozialer Arbeit bzw. Jugendhilfe bildete einen normativen Bezugspunkt der Debatte, welche die Einführung von Schulsozialarbeit begleitete. Bei näherem Hinsehen allerdings fehlen die Begründungen dafür oft: Dass Zusammenarbeit wünschenswert ist und dass somit die Aufgabe darin besteht, zu ihrem »Gelingen« beizutragen, scheint selbstevident zu sein. Und es war wohl nicht zuletzt auch diese kaum spezifizierte Vorstellung einer »guten Zusammenarbeit«, über die die Schulsozialarbeit vielerorts sowohl gegen innen als auch gegen außen die für die Institutionalisierung nötige – nicht zuletzt auch politische – Akzeptanz erlangte.

Hinter diesen vorab am Problem der Einführung orientierten Diskursen traten Fragen nach theoretischer Reflexion und Begründung von Schulsozialarbeit in den Hintergrund. Die empirischen Untersuchungen orientierten sich an Fragen vor allem nach der Wirksamkeit und nur selten nach den Wirkungen. Die Optionen, die sich mit einer inneren Differenzierung ergeben, wurden damit von vornherein auf Kooperation eingeschränkt, sodass faktisch ein Zwang zur Kooperation entstand. Ein hauptsächlich pragmatischer Umgang damit[1] führte dazu, dass die Subsysteme keine Autonomie oder Teilautonomie ausbilden konnten. Die Frage, welche sozialen Realitäten sich hinter der scheinbar so universellen Chiffre der Zusammenarbeit verbergen, konnte so weitgehend latent gehalten werden.

---

[1] Ein Typisierungsvorschlag der Kooperationsarten findet sich bei Vogel (2010).

Demgegenüber ist die Forderung nach Kooperation – wie auch das Bekenntnis der beteiligten Akteure, dass Zusammenarbeit unabdingbar für eine erfolgreiche Schulsozialarbeit sei – zu einem zentralen Element der Selbstdarstellung des Feldes und der legitimierenden Diskurse der Institutionalisierung geworden. Sie stehen in einem unmittelbaren Zusammenhang mit der Forderung nach sogenannt »integrativen« Modellen, die den organisatorischen und institutionellen Rahmen für die Zusammenarbeit im Sinne klarer Zuständigkeiten und Aufgabenbereiche bilden sollen. Dass dieser Ansatz zu kurz greift, hat sich wiederholt gezeigt. Wie Otto und Bauer anhand eines Vergleichs mit der Sozialarbeit im Spital herausgearbeitet haben, handelt es sich dabei keineswegs um eine spezifische Problematik der Schulsozialarbeit, sondern es zeigt sich darin eine Ausprägung eines allgemeineren Problemgefüges, das sich nicht über eine bloße inhaltliche Profilierung im Sinne einer Klärung von Zuständigkeiten oder durch eine verbesserte Verankerung in der Organisation der Schule lösen lässt (Otto & Bauer 2005). Der Bedarf nach Kooperation und Koordination gilt dennoch klar als gegeben. Laut Schnurr und Baier »ergibt [er] sich auf den ersten Blick schon allein aus der Tatsache, dass die Dienste im Kontext der Schule angesiedelt sind und den funktionalen Bezug auf Bildung und Erziehung wie auch auf die Zielgruppe der Schülerinnen und Schüler teilen« (Schnurr & Baier 2008, S. 16). Damit ist ein weiteres Element genannt, das in den vergangenen Jahren im Diskurs um Schulsozialarbeit (wie in jenem der Sozialen Arbeit überhaupt) Konjunktur hat: Bildung, wie hier oft in Verbindung mit Erziehung und ohne weitere begriffliche Präzisierung, sodass Zustimmung ebenso gesichert erscheint wie die Unbestimmtheit, worauf sie sich bezieht.

Wir haben es also nicht mit einem Einzelproblem zu tun, das sich isoliert als eine Frage der Zusammenarbeit behandeln lässt, sondern um einen Komplex begrifflicher Unschärfen, in den die normative Aufladung der Kooperation ebenso wie die entsprechende Forderung eingebettet sind. Mit der Ausdifferenzierung von Funktionen und Rollen und der Pluralisierung von Bezugspersonen für die Kinder und Jugendlichen in der Schule verändert sich das gesamte Beziehungsgefüge und verändern sich damit die pädagogischen Qualitäten der einzelnen Beziehungen. Wie alle staatlich eingerichteten pädagogischen Arrangements steht auch dieses unter einer prinzipiellen Legitimationsverpflichtung, denn letztlich geht es darum, welche Normen zur Anwendung kommen, wenn aktuelle Lebensumstände der heranwachsenden Generation strukturiert und Chancen für das künftige Leben verteilt werden. Die Grundstruktur der dominanten Sprachfigur der Schulsozialarbeit lautet: Zusammenarbeit in der Schule ist nötig, um die gemeinsame Aufgabe von Bildung (bzw. Bildung und Erziehung) angemessen zu erfüllen und um die in der Schule ausdifferenzierten, auf Berufsgruppen beziehungsweise Dienste verteilten Teilaufgaben zu integrieren. Die normative

Kraft, die in diesem Muster wie auch in den Plädoyers und Bekenntnissen zu Kooperation wirksam ist, ist auf die Legitimationsanforderung bezogen. Diese ist mit bloßer Akklamation zwar nicht substanziell erfüllt, doch büßt sie ihren kritischen und rationalisierenden Impetus ein. Der Gehalt des Legitimationsproblems bleibt ohne symbolische Repräsentanz, sodass die Legitimationsanforderung zum bloßen Klischee verkommt.[2] Die entsprechenden Handlungsentwürfe werden der bewussten Reflexion, der Forschung und damit auch dem fachlichen Diskurs entzogen. Dies erklärt denn auch die zuweilen reflexartige Zustimmung zur Kooperation oder zu einem »integrativen Modell« der Schulsozialarbeit.

Ziel dieses Beitrags ist es, ausgehend vom Phänomen der Zusammenarbeit, einige Elemente dieses Komplexes empirisch zu untersuchen und die Schulsozialarbeit in einigen relevanten Dimensionen theoretisch zu beschreiben. Im Zentrum steht dabei die Frage, welcher Bedarf an Legitimation durch die Formel der Kooperation angezeigt wird und wie dieser Anspruch bis in die pädagogische Praxis von Lehrpersonen und Sozialarbeiter/innen strukturierend wirksam werden kann: Was bedeutet es für die Kinder und Jugendlichen, wenn innerhalb der Schule zusammengearbeitet wird?

Anhand von empirischem Material,[3] das aus Interaktionsprotokollen von Gesprächen besteht, an denen der Schulsozialarbeiter im Rahmen seiner Aufgabe unter dem Titel der Zusammenarbeit teilgenommen hat, werden mittels eines aus diesem Anlass entwickelten tiefenanalytischen Verfahrens Unbewusstmachungen, Klischeebildungen und Desymbolisierungen sowie die über diese Prozesse exkommunizierten Gehalte erschlossen. Im Anschluss daran wird thesenartig ein theoretischer Horizont skizziert, der es erlaubt, die Befunde aus dem exemplarischen Material in einen allgemeinen Kontext der Schule als gesellschaftlicher Institution zu stellen und einige Implikationen des Komplexes von Zusammenarbeit, normativer Orientierung pädagogischen Handelns und Legitimation herauszuarbeiten.

---

[2] Alfred Lorenzer bezeichnet damit die Restbestände, die im Bereich des Verhaltens übrig bleiben, wenn die symbolische Qualität der Sprache zerstört wird (vgl. dazu weiter unten und ausführlicher in Vogel 2006).

[3] Das Datenmaterial, das in dieser Fallstudie zur Verfügung stand, ist im Rahmen eines institutionsanalytischen Forschungssettings erhoben worden, das es erlaubte, über mehrere Monate hinweg Interaktionsverläufe zwischen dem Schulsozialarbeiter und weiteren Akteuren zu beobachten und zu dokumentieren. Das gesamte Material umfasste Gedächtnisprotokolle und Tagebucheinträge, die aufgrund von Feldnotizen erstellt wurden, sowie wörtliche Transkriptionen der Tonaufnahmen von jenen Besprechungen, bei denen die Beteiligten dazu ihre Zustimmung gaben. Im Rahmen der Feldforschung wurden während eines Zeitraumes von einem guten halben Jahr zahlreiche Besuche in der Schule durchgeführt, wobei sich der Forscher während einer intensiven Feldphase von rund drei Monaten wöchentlich vier bis sechs Stunden im Feld aufhielt (Vogel 2006).

1 Empirische Befunde zur Kooperation

Die Auswertung erfolgt mithilfe eines Verfahrens zur strukturbezogenen Analyse von Kommunikation und Interaktion. Dieses geht davon aus, dass sich im Verlauf der Interaktionen Spannungen niederschlagen, die letztlich strukturell bedingt sind. Dabei wird vorausgesetzt, dass strukturelle Spannungspotenziale zwischen verschiedenen sozialen Kontexten ebenso wie zwischen der sozialen und der individuellen, innerpsychischen Ebene transferiert werden. Sie können sich auf der Ebene der beobachtbaren Verhaltensphänomene im Kontext von Interaktion und Kommunikation als Emergenten manifestieren. Institutionen bilden eine latente Ebene aus, die über weite Strecken die Spannungspotenziale absorbiert und damit der bewussten und kommunikativen Verfügung entzieht. Dies kann zu Verzerrungen in der Kommunikation und zu Störungen bei den zugrunde liegenden Prozessen der Symbolisierung von Erfahrungsgehalten der beteiligten Individuen führen. Generell stellt sich das Problem, inwiefern es gelingt, die heterogenen, in den jeweiligen Biografien sedimentierten Gehalte gültig in die Kommunikation einzuführen und damit das Potenzial zur Bearbeitung von sich stellenden Problemen zu optimieren. Mit Habermas lassen sich Erfahrungsgehalte, die sich (a) auf die objektive Welt der Tatsachen beziehen, unterscheiden von solchen, die sich (b) auf die soziale Welt der Normen, und von solchen, die sich (c) auf die subjektive Welt der Emotionen, Wünsche und Fantasien beziehen (Habermas 1981). Für jeden dieser Weltbezüge lässt sich methodisch am konkreten Material der entsprechende Geltungsanspruch überprüfen. Dies geschieht, indem aus der performativen Einstellung des am Interaktionsverlauf beteiligten Akteurs der entsprechende Weltbezug problematisiert wird. Auf diese Weise kann die Differenz zwischen dem faktisch im Material gegebenen Grad der Erfüllung und dem performativ erschlossenen Anspruch auf Geltung bestimmt werden. Naive Kommunikationen, das heißt Verständigungsprozesse, die ohne eine kommunikative Klärung der Geltungsansprüche auskommen, sind in dem Maße begrenzt, wie die Situationsdefinitionen der Beteiligten sich überlappen. Wenn die notwendigen Überlappungen fehlen und dennoch keine entsprechenden Klärungen unter Rückgriff auf eine geteilte Lebenswelt vorgenommen werden, so spricht Habermas von strategischem Handeln. Dieses kann für einzelne oder auch für alle Beteiligten offen sein, das heißt, die verfolgten Ziele sind bekannt, oder es kann verdeckt sein, das heißt, die Ziele sind nicht bekannt (verzerrte Kommunikation) oder nicht allen Beteiligten bekannt (Manipulation). Die Analyse des verdeckt strategischen Handelns wird dadurch möglich, dass sich im Interaktionsverlauf bestimmte Phänomene beobachten lassen, über die sich das Verdeckte erschließen lässt. Solche Phänomene bezeichnen wir als Emergenten. Sie bilden den methodischen Ansatzpunkt für

Mythos Kooperation

die Analyse und sind Ausdruck davon, dass bestimmte Erfahrungsgehalte nicht symbolisch repräsentiert, damit aber aus der Kommunikation ausgeschlossen worden sind. Alfred Lorenzer[4] hat die Prozesse der Symbolisierung rekonstruiert, indem er nachgewiesen hat, dass die (sprach-)symbolischen Zeichen sich auf Handlungsentwürfe beziehen, deren Genese auf einer Klassifikation von erlebten Interaktionsfiguren, das heißt von konkreten, einander ähnlichen Interaktionssituationen beruht. Damit ist der Handlungsentwurf als eine Interaktionsform zu begreifen, die nicht a priori mit der Ebene eines Zeichensystems verknüpft ist. Zu einem »Sprachspiel« kommt es erst dann, wenn der Erfahrungsgehalt der Interaktionsform und damit auch der entsprechende Handlungsentwurf tatsächlich mit der Sprachfigur in einen Zusammenhang gebracht werden, sodass die Erfahrung dort gültig repräsentiert ist. Für die Kommunikationsanalyse bedeutsam ist, dass Sprachspiele immer eine konkrete soziale Referenz haben, die im Sinn einer kontextuellen Voraussetzung die Symbolisierungsprozesse sichert. Soziale Differenzierungen führen deshalb zu einem erhöhten Risiko, dass es zur Aufspaltung von Sprachspielen kommt. Der Handlungsentwurf bleibt dann ohne symbolische Repräsentanz und wird zum Klischee (wie dies oben für das Legitimationsproblem in der Schulsozialarbeit dargelegt ist). Die Sprachfigur auf der anderen Seite wird zur leeren Hülse, die über keine Verbindung mehr zum Erfahrungsgehalt der Interaktionsform verfügt. Lorenzer spricht dann vom desymbolisierten Zeichen. Dieses ist von der Erfahrungswelt entkoppelt und eignet sich damit als Kern von Mythenbildung. In diesem Sinn wird hier Kooperation als Mythos bezeichnet.

Im Forschungsprozess zeigte sich zunächst, dass der Schulsozialarbeiter innerhalb der Organisationsstruktur eine Position einnahm, die an mehr formellen und informellen Interaktionssystemen teilhatte als jede andere Position. Er führte regelmäßig Gespräche mit dem Schulleiter, mit Lehrpersonen, er war an Lehrerkonventen und Teamsitzungen zugegen und regelmäßig im Lehrerzimmer präsent. Außerdem nahm er an den Sitzungen der Schulpflege teil und wurde in gewissen Fällen bei Elterngesprächen hinzugezogen. Nähme man die Interaktionsdichte als Indikator für die Zusammenarbeit, so wäre das Ergebnis sicher gut ausgefallen. Schwerwiegende manifeste Konflikte, welche die Akzeptanz der Schulsozialarbeit betreffen, konnten zur Zeit der Untersuchung keine festgestellt werden. Ein großer Teil der Lehrkräfte stand der Schulsozialarbeit positiv oder zumindest nicht ablehnend gegenüber. Explizite Vorbehalte oder gar Kritik wurde im Rahmen der Untersuchung kaum je direkt geäußert und in symbolischer Form ausgedrückt. Auch bezüglich der Akzeptanz hätte diese Institutionalisie-

---

[4] Die folgende Darstellung bezieht sich u.a. auf Lorenzer 1970 und 1977.

rung der Schulsozialarbeit bei einer entsprechenden Untersuchung deshalb wohl sicher positiv abgeschnitten.

1.1 Das »Schweigeverbot«

Die erste Sequenz, die hier berichtet werden soll, beginnt mit der Problematisierung des Informationsaustauschs. Ein Schulsozialarbeiter (SSA) und ein Lehrer (LHR) treffen sich zu einer Besprechung.[5] Der Schulsozialarbeiter leitet die Sequenz[6] folgendermaßen ein:

> SSA: Jetzt, zu diesem Mädchengespräch, es ist noch schwierig, sie hat mich belegt mit einem Schweigeverbot.

Psychoanalytisch lässt sich die Tatsache, dass der Schulsozialarbeiter in diesem Gespräch statt von Schweigepflicht oder allenfalls von Redeverbot von einem »Schweigeverbot« spricht, leicht als »Fehlleistung« deuten. Dieser Analyseansatz kann in die Richtung der biografischen Dimension der Persönlichkeit weiterverfolgt werden. Die hier verfolgte Analyserichtung zielt jedoch auf die soziale Dimension, die als eine horizontale gedacht werden kann, in Unterscheidung zur vertikalen Dimension der Lebensgeschichte, auf der sich die psychoanalytische Fragestellung traditionellerweise bewegt.[7] Es interessieren also diejenigen Faktoren, die dafür infrage kommen, die Fehlleistung als eine soziale Tatsache zu erklären, das heißt als Ausdruck einer sozialen Figuration. Dazu operieren wir nicht allein mit der Unterscheidung bewusst/unbewusst, sondern auch mit der Unterscheidung manifest/latent, wobei die latente Ebene durchaus unbewusste Gehalte, auch im klinischen Sinn, umfassen kann. Sie enthält aber auch situative Beschränkungen der expliziten Thematisierung im Sinne von Tabuzonen oder sozialen Peinlichkeiten, die keinen Verdrängungswiderstand aufweisen. In diesem Fall

---

[5] Es handelte sich um eine formelle Besprechung, bei der der Forscher anwesend war und eine Tonaufnahme machte.
[6] Die Sequenzen stammen aus dem Transkript der Tonaufnahmen. Dabei wurden folgende Zeichen verwendet: [eckige Klammern] nachträgliche Einfügungen zum besseren Verständnis der Stelle; [...] Auslassungen; (lacht) nichtsprachliche Äußerungen; (1) Pause (Dauer in Sekunden); {Rede A Rede B} gleichzeitige Rede von mehreren Interaktionsteilnehmer/innen; – direkter Anschluss; ~ Abbruch mitten im Wort oder Satz.
[7] Wenn hier vereinfachend in Anlehnung an die Theorie der operativen Gruppe (Bauleo 1988) von Dimensionen die Rede ist, so sind diese keineswegs als voneinander unabhängig zu begreifen, sondern bleiben aufeinander bezogen. Insofern bieten sich bestimmte Positionen in der Struktur der Institution durchaus für entsprechende Persönlichkeitsstrukturen an.

bringt die Fehlleistung einen latenten Gehalt an die Oberfläche, nämlich den, dass Schweigen verboten, das heißt in der sozialen Situation nicht angemessen ist. Die Reaktion des Lehrers darauf drängt diesen Gehalt wieder ganz in die Latenz zurück:

> LHR: M:hm, m:hm, du dürftest das nicht mir sagen oder irgendjemand.

Das »Schweigeverbot« wird somit als das (offensichtlich auch gemeinte) Redeverbot verstanden und als solches sogar noch verabsolutiert. Damit wäre die Besprechung zu dieser Thematik eigentlich zu Ende, wenn nicht die Spannung auf die manifeste Ebene durchschlagen würde, wie dies an der Antwort des Schulsozialarbeiters ablesbar ist:

> SSA: M:hm, und ich weiß nicht so recht, wie damit umgehen.

Das Redeverbot, zuvor noch verabsolutiert durch den Lehrer, erfordert einen »Umgang«, das heißt, bloßes Befolgen des Verbots reicht nicht aus, so weit ist etwas vom latenten Gehalt an die Oberfläche gedrungen. Eine Verletzung der Abmachung verbietet sich ebenfalls, sodass es zu einer klassischen Double-Bind-Situation kommt. Diese ist dadurch entstanden, dass der Sozialarbeiter es vermieden bzw. unterlassen hat, mit den Mädchen zusammen zu klären, wie seine Rückmeldung dem Lehrer gegenüber aussehen soll. Insofern ist der Vertrauensaufbau zu den Schülerinnen misslungen, und dies führt zu einem Problem der eigenen Rolle gegenüber dem Lehrer. An dieser Stelle wird das hier unabgegoltene Potenzial in der Rolle des Schulsozialarbeiters deutlich, durch das weitgehende Fehlen von repressiven Möglichkeiten das Vertrauen der Schüler/innen zu gewinnen.

Dass da noch eine andere Ebene wäre und dass man der Sache auf den Grund gehen könnte, etwa im Sinn eines notwendigen Wechsels des logischen Typus (Bateson 1981), scheint dann im weiteren Interaktionsverlauf beim Lehrer auf, der nachfragt:

> LHR: Aber geht es grundsätzlich darum, äh
>
> SSA: es-
>
> LHR: du musst ja nicht erzählen, ich kann ja Fragen stellen (leichtes Lachen), ähm

Beim Versuch zu ergründen, worum es geht, unterbricht sich der Lehrer zunächst selbst und wird dann vom Sozialarbeiter zusätzlich unterbrochen. Dies sind Emergenten, welche auf eine starke Tendenz hinweisen, dass an dieser Stelle ein bestimmter Gehalt aus der Kommunikation ausgeschlossen wurde. Mit Lorenzer sprechen wir von der »Exkommunikation von Gehalten«. Exkommuniziert wurde damit eine mögliche Annahme des Lehrers zu dem, was der Sinn des Redeverbots wäre: Aufbau von Vertrauen. Genau diese Frage, die das Verhältnis beider Akteure zu den Schülerinnen betrifft, wird nun aber nicht geklärt, indem der Verlauf der Interaktion an diesem Punkt mit vereinten Mitteln beider Beteiligter gestört wird. Dies bedeutet für die aktuelle soziale Situation eine Entlastung von der strukturell gegebenen Spannung: In der Abwehr des latenten Gehaltes entsteht eine Art Komplizenschaft zwischen dem Schulsozialarbeiter und dem Lehrer. Diese ist es dann auch, die im Vorschlag des Lehrers lesbar wird, der Sozialarbeiter müsse ja nicht erzählen, sondern nur Fragen beantworten und könne so das Redeverbot umgehen. Das Lachen, das darauf folgt, dokumentiert den Handlungsentwurf der Gegentendenz, der in der Latenz weiterhin wirksam ist, wenn auch lediglich als klischierter Gehalt. Die beiden Interaktionspartner vereint damit eine Art Schlitzohrigkeit, die nicht über die Mittel einer Reflexion auf das eigene Handeln verfügt. Die Aufmerksamkeit wird denn auch unvermittelt weg vom eigenen, hin auf das Handeln der Mädchen gerichtet:

SSA: Ja, sie sind auf eine Art clever, die Mädchen

LHR: M:hm

»Cleverness« kommt in der Bedeutung nahe an die Schlitzohrigkeit heran, mit der oben die Komplizenschaft des Lehrers und des Schulsozialarbeiters in der dokumentierten Interaktionssituation bezeichnet wurde. Hier kommt es im Interaktionsverlauf zu einer Projektion des gesamten Komplexes auf »die Mädchen«. Zwei soziale Kontexte werden damit implizit zueinander in Analogie gesetzt: die aktuellen Interaktionspartner und die Mädchen. Dadurch wird deren Notlage in Cleverness umgewertet. Diese wäre als Hinweis auf eine Enteignungsproblematik zu lesen gewesen (vgl. dazu weiter unten). Da dies nicht gelingt, verlieren die Mädchen jegliche Vertretung in der Erwachsenenwelt, während der Sozialarbeiter und der Lehrer kooperieren.

SSA: Doppelt clever, weil, also ein bisschen breche ich jetzt das Schweigeverbot, und zwar sie sind gekommen, sie sind abgesessen im Kreis, oder, relativ wild oder, unruhig und ich habe gesagt, wisst ihr eigentlich, warum wir dieses Gespräch haben, da haben sie gesagt, ja Herr L. [der Lehrer] hat gesagt, damit wir wieder einmal reden, irgend so etwas haben sie gesagt, und dann habe ich gesagt, ja, der Herr L. hat mir gesagt, er hätte gerne, dass ich wieder einmal mit euch spreche, wie es euch geht, wie es euch in der Schule geht, als ich sage, »wie es euch geht«, da haben alle gesagt: »schlecht«, also in einem Tenor, oder

LHR: m:hm

SSA: und ich so, was, euch geht es schlecht, warum denn, könnt ihr darüber reden? »wir wollen nicht über das reden«

LHR: m:hm

Die Mädchen sind laut dem Schulsozialarbeiter »doppelt clever«, weil sie einerseits sagen, ihnen gehe es schlecht, sich zum anderen jedoch weigern, über die Gründe dafür zu sprechen. Der Schulsozialarbeiter wurde von den Schüler/innen als Beauftragter des Lehrers wahrgenommen, der an dessen Stelle die Mädchen dazu bringen sollte, einmal zu reden (»... damit wir einmal reden«). Die Präzision, mit der die Antwort der Schülerinnen wohl wiedergegeben wurde, führt sogleich dazu, dass die Schärfe der Beobachtung bzw. der Erinnerung verwischt wird (»irgend so etwas haben sie gesagt«): Das »Schweigeverbot« im wörtlichen Sinn entstammt dem latenten Wunsch des Lehrers an die Schülerinnen: Er richtet sich dagegen, dass diese »nicht reden«. Der Lehrer hat aus diesem Grund den Schulsozialarbeiter eingeschaltet, der mit der Gruppe ein Gespräch geführt hat. Dieser Anlass, der offenbar zunächst für den Lehrer bewusst verfügbar war, wurde verknüpft mit einer impliziten Annahme einer spezifischen Rollendifferenz zwischen ihm selber und dem Schulsozialarbeiter, sodass diesem bessere Chancen zugeschrieben wurden, das Schweigen zu brechen. Ob es darum ging, dass die Schülerinnen ihm ihre Nöte anvertrauen sollten, um diese zu lindern, oder ob der Schulsozialarbeiter im Zuge einer Kolonialisierung der Lebenswelt missbraucht wurde,[8] ist mit dem vorliegenden Material nicht zu klären. Dafür, dass die Rollendifferenz vom Schulsozialarbeiter nicht gehalten werden konnte, gibt es jedoch einen Hinweis: Die Mädchen seien »... relativ wild oder, unruhig« im Kreis abgesessen, berichtet der Schulsozialarbeiter und beurteilt damit das Verhalten unwillkürlich nach unterrichtsbezogenen Maßstäben. Die sozialpädagogische Rolle bricht aber nicht erst im aktuellen Gespräch mit dem Lehrer zusammen, sondern der Bericht vom Gespräch mit den Mädchen macht deutlich, dass es auch in jenem Kontext nicht zu einer rollenbezogenen Absetzung gegenüber dem Lehrer gekommen ist. Um das Vertrauen zu gewinnen, wäre noch über die Erfüllung der Rollenerwartung hinaus (Erfüllung der sozialen Angemessenheit) auch der Geltungsanspruch der Wahrhaftigkeit zu erfüllen: Der Sozialarbei-

---

[8] Dies wäre dann der Fall, wenn die soziale Beziehung dafür genutzt würde, die Systemimperative der Schule durchzusetzen, etwa dadurch, dass die Spannungen in der Institution latent gehalten werden, indem sie als psychische behandelt werden.

ter hätte für die Mädchen eine vertrauenswürdige Persönlichkeit sein müssen.[9]
Die Abgrenzung über die Schweigepflicht (bzw. das Redeverbot) gegenüber dem Lehrer wird damit zum Klischee: Der Handlungsentwurf der Absetzung setzt sich als Formalität durch, während der Gehalt nicht symbolisiert und deshalb auch der Reflexion und der Kommunikation entzogen ist.

1.2 Die verpasste Gelegenheit

Bei der zweiten Textstelle, über die berichtet werden soll, handelt es sich um ein Gespräch zwischen dem Schulsozialarbeiter und dem Schulleiter, in dem die Situation verschiedener Schüler Gegenstand ist.

> SLR: Dem [Schüler] P. habe ich gesagt, er soll bis heute mit dir Kontakt aufnehmen
>
> SSA: m:hm
>
> SLR: sonst gibt es Krach, hat er etwas gemacht?
>
> SSA: h:mh
>
> SLR: gut, dann gebe ich ihm einmal einen Mittwochnachmittag
>
> SSA: (Lachen)

Der Schulleiter hat von einem Schüler unter Androhung einer Strafe verlangt, sich beim Schulsozialarbeiter zu melden. Er teilt dies mit und fragt nach, ob der Schüler sich gemeldet habe, was der Schulsozialarbeiter verneint. Die Ankündigung, dass er den Schüler bestrafen werde, quittiert der Schulsozialarbeiter mit einem Lachen. Dieses ist der erste Emergent in dieser Sequenz. Es ist davon auszugehen, dass an dieser Stelle ein bestimmter Gehalt aus der Kommunikation getilgt ist. Einer performativen Einstellung erschließt sich leicht, dass das Lachen anstelle eines Widerspruchs auftritt: Anstatt einen Einwand gegen das Vorgehen des Schulleiters in symbolisierter Form zu äußern, kommt es zu einer klischierten Reaktion in der Form des Lachens. Dadurch werden bestehende Handlungsalternativen aus der Kommunikation ausgeschlossen wie etwa diejenige des Sozialarbeiters, den Schüler aktiv aufzusuchen und ihn damit zu entlasten.

---

[9] In der traditionellen Lehrerrolle muss zuweilen gar Wahrhaftigkeit gegen die soziale Angemessenheit erfüllt werden.

Mythos Kooperation 207

Der Schulleiter versteht die latente Botschaft des Widerspruchs und insistiert, als ob er sich gegen einen explizit geäußerten Einwand stellte:

SLR: ja, ich habe ihm das gesagt

SSA: (Lachen)

An dieser Stelle des Interaktionsverlaufs entsteht die Chance, die Gehalte, die gleichsam unmittelbar unter der Oberfläche präsent sind, zu symbolisieren, das heißt die Einwände oder den Widerspruch gegenüber dem Schulleiter in eine sprachliche und damit argumentationsfähige Form zu bringen. Dies hätte etwa zu einer Auseinandersetzung über die »Freiwilligkeit« der Schulsozialarbeit für die Schüler/innen geführt – und zur Frage, inwiefern in diesem Fall Zwang (und allenfalls welcher) angemessen ist. Eine kommunikative Bearbeitung der Spannung würde bedeuten, dass neben dem praktischen Anspruch der sozialen Angemessenheit auch die theoretischen und expressiven Geltungsansprüche problematisierbar sein müssten. Die Problematisierbarkeit ist hier jedoch nicht gegeben, was auf eine Verzerrung in der Machtdimension hinweist. Auf der latenten Ebene ist die entsprechende Spannung wirksam, was sich in der folgenden Sequenz dokumentiert:

SLR: und dann-

SSA: nein im Ernst?

SLR: ja sicher (...)

SSA: nein (Rascheln)

Der Schulsozialarbeiter setzt nochmals dazu an, die Position des Schulleiters anzugreifen, die Aktion wird jedoch zum Klischee, da es wiederum nicht zu einer argumentativen Auseinandersetzung kommt. Im Rascheln von Papier, das daher stammt, dass der Schulsozialarbeiter seine Unterlagen ordnet, zeigt sich erneut ein klischiertes Verhalten, in dem sich der Widerstand des Schulsozialarbeiters ausdrückt. Dies führt dazu, dass es auf der Hinterbühne der Latenz zu einer emotionalen Aufladung kommt, die sich in der folgenden Sequenz manifestiert:

SLR: der soll einmal zur Besinnung kommen, das ist ein Trottel, oder, was {schlägst denn du vor

SSA: wenn man nicht zum Sozi} geht, ja, wenn man nicht zum Sozi geht, gibt es einen Mittwochnachmittag

SLR: nein

SSA: das ist die Übersetzung {für sie

SLR: nein}

SSA: das ist mir schon klar, aber das ist seine Übersetzung, hast du irgendetwas herausgefunden, weshalb er es nicht tut?

SLR: weil er ein Lahmarsch ist

SSA: m:hm

Die Frage, welche die Chance für eine Resymbolisierung der normativen Aspekte und damit für einen praktischen Diskurs enthält (»was schlägst denn du vor«), geht unter. Allerdings bleibt der fragliche Gehalt des Zwangs manifest, jedoch wird nicht der praktische, sondern der theoretische Geltungsanspruch herausgestellt, es kommt jedoch nicht zu einem eigentlichen theoretischen Diskurs über die Frage, ob und inwiefern das Angebot der Schulsozialarbeit mit einem Zwang verknüpft ist. Der Schüler kommt als konkrete Person nicht vor, indem der Schulsozialarbeiter eine abstrakte Schülerschaft vorschiebt (»für sie«). Wie P. die Sache tatsächlich sieht, wird nicht weiter geklärt, die Korrektur »das ist *seine* Übersetzung« geht unter, als er übergangslos nach möglichen Gründen dafür fragt, dass der Schüler sich nicht gemeldet hat. Mit dieser Frage wird nun der Geltungsanspruch der Wahrhaftigkeit direkt zum Gegenstand gemacht. Damit steht plötzlich wieder die Möglichkeit im Raum, dass es zu einer Erörterung der Frage kommt, was der Schüler mit seiner Weigerung ausdrückt, wer er ist, wie er denkt usw. Dies wird nun aber durch einen erneuten emotionalen Ausbruch des Schulleiters vereitelt, der seinem Ärger über den Schüler – und, wie sich dem Verlauf der Interaktion auf der latenten Ebene entnehmen lässt, wohl auch über den Schulsozialarbeiter – Ausdruck verleiht. Dieser Ausdruck bleibt jedoch klischiert, denn es kommt zu keiner Symbolisierung des dahinterliegenden Gehalts, weder bezüglich des Ärgers über den Schüler, geschweige denn des Ärgers über den Schulsozialarbeiter. Mit der Bezeichnung »Lahmarsch« wird sowohl die Kraft der Verweigerung beim Schüler unbewusst gemacht wie auch der Aspekt von Kontrolle und Zwang beim Schulleiter. Das Problem des Schulleiters ist offenbar die Widerstandskraft des Schülers. Dies gibt auch ein Maß dafür ab, was ein allfälliger Widerstand des Schulsozialarbeiters bedeuten würde.

Unvermittelt kommt es dann zu einem Perspektivenwechsel, indem die fehlende Problemsicht *des Schülers* thematisiert wird:

SLR: und zwar er sieht das Problem nicht, »ja ich habe gar kein Problem«

SSA: (leise) m:hm

SLR: »wieso muss ich jetzt zu Herrn S. [dem SSA] gehen«

SSA: m:hm (......)

Der Schulleiter nimmt die Position des Schülers genau an dem Punkt im Interaktionsverlauf ein, an dem seine eigene Perspektive thematisch werden könnte: Er, der eben gerade *ein Problem hat,* wie sich an seinem Ärger zeigt, das darin besteht, dass ihm sein eigenes Verhältnis zu Widerständigkeit verborgen bleibt (seine Affinität dazu zeigt sich in der eigenen Weigerung, sich an den »guten Ton« zu halten). Die Perspektivenübernahme entspricht also einem Handlungsentwurf, der ebenfalls klischiert ist. In der Folge kann denn der Gehalt der Äußerung in Bezug auf den Schüler (dessen Aufmüpfigkeit gegenüber dem Schulleiter) auch nicht in die Kommunikation überführt werden. Allerdings ist der Aufwand, der für diese Exkommunikation geleistet werden muss, nicht unerheblich, wie sich an der längeren Pause nach der zustimmenden Reaktion des Schulsozialarbeiters ablesen lässt. Der rationale Gehalt der Interaktion und damit der Handlungsentwurf der Kooperation »droht« hier gleichsam strukturierend zu werden, nämlich in der Form, dass die Gesprächsteilnehmer sich mit dem Sachverhalt zu beschäftigen beginnen, dass der Schüler dem Schulleiter gegenüber keine Einsicht gezeigt, sondern eine Gegenkraft entwickelt hat.

Der weitere Verlauf wird dann jedoch mit einem weiteren emotionalen Ausbruch des Schulleiters eingeleitet:

SLR: nein, dem muss man einmal einen Tritt in den Arsch geben, und ich habe ihm dann nochmals das Problem gesagt (.) und dann (......)

SSA: m:hm (....) ja, ist gut ich, ich bin einfach froh, wenn du ihm explizit sagst, es gehe nicht darum dass man einen {Mittwochnachmittag (unverständlich)

SLR: (unverständlich) nein, ist klar}

SSA: und das muss {man wie doppelt

SLR: ist klar}

SSA: und dreifach sagen, oder, o.k., sonst finde ich die Idee, dass du ihm ein wenig Feuer machst, {schon gut

SLR: jaja}

Worin das Problem aus der Sicht des Schulleiters besteht, bleibt auf der manifesten Seite eine Leerstelle, die durch den sadistischen Ausbruch vielsagend verdeckt wird: Die klischierte Zwanghaftigkeit und der Drang nach Kontrolle treffen auf die Widerstandskraft und Autonomiebestrebungen des jugendlichen Schülers. Die Tilgung dieses Gehalts aus der Kommunikation hinterlässt eine Spur in Form eines Stockens im Verlauf. Dies reicht aber noch nicht aus, sodass darauf folgend auch das, was darauf geschah (»und dann [......]«) getilgt wird, also wohl die Reaktion des Schülers. Beide Gehalte sind symbolisch nicht verfügbar, sodass sie nicht dazu dienen können, allenfalls eine darauf bezogene Zusammenarbeit zu strukturieren. Es kommt nur scheinbar zu einer Einigung zwischen den Beteiligten, indem der Handlungsentwurf der Kooperation als vordergründiges Einverständnis klischiert ist, während es zu keiner Symbolisierung der Gehalte kommt, zwischen denen die Widersprüche auftreten. Die Spannung zwischen der Vermeidung des Konnexes zwischen Schulsozialarbeit und Zwang und der Ausübung von Druck durch den Schulleiter bleibt damit unaufgeklärt. Der Schulsozialarbeiter setzt sich für seinen Ruf ein und verliert darob die Situation des Schülers aus dem Blick. In struktureller Hinsicht bedeutet dies, dass der positionale Unterschied zwischen den beiden Rollen ebenso wie zwischen diesen und dem Schüler latent bleibt und somit auch nicht in die Reflexion mit einfließen kann: Die Unterschiede in Bezug auf Macht und Prestige und damit die soziale Beziehung zwischen den Beteiligten sind von der Symbolisierung ausgeschlossen. Sie bleiben damit gleichsam tabuisiert und einer Reflexion entzogen, umso mehr, als sich die Positionen von Schulsozialarbeiter und Schulleiter nur unter Bezugnahme auf jene des Schülers klären ließen.

Die Desymbolisierung der strukturellen Matrix[10] bringt es mit sich, dass die darin angelegten Spannungen nicht bearbeitet werden können, sondern latent wirksam bleiben und sich jederzeit an einer anderen Stelle im System manifestieren können. Hinweise auf einen solchen Spannungstransfer zeigen sich in der folgenden Sequenz, in der erneut der Handlungsentwurf zu identifizieren ist, die Situation des Schülers zu erörtern:

---

[10] Der Begriff der strukturellen Matrix wird hier in Anlehnung an die frühen Kommunikationsanalysen von Jürgen Ruesch und Gregory Bateson in den 1950er-Jahren verwendet (Ruesch & Bateson 1995).

SSA: er hat die Möglichkeit, er hängt mehr herum in letzter Zeit

SLR: natürlich

SSA: manchmal

SLR: {natürlich

SSA: wenn ich} um zehn Uhr nach X fahre, oder, hängt er noch am Bahnhof, er hat mich heute, heute hätte es irgendwo eine Gelegenheit gegeben, wobei gut, das war gerade in einer Gruppe

SLR: m:hm

SSA: wo er gestanden ist

SLR: m:hm

SSA: gut

SLR: o.k., gut, ich mache ihm da noch etwas Feuer (Rascheln)

SSA: m:hm

Wozu der Schüler »die Möglichkeit hat« und weshalb er »mehr herumhängt in letzter Zeit«, kommt nicht zur Sprache. Doch es wird vom Schulsozialarbeiter eine Begebenheit berichtet, mit der erstmals eine soziale Realität im Zusammenhang mit dem Schüler als symbolisierter Erfahrungsgehalt in die Interaktion eingebracht wird: Der Schulsozialarbeiter hat den Schüler am Bahnhof getroffen, hat ihn dort aber nicht angesprochen. Die Erzählung darüber, was geschehen ist, bricht ab, als er dazu ansetzt zu berichten, was der Schüler gemacht hat (»er hat mich heute«). Der Schüler hat ihn heute gesehen oder vielleicht sogar angesprochen, sodass *»irgendwo«* eine Gelegenheit entstanden ist – eine Gelegenheit für ein Gespräch über das Problem, über das auch hier nichts Näheres bekannt wird. Die Gelegenheit wird also noch als solche wahrgenommen, doch es gelingt nicht, die Position des Schulsozialarbeiters gegenüber dem Jugendlichen und seiner Gruppe durchzusetzen. Analog zur Besprechung mit dem Schulleiter wird auch hier der strukturelle Unterschied geleugnet: Der Schulsozialarbeiter agiert, als ob er selber in der Position eines Jugendlichen wäre und die soziale Situation nicht durch Macht- und Prestigedifferenzen strukturiert wäre. Damit verliert er die Möglichkeit eines bewussten strategischen Einsatzes dieser Differenzen ebenso, wie es nicht gelingt, den Schulleiter für eine bewusste sozialpädagogische Strategie im Rahmen einer Zusammenarbeit zu gewinnen.

2 Elf Thesen zur Kooperation in der Schulsozialarbeit

Die beiden Textstellen zeigen zunächst eines: Die Untersuchung von Zusammenarbeit erfordert ein Verständnis des Gegenstandes, das über das bloße Zusammentreffen der beteiligten Akteuren mit der Intention einer Verständigung über die Situationen und einer Koordination der Handlungen und Interventionen hinausgeht. Auf einer ersten Ebene gälte es unter anderem, Kriterien zu entwickeln, die es erlauben, zwischen dem Gelingen und dem Scheitern von Kooperation zu unterscheiden. Darauf wird an dieser Stelle zunächst verzichtet, da die interessierende Frage nicht auf das Vorkommen einer wie auch immer gefassten Kooperation zielt, sondern allgemeiner auf die Bedeutung von Kooperation in der Schulsozialarbeit fokussiert ist. In diesem Zusammenhang war in dem untersuchten Fall von institutionalisierter Schulsozialarbeit zu beobachten, dass einige hervorstechende Merkmale solcher Besprechungen sich mit einer großen Regelmäßigkeit wiederholten, unabhängig von der Zusammensetzung des Interaktionssystems und der konkreten Thematik. Es ist dies zum einen eine Dominanz des strategischen Handelns in den Interaktionen, bei gleichzeitig implizit oder auch explizit geäußertem Anspruch auf Verständigung. Zum anderen sind es die Desymbolisierung und damit einhergehend die Klischierung von Handlungsentwürfen, die vorhandenen Erfahrungsgehalte (in der Form von Kenntnissen von Sachverhalten, normativen Anforderungen und innerpsychischen Erfahrungen) als propositionale Gehalte in die Interaktion einzubringen. Dies wirft auf einer ersten Ebene Fragen bezüglich dieser konkreten Institutionalisierung, das heißt bezüglich dieses Einzelfalles auf. Dies umso mehr, als die Zusammenarbeit aus der Binnensicht der Schule keineswegs als problematisch, sondern vielmehr als gut beurteilt wurde. Doch auch bezüglich dieser Befunde soll es nicht primär um den untersuchten Einzelfall gehen, sondern dieser wird zum Anlass genommen, um eine Auswahl theoretischer Elemente in Form von Thesen so zu gruppieren, dass die Umrisse einer theoretischen Perspektive auf das Kooperations- bzw. das Legitimationsproblem der Schulsozialarbeit entstehen. Diese soll nicht nur auf diesen Einzelfall »passen«, sondern sie soll ein vertieftes Verständnis von Kooperation in der Schule ermöglichen und systematisch gegebene Optionen der Institutionalisierung von Schulsozialarbeit jenseits einer überhöhten Kooperationsforderung erschließen.

Mit der Einführung von Schulsozialarbeit ist in aller Regel die Erwartung verbunden, dass diese spezifische Aufgaben übernimmt, die von anderen Berufsgruppen in der Schule oder von Stellen der Sozialen Arbeit außerhalb nicht oder zumindest nicht in demselben Ausmaß wahrgenommen werden. Funktionale Analysen der Schule haben gezeigt, dass diese ein heterogenes Bündel von Funktionen miteinander vereint, wobei diese einander widersprechen und auf verschiedenen Ebenen angesiedelt sind (Graf & Lamprecht 1991). Daran ändert grundsätzlich auch die Einführung von Schulsozialarbeit nichts. Vielmehr ist sie selber den funktionalen Widersprüchen unterworfen und findet sich in einer Situation, wo ihr eine eigene, klar abgegrenzte Aufgabe fehlt. Dies zeigt sich unter anderem darin, dass die »niederschwellige Beratung« den Schwerpunkt ihrer Arbeit bildet und es kaum zu einer Ausdifferenzierung eigener Aufgaben kommt.[11] Diese Diffusität der Aufgaben ist keineswegs in allen Institutionalisierungsformen für die Schulsozialarbeit gleichermaßen gegeben, doch sie ist konstitutiv für die Institution Schule insgesamt. Durch die Einführung von Schulsozialarbeit finden innerhalb der Institution Verschiebungen zwischen den Funktionen statt, die als funktionale Ausdifferenzierungen oder als Entdifferenzierungen beschrieben werden können. Der grundlegende Widerspruch auf der Ebene der Funktionen ist auf der einen Seite durch die Reproduktionsfunktion gekennzeichnet und auf der anderen Seite durch die Legitimationsfunktion: Die gesellschaftlichen Funktionen von Schule lassen sich weder unter eine Logik der Reproduktion etablierter gesellschaftlicher Strukturen noch unter eine der Legitimation im Sinn eines idealisierten Zusammenhangs subsumieren. Die kritische Bildungstheorie unterscheidet analytisch zwischen Erziehung und Bildung, um diese beiden Aspekte zu bezeichnen: Erziehung verweist auf die Einfügung in das »Vorgegebene und Unabänderliche«, während Bildung Aufklärung im Sinne eines »anhebenden Wissens des Menschen um sich selbst« ist (Heydorn 2004, S. 181). Indem das Begriffspaar in die Nähe des Funktionsbegriffs gerückt wird, geht der Gehalt dessen, was herkömmlicherweise mit Bildung bezeichnet wurde, verloren.[12] Aus einer funktionalen Perspektive liegen die damit angesprochenen Phänomene auf der Ebene der Sozialisation (darauf werden wir weiter unten unter dem Stichwort der »drehenden Funktion« noch zurückkommen). Auch für die übrigen schulischen Funktionen wie Integration, Selektion, Qualifikation und Allokation gilt, dass sie bereits je für sich genommen widersprüchlich sind, indem sie sowohl auf die gesellschaftliche Reproduktion als auch auf die Legitimationsproblematik moderner Gesellschaften bezogen sind. Neben dieser funktionsimmanenten Widersprüchlichkeit sind auch Widersprüche zwischen den

---

[11] Eigene Forschungen, über die aus politischen Gründen Stillschweigen vereinbart wurde, stimmen diesbezüglich überein mit dem Befund von Baier (2008).
[12] Auch aus der Perspektive der klassischen Bildungstheorie ist das Verhältnis traditionell als ein reflexives gefasst. Daran hat Winkler (2006) unlängst eindrücklich erinnert.

einzelnen Funktionen vorhanden, sodass die Optimierung einer Funktion zur Reduktion von anderen Funktionen führen muss (Graf & Lamprecht 1991). Die gesellschaftlich relevante Leistung der Schule bildet sich deshalb im Rahmen einer rein funktionalen Analyse nur ungenügend ab, denn sie resultiert in ihrem Kern erst aus einer spezifischen Vermittlung zwischen den Funktionen als substanzielle Legitimität, die über eine bloße Akzeptanz hinausgeht. Jede Aufspaltung schulischer Aufgaben entlang funktionaler Grenzen, das heißt nach dem Muster der funktionalen Differenzierung, gefährdet diesen Kern. Für die Schulsozialarbeit als ein Teil der Institution Schule gilt deshalb: Ihre Aufgabe kann nicht generell darin bestehen, eine bestimmte Funktion der Schule zu stärken, ohne diese zu den anderen in Relation zu setzen. Daraus ergibt sich als eine *erste These*, dass Kooperation im Sinn einer systematischen Arbeitsteilung entlang funktional definierter Zuständigkeiten in der Schule zu schweren Legitimationsproblemen führt.

Das Problem der Zusammenarbeit verschiedener Berufsgruppen in der Schule erfordert eine Analyse der funktionsimmanenten Widersprüchlichkeiten wie auch der Widersprüche zwischen den Funktionen. Diese Widersprüche bringen es mit sich, dass die Institution bestimmte Grundspannungen beinhaltet, die unabhängig von ihrer Institutionalisierungsform existieren, da sie extern induziert sind. Diese Spannungen können sich als Belastungen für die Institution oder für die Individuen manifestieren. Zugleich beinhaltet aber die funktionelle Bündelung auch die Möglichkeit von Entlastung: Das Versagen der einen Funktion kann grundsätzlich immer als eine Leistung bezüglich einer anderen interpretiert werden. Insgesamt resultiert die Legitimationsleistung jedoch erst aus einer Bearbeitung der Spannungen, die zu einer Vermittlung zwischen den Funktionen führt: Die Legitimation von sozialen Ungleichheiten vollzieht sich dadurch, dass die zugeschriebenen zugunsten von erwerbbaren Status zurückgedrängt werden. Unterscheidungen aufgrund von Herkunftsmilieu, Schichtzugehörigkeit, Geschlecht, Hautfarbe usw. sind im Bildungssystem illegitim, während alle relevanten Unterschiede auf individuell zugeschriebene Leistung zurückgeführt werden müssen. Auf diese Weise entsteht im Bildungssystem tatsächlich eine relativ egalitäre Verteilung von Bildungsstatus, die mit einer entsprechend hohen Legitimität ausgestattet ist.[13] Diese steht über normative Verknüpfungen in Relation zu anderen, zentralen gesellschaftlichen Status (Beruf, Einkommen, Vermögen), die weit ungleichere Verteilungen aufweisen. Die individuelle Leistungszu-

---

[13] Egalitär ist die Verteilung im Verhältnis zu anderen Verteilungen wie der Einkommens- oder vor allem der Vermögensverteilung. Gegenüber der Illegitimität dieser Verteilungen ist die Verteilung des formalen Bildungsstatus (bei allen Ungerechtigkeiten, die damit nicht weniger gravierend werden) hoch legitim.

schreibung ist dabei aber auch nur ein Ausdruck davon, dass sich die Vermittlung zwischen den Funktionen nicht an der gegenwärtigen, sondern immer auch an einer wie auch immer gearteten zukünftigen, wünschenswerten Gesellschaft orientiert. Dies ist durch die prinzipielle Offenheit und funktionale Unverfügbarkeit des Bildungsbegriffs bedingt und führt dazu, dass die Orientierung an Zukünftigem für Bildungsinstitutionen konstitutiv ist, da deren Legitimation letztlich an einem spezifischen Verhältnis von Tradition und Innovation hängt.

Unter den Bedingungen einer Verschärfung der Ungleichheiten, wie sie im Abschwung des vergangenen Gesellschaftsmodells (Bornschier 1998) und unter den Einflüssen des Neoliberalismus (Harvey 2007) zu beobachten war, geriet die relative Gleichheit der Schule zunehmend unter Druck, da unter den Bedingungen wachsender Ungleichverteilungen von Vermögen und Einkommen die normativen Verknüpfungen nur dann aufrechterhalten werden können, wenn die Mechanismen einer relativ egalitären Verteilung des Bildungsstatus systematisch zerstört werden (Graf & Graf 1997). Schulsozialarbeit muss als Ausdruck einer verschärften Legitimationsproblematik der Schule verstanden werden, die zwar im schulischen Binnenraum auftritt, aber von außen induziert ist. Dies führt zu einer *zweiten These*, die besagt, dass der Ruf nach Kooperation vor dem Hintergrund insgesamt erhöhter induzierter Spannungen als ein Symptom des Legitimationsdefizits der Schule zu begreifen ist. Die geforderte Kooperation ist nicht die Lösung, sondern tritt an die Stelle der Spannung, die dadurch latent gehalten wird. Kooperation ist deshalb zunächst weniger eine Ressource zur Problembearbeitung, sondern muss selber als ein Aspekt des Problems analysiert werden. Dies widerspricht der institutionalisierten Trennung zwischen Problemstellung und Ressourcen.[14] Analytisch sind beide Seiten in der Grundtendenz als Ausdruck ein und derselben gesellschaftlichen Bewegung zu begreifen, die durch die Volksschule und durch die Institution der Schulsozialarbeit hindurch wirksam bleibt und, solange sie nicht analysiert ist, das Legitimationsproblem eher verdeckt als bearbeitet.

An den oben analysierten Textstellen zeigt sich, wie die Spannungsbearbeitung unter Mitwirkung der Schulsozialarbeit misslingen kann. Die »Lösung« für das Problem, dass sich die Abgrenzung zwischen den Berufen nicht funktional lösen lässt, führt im einen Fall zu einer Formalisierung (Schweigepflicht), in der

---

[14] Die Vorstellung einer Verschärfung von Problemen, etwa von Verhaltensauffälligkeiten auf der Schülerseite (die besonders häufig als Begründung für Schulsozialarbeit angeführt werden; vgl. Neuenschwander, Iseli & Stohler 2007), und von Schulsozialarbeit als Ressource und Versuch der Problemlösung auf der Seite der Ressource greift zu kurz, weil dadurch Veränderungen im Gesamtgefüge der Institution ausgeblendet werden, wie etwa die systematische Entwertung der Lehrerrolle über deren Unterwerfung in der Hierarchie der Organisation, Elternmitbestimmung und nicht zuletzt durch die Einführung der Schulsozialarbeit selber.

die Abgrenzung so klischiert ist, dass keiner der Beteiligten in der Lage ist, die eigene Rolle zu halten und wahrhaftig aufzutreten, um Ressourcen für eine Bearbeitung der Spannung freizusetzen. Im zweiten Fall, beim Gespräch mit dem Schulleiter, wird das Problem der Abgrenzung so transformiert, dass die biografischen und rollenbedingten Differenzen verschwinden und stattdessen das Problem der Über- und Unterordnung die Interaktion strukturiert. Die Spannung wird gleichsam gedreht, von der funktionalen Dimension in die Dimension der Hierarchie, auf der jegliche Möglichkeiten einer Bearbeitung ausgeschlossen sind, sodass einzig Latenthalten und Spannungstransfer bleiben.

Die Konzeption der Schule als komplexe Struktur widersprüchlicher und auf unterschiedlichen Ebenen angesiedelter Funktionen erfordert ein Verständnis von Schule, das durch den klassischen Begriff der Organisation als zweckrationaler Struktur nicht eingeholt werden kann. Schule hat zwar eine Organisation, wobei durchaus eine formale und eine informelle Ebene unterschieden werden können. Um in den Analysen die latente Ebene und deren Sinngehalte systematisch zu führen und in Bezug zur manifesten Ebene zu setzen, muss sie jedoch als gesellschaftliche *Institution* gefasst werden.[15] Institutionalisierungsprozesse sind Vorgänge, an denen unterschiedliche gesellschaftliche Kräfte und entsprechende gesellschaftliche Interessen im strategischen Feld staatlicher Regelungen wirksam werden.[16] Damit sind die allgemeinen Interessen nicht einfach eliminiert, sondern sie bleiben als Anspruch bestehen und haben zuweilen auch faktisch entsprechende Effekte. Institutionen dürfen jedoch nur in dem Maß als Ausdruck eines allgemeinen Interesses verstanden werden, als dieses auch tatsächlich in die Institutionalisierungsprozesse einfließen kann.[17] In sozialpolitischer Hinsicht kommt der Betonung der Kooperation eine wichtige Bedeutung für die Abwehr der Option teilautonomer Subsysteme zu. In diesem Zusammenhang ist die von Baier referierte Einschätzung von Stefan Müller bedeutsam: Veränderungen der Rahmenbedingungen und der Strukturen wie die Einführung von Schulleitungen, der Grundstufe, neuer Formen sonderpädagogischer Modelle und die verstärkte Förderung von Integrationsprojekten haben die Einführung von Schulsozialarbeit begünstigt, wenn nicht sogar erst ermöglicht (Baier 2008, S. 93). Dies deutet darauf hin, dass beim Institutionalisierungsprozess der Schulsozialarbeit Tendenzen der Entdemokratisierung der Schule[18] eine wichtige Rolle spielten. Als

---

[15] Zur analytischen Unterscheidung von Institution und Organisation vgl. Hoffmann-Nowotny 1980.
[16] Vgl. dazu Nicos Poulantzas' Analyse des Nationalstaats als eine Desorganisation des allgemeinen Interesses (Poulantzas 1978) und deren Bedeutung für die Sozialpolitik, wie sie von Martin Graf (1996) herausgearbeitet worden ist.
[17] Dies erfordert direktdemokratische Prozesse, die sicherstellen, dass die Heterogenität der gesellschaftlichen Erfahrung in die Institutionalisierungen einfließen kann.
[18] Vgl. für eine Analyse der gegenwärtigen Reformprozesse Graf & Graf 2008.

dritte These lässt sich somit formulieren, dass die Kooperation gleichsam als Platzhalter an einer Leerstelle steht, der die Aufgabe der Legitimation als Eigenschaft der Institution von vornherein als bereits erfüllt erscheinen lässt. Kooperation wird damit zur leeren Hülse, der Handlungsentwurf der Legitimation bleibt klischiert und damit der bewussten Verfügung zur Gewinnung von Handlungsoptionen entzogen. Dies erklärt auch, weshalb sich im Material keine realen Versuche in Richtung kommunikativer Klärungen finden: Die Chancen dafür sind strukturell gering und hängen weitgehend an den Personen. Versuche, dem Problem mit bloß verstärkten Professionalisierungsbemühungen beizukommen, drohen daran zu scheitern, dass der Kooperationsmythos Teil des Professionalisierungsprogramms geworden ist (zur Frage der Ausbildung von Schulsozialarbeiter/innen vgl. Vogel 2009).

Die Thematik der Kooperation erhielt in der Debatte um Schulsozialarbeit erst ungefähr Mitte der 1990er-Jahre den heutigen Stellenwert, sodass sich ein entsprechendes normatives Credo entwickelte.[19] Parallel zum sich herausbildenden Bekenntnis zu Kooperation wurde jene normative Orientierung in den Hintergrund gedrängt, die bei der nominellen Einführung von Schulsozialarbeit im deutschsprachigen Raum eine wichtige Rolle spielte: die Chancengleichheit (Abels 1971). Das Bildungssystem war in der Sättigungsphase des vergangenen Zyklus gesellschaftlichen Wandels der Ort, wo Gerechtigkeitsforderungen pointiert und in gesellschaftlich relevanter Weise gestellt wurden (Bornschier 1988). Die Argumentationsfigur der Chancengleichheit enthält und verdeckt zugleich die Reproduktionsfunktion: Sie enthält die Gleichheitsidee und zugleich die Idee der Begrenzung der Chance auf Gewinne auf eine kleine, privilegierte Gruppe (Lamprecht 1991). Damit war die gesellschaftliche Differenzierung von Sozialisationsprozessen ins Bewusstsein gerückt worden, ein Aspekt, der im Zuge der Thematisierung der »Modellfrage« in der Schulsozialarbeit in den späten 1980erund 1990er-Jahren und damit zusammenhängend mit der normativen Aufladung der Kooperation in die Latenz abgedrängt wurde. Als *vierte These* lässt sich somit formulieren, dass die Betonung der Kooperation mit dem Ignorieren der sozialen Differenzen in der Schülerschaft bzw. in der Gesellschaft und damit mit einer Entpolitisierung der Schulsozialarbeit einhergeht. Die von Drilling vorgeschlagene Definition zeigt exemplarisch an, wie diese Tendenz jeglichen Gehalt

---

[19] So trug ein Beitrag im Jahr 1982 noch den Titel »Konflikt oder Kooperation. Wie Lehrer und Schulsozialarbeiter miteinander umgehen« (Gottschalk-Scheibenpflug 1982), und 1984 erschien eine einschlägige Publikation mit dem Titel »Schulsozialarbeit zwischen Konflikt und Akzeptanz« (Faulstich-Wieland & Tillmann 1984). 1986 publizierte Salustowicz eine Aufsatzsammlung zur Kooperationsproblematik, die das Thema schon für den damaligen Diskurs und erst recht für den heutigen in geradezu ungewohnt analytischer Weise bearbeitete (Salustowicz 1986)

und damit auch jeglichen Sinn austreibt, wenn Drilling als Ziel für die Schulsozialarbeit formuliert, »(...) Kinder und Jugendliche im Prozess des Erwachsenwerdens zu begleiten, sie bei einer für sie befriedigenden Lebensbewältigung zu unterstützen und ihre Kompetenzen zur Lösung von persönlichen und/oder sozialen Problemen zu fördern« (Drilling 2001, S. 95). Der Verlust eines gehaltvollen Begriffs von Gesellschaft hat unmittelbar Konsequenzen für die sozialpädagogische Inanspruchnahme der inneren Differenzierung der Institution. Diese wird nicht als eine Ressource wahrgenommen, welche die Chance beinhaltet, für unterschiedliche Sozialisationsgeschichten Normalitäten zu schaffen. Genau dies ist dem Schulsozialarbeiter in der oben dargestellten Situation mit der Mädchengruppe nicht gelungen, weil er die Differenz zum Lehrer geleugnet hat.

Eine kritische Betrachtung der Sozialisationsprozesse in der Schule zeigt, dass dort nicht nur ge-lernt, sondern auch ver-lernt wird. Die Gleichbehandlung von Schüler/innen von der »Stunde null« der Einschulung weg trifft auf große Ungleichheiten in den Voraussetzungen, mit denen die Schüler/innen in die Schule eingetreten sind. So kommt es systematisch bei Schüler/innen mit weniger privilegierter familiärer Herkunft zu Enteignungen der Erfahrungen, deren Sinngehalte an jene sozialen Kontexte gebunden sind, die sich in ihrer Struktur von den schulischen unterscheiden. Martin Graf hat Enteignungen an der eigenen Geschichte, an den Interessen, an der Sprache, an der Subjektivität und am Körper analysiert (Graf 1988). Auf der anderen Seite lässt die Schule regelmäßig Bildungsprozesse zu, auch wenn diese traditionellerweise einer privilegierten Schicht vorbehalten waren. Bildung richtet sich gegen Enteignungsprozesse und strebt die Überwindung von Abhängigkeitsverhältnissen zugunsten von individueller Autonomie und Mündigkeit an. Mit der Sozialpädagogik hat historisch ein Prozess eingesetzt, in dem sich die Universalisierung der Anforderung nach jener individuell verantworteten Selbststeuerung ausdrückt, die als Privileg des besitzenden Bürgertums entstanden ist (Graf 1996). Als *fünfte These* zu einer an diese evolutionären Prozesse anschließenden Schulsozialarbeit lässt sich somit formulieren, dass sie sich an der Ermöglichung und Förderung von Bildungsprozessen orientieren muss und dass den Ansatzpunkt dafür die Enteignungsprozesse bilden, die systematisch ins Bildungssystem eingeschrieben sind. Dabei kann es keineswegs um eine generelle Vermeidung derjenigen Prozesse gehen, die zu Enteignungen führen (was in letzter Konsequenz zu einer Auflösung der Institution führen würde), sondern es geht darum, die Erfahrungsgehalte, die enteignet werden oder von Enteignung bedroht sind, gewissermaßen in die Institution hinein zu »übersetzen«. Auf diese »Übersetzungsarbeit« wird weiter unten unter den Begriffen der Resymbolisierung und des gesättigten Diskurses noch zurückzukommen sein. Im oben analysierten Material zeigte sich deutlich die Enteignung der Mädchengruppe, die dadurch vollzogen wurde, dass es nicht dazu gekommen ist, deren Notlage zur Kenntnis zu nehmen und diese als Hinweis für eine (im Detail zu entschlüsselnde) Enteignungsproblematik zu begreifen. Bildungs- und Enteignungsprozesse sind über die Gesellschaft ungleich verteilt. Diese Ungleichheit bildet sich im Bildungssystem ab, indem die Sozialisationsfunktion von den unteren Bildungsstufen nach oben »dreht«, das heißt, der Modus der Sozialisation ändert sich beim Durchlaufen des Bildungssystems:[20] In den unteren Bildungsstufen wird primär die Anpassung und das Einfügen in Abhängigkeitsverhältnisse gefördert und bereits gewonnene Autonomie tendenziell enteignet, während sich das Verhältnis in den höheren Stufen des Bildungssystems umkehrt: Hier steht zunehmend die Förderung der Autonomie und die Relativierung der Tradition im Zentrum, weil es um Erkenntnisgewinn und Innovation geht. Individuelle Bildungsprozesse erhalten deshalb in diesem Bereich zunehmend an Bedeutung gegenüber bloßer Enkulturation und Erziehung. Eine an Bildungsprozessen orientierte Schulsozialarbeit muss sich deshalb auch bei der Arbeit in den unteren Stufen des Bildungssystems an den Logiken der obersten Stufen orientieren: eine wissenschaftliche Orientierung, nicht im Sinne des Wissenschaftsbetriebs, sondern der Erkenntnisorientierung und der produktiven Weigerung, die aktuelle Erfahrung unter die tradierten Kategorien zu subsumieren. Daraus lässt sich als eine *sechste These* ableiten, dass eine Kooperation, die sich an institutionalisierten Formen orientiert und die Autonomie der einzelnen Akteure zugunsten einer vermeintlichen Förderung von Zusammenarbeit beschneidet, den Legitimationsprozessen in der Schule abträglich ist. Oder umgekehrt formuliert: Wenn Bildungsprozesse zugelassen werden sollen, so erfordert dies zuweilen die Verletzung von Prinzipien der Kooperation oder anderer institutionalisierter Normen. Im oben analysierten Fall des »Schweigeverbots« ist es das Fehlen der Autonomie auf der Seite des Schulsozialarbeiters, das verhindert, dass die Enteignungen der Schülerinnen thematisiert werden können.

Über Enteignungsprozesse werden bestimmte Erfahrungen unbewusst gemacht, das heißt, sie wirken in der Latenz der Institution. Sie müssen an Symptomen abgelesen und über einen zweiseitigen hermeneutischen Prozess erschlossen werden. Grundsätzlich lassen sich entsprechend der sozialen Differenzierung einer Gesellschaft unterschiedliche Enteignungsproblematiken und damit auch unterschiedliche Muster von Unbewusstmachungen unterscheiden. Mario Erdheim (1982) hat dies anhand verschiedener Typen von Adoleszenzverläufen gezeigt. Die gesellschaftliche Dynamik wird je nach sozialem Ort in unterschiedlichem Maß abgebremst, was sich als »Abkühlung« bzw. als »Erhitzung« der

---

[20] Die Konzeption der Sozialisation als eine »drehende Funktion« stammt aus frühen Arbeiten von Martin Graf zur Schule, ist aber bisher nicht publiziert worden.

Kultur[21] manifestiert. Der Anteil der gesellschaftlichen Erfahrungen, die bewusst vorhanden sind und argumentativ zur Verfügung stehen, bestimmt das Potenzial zur Innovation. Demgegenüber begrenzen Machtdifferenziale und Herrschaftsstrukturen eine ständige Infragestellung des Tradierten und damit die entsprechende Dynamisierung. Dissens, Konflikte und in der Folge Auseinandersetzungen sind Ausdruck von Dynamisierungen, während die Vermeidung und damit die Latenthaltung und Unterdrückung von divergenten Erfahrungen Ausdruck der Verhinderung von Wandel und der Reproduktion des Tradierten sind. Die gegenläufige Bewegung dazu sind Bildungsprozesse. Sie treten dort auf, wo eine Reflexion auf die vergangenen Erfahrungen, die in der Kultur tradiert sind, stattfindet, sodass es nicht zu Unbewusstmachungen kommen muss oder diese gar rückgängig gemacht werden.[22] Für eine Schulsozialarbeit, die an diese Prozesse der Dynamisierung angeschlossen ist, bedeutet dies, dass sie sich gegen Prozesse gesellschaftlicher Unbewusstmachung stellen und dafür einstehen muss, dass divergierende Erfahrungen in dem von ihr strukturierten sozialen Raum zugelassen sind. Damit verbunden sind unweigerlich Auseinandersetzungen und Konflikte, auch auf der Ebene der Institution. Schulsozialarbeit bedeutet dann eine »Erhitzung« der Kultur, die sich in punktuellen De-Institutionalisierungen bemerkbar macht: Gehalte, die in der gegebenen Institutionalisierung ausgeschlossen und dennoch in der Latenz der Institution vorhanden sind, manifestieren sich als Emergenten und liefern damit der Schulsozialarbeit gleichsam das Rohmaterial für ihre Analysen. Als *siebte These* lässt sich folglich formulieren, dass es gilt, Konflikte nicht einem Mythos der Kooperation zu opfern. Jede Institutionalisierung von Kooperation stellt eine Kühlmaßnahme der Schule dar, die notwendigerweise mit Unbewusstmachungsprozessen einhergeht. Schulsozialarbeit muss deshalb immer auch ein Stück weit Aufklärung der Schule über sich selbst sein.

Das Spiel zwischen Dynamisierung und Abkühlung in der Schule muss als ein sensibles Fließgleichgewicht verstanden werden, das durch die Akzeptanz gestützt wird, mit der die Prozesse des Ausschlusses bestimmter Erfahrungsgehalte – und damit die Enteignungen – rechnen können. Dem steht eine Tendenz zur Sicherung einer substanziellen Legitimität entgegen, die durch eben diese Enteignungen unter Druck gerät. Die Verschärfung der Ungleichheiten in der Gesellschaft zieht ein gigantisches Legitimationsproblem nach sich, das sich als eine induzierte Spannung in der Schule dadurch ausdrückt, dass deren Legitima-

---

[21] Erdheim verwendet hier die Unterscheidung von Claude Lévy-Strauss zwischen »heißen«, das heißt dynamischen, nach mit der Metapher einer Dampfmaschine charakterisierten Kulturen und »kalten«, statischen Kulturen, die Innovationen über komplizierte soziale Mechanismen minimieren.
[22] Vgl. zu diesem hier sehr abgekürzt wiedergegebenen Gedankengang Graf (1996), S. 64ff.

tion selber defizitär wird. In Schulen mit institutionalisierter Schulsozialarbeit kommt es regelmäßig zu Entflechtungen von Aufgaben in der Art, dass Funktionen, die zueinander in einem Widerspruch stehen, auf verschiedene Rollen verteilt werden. Diesen erwächst daraus vordergründig ein Gewinn in der Form einer Entlastung. Da sich die Spannungen zwischen den Funktionen erhöhen, nimmt der Aufwand zu, der für deren Bearbeitung nötig wäre. Zugleich verschlechtern sich die strukturellen Voraussetzungen für die Bearbeitung der Spannungen in der Binnenwelt der Schule: Die soziale Anerkennung der Rollenträger, das berufliche Prestige von Lehrpersonen sinkt. Die jüngeren Reformen der Volksschule in der Schweiz haben deren Autonomie zugunsten einer internen Hierarchisierung reduziert. Spannungen, die nicht bearbeitet werden, werden gewissermaßen unsichtbar, indem Konflikte gar nicht mehr erst auftreten (zum Beispiel gewisse Formen physischer Gewalt). Die Spannungen bleiben jedoch in der Latenz erhalten und behalten ihre Virulenz. Schulsozialarbeit ist zunächst Ausdruck dieser Legitimationsproblematik. Kooperation, dies die *achte These*, verdeckt die Probleme, die im Zusammenhang mit der internen Differenzierung der Schule und im Zusammenhang mit der internen Hierarchisierung der Organisation bestehen. Das Problem der Spannungsbearbeitung wird in eines der Kooperation umgemünzt. Diese wiederum wird zum Vehikel dafür, Spannungen latent zu halten und innerhalb des Systems zu verlagern oder zu exportieren (Vogel 2006). Die Interaktionssequenz mit dem Schulleiter macht deutlich, wie das in der Horizontalen liegende Problem der Klärung und des Einsatzes positionaler und rollenspezifischer Differenzen hinter dem Problem der Über- bzw. Unterordnung verschwindet.

Sollen hingegen die Spannungen in der Struktur identifiziert werden, ist ein Instrumentarium nötig, das es erlaubt, die Analyse der Kommunikation mit derjenigen der Struktur zu verknüpfen. Dadurch können Spannungen als solche wahrgenommen und deren Verschiebung durch die Institution beobachtet werden. Die einzelnen theoretischen Elemente lassen sich im Rahmen einer doppelten Hermeneutik des Sozialen (Vogel 2007) sowohl auf den eigenen als auch auf den fremden Kontext sowie auf die Kontextunterscheidung anwenden. Die erste Aufgabe der Schulsozialarbeit besteht darin, die Spannungspotenziale in der Schule und insbesondere auch in der Schulsozialarbeit selber sowie zwischen ihr und anderen Subsystemen der Schule zu identifizieren. Als *neunte These* ergibt sich daraus, dass nicht die Kooperation, sondern die Wahrnehmung und die erfolgreiche Bearbeitung von latenten und manifesten Spannungspotenzialen der Schulsozialarbeit als Referenz zu dienen hat. Die Analyse der Spannungspotenziale und -transfers ist die Voraussetzung für deren Bearbeitung, und dies bedeutet, dass unter Umständen auch durch den Verzicht auf Zusammenarbeit eine bestimmte Spannung bewusst bearbeitet werden kann.

Wenn von Spannungen die Rede ist, so entstammt der Begriff zunächst der soziologischen Strukturtheorie.[23] Hier wird er aber auch als Scharnier benutzt, um zwischen der Strukturperspektive und der Akteursperspektive eine Verbindung zu schaffen bis hin zur individuell-psychischen Ebene, indem postuliert wird, dass Spannungen nicht nur innerhalb von sozialen Systemen transferiert werden können, sondern auch zwischen diesen und der individuell-psychischen Ebene. In Anlehnung an die herkömmliche Unterscheidung zwischen Intra- und Inter-Rollenkonflikten (Wiswede 1977) können auch intrapsychische und interpersonelle Spannungen unterschieden werden. Zusätzlich können sie jedoch mithilfe des Konzepts des Spannungstransfers aufeinander bezogen werden: Durch eine Erhöhung der intrapsychischen Spannung von Individuen kann das soziale System entlastet werden. Und umgekehrt kann eine psychische Entlastung durch eine Belastung des Systems erfolgen. Die legitimatorische Leistung der Volksschule kommt wesentlich dadurch zustande, dass psychische und soziale Spannungen bei der Schülerschaft moderiert werden. Sie müssen in einer Bandbreite gehalten werden, innerhalb deren die institutionell gesetzten Ziele mit den legitimen verfügbaren Mitteln erreicht werden können (Merton 1968).[24] Die Moderation der Spannung bei der Schülerschaft basiert auf demselben Mechanismus wie der Spannungstransfer, indem die Institution bzw. das schulische Personal die eigenen interpersonellen oder intrapsychischen Spannungen gezielt erhöht oder reduziert, sodass für einzelne Schüler/innen bzw. für Gruppen, Schulklassen usw. im Gegenzug eine Entlastung oder eine Intensivierung der Spannungsmomente eintritt, je nachdem, auf welche Weise die Spannung im anderen Kontext (etwa der Schülerschaft) im konventionellen Bereich gehalten werden kann. In dem Maße, in dem Schulsozialarbeit in intrapsychische und interpersonelle Spannungen involviert ist und diese zu bearbeiten vermag, ist auch zu erwarten, dass die Wahrscheinlichkeit abnimmt, dass die Spannungen unkontrolliert auf die Schülerschaft durchschlagen. Dies gilt für Gruppenkonflikte bis hin zu psychischen Störungen.

Das Latenthalten der Spannungen ist die eine Möglichkeit. Sie führt in der Regel an dem Ort im System zumindest vordergründig, das heißt in der Wahrnehmung der Beteiligten, zu einer Entlastung. Tatsächlich kommt es dadurch jedoch zu einer Entwertung der betroffenen Rollen, zu einem Verlust an sozialer

---

[23] Anomische Spannungen bei Merton (1968), strukturelle und anomische Spannungen bei Heintz (1968).

[24] Vgl. zum Beispiel die Leistungsanforderung im Unterricht oder beim Spiel auf dem Pausenplatz: Nur wenn die Spannung zwischen den Mitteln und den Zielen nicht zu hoch und nicht zu gering ist, kann sie produktiv werden im Sinn eines legitimen Erwerbs eines gesellschaftlich zentralen Status (Schulleistung, Sieg). Jenseits dieser Bandbreite kommt es zu einer Entwertung der zentralen Statuslinien und zu einer Orientierung an anderen Dimensionen.

Anerkennung und Prestige, wobei diese Prozesse spontan nicht in Verbindung mit dem Entlastungseffekt gestellt werden, im Gegenteil: Es kann leicht zu einem schismogenetischen Prozess (Bateson 1981) kommen, da die empfundene Belastung höher wird, je geringer die Ressourcen zu ihrer Bewältigung sind. In der Umkehrung ergibt dies, dass dort, wo das nötige Prestige fehlt, die Spannung latent gehalten werden muss, wenn das Gleichgewicht erhalten bleiben soll. Dies trifft im oben präsentierten Beispiel sowohl für den Schulleiter als auch für den Schulsozialarbeiter zu. Sollen Spannungen nicht latent gehalten werden und soll vermieden werden, dass sie im System transferiert werden, so muss das geschehen, was hier als Spannungsbearbeitung bezeichnet wird: ein kommunikativer Prozess, mit dessen Hilfe aus der Institution Ausgeschlossenes, das heißt latent gehaltenes Wissen oder unbewusste Anteile, in eine symbolische und argumentative Form gebracht und in die Kommunikation eingeführt wird. Schulsozialarbeit, die an der Bearbeitung von Spannungen orientiert ist, kann sich deshalb nicht an die Institution bzw. an die institutionalisierten Hierarchien (z.B. Schulleitungen) anlehnen, sondern muss diese wie auch sich selber immer zum Gegenstand ihrer Analyse machen. Dadurch gerät sie systematisch selber in ein Spannungsverhältnis zur Institution. Die Spannungsbearbeitung orientiert sich methodisch am Konzept des »gesättigten Diskurses« (Graf 1996, S. 185ff.): Ziel ist, dass jene Gehalte in die Verständigung eingeführt werden, die bisher aufgrund situativer und biografischer Exkommunikationsmechanismen latent geblieben sind. Dadurch werden aus dem Diskurs ausgeschlossene Erfahrungen graduell als Argumente in die konkrete Diskussion (wieder) eingeführt. Sie stehen dann zur Verfügung in Form von Wissensbeständen, sozialen Erwartungen und innerpsychischen Realitäten, die von den Beteiligten dazu genutzt werden können, die gegebenen Handlungsoptionen zu erschließen. Geleistet werden muss schließlich eine Vermittlung zwischen den widersprüchlichen Anforderungen, die sich durch eine Minimierung der Verzerrungen durch Machtdifferenziale auszeichnet. Jede in diesem Sinn erfolgreiche Spannungsbearbeitung erhöht das Prestige und die Legitimität der beteiligten Individuen und Gruppen. Für die Schulsozialarbeit lässt sich daraus als *zehnte These* formulieren, dass sie sich am Ziel der Erhöhung der diskursiven Sättigung ausrichten muss. Ob, inwiefern und mit wem dabei Kooperationen eingegangen werden müssen, ist dann eine Frage, die sich erst unter Bezugnahme auf die Analyse konkreter Exkommunikationen klären lässt.

In den konkreten Situationen in der Schule ist die Schulsozialarbeit immer damit konfrontiert, dass sie selber den Spannungen ausgesetzt ist, die sie zu bearbeiten hat. Dies zeigt sich allgemein daran, dass die erreichte diskursive Sättigung unter dem Niveau bleibt, das mit den zur Verfügung stehenden Ressourcen zu erreichen wäre. Deshalb ist eine fortlaufende Analyse der Kommunikation nötig, die sich zum einen auf Symbolisierungs-, Desymbolisierungs- und Resymbolisierungsprozesse (Lorenzer) und zum anderen auf das kommunikative Handeln beziehungsweise dessen Beschränkungen im Sinn von Verzerrungen in der Kommunikation (Habermas) bezieht. Für die Schulsozialarbeit ergibt sich daraus als *elfte These*, dass sie ihre Aufmerksamkeit auf Prozesse der Symbolisierung, Desymbolisierung und Resymbolisierung richten und Verzerrungen der Kommunikation im Kontext der Struktur analysieren muss.

3 Kooperation als Mythos

Mythen haben laut Klaus Eder eine integrative Funktion, indem sie soziale Ordnungen von der kulturellen Seite her stützen. Im Rahmen einer Perspektive langfristiger Entwicklungsprozesse gesellschaftlicher Ordnungen[25] löst der Typus der herrschaftlichen Integration, der durch Mythenbildung gekennzeichnet ist, den evolutionsgeschichtlich früheren der verwandtschaftlichen Integration ab, bei dem die kulturelle Reproduktion typischerweise auf Ritualen beruht. Und er geht, wiederum in der evolutionären Perspektive, einem Typus der Integration voraus, der erst in modernen kapitalistischen Gesellschaften auftritt. Eder spricht hier vom gesellschaftlichen Integrationstypus, der sich unter anderem dadurch auszeichnet, dass in der kulturellen Reproduktion die Mythenbildung durch wissenschaftliche Erkenntnisgewinnung abgelöst wird. In gegenwärtigen Gesellschaften lassen sich konkrete Prozesse der Herstellung, Aufrechterhaltung und Veränderung sozialer Ordnungen mithilfe dieser Typisierungen beschreiben, da alle im Evolutionsprozess entstandenen Formen rezent auftreten können (Eder 1977).

Die Institution der Schulsozialarbeit integriert sich gegenwärtig über einen Komplex der Kooperation. Mit diesem wurden und werden wohl immer noch Formen überwunden, welche noch keine reflexive Ebene ausgebildet haben. In diesem Sinne ist die Schulsozialarbeit dem Anliegen von Malinowski und Herriger (1981) gefolgt, sich »wider den blinden Pragmatismus aktueller Modellprojekte« zu stellen. Damals wurde durchaus eine wissenschaftliche Beschäftigung mit der Thematik auf die Agenda gesetzt, die jedoch bis heute nur in einer sehr begrenzten Weise verwirklicht worden ist. Die Frage, um die sich in den vergangenen Jahren der Expansion des Praxisfeldes Forschungen und Evaluationen gruppiert haben, ist die der Wirkungen bzw. der Wirksamkeit von Schulsozialarbeit. Die Wirkungs*weisen* sind dabei weitgehend aus dem empirischen Fokus verschwunden, und die Prozesse, an denen die Schulsozialarbeit in der Schule

---

[25] Eder nimmt eine Zeitspanne der Entwicklung sozialer Ordnungen in den Blick, die von den frühen Stammesgesellschaften bis zu denjenigen reicht, die in aktuellen Gesellschaften des fortgeschrittenen Kapitalismus auftreten.

beteiligt ist, sind kaum untersucht. So kann denn auch nicht erstaunen, wenn unbesehen Schulsozialarbeit in völlig unterschiedlichen gesellschaftlichen Kontexten implizit als ein und dasselbe Phänomen betrachtet wird. Mit anderen Worten, es ist zwar viel über Wirksamkeit und über Wirkungen von Schulsozialarbeit geforscht worden (Speck 2010), aber wenig darüber, wie es zu den untersuchten – und allenfalls noch weiteren – Wirkungen kommt. Inwiefern die Zusammenarbeit tatsächlich eine zentrale Rolle spielt und worin diese besteht, dazu liegen empirisch keine schlüssigen Antworten vor. Die Befunde der von mir durchgeführten Fallstudie geben Anlass zu theoretischen Überlegungen, welche die Interaktionen der Akteure in Bezug sowohl zur Kommunikation als auch zu den Strukturen setzen, unter denen diese stattfinden bzw. scheitern. Dadurch rücken das Selbstverständnis der Schulsozialarbeit und die Möglichkeit von Selbstmissverständnissen sowie die konkreten Handlungsvollzüge und die institutionalisierten Praktiken verstärkt in den Fokus. Und die normativen Fragen können präziser gestellt werden. Es sind diese Aspekte, die parallel zur institutionellen Expansion der letzten Jahre gleichsam als eine Art »Blackbox« behandelt wurden, deren Inhalt nicht zuletzt mithilfe des Mythos der Kooperation einer empirischen Untersuchung weitgehend entzogen worden ist. Das Aufgeben dieses Mythos bedeutet eine Infragestellung des dominanten Modus, nach dem sich die Institution Schulsozialarbeit derzeit integriert: Die Vorstellung einer relativ einheitlichen Form der Institutionalisierung mit relativ gesicherten Effekten ist nicht vereinbar mit einer strukturbezogenen Analyse der Prozesse, die sich in der Schule beziehungsweise in der Schulsozialarbeit beobachten lassen. Hier wird vorgeschlagen, dass an die Stelle der normativen Aufladung von Kooperation eine Analyse der Prozesse der Klischierung und der Desymbolisierung treten muss, und zwar gilt dies sowohl für die wissenschaftliche Untersuchung als auch für die schulsozialarbeiterische Praxis: Es geht darum, die Phänomene, die auf der Ebene der Interaktion auftauchen, als Ausdruck der Struktur zu lesen, um die klischierten Handlungsentwürfe zu resymbolisieren und bewusst als Optionen zu führen. Die Frage, wie extern induzierte Spannungen in der Schule bearbeitet werden und welchen Beitrag die Schulsozialarbeit dabei leisten kann, schließt selbstverständlich die Möglichkeit der Kooperation mit ein, differenziert sie jedoch entscheidend aus: Nicht *ob* kooperiert wird, sondern was eine Kooperation bzw. Nicht-Kooperation für die Kinder und Jugendlichen bedeutet, die der Schule anvertraut worden sind, gilt es zu klären. Zu analysieren ist in diesem Sinn, worauf eine Zusammenarbeit bezogen ist, mit wem sie anzustreben ist und mit wem nicht. Dabei gilt es darauf zu achten, wohin sich dadurch die Spannungen im Gesamtsystem, das heißt innerhalb und außerhalb der Schule, verschieben. Vor diesem Hintergrund gilt es, sowohl prospektiv abzuschätzen, welche Chancen der Bearbeitung sich daraus ergeben bzw. welche Risiken in der Latenz gehaltene Spannungen bergen, als auch retrospektiv Rechenschaft über die Effekte abzulegen, sodass von hier aus die Frage nach den Wirkungen wieder neu gestellt werden kann.

Literatur

Abels, Heinz (1971): Sozialisation und Chancengleichheit. Differenzierte Erziehung am Modell der Schulsozialarbeit. Düsseldorf: Bertelsmann.
Baier, Florian (2008): Schulsozialarbeit. In: Schnurr, Stefan & Baier, Florian (Hrsg.): Schulische und schulnahe Dienste (S. 87–120). Bern: Haupt.
Bateson, Gregory (1981): Ökologie des Geistes. Anthropologische, psychologische und epistemologische Perspektiven. Frankfurt am Main: Suhrkamp [Originalausgabe: Steps to an Ecology of Mind. 1972].
Bauleo, Armando (1988): Ideologie, Familie und Gruppe. Zur Theorie und Praxis der operativen Gruppentechnik. Hamburg: Argument.
Bornschier, Volker (1988): Westliche Gesellschaft im Wandel. Frankfurt am Main: Campus.
Bornschier, Volker (Hrsg.) (1991): Das Ende der sozialen Schichtung? Zürcher Arbeiten zur gesellschaftlichen Konstruktion von sozialer Lage und Bewusstsein in der westlichen Zentrumsgesellschaft. Zürich: Seismo.
Bornschier, Volker (1998): Westliche Gesellschaft – Aufbau und Wandel. Zürich: Seismo.
Drilling, Matthias (2001): Schulsozialarbeit. Antworten auf veränderte Lebenswelten. Bern: Haupt.
Eder, Klaus (1977): Zum Problem der logischen Periodisierung von Produktionsweisen. Ein Beitrag einer evolutionstheoretischen Rekonstruktion des Historischen Materialismus. In: Jäggi, Urs & Honneth, Axel (Hrsg.): Theorien des historischen Materialismus (S. 501–523). Frankfurt am Main: Suhrkamp.
Erdheim, Mario (1982): Die gesellschaftliche Produktion von Unbewusstheit. Eine Einführung in den ethnopsychoanalytischen Prozess. Frankfurt am Main: Suhrkamp.
Faulstich-Wieland, Hannelore & Tillmann, Klaus-Jürgen (1984): Schulsozialarbeit zwischen Konflikt und Akzeptanz. München: Deutsches Jugendinstitut.
Gottschalk-Scheibenpflug, Johanna (1982): Konflikt oder Kooperation. Wie Lehrer und Sozialarbeiter miteinander umgehen. Tillmann, Klaus-Jürgen (Hrsg.): Schulsozialarbeit. Problemfelder und Erfahrungen aus der Praxis (S. 74–86). München: DJI.
Graf, Martin (1988): Schule als Ort der Strukturierung von Erfahrung und Bewusstsein. Unveröffentlichte Lizentiatsarbeit, Universität Zürich.
Graf, Martin A. (1996): Mündigkeit und soziale Anerkennung. Gesellschafts- und bildungstheoretische Begründungen sozialpädagogischen Handelns. Weinheim: Juventa.
Graf, Martin A. & Graf, Erich O. (1997): Der Angriff der Bildungselite auf die Volksbildung. Bildungssoziologische Anmerkungen zur aktuellen Reformdiskussion. Widerspruch, Nr. 33, 23–37.
Graf, Martin A. & Lamprecht, Markus (1991): Der Beitrag des Bildungssystems zur Konstruktion von sozialer Ungleichheit. In: Bornschier, Volker (Hrsg.): Das Ende der sozialen Schichtung? Zürcher Arbeiten zur gesellschaftlichen Konstruktion von

sozialer Lage und Bewusstsein in der westlichen Zentrumsgesellschaft (S. 73–96). Zürich: Seismo.
Graf, Martin A. & Graf, Erich O. (2008): Schulreform als Wiederholungszwang. Zur Analyse der Bildungsinstitution. Zürich: Seismo.
Habermas, Jürgen (1981): Theorie des kommunikativen Handelns. 2 Bände. Frankfurt am Main: Suhrkamp.
Harvey, David (2007): Kleine Geschichte des Neoliberalismus. Zürich: Rotpunktverlag.
Heintz, Peter (Hrsg.) (1968): Einführung in die soziologische Theorie. Stuttgart: Enke.
Heintz, Peter (1968): Strukturelle und anomische Spannungen. In: Heintz, Peter (Hrsg.) (1968): Einführung in die soziologische Theorie (S. 280–299). Stuttgart: Enke.
Heydorn, Heinz-Joachim (2004): Werke, Band 2. Studienausgabe. Bildungstheoretische und pädagogische Schriften 1967–1970. Wetzlar: Büchse der Pandora.
Heydorn, Heinz-Joachim (2004): Zum Verhältnis von Bildung und Politik. In: Heydorn, Heinz-Joachim (2004): Werke, Band 2. Studienausgabe. Bildungstheoretische und pädagogische Schriften 1967–1970 (S. 180–237). Wetzlar: Büchse der Pandora.
Hischier, Guido, Levy, René & Obrecht, Werner (Hrsg.) (1980): Weltgesellschaft und Sozialstruktur. Diessenhofen: Rüegger.
Hoffmann-Nowotny, Hans-Joachim (1980): Ein theoretisches Modell gesellschaftlichen und familialen Wandels. In: Hischier, Guido, Levy, René & Obrecht, Werner (Hrsg.): Weltgesellschaft und Sozialstruktur (S. 483–502). Diessenhofen: Rüegger.
Jäggi, Urs & Honneth, Axel (Hrsg.) (1977): Theorien des historischen Materialismus. Frankfurt am Main: Suhrkamp.
Lamprecht, Markus (1991): Möglichkeiten und Grenzen schulischer Chancengleichheit in westlichen Gesellschaften. In: Bornschier, Volker (Hrsg.): Das Ende der sozialen Schichtung? Zürcher Arbeiten zur gesellschaftlichen Konstruktion von sozialer Lage und Bewusstsein in der westlichen Zentrumsgesellschaft (S. 126–153). Zürich: Seismo.
Lorenzer, Alfred (1970): Sprachzerstörung und Rekonstruktion. Vorarbeiten zu einer Metatheorie der Psychoanalyse. Frankfurt am Main: Suhrkamp.
Lorenzer, Alfred (1977): Sprachspiel und Interaktionsformen. Vorträge und Aufsätze zu Psychoanalyse, Sprache und Praxis. Frankfurt am Main: Suhrkamp.
Malinowski, Peter & Herriger, Norbert (1981): Schulsozialarbeit oder sozialpädagogisch veränderte Schule? – Wider den blinden Pragmatismus aktueller Modellprojekte in der Schulsozialarbeit. In: Raab, Erich & Rademacker, Hermann (Hrsg.) (1981): Schulsozialarbeit. Beiträge und Berichte von einer Expertentagung (S. 84–87). München: DJI.
Merton, Robert K. (1968): Social Theory and Social Structure. New York: The Free Press.
Neuenschwander, Peter, Iseli, Daniel & Stohler, Renate (2007): Bestandesaufnahme der Schulsozialarbeit im Kanton Bern. Bern: Berner Fachhochschule.
Olk, Thomas & Speck, Karsten (Hrsg.) (2010): Empirische Befunde zur Schulsozialarbeit. Stand und Perspektiven. Wiesbaden: VS Verlag für Sozialwissenschaften.
Otto, Ulrich & Bauer, Petra (2005): Kooperationsprobleme in der Schulsozialarbeit. Zeitschrift für Sozialpädagogik, Jg. 3, Heft 1, 11–36.
Pötter, Nicole & Segel, Gerhard (Hrsg.) (2009): Profession Schulsozialarbeit. Wiesbaden: VS Verlag für Sozialwissenschaften.

Poulantzas, Nicos (1978): Staatstheorie: Politischer Überbau, Ideologie, Sozialistische Demokratie. Hamburg: VSA.
Raab, Erich & Rademacker, Hermann (Hrsg.) (1981): Schulsozialarbeit. Beiträge und Berichte von einer Expertentagung. München: DJI.
Ruesch, Jürgen & Bateson, Gregory (1995): Kommunikation. Die soziale Matrix der Psychiatrie. Heidelberg: Carl Auer.
Salustowicz, Piotr (1986): Schulsozialarbeit – ein Plädoyer für eine verlorene Sache? Kritische Aufsätze zu der Frage der Kooperation zwischen Jugendhilfe und Schule. Darmstadt: Verlag für wissenschaftliche Publikationen.
Schnurr, Stefan & Baier, Florian (Hrsg.) (2008): Schulische und schulnahe Dienste. Bern: Haupt.
Schnurr, Stefan & Baier, Florian (2008): Einleitung: Schulische und schulnahe Dienste. In: Schnurr, Stefan & Baier, Florian (Hrsg.): Schulische und schulnahe Dienste (S. 9–24). Bern: Haupt.
Speck, Karsten (Hrsg.) (2010): Forschung zur Schulsozialarbeit. Stand und Perspektiven. Weinheim: Juventa.
Speck, Karsten & Olk, Thomas (2010): Stand und Perspektiven der Wirkungs- und Nutzerforschung zur Schulsozialarbeit im deutschsprachigen Raum. In: Speck, Karsten (Hrsg.): Forschung zur Schulsozialarbeit. Stand und Perspektiven (S. 309–346). Weinheim: Juventa.
Tillmann, Klaus-Jürgen (Hrsg.) (1982): Schulsozialarbeit. Problemfelder und Erfahrungen aus der Praxis. München: DJI.
Vogel, Christian (2006): Schulsozialarbeit. Eine institutionsanalytische Untersuchung von Kommunikation und Kooperation. Wiesbaden: VS Verlag für Sozialwissenschaften.
Vogel, Christian (2007): Die Analyse von Interaktion und Kommunikation in der Forschungs- und Berufspraxis der Sozialen Arbeit. Schweizerische Zeitschrift für Soziale Arbeit, Heft 2, 23–40.
Vogel, Christian (2009): Ein Modell zur Akademisierung der Ausbildung von Schulsozialarbeiterinnen und Schulsozialarbeitern. In: Pötter, Nicole & Segel, Gerhard (Hrsg.): Profession Schulsozialarbeit (S. 105–120). Wiesbaden: VS Verlag für Sozialwissenschaften.
Vogel, Christian (2010): Die Kooperationsproblematik in der Schulsozialarbeit als Ausgangspunkt für Demokratisierungsprozesse. In: Olk, Thomas & Speck, Karsten (Hrsg.): Empirische Befunde zur Schulsozialarbeit. Stand und Perspektiven (S. 239–253). Wiesbaden: VS Verlag für Sozialwissenschaften.
Winkler, Michael (2006): Bildung mag zwar die Antwort sein – das Problem aber ist Erziehung. Drei Thesen. Zeitschrift für Sozialpädagogik, Jg. 4, Heft 2, 182–201.
Wiswede, Günter (1977): Rollentheorie. Stuttgart: Kohlhammer.

Risikoentwicklungen bei Schülerinnen und Schülern frühzeitig erkennen und intervenieren
Evaluationen von Pilotprojekten in der Deutschschweiz

Caroline Müller, Christoph Mattes, Jutta Guhl und Carlo Fabian

Früherkennung und Frühintervention wird in der Schweiz primär als strukturorientierter Präventionsansatz auf den Ebenen Gemeinde und Schule implementiert und stetig weiterentwickelt. Gewachsen ist der Ansatz aus der Suchtprävention. Das Ziel bestand zunächst nur darin, Suchtentwicklungen frühzeitig zu erkennen. Nach ersten Projekterfahrungen wurde das Konzept ausgeweitet auf das Erkennen und Bearbeiten von jeglichen Symptomen und Manifestierungen von Risikoentwicklungen (Suchtmittelkonsum, psychische Störungen, Delinquenz, Gewalt usw.). Die Implementierung von Früherkennung und Frühintervention findet im Rahmen verschiedener Projekte statt, die durch Bund, Kantone und Gemeinden finanziert werden. Die Hochschule für Soziale Arbeit der Fachhochschule Nordwestschweiz (HSA FHNW) hat vier Projekte evaluiert, die zum Ziel hatten, den Präventionsansatz in der Schule einzuführen.

Prävention, verstanden als Intervention mit dem Ziel, Krankheiten und Risikoentwicklungen zu verhindern, wird zum einen differenziert nach dem Zeitpunkt des Eingreifens, woraus die Unterscheidung in *Primärprävention* (vor dem Auftreten erster Auffälligkeiten und Symptome) und *Sekundärprävention* (bei ersten Auffälligkeiten und Symptomen eingreifen, um die akute Erkrankung abzuwenden) resultiert (vgl. Becker 1997, S. 517ff.; Caplan 1964). In dieser Differenzierung wird das Konzept der Früherkennung und Frühintervention als Sekundärprävention verstanden (Hafen 2005). So will man sich entwickelnde Risiken möglichst frühzeitig erkennen und ihnen mit entsprechenden Maßnahmen begegnen können. Zum anderen wird heute Prävention zunehmend nach Zielgruppen unterschieden. Während sich die universelle Prävention an die Gesamtpopulation richtet, unabhängig von deren Risiken, richtet sich die selektive Prävention an Gruppen mit erhöhtem Risiko und die indizierte Prävention an Individuen mit erhöhtem Risiko (Bundesamt für Gesundheit [BAG] 2006). Die Früherkennung ist eine mögliche Strategie zur rechtzeitigen Wahrnehmung von Anzeichen einer Risikoentwicklung und somit zur Identifizierung von Individuen oder auch Gruppen mit erhöhtem Risiko. Mit der Frühintervention werden frühzeitig Maßnahmen zur

Stabilisation und Verbesserung der Situation herbeigeführt. Sie orientiert sich dabei nicht nur an den Risiken, sondern auch an den Ressourcen, die den Menschen auch unter ungünstigen Umständen gesund erhalten.

Die im Folgenden dargestellten vier Projekte verfolgen alle das Ziel, Früherkennung und Frühintervention im Kontext Schule zu implementieren. Schulen sind aus mehreren Gründen ein geeigneter Ort, um diesen Präventionsansatz einzuführen und anzuwenden: Kinder und Jugendliche stehen in einer von Veränderungen geprägten Lebensphase, in der vielfältige Entwicklungsaufgaben bewältigt werden müssen; Schule ist ein zentraler Sozialisationsort im Kindes- und Jugendalter; in den Schulen können fast alle Kinder und Jugendlichen erreicht werden; in Schulen werden viele Problematiken der Kinder und Jugendlichen sichtbar und durch die enge und zeitlich intensive Beziehung zu den Lehrpersonen für diese wahrnehmbar.

Die Früherkennung und Frühintervention im Kontext Schule ist in vielen Fällen Aufgabe sowohl der Schule als auch der Jugendhilfe. Die Hauptakteure der Früherkennung in der Schule sind die Lehrpersonen. Die Akteure der Frühintervention sind je nach Risikosituation und unter Berücksichtigung der Rechtssituation (Mösch Payot & Rosch 2011) Lehrpersonen und Schulleitungen, aber in gleichem Maß auch Angebote der Jugendhilfe wie Schulsozialarbeit, Fachstellen der Suchtberatung, Vormundschaftsbehörden und viele mehr. Eine Kooperation zwischen Jugendhilfe und Schule ist somit unabdingbar.

Im vorliegenden Buchbeitrag wird die Früherkennung und Frühintervention aus der Perspektive der Jugendhilfe und somit der Sozialen Arbeit als Kooperationspartner der Schule betrachtet. Aus dieser Perspektive wird insbesondere auf die Zielsetzung des Früherkennungs- und Frühinterventionskonzepts sowie auf die Entwicklung von Schulhauskultur durch das Mitwirken der Sozialen Arbeit eingegangen.

Im ersten Kapitel wird die Verknüpfung von Gesundheitsförderung und Prävention mit der Sozialen Arbeit hergestellt. Darauf folgt eine Darstellung der vier evaluierten Projekte und der Methodik. Die Ergebnisse der Evaluationen werden thematisch wiedergegeben. Zu folgenden Themen werden Ergebnisse aus den Projekten dargestellt: Ziel und Ausrichtung der Konzepte, Entwicklung einer gemeinsamen Haltung, Instrumente der Früherkennung und Frühintervention, Wissen und Handlungssicherheit der Lehrpersonen, Partizipation von Schülerinnen, Schülern und deren Eltern, Kooperation von Schule und Fachstellen. Zum Abschluss werden die Ergebnisse mit der Frage nach den Schwierigkeiten eines solchen Präventionsansatzes und nach dem Nutzen für die Akteure der Schule und Jugendhilfe diskutiert.

1 Gesundheitsförderung und Prävention als Soziale Arbeit

Der Anknüpfungspunkt der Sozialen Arbeit zum Thema Gesundheit wird im Rahmen der Diskurse zur Sozialarbeitswissenschaft in der Anlehnung entweder an die Gesundheitspsychologie oder an die Theorien der Gesundheitswissenschaft bzw. die Diskussion um »Public Health« gesucht. Darüber hinaus gibt es vage Versuche, die Bestimmung einer Sozialarbeitstheorie zur Gesundheitsförderung durch ein »Verhältnis von Sozialer Arbeit und Gesundheit« zu beschreiben (Homfeld & Sting 2006). Einen Theoriebezug zur Sozialen Arbeit herzustellen, scheint jedoch nur durch eine rekonstruktive Betrachtung der Professionsgeschichte möglich, in der die Zusammenhänge zu den gesellschaftlichen Veränderungsprozessen aufgezeigt und hinsichtlich der Sozialen Arbeit gedeutet werden können (Kofler 1971; Mattes 2007; Münchmeier 1988).

Die Aufgabe der Sozialen Arbeit, die Gesundheit von Menschen in den Fokus ihrer Zuständigkeit zu nehmen, begründet sich im Korrektiv der Ausgestaltung der arbeitsteiligen industriekapitalistischen Gesellschaft. Die Gesundheit und die damit zusammenhängende Leistungsfähigkeit der arbeitenden Bevölkerung stellt seit der Industrialisierung eine wesentliche Grundlage der Lohnarbeit dar. Gleichzeitig entzogen die Entwicklung der arbeitsteiligen Gesellschaft und die Verwissenschaftlichung der Medizin den Individuen zunehmend die Verantwortung für ihren Körper und ihre Gesundheit. Die Gesundheitsförderung, unter anderem durch die Soziale Arbeit, zielt daher auf eine Wiederaneignung der Verantwortung für den eigenen Körper durch den Laien (Homfeldt & Sting 2006). Die Ottawa-Charta der Weltgesundheitsorganisation (WHO) definiert das Ziel von Gesundheitsförderung wie folgt: »Gesundheitsförderung zielt auf einen Prozess, allen Menschen ein höheres Maß an Selbstbestimmung über ihre Gesundheit zu ermöglichen und sie damit zur Stärkung ihrer Gesundheit zu befähigen« (WHO 1986).

Gesundheitsförderung und Prävention durch die Soziale Arbeit stellt auch eine Auseinandersetzung mit der Hegemonie der modernen Medizin für die Gesundheit der Individuen dar. Die Sozialsysteme der Industrienationen haben für den Gesundheitszustand der Bevölkerung überwiegend mehr oder weniger staatlich vorgegebene Versicherungssysteme hervorgebracht, in denen eine wechselseitige Kontrolle vonseiten der Versicherten, des Staates und der Anbieter medizinischer Leistungen stattfindet. Doch kann, bezogen auf die Gesundheitsversorgung, die Rolle der Medizin als Disziplin und Profession weiterhin als hegemonial gegenüber den übrigen Akteuren im Gesundheitsbereich bezeichnet werden. Der Prozess der Aneignung einer Teilzuständigkeit für das Gesundheitswesen durch die Soziale Arbeit seit den Achtzigerjahren des vergangenen Jahrhunderts ist zugleich eine Kritik dieser Hegemonialstruktur.

Gesundheitsförderung und Prävention im Rahmen der Zuständigkeit der Sozialen Arbeit gestaltet sich als interprofessionelle Kooperation verschiedener Gesundheitsdienste innerhalb sozialarbeitsrelevanter Settings, wie zum Beispiel Familie, Krankenhaus, Stadtteil oder Schule (Homfeldt & Sting 2006). Die Grundlage für eine solche interprofessionelle Kooperation ist ein ausgeweitetes Verständnis von Gesundheit. Diese wird nicht mehr nur als Nichtvorhandensein von Krankheit angesehen, sondern in komplexer Weise auf Lebensweisen bezogen (Hurrelmann 2001).

Der Fokus der sozialarbeiterischen Intervention im Sinne von Gesundheitsförderung und Prävention liegt in der Ressourcen- und Gemeinwesenorientierung. Historisch betrachtet, stand die sozialarbeiterische Interventionspraxis im Rahmen der Einzelhilfe, der Beratung und Begleitung hilfebedürftiger Menschen schon immer im Zeichen der Bewältigung von gesundheitsschädigenden oder -beeinträchtigenden Faktoren und zielte auf eine Verhaltensänderung einzelner Individuen. Neben das Ziel einer Verhaltensänderung trat in den vergangenen Jahrzehnten auch das einer *Verhältnis*änderung.

Inzwischen richtet sich Gesundheitsförderung und Prävention nicht mehr nur auf die Veränderung der zwei Zielorientierungen (1) Verringerung und Vermeidung gesundheitlicher Risiken und (2) Vermehrung und Optimierung gesundheitlicher Ressourcen auf individueller und gesellschaftlicher Ebene, sondern sieht auch die Entwicklung von Lösungsstrategien zwischen individueller und gesellschaftlicher Ebene im Wesentlichen auf der Ebene des Gemeinwesens, der Förderung und Mobilisierung von Mitbestimmung und Ressourcenorientierung vor (Franzkowiak & Wenzel 2001).

Die Einbindung von Früherkennung und Frühintervention in das System der Kinder- und Jugendhilfe der Schweiz, im Besonderen in die schulnahen sozialen Dienste der Sozialen Arbeit, ist auch im Zusammenhang mit der häufig diskutierten Frage nach dem Verhältnis von Hilfe und Kontrolle in sozialarbeiterischen Hilfeangeboten zu sehen. Ausgehend von der in der Professionsgeschichte der Sozialen Arbeit immer wieder geäußerten Kritik, sie diene der Disziplinierung, ist auch das gegenwärtige Verständnis der Kinder- und Jugendhilfe aufgrund ihrer nahezu ausschließlich organisatorischen und verfahrenstechnischen Ausrichtung keinesfalls frei von helfenden und zugleich kontrollierenden Zusammenhängen und Absichten sozialarbeiterischer Interventionspraxen (Urban 2004). So stellt Urban fest: »Die gesellschaftliche Kontrollfunktion [der Sozialen Arbeit, Anm. der Autoren] wird zum Beispiel dann deutlich, wenn Jugendarbeit dazu aufgerufen wird, abweichendem Verhalten von Jugendlichen entgegenzuwirken« (a.a.O., S. 9). Somit stellt es aus der Sicht der Sozialen Arbeit eine Herausforderung dar, Früherkennung und Frühintervention an Schulen nicht in einer kontrollierenden Absicht, sondern in einer auf die Lebenslage und Bedürfnisse der Schülerinnen und Schüler ausgerichteten advokatorischen Funktion auszugestalten. Mit diesen Themen beschäftigt sich auch aktuell die Ethik der helfenden Berufe. So titelte Dallmann ein Referat zum Thema mit: »Fürsorgliche Belagerung – ethische Dilemmata der Früherkennung und Frühintervention«; er geht dabei unter anderem auch der Frage nach dem Verhältnis zwischen Hilfe und Kontrolle nach (Dallmann 2011).

2 Projekte der Früherkennung und Frühintervention in Deutschschweizer Schulen

In den folgenden Abschnitten werden in kurzer Form die vier Projekte mit ihren zentralen Merkmalen beschrieben, welche die Grundlage für die Ausführungen in diesem Buchbeitrag bilden.

2.1 Schule und Cannabis im Kanton Basel-Stadt (Basler Projekt)

»Schule und Cannabis. Regeln, Maßnahmen und Früherfassung« hieß das 2004 gestartete Basler Projekt mit einer Laufzeit von rund 18 Monaten. Durchgeführt wurde es in den vierzig Schulen der Sekundarstufen I und II im Kanton Basel-Stadt (Keller 2004). Alle Schulen waren zur Teilnahme am Projekt und somit zur Umsetzung verpflichtet. Anhand von fünf Zielen (1. Entwicklung einer pädagogischen Haltung im Kollegium, 2. Erstellung einer Cannabisregelung, 3. Integration der Cannabisprävention in den Unterricht, 4. Kooperation mit externen Fachstellen, 5. Stärkung der Elternfunktion) sollten die Schulen die Prävention stärken und die Früherfassung einführen. Das Projekt und die Ziele waren im Sinne eines Top-down-Ansatzes vorgegeben. Für die Umsetzung in den Schulen waren sogenannte »Schlüsselpersonen« zuständig, mit jeweils unterschiedlich starkem fachlichem Bezug und ausgestattet mit minimalen Ressourcen. Kantonale Fachstellen standen für eine Beratung oder für Elternabende zur Verfügung. Im Vergleich zu anderen Projekten waren jedoch der Einbezug von Fachstellen und Beratung durch diese Stellen eher marginal. Entsprechend der Anlage des Projekts, fand in den einzelnen Schulen keine Situationsanalyse und Bedarfsabklärung statt. Insbesondere die (zumindest im Projekttitel gegebene) Fokussierung auf den Cannabiskonsum war nicht für alle Schulen vordringlich und nachvollziehbar. Partizipation und Vernetzung waren im Projekt als wichtige Elemente vorgesehen.

2.2 Früherfassung in der Stadt Thun (Thuner Projekt)

Das Pilotprojekt der Stadt Thun »Schulsozialarbeit und Früherfassung« (Iseli 2004) beinhaltete zwei sich ergänzende, aber selbstständige Elemente: die Einführung der Schulsozialarbeit in drei Schulen der Primar- und Oberstufe und die Konzipierung und Implementierung der Früherfassung. Das Projekt dauerte drei Jahre (bis Mitte 2008), die Evaluation schloss Mitte 2007 ab. Der Projektteil »Früherfassung« wurde von den drei Schulsozialarbeitenden umgesetzt, die auch mit den entsprechenden zeitlichen Ressourcen ausgestattet waren. Die drei Schulen, die am Pilotprojekt »Schulsozialarbeit« teilnahmen, mussten auch ein Früherfassungskonzept entwickeln und umsetzen. In den einzelnen Schulen arbeiteten Teams mit, die aus Schulleitung, Lehrpersonen und weiteren Fachpersonen zusammengesetzt waren. Das gesamte Projekt wurde von der städtischen Verwaltung koordiniert und begleitet.

2.3 Früherkennung und Frühintervention in 14 Deutschschweizer Schulen (BAG-Projekt)

Im Rahmen des Aktionsplans Cannabisprävention des Bundesamtes für Gesundheit 2004 bis 2007 wurde das Projekt »Früherkennung und Frühintervention in der Schule« in 14 Deutschschweizer Schulen durchgeführt (Bundesamt für Gesundheit [BAG] 2004). Initiiert wurde das Projekt durch das Bundesamt für Gesundheit in Zusammenarbeit mit RADIX und der Hochschule für Soziale Arbeit Luzern. Die Teilnahme, mit finanzieller Unterstützung durch das BAG, war für die Schulen freiwillig. Im Zentrum stand die Bildung von Tandems aus Beratungspersonen (aus Schulsozialarbeit, Suchtprävention oder Organisationsentwicklung) und einem Team aus der Schule. Die Schulleitungen hatten jeweils die Projektleitung inne. Mit interessierten Lehrpersonen, der Beratungsperson und schulinternen Fachkräften wurden schulhausspezifische Steuergruppen gebildet. Die Beratungsperson unterstützte dabei die Schule bei der Entwicklung und Umsetzung eines auf den jeweiligen Standort zugeschnittenen Konzepts für Früherkennung und Frühintervention. Zwischen den 14 Schulen bestanden Unterschiede in der Ausgangslage, den Strukturen und den zur Verfügung stehenden Ressourcen, sodass trotz gemeinsamer Einbettung in das Gesamtprojekt die Umsetzung unterschiedlich, den gegebenen Rahmenbedingungen und Möglichkeiten entsprechend, gestaltet wurde. Eine gemeinsame fachliche Unterstützung erhielten alle teilnehmenden Schulen und Beratungspersonen durch das Schweizerische Netzwerk Gesundheitsfördernder Schulen von RADIX und die Hochschule für Soziale Arbeit Luzern. Das Projekt startete 2004 mit einer Gesamtlaufzeit von drei Jahren.

2.4 Früherkennung und Frühintervention im Kanton Thurgau (Thurgauer Projekt)

Das Projekt »Kantonales Netzwerk Früherkennung und Frühintervention: Unsere suchtmittelfreie Schule. Das Stufenmodell« im Kanton Thurgau, getragen durch die Perspektive Thurgau (Fachstelle für Suchtberatung und -prävention), hat eine Projektstruktur mit Projektleitung und Projektmitarbeitenden, verteilt auf die drei regionalen Fachstellen, eingerichtet (Van Grinsven 2005). Auch hier sind rund vierzig Schulen der Sekundarstufen I und II anvisiert, die Hälfte davon sollte freiwillig bis Mitte 2009 Früherkennung und Frühintervention eingeführt haben. Die Umsetzung sollte, ausgehend von einem bestehenden Stufenmodell, bedarfsgerecht und situationsspezifisch, unter intensiver fachlicher Begleitung durch die Projektmitarbeitenden geschehen. Das zweite zentrale Element des Projektes war die Etablierung eines Netzwerkes mit kantonalen und regionalen Fachstellen. Dieses sollte die einzelnen Schulprojekte unterstützen. Die Projektlaufzeit betrug drei Jahre (Projektende September 2009).

2.5 Gemeinsamkeiten und Unterschiede der vier Projekte

Die vier beschriebenen Projekte weisen zwei grundlegende Gemeinsamkeiten auf: Sie verfolgen das gleiche Ziel, nämlich die Einführung und Etablierung von Früherkennung und Frühintervention (respektive Früherfassung) im Kontext Schule, und sie wenden ähnliche zentrale Methoden an. Dies sind ein Interventionsmodell oder Stufenplan, nach dem die Beobachtung und Einleitung von Interventionen erfolgt, sowie die Vernetzung mit schulexternen Fachpersonen und Fachstellen.

Zwischen den Projekten sind jedoch auch wesentliche Unterschiede erkennbar. Sie sind in unterschiedlichen politischen und strukturellen Kontexten angesiedelt. Weiter sind die Ausgangslagen unterschiedlich: freiwilliges Mitmachen im Gegensatz zur Teilnahmepflicht. Entsprechend haben die Schulen, zumindest im Rahmen der Entwicklung und Umsetzung von Früherkennung und Frühintervention, einen unterschiedlichen Autonomiestatus. Die Hauptakteure sind je nach Projekt Lehrpersonen, Fachpersonen aus dem Bereich Prävention, Schulsozialarbeitende oder Schulleitungen mit mehr oder weniger starkem Bezug zum Thema. Ebenso bestehen Unterschiede bei den zur Verfügung gestellten Ressourcen (Zeit und Geld) und Fachkompetenzen. Die Herangehensweisen unterscheiden sich von Projekt zu Projekt hinsichtlich einer schulhausspezifischen Bedarfsabklärung (Situationsanalyse) und der Partizipation der wichtigen Akteure. Schließlich ist die Laufzeit der verschiedenen Projekte unterschiedlich angesetzt.

3 Fragestellungen und methodisches Vorgehen in den Evaluationen

3.1 Fragestellungen

Die vier durch die Hochschule für Soziale Arbeit der Fachhochschule Nordwestschweiz durchgeführten Evaluationen unterscheiden sich weniger in der übergeordneten Fragestellung als in den Detailfragen. Die übergeordnete Frage in allen Projekten lautete etwa so: »Leisten die Projekte einen Beitrag dazu, dass Früherkennung und Frühintervention eingeführt und umgesetzt werden können und somit den Schulen Wege und Mittel in einer Art und Weise zur Verfügung gestellt werden, dass sie im Bedarfsfall adäquat handeln können?« In der Evaluation zum Thuner Projekt lautete die Hauptfrage: »Wie wird die Früherfassung konzipiert und implementiert, und wie wird sie bewertet?« (Fabian et al. 2007, S. 13). Mehr auf die Prozesse bei Planung und Implementierung war das BAG-Projekt fokussiert: »Welches sind die hinderlichen und förderlichen Faktoren bei der Einführung von Früherkennung und Frühintervention in der Schule?« (Müller, Mattes & Fabian 2008, S. 10). Im Basler Projekt war die Themenstellung allgemeiner formuliert. Hier sollten Fragen zur Umsetzung, zu den Möglichkeiten und Grenzen sowie zum Nutzen des Projektes beantwortet werden (Fabian, Steiner & Guhl 2006, S. 15). Im Thurgauer Projekt standen die Fragen, wie weit die Promotion des Projekts an den Schulen gelang, ob und wie das Projekt auf Ebene der Schulhäuser umgesetzt wurde und ob eine Vernetzung der relevanten Akteure im Kontext Früherkennung und Frühintervention gelang, im Fokus (Steiner et al. 2009, S. 7). In diesem Projekt wurde überdies vor Projektstart eine umfassende Bedarfserhebung durchgeführt, bei der es unter anderem darum ging, den Bedarf der einzelnen Schulen an Konzepten mit einem Früherkennungs- und Frühinterventionscharakter abzuschätzen. Gleichzeitig diente die Bedarfserhebung dazu, die Haltungen und Anliegen bezüglich des Netzwerks aus der Sicht der Fachstellen, Behörden und Institutionen, die am kantonalen Netzwerk beteiligt sein sollten, zu ermitteln (Guhl & Fabian 2006).Wo sinnvoll, fließen auch die Ergebnisse der Bedarfserhebung hier ein.

In den anderen Projekten führten die teilnehmenden Schulen in der Regel eine – in Umfang und Differenzierung sehr unterschiedliche – schulhausspezifische Bedarfserhebung durch.

Die Unterschiede in den Detailfragen der Evaluationen resultieren aufgrund der unterschiedlichen Gestaltung und Umsetzung der Projekte, der jeweils projektspezifischen Kontexte und der Interessen der auftraggebenden Stellen (vgl. dazu die oben genannten Berichte).

3.2 Methodik

Methodisch wurde mit verschiedenen Elementen gearbeitet. In allen Evaluationen wurden folgende Erhebungen durchgeführt:

- Erfassung der Entwicklung und Implementierung der Früherkennungs- und Frühinterventionskonzepte anhand der in den Schulen oder bei den Projektträgern entstandenen Projektdokumente: Die Erfassung der Projekttätigkeiten (wie z.B. Erstellen von Konzeptpapieren, Elternabende, Weiterbildungen für Lehrpersonen, Interventionsleitfäden u.ä.) erwies sich überwiegend als schwierig. Zum einen war der Rücklauf mit Dokumenten und Berichten über die Projekttätigkeiten eher gering, zum anderen unterscheiden sich die Schulen darin, inwiefern und in welcher Ausführlichkeit sie ihren Projektverlauf dokumentieren. Somit konnte kein vollständiger Überblick, jedoch ein Einblick in die Entwicklung und Implementierung gewonnen werden.
- Standardisierte, schriftliche Befragungen an den Schulen: Im Basler, Thuner und im BAG-Projekt wurden Lehrpersonen zur Entwicklung, zu den Schwierigkeiten und zum Nutzen des Konzepts befragt: Abhängig von der Größe des Projekts, wurde eine Auswahl von Schulen für die Befragung ausgesucht (Basler Projekt und BAG-Projekt) oder wurden die Lehrpersonen aller teilnehmenden Schulen befragt (Thuner Projekt). Der Rücklauf war in allen drei Befragungen genügend bis gut: n = 74 bis 88, Rücklauf zwischen 32 und 77 Prozent. Im Thurgauer Projekt wurden flächendeckend alle Schulleitungen der Oberstufenschulen (n = 26; Rücklauf 53 Prozent) sowie die Fachstellen des Kantons (n = 15, Rücklauf 50 Prozent) befragt.
- Interviews mit Schulleitungen, Lehrpersonen sowie involvierten Fachstellen und Fachpersonen zur Frage nach den Gelingensbedingungen, Schwierigkeiten und dem Nutzen des Konzepts: Mit den zentralen Akteuren in den einzelnen Schulen und den Kooperationspartnern wurden leitfadengestützte Experteninterviews geführt und inhaltsanalytisch ausgewertet (Meuser & Nagel 1997).

Zusätzlich wurde im Basler Projekt auch eine Auswahl von Schülerinnen, Schülern und deren Eltern anhand eines kurzen Fragebogens befragt.

4 Ergebnisse

Die Evaluationen und die Bedarfserhebung ergaben eine Vielzahl detaillierter Daten, die hier nicht im Einzelnen dargestellt werden können. Stattdessen wird für das vorliegende Buchkapitel eine thematische Strukturierung gewählt, im Rahmen deren einzelne Ergebnisse und Erkenntnisse aufgenommen und diskutiert werden. Im Folgenden wird auf sechs Themen eingegangen: (1) Ziel und Ausrichtung der Konzepte, (2) Entwicklung einer gemeinsamen Haltung, (3) Instrumente der Früherkennung und Frühintervention, (4) Wissen und Handlungssicherheit der Lehrpersonen, (5) Partizipation von Schülerinnen, Schülern und deren Eltern und (6) Kooperation von Schule und Fachstellen.

4.1 Ziel und Ausrichtung der Konzepte: Hilfe oder Kontrolle?

Im Zusammenhang mit Früherkennung und Frühintervention im Kontext Schule werden zumeist zwei Zielsetzungen verfolgt. Als übergeordnetes Ziel von Früherkennung und Frühintervention wird in der Regel die Förderung des Wohlbefindens der Schülerinnen und Schüler und somit die Hilfe und Unterstützung genannt. Zum anderen wird regelmäßig auf der Ebene der Konzeptausgestaltung die Kontrolle und Durchsetzung von Regeln, zum Beispiel »kein Konsum von Suchtmitteln«, verfolgt. Generell muss zwischen diesen beiden Zielen kein Widerspruch vorliegen. Vielmehr ist davon auszugehen, dass zum Beispiel Suchtmittelfreiheit beziehungsweise der verantwortungsvolle Umgang mit Suchtmitteln zur Förderung des persönlichen Wohlbefindens beiträgt. Auch ist davon auszugehen, dass Suchtmittelfreiheit einen geordneten Unterricht fördert, was wiederum nicht nur das Wohlbefinden der Lehrpersonen, sondern auch das der Schülerinnen und Schüler begünstigt. In der konkreten Ausgestaltung kann zwischen beiden Zielsetzungen aber durchaus ein Spannungsverhältnis bestehen.

Eine interviewte Fachstellenmitarbeiterin beschreibt die unterschiedlichen Zielsetzungen wie folgt: »Die eine Sichtweise ist: Ein Lehrer hat vielleicht in der Klasse zehn schwierige Schüler und fragt: ›Wo kann man die hinschicken, dass sie geflickt werden? Die stören den Betrieb.‹ Die andere Sicht ist: Da hat es in einer Klasse zehn Jugendliche, denen geht es nicht gut, die brauchen Hilfe, und wenn die spüren: ›Ich brauche Hilfe, und da kann ich hin und mir helfen lassen, und ich bin motiviert, mir helfen zu lassen‹ – das ist eine ganz andere Ausgangslage« (Guhl & Fabian 2006, S. 28f.).

Früherkennung und Frühintervention im Kontext Schule steht häufig vor der Ausgangslage, dass Schulen insgesamt und Lehrpersonen im Konkreten einer Fülle von Belastungen ausgesetzt sind: Lehrpersonen klagen zum Beispiel über eine zeitliche Beanspruchung durch zahlreiche (verordnete) Schulentwicklungsprozesse, der Alltag in den Klassen ist häufig von Störungen und Provokationen geprägt. Zudem zeigte sich im Basler Projekt und in dem des BAG, dass nicht alle Lehrpersonen Prävention als primäre Aufgabe der Schule sehen. Prävention wird als »Privatsache« verstanden, beziehungsweise die Vermittlung von Fachwissen steht bei einzelnen Lehrpersonen, insbesondere der Sekundarstufe II, im Vordergrund (Fabian, Steiner & Guhl 2006, S. 44f.; Müller, Mattes & Fabian 2008, S. 48f.). In dieser Situation gilt es für die Initiatorinnen und Initiatoren von Früherkennungs- und Frühinterventionsprojekten zunächst, für ihr Konzept zu werben. Da liegt es nahe, Lehrpersonen zu überzeugen, indem ein klares Regelwerk und das Versprechen auf einen störungsärmeren Unterricht zum Bestandteil des Konzepts werden. Dadurch wird aus einer Maßnahme (z.b. Verhinderung bzw. Sanktionierung des Suchtmittelkonsums in der Schule), die zur Erreichung des übergeordneten Ziels der Gesundheitsförderung dienen soll, oft ein eigenes (Teil-)Ziel. Im Extremfall kann die Ausrichtung auf dieses (Teil-)Ziel sowohl für betroffene Schülerinnen und Schüler als auch für die Lehrpersonen der Schule eine zusätzliche Belastung bedeuten: für Schülerinnen und Schüler etwa über eine Zunahme von Stress (Verheimlichung des Konsums, Abwehr von Sanktionen); für Lehrpersonen, indem viel Energie auf die Durchsetzung der Regeln verwendet werden muss.

Früherkennungs- und Frühinterventionsprojekte bewegen sich hier häufig in mehrfachen Spannungsfeldern: Die Entwicklung einer Schulhauskultur, die Früherkennung und -intervention ermöglicht, ist in der Regel ein längerfristiges Ziel. Trotzdem müssen die Projekte auch Instrumente für das schwierige Hier und Jetzt anbieten. In der Folge müssen sie den Spagat leisten, einerseits Schulen mit den vielfältigen Herausforderungen nicht alleinzulassen und andererseits Früherkennung und Frühintervention nicht zu Kontroll- und Sanktionswerkzeugen werden zu lassen, wie das aus Überforderungssituationen heraus oft verlangt wird.

Ob zwischen den beiden Zielsetzungen, Hilfe und Steigerung des Wohlbefindens einerseits und Durchsetzung von Regeln andererseits, eine angemessene Balance besteht, lässt sich auch danach beurteilen,

- ob die vorgesehenen Interventionen nicht nur Sanktionen beinhalten, sondern auch Hilfen bieten, zum Beispiel den Suchtmittelkonsum zu reflektieren.
- ob das Konzept eine Trennung zwischen den unerwünschten Verhaltensweisen und der Schülerin bzw. dem Schüler selbst vornimmt: Werden »problematische« Schülerinnen und Schüler vom Unterricht ausgeschlossen, oder wird versucht, ihnen innerhalb des Kontexts Schule zu helfen?
- ob vor allem den Schulalltag störendes, externalisierendes Problemverhalten in den Blick gerät oder ob auch auf internalisierendes Problemverhalten (z.B. sozialer Rückzug, Essstörungen, Ritzen) geachtet wird.

Damit die Bedürfnisse der Schülerinnen und Schüler, ihr Wohlbefinden und die Prävention als Unterstützungsmaßnahme in den Fokus gelangen können, müssen die Akteurinnen und Akteure über entsprechende Ressourcen verfügen. Die Projekte müssen den Schulen also die nötige Zeit und das nötige Wissen zukommen lassen und sie mit Fachstellen vernetzen, an die bei Bedarf auch weiterverwiesen werden kann. In den Schulen selbst kann eine gemeinsam entwickelte Haltung und der Aufbau einer entsprechenden Schulhauskultur viel zur Entlastung der Lehrpersonen beitragen (u.a. Handlungssicherheit, Möglichkeit der kollegialen Intervision). Dies wiederum setzt in der Regel die Freiwilligkeit und Langfristigkeit des Projekts voraus.

Ein Früherkennungs- und Frühinterventionskonzept, welches das Wohlbefinden der Schülerinnen und Schüler in den Mittelpunkt stellen möchte, wird letztlich nicht umhinkommen, auch das Wohlbefinden der Lehrpersonen, der Schulleitung und weiterer Beteiligter in den Blick zu nehmen.

4.2 Entwicklung einer gemeinsamen Haltung

Bei der Einführung von Früherkennung und Frühintervention als neues Konzept wird eine gemeinsame Haltung, teilweise auch eine explizit *pädagogische* Haltung im Schulhaus respektive im Kollegium als Ziel oder als zu erarbeitende Basis formuliert.

Eine Haltung will zum Ausdruck bringen, wie die Schule als Institution und die dort arbeitenden Personen mit allfälligen Problematiken in Zusammenhang mit Suchtmitteln oder Suchtverhalten oder mit anderen Belastungen der Schülerinnen und Schüler umgehen wollen. Es geht auch um die Klärung, welche Rollen und Aufgaben in diesem Zusammenhang gelten und anzugehen sind. Vereinfacht gesagt, geht es um zwei zentrale Fragen: 1. Wollen die »Schulen« bei Problemen und Belastungen der Schülerinnen und Schüler hinschauen und handeln? 2. Fassen die Schulen ihren Auftrag als reinen Bildungsauftrag im Sinne einer Vermittlung des Lehrstoffes auf, oder geht es um die Förderung der Schülerinnen und Schüler in ihrer Entwicklung? Dabei gilt, dass für eine gelingende schulische Förderung die physische und psychische Gesundheit der Schülerinnen und Schüler möglichst gut sein sollte.

Im Basler Projekt, in dem die Entwicklung einer pädagogischen Haltung ein explizit formuliertes Ziel war, gaben bei der Evaluation die Hälfte der 18 verantwortlichen Schlüsselpersonen (meist Schulleitungen), die den Fragebogen ausfüllten, an, eine offizielle Haltung zum Cannabiskonsum[1] verabschiedet zu haben. Rund ein Viertel hatte eine solche in Planung. Das restliche Viertel hatte keine

---

[1] Im Basler Programm ging es explizit um Cannabis.

Haltung (Fabian, Steiner & Guhl 2006, S. 32). Bei sechs vertieft untersuchten Schulen zeigen die Ergebnisse, dass die Lehrpersonen hinsichtlich der pädagogischen Haltung ihrer Schule zum Teil recht unterschiedlich informiert waren. Rund die Hälfte der Lehrpersonen war der Meinung, dass in ihrer Schule eine gemeinsame Haltung existiere. Gleichzeitig waren mehrere Lehrpersonen derselben Schulen der Ansicht, dass keine solche Haltung bestehe, oder sie wussten es nicht. Es ist somit eine große Heterogenität unter den Aussagen der Lehrpersonen innerhalb der einzelnen Schulen erkennbar. Ein ähnliches Bild zeigt die Befragung der Lehrpersonen in der Evaluation des BAG-Projekts. Diese Unterschiede lassen sich nicht auf die Funktion der Lehrpersonen, also Fachlehrpersonen und Klassenlehrpersonen, zurückführen (Müller, Mattes & Fabian 2008, S. 10). Dies zeigt, dass es nicht genügt, ein solches Papier zu verabschieden, sondern dass ein strukturierter Prozess notwendig ist, damit eine bestimmte Haltung allen bewusst und klar wird und entsprechend in den Alltag integriert werden kann. Damit das gelingen kann, braucht es entsprechend Zeit. Immerhin: Dort, wo es eine Haltung gibt und diese bekannt ist, identifizieren sich die Lehrpersonen grundsätzlich recht stark damit (a.a.O., S. 36f.). Eine Aussage darüber, wie die formulierte Haltung im Schulalltag tatsächlich gelebt wird, ist jedoch nicht möglich.

Wie wichtig tatsächlich eine gemeinsame Haltung innerhalb eines Kollegiums ist, zeigen Ergebnisse aus der Evaluation des Thuner Projekts. Eine Aussage aus einem Interview dokumentiert eine interessante Position: »Wenn die Noten stimmen, (...) sie die Aufgaben zur richtigen Zeit machen, dann graben wir da nicht noch tiefer« (Fabian et al. 2007, S. 105). Diese Haltung einer der befragten Personen ist vermutlich nicht förderlich, um im Schulalltag eine gelingende Früherkennung oder gar Frühintervention leben zu können. Andererseits zeigt eine weitere Aussage, wie zentral eine klare Führung in diesen Prozessen ist: »Rein von der Haltung her, also dass der ganze Prozess von ›Wir wollen Früherfassung‹ und ›Was ist das überhaupt für uns‹ und ›Wir wollen als Schule frühzeitig hinschauen und frühzeitig intervenieren‹. Schon allein diese ganze Diskussion hätte von der Schulleitung angekurbelt werden müssen« (a.a.O., S. 106).

Wie förderlich der Prozess, im Kollegium gemeinsam eine pädagogische Haltung zu entwickeln, ist, zeigen Aussagen aus dem BAG-Projekt: »Wo sehr große Unterschiede waren, beim Umgang mit den schwierigen Schülern (...). Da sind wir jetzt mit dem Projekt wesentlich näher zusammengekommen und haben eine gemeinsame Linie gefunden.« Auch wird die Veränderung als »weg vom Einzelblick auf das Gesamte« beschrieben, was zu einem gemeinsamen Verantwortungsgefühl gegenüber Schülerinnen und Schülern führte (Müller, Mattes & Fabian 2008, S. 47).

Die gemeinsame Haltung bildet somit die Grundlage, Früherkennung und Frühintervention als gesamtschulisches Präventionskonzept anzuwenden und eine gemeinsame Linie auch in der Frage zu entwickeln, ob die Hilfe oder das Durchsetzen von Regeln im Vordergrund steht. Die Entwicklung einer gemeinsamen Haltung, die dann auch von allen geteilt und im Alltag gelebt werden kann, setzt eine konkrete Auseinandersetzung mit dem Thema voraus. Das kann in der Diskussion und der Auseinandersetzung mit den gemeinsamen Regeln oder durch die Bearbeitung eines konkreten Beispiels im Kollegium geschehen.

4.3 Instrumente der Früherkennung und Frühintervention

Alle untersuchten Projekte sehen bestimmte Vorgehensweisen oder den Einsatz bestimmter Instrumente (z.B. Stufenpläne und Interventionsleitfaden) bei der Erfassung von und der Reaktion auf Auffälligkeiten und Symptome für Risikoentwicklungen vor. Für den Erfolg eines Projekts ist nicht zuletzt von Bedeutung, inwiefern die einzelnen Bausteine und das Konzept insgesamt verständlich, handhabbar, widerspruchsfrei und möglichst lückenlos sind.

Die Instrumente beinhalten den systematisierten, schriftlich festgelegten Ablauf zur Beobachtung und Einleitung entsprechender Maßnahmen bei Auffälligkeiten oder Symptomen (problematisches Verhalten, sozialer Rückzug usw.). Mit wenigen Ausnahmen sind die Instrumente als Stufenmodell aufgebaut. Das heißt, dass bei einer ersten Wahrnehmung von Auffälligkeiten und Symptomen die zielgerichtete Beobachtung beginnt und eine erste Intervention eingeleitet wird, meist ein Gespräch zwischen Lehrperson und Schülerin oder Schüler. Mit der Wiederholung oder Verstärkung der Auffälligkeiten und Symptome werden die Interventionen Schritt für Schritt angepasst (Elterngespräche, Gespräche mit der Schulsozialarbeit usw.). Der Bedarf nach einem solchen Instrument wurde von den Lehrpersonen sehr unterschiedlich eingeschätzt, je nachdem, ob nach dem *allgemeinen Bedarf* für die Schule oder dem *persönlichen Bedarf* gefragt wurde. Die Lehrpersonen sehen mit großer Mehrheit den Bedarf eines solchen Instruments für die *Schule allgemein* (66 bzw. 70 Prozent bewerten den allgemeinen Bedarf als eher groß). Für sich *persönlich* nehmen sie jedoch seltener einen Bedarf wahr (46 bzw. 61 Prozent der Lehrpersonen bewerten den persönlichen Bedarf als eher groß) (Fabian et al. 2007, S. 98; Müller, Mattes & Fabian 2008, S. 31).

Im Zusammenhang mit dem Instrument stellt sich die Frage, wer für das Erkennen einer Risikoentwicklung und damit für die Einleitung einer Intervention zuständig ist. Die bedeutende Rolle der (Klassen-)Lehrpersonen steht hier außer Frage, weil sie diejenigen sind, die im direkten, regelmäßigen und intensiven Kontakt mit den Schülerinnen und Schülern stehen: »... schließlich ist es ja meistens die Lehrkraft, die Auffälligkeiten beobachtet und die nötigen Schritte einleitet. Als Klassenlehrkraft trägt man die Verantwortung« – so die Aussage einer befragten Lehrperson (Fabian et al. 2007, S. 100). Um dieser Rolle im Rahmen der Früherkennung und Frühintervention gerecht zu werden, müssen Lehrpersonen klar erkennen können, wann eine Risikoentwicklung vorliegt, und sie müssen wissen, wann es ihre Aufgabe ist, die vorgesehenen Schritte einzuleiten. Zur Unterstützung der Lehrpersonen dürfte es aber ebenso wichtig sein, die Grenzen der Zuständigkeit zu verdeutlichen (Wann kann und soll der Fall an die Schulsozialarbeit, die Schulleitung oder eine Fachstelle übergeben werden?). Sonst kann es leicht zu einer zeitlichen und fachlichen Überforderung der Lehrpersonen kommen. Der Mehraufwand durch das Konzept sollte durch eine zeitliche Entlastung durch klare (Nicht-)Zuständigkeit ausgeglichen werden. Bedenken hinsichtlich der Akzeptanz bei den Lehrpersonen konnten im BAG-Projekt dahingehend festgestellt werden, dass für die Lehrpersonen der Interventionsleitfaden zunächst ein weiteres Verfahren darstellt, das eine zusätzliche Arbeitsbelastung mit sich bringt. Als im Arbeitsalltag entlastend wird der Leitfaden dann eingeschätzt, wenn er eine klare Arbeitsteilung zwischen Lehrperson, Schulsozialarbeit und Schulleitung mit sich bringt und zwischen Fachlehr- und Klassenlehrperson die Zuständigkeiten bei Problemen klar geregelt werden (Müller, Mattes & Fabian 2008, S. 51).

Wichtig erscheint darüber hinaus, dass die Handlungsanforderungen, die sich aus einer erkannten Risikoentwicklung ergeben, klar sind: Was ist in einer konkreten Situation gemäß dem Instrumentarium zu tun, wer muss es tun, wer ist gegebenenfalls einzubeziehen, wie und von wem wird der Verlauf der Maßnahme beobachtet?

Im Idealfall regelt ein Instrument nicht nur den Beginn einer Frühintervention, sondern auch deren Ende. Dies kann im Schulalltag auch deeskalierend wirken. Ein Schulleiter stellte fest, dass der Interventionsleitfaden nunmehr auch regelt, wie positive Entwicklungen mitgeteilt werden: »Jetzt finden doch Entlastungsgespräche statt, dass man die Eltern nochmals einlädt und sagt: Die Situation hat sich zum Positiven verändert. Wir haben gerade letztens ein Gespräch gehabt, in dem wir offiziell gesagt haben: Wir entlassen diesen Jungen aus dem Handlungsplan oder aus dieser speziellen Stufe, in der er jetzt drin ist, ab sofort ist eigentlich wieder Normalzustand« (a.a.O., S. 52).

In mehreren Projekten wurde von Beteiligten die Frage geäußert, wie mit Fällen umzugehen sei, die den Rahmen des Instruments sprengen »Die Frage tauchte auf, was nach der letzten Stufe kommt?« (Fabian et al. 2007, S. 100; Guhl & Fabian 2006, S. 16). Dabei könnte einerseits die Klärung der Zuständigkeit (z.B. Fachstelle) entlastend für den Schulalltag wirken. Trotzdem braucht es auch für Schülerinnen und Schüler, deren Verhalten mit den vorgesehenen Interventionen nicht mehr adäquat begegnet werden kann, eine Klärung für den Umgang mit ihnen und ihrem Verhalten im Schulalltag. Ansonsten entsteht leicht das Gefühl, dass das Konzept gerade für die schwierigen Situationen keine Hilfe biete.

Auch muss das Konzept den Realitäten der Schule gerecht werden. So führen zum Beispiel Maßnahmen, die nicht durchsetzbar sind, unter Umständen zu einem Glaubwürdigkeitsverlust: »Nach der zweiten Stufe tun sich die Lehrer natürlich schwer, die Punkte wirklich durchzusetzen. (...) Das Problem ist ja vor allem, wenn ein Schüler nicht [zur Fachstelle] geht: Was haben wir dann für eine Handhabe? Haben wir schulisch irgendeine Handhabe, um ihn zu sanktionieren?« (Guhl & Fabian 2006, S. 16).

Um die Chance zu erhöhen, dass das Konzept in der Schule von allen Beteiligten konsequent umgesetzt wird, muss es in der Schule gut verankert sein. Neben der entsprechenden Einführung (Schulentwicklung) wird es dabei auch darauf ankommen, die Verantwortung für das Konzept im Haus prominent zu platzieren. Im BAG-Projekt zeigte sich, dass es für die Legitimation des Projekts gegenüber dem Kollegium von Vorteil ist, wenn die Projektleitung bei der Schulleitung liegt. In anderen Formen der Projektleitung, etwa durch schulexterne Personen, wurden Schwierigkeiten bei der Verankerung des Konzepts im Kollegium sichtbar (Müller, Mattes & Fabian 2008). So ist die Wahrscheinlichkeit größer, dass notwendige Ressourcen bereitgestellt werden und es nicht dem Engagement der einzelnen Lehrpersonen überlassen bleibt, Schwierigkeiten bei der Umsetzung zu überwinden.

Auch außerhalb des jeweiligen Schulhauses müssen die Zuständigkeiten für den weiteren Verlauf und das Projektmanagement geklärt sein. Gerade bei einer substanzübergreifenden Ausrichtung eines Früherkennungs- und Frühinterventionskonzepts sind viele verschiedene Fachstellen beteiligt, ihre Vernetzung und die Zusammenarbeit ist somit eine komplexe Sache. Sind bei diesen Kooperationen die Zuständigkeiten nicht geklärt, so besteht die Gefahr, dass die Zusammenarbeit über einen unverbindlichen Austausch nicht hinausgeht. Geklärt sein muss unter anderem, wer Erstansprechstelle für die Schulen ist, etwa bei Fragen zur Implementierung oder bei einem Hilfebedarf in einem konkreten Fall. Liegt eine Gefährdungssituation vor, die die Arbeit mehrerer Fachstellen tangiert, muss der Interventionsprozess koordiniert werden.

4.4 Wissen und Handlungssicherheit der Lehrpersonen

Die Vermittlung von Wissen an die Lehrpersonen ist ein häufiger Bestandteil von Präventionsbestrebungen an Schulen und wird bereits vor der Einführung von Früherkennungs- und Frühinterventionskonzepten gepflegt. Wie die Bedarfserhebung im Kanton Thurgau zeigt, lädt ein Teil der Schulen Expertinnen und Experten oder Betroffene für Vorträge zu Präventionsthemen ein. Die Weiterbildung für Lehrpersonen wird von Schulleitungen als bedeutender Bestandteil eines Präventionsprojekts wahrgenommen (Guhl & Fabian 2006, S. 14).

Im Prozess der Früherkennung und Frühintervention sollen gefährdete Gruppen und Individuen identifiziert und geeigneten Maßnahmen zugeführt werden. Die Lehrpersonen sind innerhalb dieses Prozesses entscheidende Akteure. In der Beziehung zu den Schülerinnen und Schülern können sie Auffälligkeiten und Symptome beobachten und erkennen. Der regelmäßige Kontakt zu den Schülerinnen und Schülern führt zwangsläufig dazu, dass die Lehrpersonen in der Wahrnehmung von Risikoentwicklungen eine zentrale Rolle einnehmen. Diese kann durch die Schulleitung und Schulsozialarbeit ergänzt, jedoch nicht ersetzt werden. Auch erste Maßnahmen, so zeigen die Interventionsmodelle in den untersuchten Projekten mehrheitlich, werden von Lehrpersonen vorgenommen und im weiteren Verlauf bis zu einer gewissen Eskalationsstufe auch koordiniert und verantwortet. Diese Drehscheibenfunktion der Lehrpersonen macht es notwendig, dass sie sensibel und auf einem wissensbasierten Hintergrund beobachten, erkennen und entscheiden können.

Die Evaluationsergebnisse aus dem BAG-Projekt zeigen, dass die Weiterbildung für Lehrpersonen von der Hälfte der Schulen als wichtiger Bestandteil der Einführung von Früherkennung und Frühintervention erkannt und umgesetzt wurde. Die Weiterbildungen gestalteten sich in unterschiedlicher Intensität, sowohl bei der Anzahl der Veranstaltungen als auch beim Maß an Wissen, das vermittelt wird. Die Themen reichten von einer kurzen Einführung in das Konzept bis hin zur ausführlichen Information über problematische Entwicklungen und ihre Symptomatik (z.B. Suchtproblematik oder Mobbing) sowie Fallarbeiten im Rahmen von Intervisionen. Der Erfolg einer mehrfachen Auseinandersetzung mit der Symptomatik von Risikoentwicklungen in Weiterbildungsveranstaltungen lässt sich unter anderem am Wissenszuwachs der Lehrpersonen erkennen. Insgesamt 63 Prozent der Lehrpersonen berichten, dass sie durch das Projekt ihr Wissen über Symptome »ein wenig«, und 18 Prozent, dass sie es »deutlich« erweitern konnten. Im Vergleich der Schulen zeigt sich, dass in den Schulen mit entsprechenden Weiterbildungsveranstaltungen tendenziell mehr Lehrpersonen einen Wissenszuwachs verzeichnen: 69 bzw. 73 Prozent in den Schulen ohne Weiterbildungsveranstaltungen im Gegensatz zu 89 bzw. 93 Prozent in Schulen mit Weiterbildungen (Müller, Mattes & Fabian 2008, S. 36f.). Dennoch ist ein Wissenszuwachs auch außerhalb von Weiterbildungsveranstaltungen ersichtlich.

Das weiterreichende Ziel, das mit dem Wissenszuwachs verfolgt wird, ist eine höhere Handlungssicherheit bei den Lehrpersonen im Umgang mit gefährdeten Schülerinnen und Schülern. In einem ersten Schritt stellt sich daher die Frage, ob Lehrpersonen innerhalb der Projekte ihre Handlungssicherheit überhaupt erhöhen konnten. Und falls ja, welche Faktoren zur höheren Handlungssicherheit beigetragen haben. Die Ergebnisse aus dem BAG-Projekt zeigen, dass sich drei Viertel der Lehrpersonen nach einer Projektlaufzeit von zwei Jahren sicherer fühlen im Umgang mit gefährdeten Schülerinnen und Schülern. Wobei wiederum Unterschiede zwischen den Schulen mit und solchen ohne Weiterbildung deutlich werden: In Schulen mit Weiterbildungen steigerte ein größerer Teil der Lehrpersonen seine Handlungssicherheit. Dieses Ergebnis wird bestätigt durch die Angaben der Lehrpersonen zu förderlichen Faktoren der Handlungssicherheit: Über 50 Prozent gaben an, dass das Wissen um Symptome bei ihnen zur höheren Handlungssicherheit beitrug (vgl. Abbildung 1). Neben dem Wissen als Faktor, der die Handlungssicherheit auf individueller Ebene fördert, führt der Austausch im Kollegium sowie mit Schulleitung und Schulsozialarbeit ebenfalls zu mehr Handlungssicherheit. Dabei steht nicht nur der Informationsaustausch im Mittelpunkt, sondern auch der Aufbau von gegenseitiger Unterstützung. Auf struktureller Ebene ist der Interventionsleitfaden als Instrument mit den darin enthaltenen Informationen zur Vorgehensweise bei Risikoentwicklungen ein Faktor, der die Lehrpersonen in ihrem Handeln unterstützt (Müller, Mattes & Fabian 2008, S. 38). Bemerkenswert ist, dass bereits das Entwickeln eines Leitfadens, ohne dass er schon weitgehend eingesetzt wurde, zu einem höheren Sicherheitsgefühl bei vielen Lehrpersonen führt (Fabian et al. 2007, S. 99).

Abbildung 1: Beitrag zur Handlungssicherheit.

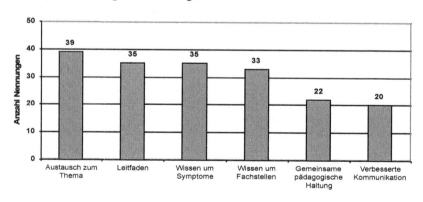

Quelle: Lehrpersonenbefragung, Evaluation BAG-Projekt, n = 63, Mehrfachnennungen möglich.

Zusammenfassend kann festgehalten werden, dass die Lehrpersonen ihre zentrale Rolle im Prozess der Früherkennung und Frühintervention in Schulen mit mehr Sicherheit und größerem Hintergrundwissen ausführen können, wenn das Konzept im Rahmen eines umfassenden Projekts eingeführt wird. Besonders geeignet scheinen Weiterbildungsmaßnahmen im Kontext des Projekts, die sowohl Wissen vermitteln als auch die Diskussion und Zusammenarbeit im Team fördern, sowie die gemeinsame Entwicklung eines Instruments.

4.5 Partizipation von Schülerinnen, Schülern und deren Eltern

Die Partizipation der Beteiligten im Rahmen von Präventionsprojekten ist Erfolg versprechend. Partizipation, so zeigen Projekte in der Jugendarbeit, fördert die Identifikation mit einem Projekt oder dem Sozialraum und macht aus Betroffenen Beteiligte (Frehner et al. 2004). Ähnlich wird für die Partizipation in Schulen argumentiert: Vertritt die Schule den Anspruch, Kinder und Jugendliche auf die moderne Gesellschaft vorzubereiten und auf dem Weg dahin zu begleiten, dürfen Schülerinnen und Schüler nicht mehr in erster Linie als Objekte pädagogischer Bemühungen zur Vermittlung von Lernstoff betrachtet werden, sondern die Schule muss ihnen Orientierungshilfe geben und Raum für Erfahrungen ermöglichen. Partizipative Ansätze können dieses Lernfeld bieten (Bruner, Winklhofer & Zinser 2001). Mit der Einführung von Früherkennung und Frühintervention wird ein Schulentwicklungsprozess angestoßen, der in eine Kultur des Hinschauens und Handelns münden sollte. Gerade bei der Entwicklung einer gemeinsamen Schulhauskultur wäre die Partizipation von Eltern, Schülerinnen und Schülern angezeigt.

Bei der Partizipation lassen sich fünf Stufen unterscheiden: »Information« und »Mitsprache« als Vorstufen der Partizipation, die als Voraussetzung für die echte Partizipation gegeben sein müssen, sowie »Mitentscheidung«, »Beteiligung« und »Selbstverwaltung« als Teilstufen der echten Partizipation (Frehner 2005, S. 26).

Ziel des Präventionskonzepts ist es, dass Lehrpersonen, Schulleitung und Schulsozialarbeit belastete Schülerinnen und Schüler frühzeitig erkennen und dass Letztere adäquate Unterstützung finden können. Dieser Prozess muss aber nicht immer von den Erwachsenen, sondern er kann auch vom Kind ausgehen, indem es das Gespräch mit der Lehrperson oder Schulsozialarbeit sucht. Unabhängig davon, wer den Prozess einleitet, sollten die Schülerinnen und Schüler zumindest informiert sein über Risikoverhalten, Regeln und Konsequenzen bei Regelbruch sowie über die Möglichkeiten der Unterstützung. Auch ein Mitspracherecht bei der Frage nach der geeigneten Unterstützung ist notwendig. Die Evaluationsergebnisse des BAG-Projekts zeigen, dass die Schulen sehr unterschiedlich mit der Frage der Partizipation von Schülerinnen und Schülern umgehen. Die Hälfte der Schulen hat die Schülerinnen und Schüler im Rahmen einer

Situationsanalyse zu ihren Belastungen befragt, jedoch wurde nur einmal das Ergebnis zurückgemeldet und mit dem Schülerrat diskutiert. Die Schülerinnen und Schüler befinden sich also mehrheitlich klar in der Rolle der Betroffenen, jedoch nicht der Beteiligten. Wiederum die Hälfte der Schulen (aber nicht in jedem Fall dieselben, die eine Situationsanalyse durchführten) gestalteten Gesundheitstage bzw. -wochen und Unterrichtseinheiten zu relevanten Problematiken wie Suchtmittelkonsum, Mobbing, Sexualität und Ernährung. Lediglich eine Schule plante darüber hinaus, zwei Vertretungen aus dem Schülerrat in eine Expertengruppe (im Sinne einer Begleitgruppe) einzubinden; Details zur Umsetzung sind nicht bekannt (Müller, Mattes & Fabian 2008). In den anderen evaluierten Projekten ist die Partizipation der Schülerinnen und Schüler kein Thema. Somit werden Schülerinnen und Schüler in die Entwicklung und Einführung eines Früherkennungs- und Frühinterventionskonzepts mehrheitlich nicht eingebunden, sondern lediglich über Risikoverhalten und Problematiken informiert. Inwiefern belastete Schülerinnen und Schüler, die von den Lehrpersonen erfasst wurden, bei der Frage nach der adäquaten Maßnahme Mitspracherecht haben, muss die Praxisforschung zeigen.

Die Eltern werden in den meisten Interventionsleitfäden bei fortgeschrittener Risikoentwicklung des Kindes, demnach in höheren Stufen, in den Interventionsprozess einbezogen. Dies macht sie zu einem wichtigen Partner in der Wahrnehmung der Entwicklung und Unterstützung mit geeigneten Maßnahmen. Im Basler und im BAG-Projekt wurde der Einbezug der Eltern explizit als Ziel für alle teilnehmenden Schulen formuliert. Die Evaluationsergebnisse zeigen jedoch, dass sich Aktivitäten der Schulen sehr heterogen gestalteten. Zum einen ist ein Unterschied nach Schulstufe erkennbar: Alle Orientierungsschulen (5. bis 7. Klasse) veranstalteten Elternabende zum Thema, Schulen mit älteren Schülerinnen und Schülern (weiterführende Schulen, Gymnasien und Schulen zur Berufsvorbereitung und -ausbildung) jedoch äußerst selten (Fabian, Steiner & Guhl 2006). Zum anderen sind bereits vorhandene Strukturen entscheidend, ob Eltern von Anfang an bei der Einführung und Entwicklung eines Konzepts einbezogen werden. Eine bereits enge und formalisierte Kooperation zwischen Eltern und Schule trug in zwei teilnehmenden Schulen dazu bei, dass die Elternvereinigung beziehungsweise der Elternrat von Beginn an Mitsprache oder sogar Mitentscheidungsrecht besaß und somit die Ausgestaltung des Konzepts in der Schule mitbestimmte. Von den anderen teilnehmenden Schulen führte ein Drittel Informationsveranstaltungen für Eltern durch. Erstaunlich ist nach diesen Ergebnissen, dass von vielen Schulen die Wichtigkeit einer guten Zusammenarbeit zwischen Schule und Eltern betont wird. Der Einbezug der Eltern konnte jedoch in der bisherigen ein- oder zweijährigen Laufzeit der Projekte (noch) nicht umgesetzt werden (Müller, Mattes & Fabian 2008).

Eine echte Partizipation von Schülerinnen, Schülern und deren Eltern in der Entwicklung und Einführung der Früherkennungs- und Frühinterventionskonzepte fand nur vereinzelt in Schulen mit bereits bestehenden Kooperations- und Partizipationsstrukturen statt, obwohl sich die Verantwortlichen in den Schulen und die Projektträger einig sind, dass zumindest die Vorstufen der Partizipation anzustreben sind. Alle Beteiligten einzubeziehen, ist ein anspruchsvoller und auch zeitintensiver Prozess, der, so lässt sich aus den Ergebnissen schließen, im Rahmen von ein bis zwei Jahren ohne konkrete Anleitung nur bedingt möglich ist.

4.6 Kooperation von Schule und Fachstellen

Die Frühintervention kann oder soll je nach notwendiger Unterstützung von der Schule oder schulexternen Fachpersonen angeboten werden. Bevor die Schule eine adäquate Intervention einleiten kann, ist es daher entscheidend, dass sie die relevanten Fachstellen und Fachpersonen kennt. Wenn Schule und Fachstellen bereits kooperieren, kann die Unterstützung schneller und gezielter eingeleitet werden. Alle vier Projekte tragen dieser Tatsache Rechnung, indem der Aufbau eines Netzwerks von Schule und schulexternen Diensten als ein mehr oder weniger zentrales Ziel angestrebt werden soll.

Die Schulen verfügen in vielen Fällen über Kontakte zu psychologisch-psychiatrischen Diensten, Vormundschaftsbehörden, Polizei und Beratungsstellen (Guhl & Fabian 2006, S. 22). Diese Kontakte, so zeigt die Erfahrung aus den Projekten, sind meist fallbezogen und werden teilweise auch als einseitig erlebt, in dem Sinne, dass der Informationsfluss nur von Schule zu Fachstelle, jedoch nicht zur Schule zurück erfolgt (Müller, Mattes & Fabian 2008, S. 24). Eine umfassendere Kooperation zwischen der Schule und Fachstellen, über den Einzelfall hinaus, besteht selten. Eine solche Kooperation in Form eines Netzwerks würde von vielen Schulen, so zeigt die Bedarfsanalyse im Kanton Thurgau, als sinnvoll erachtet werden. Mit einem neu aufgebauten Netzwerk, so erhoffen sich die befragten Schulleitungen, soll der Erfahrungsaustausch gefördert und der Informationsfluss gewährleistet werden (a.a.O., S. 23). Die befragten Schulleitungen betonen den Nutzen eines Netzwerks in akuten Situationen und sehen weniger einen Nutzen zum allgemeinen Vertrauensaufbau. Entscheidend ist aus der Sicht der Schulleitungen, dass durch das Netzwerk keine zeitliche Mehrbelastung für die Schulen entsteht.

Gemäß der Einschätzung der Schulleitungen im Kanton Thurgau lässt sich unter gewissen Bedingungen ein deutlicher Bedarf für eine Vernetzung der Schulen mit den Fachstellen erkennen. Die Evaluationsergebnisse des Basler und des BAG-Projekts zeigen jedoch, dass der Netzwerkaufbau schwierig und langwierig ist. Nach zwei Jahren Projektlaufzeit liegt fast allen teilnehmenden Schulen des BAG-Projekts eine Liste mit den relevanten Fachstellen und deren Angebot vor. Rund die Hälfte der Schulen nahm mit Fachstellen Kontakt auf, um sie in die Schulen einzuladen oder in die Entwicklung des Interventionsmodells einzubeziehen. In einer Schule lassen sich Bemühungen feststellen, zusammen mit der Gemeinde ein regelmäßiges Treffen (»runder Tisch«) einzurichten. Insgesamt wird jedoch deutlich, dass der Netzwerkaufbau nach zwei Jahren erst am Anfang steht (Müller, Mattes & Fabian 2008).

Faktoren, die den Aufbau eines Netzwerks behindern, sind Zurückhaltung aufseiten der Lehrpersonen und fehlende Ressourcen, insbesondere auch bei den Fachstellen. Bei den Lehrpersonen besteht eine gewisse Zurückhaltung, die Fachstellen zu kontaktieren, die unter anderem in den beschriebenen schlechten Erfahrungen in Zusammenhang mit dem Informationsfluss begründet liegt. Auch bei den Fachstellen besteht teilweise eine gewisse Zurückhaltung, auch aufgrund fehlender Ressourcen. Im Rahmen der evaluierten Projekte waren bei den Fachstellen keine Ressourcen für die Vernetzung eingeplant.

Als förderlicher Faktor für die Vernetzung wird die Schulsozialarbeit genannt. Sie erfüllt, so zeigen die Evaluationsergebnisse, eine Brückenfunktion zwischen Schule und schulexternen Fachstellen. Zum einen ist die Schulsozialarbeit als Handlungsfeld der Sozialen Arbeit fachlich näher an den Fachstellen als die Lehrpersonen, zum anderen besteht durch das Eingebundensein in das Kollegium eine Nähe zu den Lehrpersonen und Schulleitungen. Des Weiteren bringt die Schulsozialarbeit zusätzliche Ressourcen ein, die für die Vernetzung verwendet werden können. Diese Vorteile der Schulsozialarbeit führten in einzelnen Schulen zu einem Modell der Vernetzung, in dem die Schulsozialarbeit allein für die Zusammenarbeit mit externen Fachstellen zuständig ist (Müller, Mattes & Fabian 2008).

Die Ergebnisse zeigen neben den Schwierigkeiten, ein Netzwerk aufzubauen, dass die Vernetzung zwischen Schule und Fachstellen unterschiedliche Formen annehmen kann. Bevor ein Netzwerk aufgebaut wird, sind daher folgende Fragen zu stellen: Welchen Zweck soll das Netzwerk erfüllen? Wer ist daran beteiligt? Welche Ressourcen stehen zur Verfügung? (Miller 2005). Je nach Zweck sind unterschiedliche Personen beteiligt und andere Ressourcen notwendig. Ebenso stellen sich andere Bedingungen für den Datenschutz, der beim Aufbau eines Netzwerks auf die Bedürfnisse aller Beteiligten und Betroffenen abgestimmt werden sollte.

5 Diskussion

Die dargestellten Ergebnisse zeigen, dass die Einführung von Früherkennung und Frühintervention als Präventionsansatz mit einer Vielfalt an Entwicklungen und Maßnahmen einhergeht. Es reicht nicht aus, die Lehrpersonen darauf hinzuweisen, dass sie Auffälligkeiten wahrnehmen sollen, sondern es bedarf einer Schulhauskultur – des Hinschauens und Handelns –, die gemeinsam vom Kollegium getragen wird. Somit setzt die Etablierung in der Regel einen Schulentwicklungsprozess voraus, auf den die Lehrpersonen vorbereitet werden müssen und für den langfristig Ressourcen eingeplant werden sollten (Rhyn & Moser 1999). Auf individueller Ebene wird versucht, das Verhalten der Lehrpersonen – als der Hauptakteure der Früherkennung – zu optimieren, indem Wissen und Handlungssicherheit erweitert werden. Nach Einschätzung der Beteiligten gelingt dies in vielen Fällen. Neben den Maßnahmen der Verhaltensänderung bringt das Früherkennungs- und Frühinterventionskonzept auch Veränderungen auf struktureller Ebene mit sich. Somit setzen Früherkennungs- und Frühinterventionskonzepte auf beiden Ebenen an: Verhaltens- und Verhältnisprävention. Auf struktureller Ebene werden Zuständigkeiten und Abläufe im Rahmen des Instruments zur Früherkennung und Frühintervention definiert, Gefäße für den Austausch im Kollegium geschaffen und Kooperationen mit Fachstellen aufgebaut, sodass ein Umfeld entsteht, in dem Schülerinnen und Schüler mit erhöhtem Risiko frühzeitig erkannt und unterstützt werden können. Mit dem Gesamtpaket an Maßnahmen entstehen klarere Zuständigkeits- und Entscheidungsstrukturen, von denen alle Beteiligten – sowohl Lehrpersonen und Schulleitung als auch die Angebote der Jugendhilfe wie zum Beispiel die Schulsozialarbeit – profitieren, sobald eine Vernetzung gelingt.

Bei der Frage, welches Ziel das Konzept der Früherkennung und Frühintervention verfolgt, mangelt es bisher an Eindeutigkeit. Der häufig dargestellte Zwiespalt zwischen Hilfe und Kontrolle in Angeboten der Jugendhilfe (Urban 2004) stellt auch in diesem Konzept eine Schwierigkeit dar. Gilt es in erster Linie, Regeln durchzusetzen, auffällige Schülerinnen und Schüler regelmäßig zu kontrollieren und Verstöße mit vermeintlichen Unterstützungsmaßnahmen zu bestrafen? Oder geht es vielmehr darum, alle Schülerinnen und Schüler in ihrer Lebenslage und mit ihren Bedürfnissen zu unterstützen? In den vier evaluierten Projekten wird diese Ambivalenz durchaus wahrgenommen. Die eindeutige Fokussierung auf ein Ziel ist sowohl aufseiten der teilnehmenden Schulen als auch bei den Projektträgern nicht erkennbar. Eine Schwerpunktsetzung auf das Ziel, die Schülerinnen und Schüler in ihrem Aufwachsen zu unterstützen, ohne das Ziel der Regeldurchsetzung ganz zu vernachlässigen, wurde in die Oltener Charta zur Früherkennung und Frühintervention bei gefährdeten Kindern und

Jugendlichen (Fachverband Sucht & RADIX 2011) aufgenommen und gibt zukünftigen Projektträgern eine Orientierungshilfe bei der Formulierung der Zielsetzung ihres Konzepts. Auf der Ebene der teilnehmenden Schulen könnte ein Ausbau der bisher dürftigen Partizipation der Schülerinnen und Schüler in der Entwicklung und Umsetzung der Früherkennung und Frühintervention wesentlich zu einer Stärkung der Zielsetzung der Unterstützung und Förderung beitragen – wobei auf »echte« Partizipation zu setzen ist, damit die Interessen der Schülerinnen und Schüler tatsächlich berücksichtigt werden und nicht lediglich ihre Zustimmung gesucht wird, um Kontrollstrukturen durchzusetzen.

Auch muss die Rolle der Sozialen Arbeit als Profession im Rahmen von Früherkennung und Frühintervention in der Schule weiterhin diskutiert werden. Es stellt sich die Frage, in welchem Ausmaß Soziale Arbeit zum Fallmanagement in exponierten Problemsituationen wird oder inwiefern sie verstärkt zu einer förderlichen Schulhauskultur beitragen kann. Früherkennung und Frühintervention im Verständnis von Sozialer Arbeit kann durchaus zu einer Emanzipationsbewegung unterschiedlicher Akteure in den Schulhäusern führen, wie diese in der Geschichte der Sozialen Arbeit, insbesondere im Bereich der Präventionsarbeit im Gesundheitswesen, bereits vonstatten ging und verschiedene Professionen zu gleichberechtigten Akteuren werden ließ. Das Ziel ist, durch Früherkennungs- und Frühinterventionsprogramme Lehrpersonen, Schulsozialarbeitende, Mitarbeitende von Fachstellen und Schulleitungen als gleichberechtigte Akteure in Hilfeprozesse einzubeziehen. Die Kooperation von Schule und Sozialer Arbeit, unter anderem im Rahmen von Früherkennungs- und Frühinterventionskonzepten, kann einen Beitrag zu mehr Transparenz solcher Unterstützungsmaßnahmen leisten.

Literatur

Becker, Peter (1997): Prävention und Gesundheitsförderung. In: Schwarzer, Ralf (Hrsg.): Gesundheitspsychologie (2. Auflage) (S. 517–534). Göttingen: Hogrefe.
Bruner, Claudia, Winklhofer, Ursula & Zinser, Claudia (2001): Partizipation – ein Kinderspiel? Beteiligungsmodelle in Kindertagesstätten, Schulen, Kommunen und Verbänden. Berlin: Bundesministerium für Familie, Senioren, Frauen und Jugend.
Bundesamt für Gesundheit (BAG) (2004): Projekt »Früherkennung und Frühintervention in der Schule«. Entwicklung und Umsetzung eines angepassten Konzepts zur Früherfassung. Bern: BAG.
Bundesamt für Gesundheit (BAG) (Hrsg.) (2005): Was haben wir gelernt? Prävention in der Jugendarbeit. Bern: BAG.
Bundesamt für Gesundheit (BAG) (2006): Prävention bei gefährdeten Jugendlichen. Bern: BAG.

Bundesministerium für Familie, Frauen, Senioren und Jugend (2002): Elfter Kinder- und Jugendbericht. Berlin: Bundesministerium für Familie, Frauen, Senioren und Jugend.

Caplan, Gerald (1964): Principles of preventive psychiatry. New York: Basic Books.

Dallmann, Hans-Ulrich (2011): Fürsorgliche Belagerung – ethische Dilemmata der Früherkennung und Frühintervention. Manuskript zum Referat an der Tagung »Früherkennung und Frühintervention bei gefährdeten Kindern und Jugendlichen« von RADIX und Fachverband Sucht vom 16. Juni 2011 in Olten. Online: http:// upload.sitesystem.ch/B2DBB48B7E/5B4613A676/BD4002F456.pdf (Zugriff: 3.3.2012).

Fabian, Carlo, Müller, Caroline, Galliker Schrott, Bettina & Drilling, Matthias (2007): Schulsozialarbeit und Früherfassung in der Stadt Thun. Basel/Olten: Hochschule für Soziale Arbeit, Fachhochschule Nordwestschweiz.

Fabian, Carlo, Steiner, Olivier & Guhl, Jutta (2006): Schule und Cannabis. Regeln, Maßnahmen und Früherfassung. Evaluation des Präventions- und Früherfassungsprogramms in Basler Schulen. Basel/Olten: Hochschule für Soziale Arbeit, Fachhochschule Nordwestschweiz.

Fachverband Sucht & RADIX (2011): Oltner Charta. Früherkennung und Frühintervention bei gefährdeten Kindern und Jugendlichen. Olten: Fachverband Sucht und RADIX. Online: http://upload.sitesystem.ch/B2DBB48B7E/5B4613A676/99C25B 4361.pdf (Zugriff: 3.3.2012).

Franzkowiak, Peter & Wenzel, Eberhard (2001): Gesundheitserziehung und Gesundheitsförderung. In: Otto, Hans-Uwe & Thiersch, Hans (Hrsg.): Handbuch Sozialarbeit – Sozialpädagogik (S. 716–722). Neuwied/Kriftel: Luchterhand.

Frehner, Peter (2005): Funtasy projects – Partizipation wirkt! In: Bundesamt für Gesundheit (BAG) (Hrsg.): Was haben wir gelernt? Prävention in der Jugendarbeit (S. 24– 32). Bern: BAG.

Frehner, Peter, Pflug, David, Weinand, Christiane & Wiss, Georgio (2004): Partizipation wirkt. Basel: Verein funtasy projects.

Friebertshäuser, Barbara & Prengel, Annedore (Hrsg.) (1997): Handbuch Qualitative Forschungsmethoden in der Erziehungswissenschaft. Weinheim: Juventa.

Guhl, Jutta & Fabian, Carlo (2006): Projekt Kantonales Netzwerk Früherkennung und Frühintervention Thurgau. Basel/Olten: Hochschule für Soziale Arbeit, Fachhochschule Nordwestschweiz.

Hafen, Martin (2005): Sekundärprävention als Früherkennung. In: Soziale Arbeit, Heft 9, 337–343.

Homfeldt, Hans Günther & Sting, Stephan (2006): Soziale Arbeit und Gesundheit. München: Ernst Reinhardt.

Hurrelmann, Klaus (2001): Sozialisation und Gesundheit (2. Auflage). München: Juventa.

Iseli, Daniel (2004): Konzept für einen Pilotversuch Schulsozialarbeit/Früherfassung im Schulkreis III der Stadt Thun. Bern: Hochschule für Soziale Arbeit.

Keller, Ueli (2004): Programm Schule und Cannabis. Regeln, Maßnahmen, Früherfassung. Basel: Erziehungsdepartement Basel-Stadt.

Kofler, Leo (1971): Zur Geschichte der bürgerlichen Gesellschaft (4. Auflage). Darmstadt: Luchterhand.

Mattes, Christoph (2007): Im Schatten der Konsumgeschichte. Basel: edition gesowip.

Meuser, Michael & Nagel, Ulrike (1997): Das ExpertInneninterview – wissenssoziologische Voraussetzungen und methodische Durchführung. In: Friebertshäuser, Barbara & Prengel, Annedore (Hrsg.): Handbuch Qualitative Forschungsmethoden in der Erziehungswissenschaft (S. 481–491). Weinheim: Juventa.

Miller, Tilly (2005): Die Störanfälligkeit organisierter Netzwerke und die Frage nach Netzwerkmanagement und Netzwerksteuerung. In: Otto, Ulrich & Bauer, Petra (Hrsg.): Mit Netzwerken professionell zusammenarbeiten. Band II: Institutionelle Netzwerke in Steuerungs- und Kooperationsperspektive (S. 105–125). Tübingen: dgvt-Verlag.

Mösch Payot, Peter & Rosch, Daniel (2011): Früherkennung und Frühintervention bei Kindern und Jugendlichen: Rechtsgrundlagen für Schulen und Gemeinden. Bern: BAG.

Müller, Caroline, Mattes, Christoph & Fabian, Carlo (2008): Früherkennung und Frühintervention in der Schule. Schlussbericht der Evaluation. Basel/Olten: Hochschule für Soziale Arbeit, Fachhochschule Nordwestschweiz.

Münchmeier, Richard (1988): Zugänge zur Geschichte der Sozialarbeit. München: Juventa.

Otto, Hans-Uwe & Thiersch, Hans (Hrsg.) (2001): Handbuch Sozialarbeit – Sozialpädagogik. Neuwied/Kriftel: Luchterhand.

Otto, Ulrich & Bauer, Petra (Hrsg.) (2005): Mit Netzwerken professionell zusammenarbeiten. Band II: Institutionelle Netzwerke in Steuerungs- und Kooperationsperspektive. Tübingen: dgvt-Verlag.

Rhyn, Heinz & Moser, Urs (1999): Evaluation zweier Präventionsprojekte in Schulen: SCHULTEAM und KontaktLehrPerson. Schlussbericht. Bern: Universität Bern, Institut für Pädagogik.

Schwarzer, Ralf (Hrsg.) (1997): Gesundheitspsychologie (2. Auflage). Göttingen: Hogrefe.

Stork, Remi (2003): Partizipation – ein trojanisches Pferd zur Durchsetzung von Reformimpulsen in der stationären Jugendhilfe. Deutsche Jugend, Jg. 55, Heft 10, 431–440.

Steiner, Olivier, Guhl, Jutta, Messmer, Heinz & Schmid, Magdalene (2009): Evaluation des Projekts Früherkennung und Frühintervention Thurgau. Schlussbericht. Basel/Olten: Hochschule für Soziale Arbeit, Fachhochschule Nordwestschweiz.

Urban, Ulrike (2004): Professionelles Handeln zwischen Hilfe und Kontrolle. Weinheim: Juventa.

Van Grinsven, Markus (2005): Kantonales Netzwerk Früherkennung und Frühintervention: Unsere suchtmittelfreie Schule. Das Stufenmodell (Projektantrag). Romanshorn: Perspektive Fachstelle Oberthurgau.

WHO (1986): Ottawa-Charta zur Gesundheitsförderung. Online: www.euro.who.int/__data/assets/pdf_file/0006/129534/Ottawa_Charter_G.pdf (Zugriff: 3.3.2012).

3 Ambulante Dienste

Évaluation de l'action éducative en milieu ouvert dans le canton de Vaud

Éric Paulus, Jean-Pierre Tabin et Bhama Steiger[1]

Les premières mesures d'action éducative en milieu ouvert (AEMO) remontent aux années 1950 en France. Une unité AEMO a été créée dans le canton de Vaud en 1971, au Service de protection de la jeunesse (SPJ), organisme officiel de protection de la jeunesse du canton. Son but est d'accompagner de manière intensive et dans une perspective socio-éducative, les familles et les mineur-e-s en difficultés, de les aider à résoudre celles-ci, voire leurs ruptures relationnelles ou éducatives et d'éviter des placements d'enfants et de mineur-e-s en institution. Depuis les années 90, le service AEMO a été renforcé progressivement avec le soutien des pouvoirs publics, dans différentes régions du canton. Depuis 2000, le service AEMO Vaud, sous l'égide de la Fondation Jeunesse et familles mandatée par le SPJ, fédère quatre équipes régionales. On y dénombre alors l'équivalent de 16,2 postes éducatifs à plein-temps.

L'AEMO, nouvelle approche de la prise en charge des mineur-e-s, soulève des interrogations sur l'évolution des placements ou du maintien à domicile, tant au niveau légal, politique, social qu'au niveau de l'intervention socio-éducative et pédagogique. Elle a enclenché un débat scientifique et professionnel sur un nouveau concept sociologique d'enfants et de familles pris en charge, voire un

---

[1] Recherche menée dans le cadre d'un projet DORE, N° 13DPD3-105522, sur le canton de Vaud. Elle a été dirigée par l'École d'études sociales et pédagogiques (EESP), un des sites de la Haute école spécialisée de Suisse occidentale (HES-SO), avec l'Institut universitaire Âges et Générations (INAG), son partenaire scientifique, et deux partenaires de terrain : le Service de protection de la jeunesse Vaud (SPJ) et la Fondation Jeunesse et familles (FJF), qui chapeaute l'AEMO Vaud. L'équipe de recherche était composée de six personnes : Jean-Pierre Tabin, professeur à l'École d'Études sociales et pédagogiques, Haute école de travail social et de la santé (EESP), Valérie Hugentobler, collaboratrice scientifique à l'Institut universitaire Âges et Générations, Éric Paulus, professeur à l'EESP, Michelle Sabatini, collaboratrice scientifique au Service de protection de la jeunesse du canton de Vaud, Bhama Steiger, professeure à l'EESP, et Luca Zuntini, Fondation Jeunesse et familles, directeur de l'AEMO Vaud. Le rapport final de recherche (108 pages, format pdf) est disponible auprès de la Haute école de travail social et de la santé Vaud (www.eesp.ch/uploads/tx_ard/rapport_aemo.pdf). Des renseignements complémentaires peuvent être fournis par les auteurs de cette contribution.

nouveau paradigme d'intervention socio-éducative qui appelle le maintien ou l'immersion des enfants et des jeunes dans leur environnement habituel, généralement familial, pour mieux réussir à gérer les difficultés éducatives. On peut penser que l'essor de l'approche dite en milieu ouvert est un révélateur de l'évolution des politiques de placement des mineur-e-s et de ses fondements pédagogiques. Un suivi bref et clairement délimité dans le temps, couplé au maintien des mineur-e-s dans leur environnement habituel, est de plus en plus souvent perçu comme une condition de la réussite de l'intervention socio-éducative, de l'insertion ou de la réinsertion sociale des jeunes concernés.

Pourtant, jusqu'à ce jour, aucune recherche systématique permettant de documenter précisément le type de suivi proposé dans le cadre des AEMO n'avait été développée. Le suivi éducatif en milieu ouvert repose sur une base légale cantonale et sur le postulat selon lequel la coupure du milieu familial serait nocive à certains enfants en difficulté.

Lors de la signature de la convention de 2001 relative à l'exercice des prestations de l'AEMO, le SPJ et la Fondation Jeunesse et familles se sont engagés à évaluer la pratique de l'AEMO Vaud tant d'un point de vue qualitatif que quantitatif. Cette recherche, financée par le Fonds national de la recherche scientifique, apporte des réponses à cette demande. Elle a été lancée en janvier 2005 pour une durée de 18 mois pour évaluer l'action éducative en milieu ouvert dans le canton de Vaud. Elle a analysé plus précisément le dispositif vaudois de l'AEMO pour mettre en exergue les contraintes de cette action, pour tenter d'apporter des éclairages sur l'éducation en milieu ouvert afin de fournir de nouveaux instruments pour optimiser l'action AEMO et de définir les réponses qu'elle peut apporter dans le domaine de la protection des jeunes en difficulté.

1 Les objectifs de la recherche

Selon l'hypothèse stipulant que tout suivi éducatif en milieu ouvert contribue à produire une nouvelle catégorie sociale *(les mineur-e-s en difficulté ayant besoin d'un suivi éducatif spécifique)*, la recherche a essayé de documenter et de comprendre l'action AEMO dans le but de rendre visibles de nouveaux instruments utiles à l'intervention de l'AEMO et d'améliorer les connaissances sur le suivi éducatif spécifique en milieu ouvert, c'est-à-dire dans le milieu familial.

Le projet avait pour objectif de comprendre et de rendre intelligible ce type de travail éducatif, en mettant à jour les théories, explicites ou implicites, qui fondent ce type de suivi, l'analyse des contraintes structurelles et l'impact de cette action, sur la base des réponses à trois questions :

Évaluation de l'action éducative en milieu ouvert dans le canton de Vaud 259

- Quelles sont les caractéristiques et les difficultés de la population suivie ?
- En quoi consiste précisément le dispositif AEMO ?
- Qu'est-ce que l'éducation en milieu ouvert, quelles réponses peut-elle apporter, à qui et en fonction de quelles attentes ?

2 Les méthodes de la recherche

Trois méthodes ont été utilisées pour répondre aux questions de la recherche : une analyse des données contenues dans les dossiers, par une analyse statistique d'un échantillon de ceux-ci ; des entretiens approfondis avec des professionnelle-s qui collaborent avec l'AEMO ; des interventions sociologiques auprès des intervenant-e-s de l'AEMO.

2.1 L'analyse statistique

Les informations quantitatives ont été extraites de la base de données du programme de gestion intitulé « Progres ». Ce programme permet aux Services sociaux de l'État de Vaud de recueillir et d'organiser les données de base des dossiers concernant les personnes suivies par ces services. Chacun de ces services, en fonction de sa mission légale, a un accès spécifique à une partie du programme. Sa conception permet de garantir le respect de la protection des données. À partir des données du logiciel de gestion des dossiers du service de protection de la jeunesse de l'État de Vaud, des informations concernant les suivis de 1567 dossiers AEMO entre le premier janvier 2000 et le 25 février 2004 ont été extraites afin de décrire différents aspects quantitatifs de la population suivie. Parmi eux, un échantillon de cent dossiers fermés ayant fait l'objet d'une intervention AEMO a été retenu pour étudier plus spécifiquement les processus et les caractéristiques du suivi ; il s'agissait de dossiers suivis par l'AEMO avec le SPJ (52) ou exclusivement par l'AEMO (48).

2.2 Les entretiens avec des professionnel-le-s

Ces entretiens ont permis aux professionnel-le-s de témoigner de leurs pratiques de terrain, du sens qu'ils donnent à ces pratiques et de l'analyse qu'ils en font. Pour identifier un échantillon de ces professionnel-le-s, le SPJ et la Fondation Jeunesse et familles ont fourni des listes de personnes qui travaillent en lien avec l'AEMO. Onze d'entre elles, représentatives des différents secteurs (santé, social, justice essentiellement), qui travaillent avec l'AEMO, ont été sélectionnées et interviewées. Les protocoles d'entretiens incluaient des questions autour des premiers contacts et de la connaissance de l'AEMO ; des motifs justifiant une demande de suivi ; des attentes par rapport à la demande de suivi ; des modalités d'intervention, des représentations et des visions des professionnel-le-s autour de la question du suivi socio-éducatif.

Leurs représentations des modèles sociaux concernant la famille et la protection des mineur-e-s ainsi que leurs demandes et leurs attentes vis-à-vis de l'action socio-éducative en milieu ouvert ont pu être abordées. L'analyse de contenu des entretiens, de type semi-guidé, a permis de formuler les hypothèses qui ont servi de base, pour la troisième partie de l'enquête consacrée à l'intervention sociologique décrite ci-après, aux groupes de discussion avec les équipes AEMO du canton de Vaud. Cette analyse de contenu des entretiens a principalement porté sur les réponses aux cinq dimensions précédemment mentionnées en portant un accent tout particulier au repérage des éléments du discours prescrit et institutionnel sur la prestation AEMO chez les professionnel-le-s face aux représentations effectives et concrètes de celle-ci – tout ceci en vue de l'intervention sociologique de la troisième phase.

2.3 L'intervention sociologique

La méthode dite de l'intervention sociologique a été introduite en France par les sociologues Alain Touraine et François Dubet pour comprendre les « nouveaux mouvements sociaux » issus de la mouvance post-« soixante-huit ». François Dubet (1987) a ensuite utilisé cette méthode avec une population non militante, non identifiée à une lutte, pour réaliser une recherche sur les jeunes en survie, dans son ouvrage intitulé « La Galère ». Cette méthode se fonde sur une théorie de la société et de l'action du sujet. Elle part du principe que tous les groupes sociaux sont engagés dans une dynamique de changement. Pour comprendre l'action et les motivations des acteurs/trices, elle se base sur l'expertise des personnes elles-mêmes (il ne s'agit pas de ce que le/la sociologue se pose en experte), et elle encourage la discussion et les débats. Les interventions permettent aux groupes de comprendre plus finement le sens de leur action. Le but de cette méthode est d'enclencher des discussions et des débats à travers une démarche de collaboration pour faire émerger une dynamique de changement permettant de voir, de penser et d'agir différemment.

La méthode de l'intervention sociologique s'est imposée comme outil privilégié pour appréhender les pratiques de terrain des éducateurs/trices à travers leurs propres discours, leur analyse (auto-analyse) de leur action. À travers les rencontres, le groupe « réagit à différents niveaux, se fournissant ainsi à lui-même des éléments très diversifiés et peu intégrés de réflexion... » (Touraine 1978). De manière générale, Touraine (1973) postule que les sociétés ont une capacité à agir sur elles-mêmes et à se transformer.

Associée aux autres méthodes de la recherche, l'intervention sociologique a permis de comprendre les liens entre le discours et les actions de terrain tels que rapportés par les éducateurs/trices eux-mêmes/elles-mêmes. L'équipe de recherche a donc procédé à « l'analyse de l'auto-analyse ». Cette méthode permet de comprendre, dans le cas présent, avec les professionnel-le-s concerné-e-s en quoi consiste précisément l'action éducative en milieu ouvert et quels résultats on peut en attendre. L'équipe de recherche a mené huit entretiens (deux avec chacun des quatre groupes AEMO à quinze jours d'intervalle). C'était la première fois qu'une telle méthode était utilisée dans le canton de Vaud.

3 Les résultats en quelques points

C'est au travers des résultats des trois méthodes, largement développés dans le rapport d'étude, que l'on peut évoquer ci-après les résultats synthétiques suivants:

- Concernant le *profil des jeunes et de leurs familles,* il ressort que les éducateurs/trices de l'AEMO suivent des situations de mineur-e-s de toutes les catégories d'âges. C'est dans la tranche 7 à 15 ans que l'on trouve le plus de situations (64%). L'AEMO n'entre que très rarement en matière pour des suivis de jeunes âgé-e-s de plus de 18 ans. Les garçons sont surreprésentés dans la population suivie (56%). 67% de la population suivie est d'origine suisse. On constate une forte prévalence de situations de séparation et de divorce. Le volume des familles monoparentales, soit les mères seules avec des enfants, est patente. Toutefois, les données disponibles ne donnent aucune indication sur la situation socio-économique des familles.
- Concernant les *motifs* de la prise en charge, il ressort que les problèmes pour lesquels un suivi AEMO est le plus fréquemment sollicité sont le soutien aux parents, la résolution de problèmes liés au cadre éducatif, des conflits ou des difficultés relationnelles dans la famille, des troubles ou des problèmes de comportement. D'autres types de problèmes sont également signalés, en lien avec l'école ou l'état de santé des parents, par exemple. De manière générale, les familles suivies par l'AEMO sont face à une impasse dans leur façon d'interagir, ou elles ont épuisé leurs ressources.

- Concernant les *prestations* et le suivi AEMO, il ressort que l'AEMO offre des prestations à des familles avec enfants afin de résoudre des difficultés éducatives, d'ordre personnel, familiales, sociales, scolaires ou professionnelles. Le diagnostic de mise en danger du développement du/de la mineur-e permet aux éducateurs/trices d'évaluer la nécessité d'une intervention, sa continuation ou sa fin. Si l'intervention de l'AEMO a pour but principal la protection de l'enfant et son bien-être, l'action des éducateurs/trices concerne souvent la relation parents-enfants. Il s'agit d'aider la famille en difficulté à (re)trouver un fonctionnement acceptable à la fois pour ses membres que pour les tiers demandeurs (SPJ, OTG, école, etc.). D'autres objectifs existent également, par exemple permettre le maintien des mineur-e-s dans leurs réseaux, éviter le placement en institution ou soulager les assistants sociaux et les assistantes sociales du SPJ. Le cadre théorique de l'intervention se fonde principalement sur l'approche systémique, dans sa version éducative et non psychothérapeutique.
- La *spécificité de l'action AEMO* tient essentiellement à deux points : la proximité et l'intensité de l'intervention. Le fait d'intervenir dans l'intimité des familles (à domicile) et de proposer une large disponibilité à effectuer des activités variées permet aux éducateurs/trices de créer une relation soutenue fondée sur l'observation et le partage de moments de leur vie quotidienne. Sur cette base, les éducateurs/trices peuvent percevoir les besoins et les problèmes des familles, mais aussi leurs ressources et leurs compétences. Les compétences des familles qui sont valorisées par les éducateurs/trices sont les capacités de dialogue, de poser des limites, de maintenir un cadre et de prêter attention aux besoins du/de la mineur-e.
- En ce qui concerne *les compétences et les outils de l'éducateur/trice de l'AEMO,* selon les éducateurs/trices, l'intervention de l'AEMO doit provoquer un changement au sein des familles. Les outils de l'intervention sont essentiellement l'observation, l'entretien et le partage d'activités quotidiennes, parfois également la mise en lien avec l'entourage, la médiation, l'orientation vers des réseaux professionnels, l'accompagnement dans des démarches administratives, l'élaboration de projets (scolaires, professionnels, culturels, etc.), le rappel des normes légales et sociales. Une bonne part de ces outils ont été acquis dans les formations de base ou continue des éducateurs/trices. Des compétences personnelles des éducateurs/trices sont également mobilisées dans l'intervention, comme la capacité d'écoute, la qualité de la présence, la bienveillance du regard, le respect, le non-jugement, la faculté d'adaptation ou d'improvisation, la confiance en soi, la capacité de partager des expériences vécues ou la pratique d'un sport. Pour le surplus, le contenu de l'intervention s'ajuste à des contextes familiaux va-

riés, mais toujours dans le but de provoquer un changement. Les éducateurs/trices veillent à ne pas se substituer aux parents (à ne pas « *faire à leur place* »), mais à garder un rôle d'aide et de soutien.
- Concernant *la fin du suivi AEMO,* les éducateurs/trices considèrent que la fin de l'intervention de l'AEMO doit correspondre à un changement au sein du système familial. La restauration du dialogue au sein de la famille, la capacité de poser des limites, de respecter un espace d'expression, de prendre une certaine distance ou de faire diminuer la souffrance et les tensions sont des éléments qui caractérisent ce changement. On trouve dans les dossiers très peu d'informations permettant de savoir précisément quelle action a provoqué quel changement, sans doute parce que les éducateurs/trices valorisent davantage le travail de terrain que la restitution écrite. Les éléments à disposition pour analyser les effets de l'AEMO se basent donc principalement sur l'estimation qu'en font les éducateurs/trices de l'AEMO et les tiers demandeurs interrogés. Reconstruire des corrélations entre actions effectuées et changements obtenus n'a pas été possible dans le cadre de cette recherche.

4 Conclusions et recommandations

L'approche des éducateurs/trices de l'AEMO repose sur un postulat individualiste qui part du principe que tout être humain peut évoluer et que tous les membres de la famille sont égaux face au changement. La théorie systémique renforce ce postulat, puisqu'elle affirme que tous les membres d'un système s'influencent et que toute modification du système conduit à un changement. En délimitant le champ d'action de l'éducateur/trice (la famille), la théorie systémique permet de circonscrire l'action éducative. L'intervention de l'AEMO provoque en elle-même un changement du système familial, car une personne externe au système amène forcément des modifications de son organisation. En toute logique, les éducateurs/trices mettent en avant la nécessité d'avoir une posture adéquate pour entrer en relation avec la famille, basée sur le respect, le non-jugement et l'ouverture d'esprit. Cette neutralité empathique renvoie à l'attitude classique des psychothérapeutes, censés pouvoir tout entendre (ou presque) afin de susciter un changement. Ce respect rend les éducateurs/trices attentifs/ves à ne pas stigmatiser, à ne pas émettre de jugements et à éviter les raccourcis. Cette approche tend en revanche à minimiser l'influence des variables sociologiques sur le comportement des familles, comme le genre, l'âge ou le niveau socio-économique.

Sur la base des informations récoltées, un certain flou demeure sur l'action des éducateurs/trices de l'AEMO. Ce flou est sans aucun doute dû au fait que chaque intervention est personnalisée, ce qui, du point de vue des éducateurs/trices, limite toute tentative de généralisation. Tout se passe comme si la référence à des situations et à des personnalités d'éducateurs/trices également irréductibles empêchait toute forme de discours global. La proximité des familles, qui permet de mieux identifier les difficultés rencontrées et de stimuler les ressources existantes, comporte également un risque de réduction à un problème individuel (ou du groupe familial), ce qui peut être de l'ordre d'un problème social. Ces différences sont en partie aplanies par le travail en équipe, les colloques, les inter- ou supervisions. La discussion en équipe est présentée comme une sécurité, car derrière l'éducateur/trice qui intervient seul-e dans la famille, il y a l'équipe qui est *« garante des décisions prises »*. Toutefois, l'enquête n'a pu donner la conviction que les colloques reposent sur une méthodologie ou une systématique autre qu'implicite. Cette posture est quelque peu problématique. En effet, le fait même de partager cette conviction de l'irréductibilité du travail éducatif est une forme de généralisation, mais qui n'est pas réellement pensée en tant que telle. Dès lors, elle n'est pas discutée non plus dans ses conséquences, notamment relatives à des manières de procéder qui peuvent, parfois, se trouver en contradiction les unes aux autres, à l'imposition de normes sociales, de modèles familiaux ou de modèle de répartition des tâches entre hommes et femmes. Pour le reconnaître et en discuter, il faut éviter que la contradiction ou l'imposition soient minimisées à travers la particularité de chaque intervention, car cette euphémisation empêche la discussion.

Nous suggérons donc de partir de la pratique actuelle et de mettre à jour les principes qui sous-tendent les décisions prises. Cette mise à jour permettrait, outre de clarifier les pratiques internes, de mieux rendre visible le contenu de l'intervention, encore peu connu des acteurs interrogés. Ce travail permettrait également aux familles de mieux comprendre ce qui est attendu d'elles. Ces suggestions sont à prendre comme autant de pistes à explorer et à débattre dans les équipes de l'AEMO.

À ce stade de la recherche, l'équipe peut dire que les tâches qui incombent aux éducateurs/trices de l'AEMO exigent des compétences multiples et complexes. Ils/elles sont en contact direct avec les familles, ils/elles sont dans leur intimité, et cela n'est pas facile à gérer. On leur demande de faire un travail professionnel dans un cadre informel. La complexité de leur travail est quotidienne, car il n'est pas toujours facile de trouver le bon équilibre, la bonne démarche, pour accompagner la famille sans prendre trop de place. Il ne s'agit pas de remplacer la famille ou de faire à la place d'un ou des deux parents. Les éducateurs/trices de l'AEMO doivent gérer la demande institutionnelle et sociale et les attentes des familles : comment faire pour rester dans le cadre légal prescrit et respecter les valeurs de la famille ? Sans compter qu'il y a aussi les manières de faire dictées par la société. Chaque cas est un cas particulier et unique. Il devient dès lors difficile de pouvoir dire concrètement en quoi consiste l'intervention des éducateurs/trices. Ils/elles cumulent divers rôles selon les familles : ici ce sera l'accompagnement d'un enfant pour une orientation scolaire, là ce sera l'accompagnement de tous les membres de la famille pour trouver une réponse à un problème. Il y a pléthore de situations, et à chaque fois les éducateurs/trices y répondent avec leurs compétences professionnelles, leurs compétences individuelles et avec toutes les connaissances acquises lors de leur formation initiale et des formations continues.

La recherche a abouti à la recommandation de mettre à jour les principes qui sous-tendent les décisions prises. Elle permettrait de clarifier les pratiques et de rendre plus visible le contenu de l'intervention. Cette suggestion est à débattre au sein des équipes AEMO. Ce travail permettrait également aux familles de mieux comprendre ce qui est attendu d'elles.

Bibliographie

Dubet, François (1987) : La Galère: jeunes en survie. Paris : Fayard.
Dubet, François (2002) : Le déclin de l'institution. France : Seuil.
Touraine, Alain (1973) ; La production de la société. Paris : Seuil.
Touraine, Alain (1978) : La voix et le regard. Paris : Seuil.

4 Offene Jugendarbeit

Offene Jugendarbeit in der Schweiz – Forschung und Entwicklung
Ein systematischer Überblick

Renate Gutmann und Julia Gerodetti

1 Einleitung

Formen, Angebote und Strukturen der offenen Jugendarbeit in der Schweiz haben sich stark aus spezifischen lokalen Bedingungen und dem unmittelbaren Bedarf der Anbietenden heraus konstituiert. Bis Ende des letzten Jahrhunderts schenkte die Wissenschaft den Handlungsfeldern außerschulischer Bildung und offener Jugendarbeit in der Schweiz wenig Beachtung, und eine wissenschaftliche Reflexion dieser Themen fand selten statt. Auch stand bis Ende der 1990er-Jahre vor allem die Praxisausbildung im Zentrum von Ausbildungsinstitutionen im Feld der Sozialen Arbeit. Erst als aus den höheren Fachschulen Fachhochschulen wurden, rückten erstmals Aspekte des Handlungsfeldes der offenen Jugendarbeit in den Fokus der Forschung. Im vergangenen Jahrzehnt wurden Systematisierungsversuche (z.B. Bestandsaufnahmen von Einrichtungen der offenen Jugendarbeit) und wissenschaftliche Praxisreflexion (z.B. Konzeptentwicklungen oder Evaluationen von Angeboten der offenen Jugendarbeit) häufiger. Vor allem die Zahl der Entwicklungsprojekte mit praxisbezogenen Erkenntniszielen nahm deutlich zu, während Grundlagen- und Praxisforschungsprojekte vorerst noch rar blieben.

Der vorliegende Beitrag leistet einen ersten systematischen Überblick über die Forschungs- und Entwicklungsprojekte im Bereich der offenen Jugendarbeit seit der Jahrtausendwende in der Schweiz und diskutiert aktuelle Entwicklungen und künftige Herausforderungen. Da die Forschung in der offenen Jugendarbeit maßgeblich durch die Entwicklungen der Praxis und der Jugendpolitik und die dort formulierten Bedarfe bestimmt werden, wird zunächst ein Überblick über aktuelle Entwicklungen im Handlungsfeld und in der Theorieentwicklung gegeben. Nach einer Typisierung von Entwicklungs- und Forschungsprojekten werden ausgewählte Projektbeispiele vorgestellt, die direkt an den aktuellen Entwicklungen und Diskursen der Praxis anschließen. Abschließend werden Trends und aktuelle Herausforderungen in der Praxis der Forschung zur offenen Jugendarbeit diskutiert.

2 Beschreibung der Praxis und aktuelle Entwicklungen in der offenen Jugendarbeit

Der Dachverband der offenen Kinder- und Jugendarbeit Schweiz (DOJ) bestimmt die offene Jugendarbeit in der Schweiz als einen Teilbereich der professionellen Sozialen Arbeit. Weiter heisst es dort über die offene Jugendarbeit: Sie arbeitet mit einem sozialräumlichen Bezug und einem sozialpolitischen, pädagogischen und soziokulturellen Auftrag. Im Zentrum steht die Begleitung und Förderung von Jugendlichen auf dem Weg zur Selbstständigkeit, wobei sich die offene Jugendarbeit dafür einsetzt, dass Jugendliche an gesellschaftlichen Prozessen mitwirken können und im Gemeinwesen partizipativ beteiligt sind. Die offene Jugendarbeit arbeitet ressourcenorientiert und will den Selbstwert der Zielgruppe und deren Identifikation mit der Gesellschaft fördern. Sie unterscheidet sich von verbandlichen oder schulischen Formen der Jugendarbeit zum einen durch ein breites Spektrum an Angeboten, welche die Jugendlichen in ihrer Freizeit nutzen können, zum anderen durch ihre Offenheit, also dadurch, dass die Nutzung der Angebote nicht an eine Mitgliedschaft oder andere Bedingungen geknüpft ist und keine weiteren Verpflichtungen mit sich bringt. Dabei ist offene Jugendarbeit nicht profitorientiert und wird zu einem wesentlichen Teil von der öffentlichen Hand finanziert (DOJ 2007).

Grundsätzlich ist seit den 1980er-Jahren im Handlungsfeld der offenen Jugendarbeit eine zunehmende Differenzierung und Professionalisierung (die sich unter anderem in einer verstärkten Thematisierung von Qualitätssicherung und Wirkungsorientierung niederschlägt) zu beobachten, die mit jugendpolitischen Entwicklungen einhergeht. Dieser Prozess schlug sich u.a. im ersten Bundesgesetz über die Förderung der außerschulischen Jugendarbeit [Jugendförderungsgesetz, JFG] nieder, das Ende der Achtzigerjahre verabschiedet wurde. In den vergangenen Jahren haben sich das Bewusstsein in der Jugendpolitik und die Praxissituation jedoch verändert, sodass das JFG einer Totalrevision unterzogen werden musste. Das totalrevidierte Gesetz strebt dabei eine Ausweitung der (Kinder- und) Jugendförderung auf die offene Jugendarbeit an, fördert innovative Formen der außerschulischen Arbeit mit Kindern und Jugendlichen und dehnt die Zielgruppe auf Kinder ab Kindergartenalter aus. Des Weiteren soll verstärkt Bezug auf aktuelle Problemlagen von Kindern und Jugendlichen genommen werden, um auf diese Weise das Integrations- und Präventionspotenzial der außerschulischen Jugendarbeit besser auszuschöpfen. Das neue Kinder- und Jugendförderungsgesetz (KJFG) wird voraussichtlich im Jahr 2013 in Kraft treten. Damit ist ein wichtiger Meilenstein erreicht: ein Gesetz im Bereich der offenen Kinder- und Jugendarbeit, das zeitgemäß ist und den gesellschaftlichen und kinder- und jugendpolitischen Gegebenheiten Rechnung trägt. Da jedoch Föderalismus und Subsidiarität zu den zentralen Rahmenbedingungen der Kinder- und Jugendpolitik in der Schweiz gehören, sind die Kantone und Gemeinden für die Umsetzung entsprechender Maßnahmen zuständig. Weil die Kantone bisher nur in geringem Maß regulierend eingriffen, entwickelte sich das Angebot der offenen Jugendarbeit in der Vergangenheit je nach kommunaler Politik, Kompetenzen und Ressourcen in jeder Gemeinde unterschiedlich. Dies hat zu einer sehr heterogenen Angebotslandschaft geführt. Akteur/innen in der Praxis der offenen Jugendarbeit kritisieren diese ungleichen Bedingungen und lokalen Sonderwege zunehmend und fordern vermehrt eine Vereinheitlichung der Umstände und die Umsetzung einer gesamtschweizerischen Kinder- und Jugendpolitik. In den vergangenen Jahren entstanden erste nationale Initiativen zur Unterstützung von Koordination und Konvergenz der Strukturen und Angebote, namentlich die »Strategie für eine schweizerische Kinder- und Jugendpolitik« (Bundesamt für Sozialversicherungen 2008) oder das im Jahre 2010 erschienene Positionspapier »Standards der Kinder- und Jugendförderung in der Schweiz« der Konferenz der kantonalen Beauftragten für Kinder- und Jugendförderung (KKJF). Parallel zu diesen nationalen Konvergenzinitiativen und den Professionalisierungsentwicklungen in der Praxis ist in den vergangenen Jahren in der Schweiz sowohl auf kantonaler als auch auf kommunaler Ebene eine politische Bewusstseinsveränderung in Bezug auf offene Jugendarbeit zu beobachten. Zu nennen ist auch der Aufbau von Fachstellen für Jugend in einzelnen Kantonen, welche die Professionalisierung der offenen Jugendarbeit durch finanzielle und beratende Unterstützung in ihren Gemeinden vorantreiben.[1] Die Gemeinden nehmen dadurch und durch anderweitig angestoßene Entwicklungen (Professionalisierung der Ausbildung der Jugendarbeiter, zunehmende Verbreitung von Good-Practice-Modellen u.a.) eine professionelle offene Kinder- und Jugendarbeit zunehmend als selbstverständlich bereitzustellende Infrastruktur wahr.

3 Theoriediskurs in der offenen Jugendarbeit

Was die theoretischen Grundlagen betrifft, so ist die offene Jugendarbeit der Schweiz hauptsächlich von der soziokulturellen Animation[2] und der Fachdiskussi-

---

[1] Die finanzielle Unterstützung ist oft mit der Auflage einer wissenschaftlichen Begleitung und forschungsgeleiteten Evaluation verknüpft. Dadurch gelangen vermehrt Forschungs- und Entwicklungsaufträge an wissenschaftlich arbeitende Institutionen.
[2] Bis zur Bologna-Reform wurde soziokulturelle Animation an einigen Fachhochschulen als Studiengang mit Diplomabschluss (neben Sozialarbeit und Sozialpädagogik) angeboten. Seit 2008 führen

on aus dem deutschsprachigen Ausland beeinflusst. Die soziokulturelle Animation weist zahlreiche Überschneidungen mit dem Ansatz der Gemeinwesenarbeit auf; sie setzt bei den Folgen des technologischen und gesellschaftlichen Wandels an und versteht Probleme, Anliegen, Lebensweisen und Bedürfnisse von Jugendlichen als Form der Verarbeitung dieser Prozesse. Soziokulturelle Animation möchte neue Möglichkeiten des Begreifens und Handelns eröffnen und unterstützen und nutzt dazu insbesondere die Projektmethode. Betrachtet man die aktuellen Fachdiskurse wie beispielsweise über »Wirkungsorientierung in der offenen Jugendarbeit«, »Qualitätsentwicklung und -sicherung in der offenen Jugendarbeit« oder »Offene Jugendarbeit als Bildungsort«, wird mehrheitlich Literatur aus Deutschland beigezogen, oder es wird auf Bachelor- oder Master-Arbeiten verwiesen. Die langjährige Entwicklung der offenen Jugendarbeit in der Schweiz als Praxisfeld ohne wissenschaftlichen Apparat und reflektierende und systematisierende Institutionen (Wettstein 2005, S. 469–476; 471f.) hat dazu geführt, dass bis heute kaum systematisiertes Wissen über dieses Handlungsfeld besteht und in der Schweiz nur wenige eigenständige Beiträge zu diesen Fachdiskursen entstanden sind.

Deshalb wurden und werden mehrheitlich Forschungserkenntnisse aus anderen Ländern für den schweizerischen Diskurs genutzt, was jedoch eine kritische Betrachtung der Übertragbarkeit und Transformation dieses Wissens auf das schweizerische System zwingend erfordert. In den letzten Jahren haben die Fachhochschulen allerdings einiges an Forschung und Praxisreflexion und zugleich auch einen Beitrag zur Theorieentwicklung geleistet. Diese Arbeiten sollen im Folgenden betrachtet werden.

4 Praxisforschung und Entwicklung in der offenen Jugendarbeit

In der Fachdebatte um das Verständnis von Praxisforschung sind unterschiedliche Differenzierungen anzutreffen (Fuchs 1995; Heiner 1988; Maykus 2009; Moser 1995; Schone 1995). Lambach (2009, S. 15–30) fordert beispielsweise, dass Praxisforschung eindeutig erkenntlich zu machen und genau von anderen wissenschaftlichen Aktivitäten ohne Forschungscharakter wie zum Beispiel Projektbegleitung, Evaluation oder Praxisentwicklung zu unterscheiden sei. Andere Zugänge (Hansbauer & Schone 1999, S. 374–395; Munch 2010, S. 1177–1190; Schone 1995) sehen in der Praxisforschung gerade das verbindende Element

---

alle Studien an Fachhochschulen zu einem BA in »Sozialer Arbeit«; »Soziokultur« ist heute eine von drei Studienrichtungen in der Bachelor-Stufe der Hochschule für Soziale Arbeit Luzern.

zwischen Theorie- und Praxisentwicklung und definieren einen integrativen Forschungsansatz mit zwei Innovationsbezügen (Maykus 2009, S. 154f.; Schone 1995). Maykus (2009) greift diese Position auf und entwirft eine Typologie von Praxisforschung in der Kinder- und Jugendhilfe, bei der davon ausgegangen wird, dass diese Art von Forschung einen Beitrag zur Innovation sowohl der wissenschaftlichen Grundlagen als auch von Praxis leistet (a.a.O., 2009, S. 153–174). So verstanden, zeichnet sich Praxisforschung in der offenen Jugendarbeit dadurch aus, dass sie einer jugendarbeitsspezifischen Forschungsfrage nachgeht, einen entsprechenden Forschungsgegenstand konstruiert, sich dem Jugendarbeitsdiskurs verpflichtet fühlt, einen Bezug zum Handlungsfeld der offenen Jugendarbeit herstellt und das Ziel der Innovation dieser Praxis verfolgt (a.a.O. 2009, S. 171f.).

Betrachtet man die Forschungs- und Entwicklungstätigkeiten im Handlungsfeld der offenen Jugendarbeit in der Schweiz, so steht mehrheitlich die Innovation von Praxis im Zentrum des Forschungsinteresses. Diese Forschung zielt auf eine analytisch-reflexive und teilweise auch überprüfende Durchdringung der Praxis »und eine daraus ab[zu]leitende Unterstützung von Optimierungsstrategien« (Maykus 2009, S. 155f.). Solche Entwicklungs- und Forschungsprojekte enthalten entweder innovativ-entwickelnde, analytisch-beschreibende oder auch evaluativ-bewertende Dimensionen und haben eine praxisbezogene Erkenntnisgewinnung zum Ziel (vgl. Abbildung 1, S. 274). Vereinzelte Forschungsvorhaben verfolgen ein wissenschaftliches Erkenntnisziel, ohne jedoch auf den Praxisbezug ganz zu verzichten. Damit zeichnet sich nur eine kleine Anzahl von Forschungsprojekten im Bereich der offenen Jugendarbeit durch einen integrativen Forschungsansatz aus, der sowohl dem Anspruch an Praxisinnovation als auch dem an Innovation wissenschaftlicher Grundlagen gerecht wird und die oben skizzierten Anforderungen an Praxisforschung erfüllt. Die Mehrheit der Projekte bewegt sich im Praxisentwicklungsbereich, wobei sozialwissenschaftliche Forschungsmethoden durchaus zum Einsatz kommen.

Vor dem Hintergrund dieser Situation wird im Folgenden eine Typologie für die Systematisierung der bisherigen Forschungs- und Entwicklungsprojekte aus dem Bereich der offenen Jugendarbeit in der Schweiz vorgestellt. Diese lehnt sich an die genannte Typologie von Praxisforschung in der Kinder- und Jugendhilfe nach Maykus (2009, S. 156) an, wurde aber aufgrund der vorgefundenen Situation in der Schweiz von den Autorinnen modifiziert und erweitert. Damit werden auch Praxisentwicklungsprojekte in die Typisierung aufgenommen und wie Praxisforschungsprojekte behandelt. Diese Systematisierung ist nicht als abschließend zu verstehen, da eine klare und trennscharfe Typologie kaum möglich ist.

Abbildung 1: Praxisforschung und Entwicklung in der offenen Jugendarbeit.
Eigene Darstellung in Anlehnung an Maykus (2009), S. 156.

Im Folgenden werden zu den jeweiligen Typen (vgl. Abbildung 1) die bestehenden Entwicklungs- und Forschungsprojekte[3] in alphabetischer Reihenfolge tabellarisch mit Aussagen zum Gegenstand/Fokus und methodischen Vorgehen dargestellt und anhand ausgewählter Praxisbeispiele konkretisiert und diskutiert. Wegen der unterschiedlichen Flughöhen und Themenzuschnitte der einzelnen Projekte und weil die Ergebnisse meist auf lokale Gegebenheiten und Klärungsinteressen bezogen sind, ist eine vergleichende Betrachtung der Ergebnisse kaum gewinnbringend. Der Fokus wird demnach primär auf die Zielorientierung, die the-

---

[3] Für die vorliegende Systematisierung der Forschungstätigkeiten im Bereich der offenen Jugendarbeit wurden die Projektdatenbanken der Deutschschweizer Hochschulen für Soziale Arbeit durchsucht und eine Literaturrecherche in der deutschsprachigen Datenbank WISO und über den Metakatalog der Schweizer Hochschulbibliotheken und der Schweizerischen Nationalbibliothek swissbib durchgeführt. Da jedoch davon ausgegangen werden muss, dass nicht alle Entwicklungs- und Forschungsprojekte veröffentlicht wurden, erhebt diese Systematisierung nicht den Anspruch auf Vollständigkeit. Zudem zeigt diese Analyse nur Forschungstätigkeiten in der Deutschschweiz auf.

matische Verortung der Projekte und die Beschreibung der Forschungsdesigns gerichtet.

4.1 Entwicklungs- und Forschungsprojekte mit praxisbezogenen Erkenntniszielen

4.1.1 Entwickelnd-innovative Projekte

Im Bereich der entwickelnd-innovativen Praxisforschung sind Konzeptentwicklungen, Standortbestimmungen sowie Bedarfs- und Bedürfnisanalysen zu nennen. Die folgende Tabelle gibt einen Überblick über bisherige Entwicklungs- und Forschungsprojekte in diesem Bereich.

Tabelle 1: Entwickelnd-innovative Entwicklungs- und Forschungsprojekte in der Deutschschweiz

Projektangaben	Gegenstand und Fokus	Anmerkungen zur Methodik
Arnold (2011a) Bedarfsabklärung Jugendarbeit Flawil	Bedarfsabklärung für einen Jugendraum und Erarbeitung von Maßnahmen zur Optimierung der Jugendarbeit	Datenerhebung: • Erfassung der räumlichen Situation • Befragung der Jugendlichen und Schlüsselpersonen Datenauswertung: • gemeinsam mit den befragten Jugendlichen und Schlüsselpersonen
Arnold (2011b) Konzeptentwicklung Jugendarbeit evangelisch-reformierte Kirchgemeinde Gossau-Andwil	Ist-Analyse, Erarbeitung einer strategischen Positionierung und Erarbeitung eines Umsetzungskonzepts	Datenerhebung: • Einbezug der wichtigen Anspruchsgruppen und Schlüsselpersonen Datenauswertung: • Die Auswertung erfolgte in zwei Workshops mit der Projektgruppe und Schlüsselpersonen der Jugendarbeit Gossau-Andwil
Arnold & Müller (2010) Organisationsmodell Schulsozialarbeit und Jugendarbeit Gemeinde Gaiserwald	Erarbeitung einer Organisationsstruktur und Führungsinstrumente für die Schulsozialarbeit und die offene Jugendarbeit	Datenerhebung: • halbstrukturierte Leitfadeninterviews mit Schlüsselpersonen, Behörden und Jugendarbeit Datenauswertung: • Analyse und Fokussierung der Schlüsselthemen, Besprechung im Projektteam, Vergleich und Abgleich mit theoretischen Grundlagen zur Jugendarbeit, Schulsozialarbeit und Organisationstheorie

Gutmann & Gerodetti (2010) Bericht zum außerschulischen Angebot für Familien, Kinder und Jugendliche in der Gemeinde Kaiseraugst	Erarbeitung von Standortbestimmung, Bedürfnisanalyse und Konzept für das gesamte außerschulische Angebot	Datenerhebung: • Sozial- und Infrastrukturanalyse • Experteninterviews mit Schlüsselpersonen • Workshops mit Schulkindern • Kurzinterviews mit Jugendlichen und Eltern von Kleinkindern Datenauswertung: • inhaltsanalytische Auswertung
Eisenbeiss (2007) Zwischenbericht und Empfehlungen für ein regionales Konzept zur professionellen Jugendarbeit **Horisberger & Stade (2008) Regionales Konzept zur professionellen Jugendarbeit im Bezirk Baden** **Gutmann & Hirtz (2010) Konzeption der regionalen Fachstelle Jugendarbeit des Bezirks Baden.**	Erarbeitung einer regionalen Fachstelle Jugendarbeit des Bezirks Baden in drei Schritten. Die Berichte bauen jeweils aufeinander auf.	Datenerhebung: • Sozial- und Infrastrukturanalyse • Workshops mit Jugendarbeitern und Gemeinderätinnen Konzeptentwicklung: • Basierend auf den erarbeiteten Grundlagen und den darin entworfenen Maßnahmen zur Einführung einer Fachstelle Jugendarbeit, wurde in Zusammenarbeit von Jugendarbeit, Gemeinderätinnen und Fachhochschule das Konzept entwickelt
Gutmann, Hirtz & Korthaus (2007) Regionale Jugendarbeit Rohrdorferberg – Standortbestimmung und Orientierungsmöglichkeiten	Standortbestimmung und datenbasierte Grundlagen zur Erarbeitung von Optimierungsmöglichkeiten der regionalen Jugendarbeit	Datenerhebung: • sekundärstatistische Analyse • Experteninterviews mit Schlüsselpersonen • Kurzinterviews mit Schulkindern und Jugendlichen Datenauswertung: • inhaltsanalytische Auswertung
Gutmann, Schmid & Schnurr (2011) Jugendarbeit Sisslerfeld	Konzeption eines Angebots von offener Jugendarbeit auf der Basis des eruierten Bedarfs und der bestehenden Situation	Datenerhebung: • sekundärstatistische Analyse • Workshop mit Gemeinderäten der vier Gemeinden • Leitfadeninterviews mit Jugendlichen und Schlüsselpersonen • Workshops in Schulklassen Datenauswertung: • inhaltsanalytische Auswertung
Hirtz, Goldberg & Schnurr (2008) Regionale Jugendarbeit Unteres Aaretal-Kirchspiel (RJAAK) – Nutzung, Bedarf und konzeptionelle Weiterentwicklung	Bedarfserhebung und konzeptionelle Weiterentwicklung der offenen Jugendarbeit	Datenerhebung: • sekundärstatistische Analyse • Sozialraumbegehung • Experteninterviews • Leitfadeninterviews mit Jugendlichen Datenauswertung: • inhaltsanalytische Auswertung

Offene Jugendarbeit in der Schweiz – Forschung und Entwicklung

Kuchen (2012) **Konzept für die offene Jugendarbeit Gemeinde Waldkirch, SG**	Entwickeln eines Konzepts für eine professionelle offene Jugendarbeit (Anstellung einer Person mit ihrem Aufgabengebiet usw.) und eines Jugendarbeitsangebots.	Datenerhebung und Datenauswertung: • Basierend auf dem zuvor partizipativ erarbeiteten Jugendleitbild und den darin entworfenen Maßnahmen zur Einführung einer professionellen Jugendarbeit wurde in Zusammenarbeit mit der Jugendkommission und weiteren Interessierten das Konzept entwickelt.
Reutlinger & Fehr (2011) **Abschlussbericht zur wissenschaftlichen Begleitung des Projektes: »Aufsuchende Jugendarbeit Friesenberg/Alt-Wiedikon«**	Wissenschaftliche Beobachtung und Begleitung im Sinne von Bayer & Reutlinger (2007, S. 215–221): • zur Implementierung aufsuchender Jugendarbeit • zur fachlichen und methodischen Entwicklung im Pilotprojekt • zur Entwicklung von Reflexionswissen • zur zeitgemäßen und professionellen Entwicklung von Praxis	Datenerhebung: • Analyse der Erwartungen, Sichtweisen und ersten Erfahrungen mittels themenzentrierten Interviews Datenauswertung: • inhaltsanalytische Auswertung • Anschließend wurden die Ergebnisse in Bezug gesetzt mit aktuellen theoretischen Diskursen.
Schmid, Storni, Fabian & Drilling (2001) **Jugendkonzept für die Gemeinde Spreitenbach, AG**	Konzeption eines Angebots von offener Jugendarbeit und Schulsozialarbeit auf der Basis des eruierten Bedarfs und der bestehenden Situation	Datenerhebung: • Workshops mit Schüler/innen der Real- und Sekundarschule • Leitfadengespräche mit Vertreter/innen der Institutionen, die im Bereich der Jugendarbeit tätig sind • standardisierte Befragung der Vereine • Datenanalyse Datenauswertung: • (nicht ersichtlich)
Sommerfeld & Hofer (2004) **Entwicklung eines Modells zur Erhebung des Bedarfs an offener Kinder- und Jugendarbeit**	Entwicklung eines Modells zur Erhebung des Bedarfes an offener Kinder- und Jugendarbeit	Datenerhebung: • Sozial- und Infrastrukturanalyse • Leitfadeninterviews mit Kindern und Jugendlichen • quantitative Befragung der Kinder und Jugendlichen • leitfadengestützte telefonische Interviews mit Schlüsselpersonen • Workshops in den Untersuchungsgemeinden Datenauswertung: • qualitative Daten: nicht ersichtlich • quantitative Daten: deskriptive Auswertung und Faktorenanalyse

Storni & Fabian (2001) Jugendkonzept für die Gemeinde Ettingen, BL	Konzeption eines Angebots von offener Jugendarbeit auf der Basis des eruierten Bedarfs und der bestehenden Situation	Datenerhebung: • Workshops mit Schülerinnen und Schülern der Real- und Sekundarschule • Leitfadengespräche mit Vertreterinnen und Vertretern der Institutionen, die im Bereich der Jugendarbeit tätig sind • Ergebnisse einer bestehenden Bestandsaufnahme (1999) zu Vereinen, die im geschlossenen Freizeitbereich tätig sind Datenauswertung: • (nicht ersichtlich)
Uebelhart & Castelli (2006) Bedarfsanalyse Kinder und Jugend Gäu+	Partizipative Bedarfsabklärung mit Leitbild- und Maßnahmenentwicklung im Bereich der offenen Kinder- und Jugendarbeit.	Datenerhebung: • Sozialraum- und Infrastrukturdatenanalyse • Fragebogenbefragung bei Kinder- und Jugendlichen • Interviews mit Schlüsselpersonen • Workshop mit Beteiligten Datenauswertung: • Auswertung der Workshops erfolgte durch die Moderator/innen der einzelnen Gemeinden • quantitative Daten wurden mittels deskriptivem Verfahren ausgewertet
Wandeler (laufend) Qualitätskriterien und Qualitätsentwicklung in der offenen Kinder- und Jugendarbeit	Entwicklung von Qualitätskriterien in der soziokulturellen Animation am Beispiel der offenen Jugendarbeit	Datenerhebung: • Experteninterviews • Gruppengespräche mit Jugendlichen Datenauswertung: • inhaltsanalytische Auswertung

Als Beispiel soll ein Projekt aus der Region Sisslerfeld (Kanton Aargau) herangezogen werden. Vier kleinere politische Gemeinden mit insgesamt etwa 6900 Einwohnern, die sich aus finanziellen und organisatorischen Gründen offene Jugendarbeit, die sich auf eine einzige Gemeinde beschränkt, nicht leisten konnten, verfolgten das Vorhaben, ein gemeinsam getragenes Angebot an offener Jugendarbeit bereitzustellen. Die Erarbeitung konzeptioneller Grundlagen wurde bei der Fachhochschule Nordwestschweiz in Auftrag gegeben. Bei der Konzepterstellung stellte sich eine Vielzahl von Fragen: Gibt es überhaupt einen Bedarf? Welche Erwartungen haben Jugendliche und Erwachsene an das Angebot? Wer kann Träger des Angebots werden? An welche Zielgruppen soll sich das Angebot hauptsächlich richten? Wie soll es ausgestattet sein? Weiter waren das bereits bestehende Angebot zu eruieren und die Wege und Aufenthaltsorte der Jugendlichen genauer unter die Lupe zu nehmen. Zur Beantwortung dieser Fragen wurden mit teilnehmender Beobachtung die Aufenthaltsorte der Jugendlichen evaluiert und Leitfadeninterviews mit Jugendlichen und ausgesuchten Schlüsselpersonen zu den Bedürfnissen und Bedarfen der Jugendlichen durchgeführt. Die Daten wurden inhaltsanalytisch ausgewertet. Auch wurden Workshops mit Schulklassen durchgeführt, die ebenfalls systematisch ausgewertet wurden. Als Lösungsvorschlag wurde, in Anlehnung an ähnliche Projekte, eine mobile Jugendarbeit vorgeschlagen, die als Arbeitsort einen für ihre Bedürfnisse ausgestatteten VW-Bus zur Verfügung hat (Gutmann et al. 2011).

Auch in der Schweiz ist offene Jugendarbeit eingebettet in eine Landschaft unterschiedlicher Träger und Angebote der Kinder- und Jugendförderung. In den Kantonen und Kommunen sind – in unterschiedlichen Varianten – auch Kinder- und Jugendkommissionen, Kinder- und Jugendbeauftragte, verbandliche Jugendarbeit, Sportvereine und andere Vereine Teil eines Gesamtangebots. Folgerichtig wird offene Jugendarbeit zunehmend nicht isoliert, sondern im Kontext mit anderen außerschulischen Angeboten der Kinder- und Jugendförderung betrachtet und weiterentwickelt. So wurden auch Aufträge an Forschungsinstitutionen zur Erarbeitung von Standortbestimmungen, Bedürfnisanalysen und Konzeptentwicklungen für das gesamte außerschulische Angebot von Gemeinden in Auftrag gegeben. Als Beispiel soll hier eine Standortbestimmung, Bedürfnisanalyse und Konzeptentwicklung des außerschulischen Angebots für Familien, Kinder und Jugendliche in der Gemeinde Kaiseraugst herangezogen werden. Die offene Jugendarbeit ist dort ein zentraler Bestandteil der gemeindeinternen Kinder- und Jugendarbeit, sollte aber mit den anderen Akteuren der außerschulischen Kinder- und Jugendarbeit einschließlich familien- und schulergänzender Kinderbetreuung systematisch analysiert und auf Möglichkeiten der Zusammenarbeit geprüft werden. Zur systematischen Erfassung des Ist-Zustandes der Angebotslandschaft und für die Bedürfnisanalyse wurden Experteninterviews mit Schlüsselpersonen, Workshops mit Schulkindern sowie Kurzinterviews mit Jugendlichen und Eltern von Kleinkindern geführt. Diese Daten wurden inhaltsanalytisch ausgewertet. Die Auswertungen zeigten einerseits den Ist-Zustand der Angebotslandschaft auf. Andererseits wurde auf der Basis der empirisch eruierten Bedürfnisse der verschiedenen Interessengruppen und Akteure vor Ort sowie unter Einbezug von theoretischem und empirischem Wissen ein Soll-Zustand für die außerschulische Kinder- und Jugendarbeit der Gemeinde konstruiert. Die empfohlenen Maßnahmen sollten die Entwicklung der Angebotslandschaft zu diesem Soll-Zustand leiten. Die zentrale Empfehlung dafür war die Implementation eines respektive einer Kinder- und Jugendbeauftragten als Koordinations- und Vernetzungsinstanz für alle Akteur/innen der Angebote für Familien, Kinder und Jugendliche des außerschulischen Bereichs und als Ansprechperson für die Anliegen der Bevölkerung (Gutmann & Gerodetti 2010).

Seit einigen Jahren, insbesondere im Zusammenhang mit Modellen zur wirkungsorientierten Verwaltungsführung und dem damit einhergehenden Qualitäts- und Wirksamkeitsdiskurs, sind Entwicklungs- und Forschungsprojekte entstanden, die auf die Entwicklung von Instrumentarien für die Praxis abzielen. Als Beispiel ist die »Entwicklung eines Modells zur Erhebung des Bedarfes an offener Kinder- und Jugendarbeit« (Sommerfeld & Hofer 2004) der Fachhochschule Nordwestschweiz Solothurn im Auftrag der vernetzten offenen Jugendarbeit Kanton Bern (voja) zu nennen. Dieses Projekt hatte zum Ziel, ein Modell zu entwickeln, das die bernischen Gemeinden im Prozess der Bedarfserhebung anwenden können und das sie bei diesem Prozess unterstützt. Die Untersuchung, auf deren Basis das Modell entwickelt wurde, orientiert sich an der sozialräumlichen Perspektive und erfolgte in Zusammenarbeit mit drei unterschiedlichen Gemeinden des Kantons Bern (a.a.O., S. 9–11). Dabei wurde zunächst eine Sozial- und Infrastrukturanalyse in den Kooperationsgemeinden durchgeführt. Mittels Leitfadeninterviews mit Kindern und Jugendlichen, die einen ersten Eindruck über deren Situation in den Gemeinden ermöglichten, und einer anschließenden quantitativen Befragung wurde ein zweistufiges Verfahren zur Analyse der Lebenswelt der Kinder und Jugendlichen durchgeführt. In einem vierten Schritt wurden mit qualitativen Forschungsmethoden weitere relevante Perspektiven in den Prozess der Bedarfskonstruktion miteinbezogen, um die Perspektiven und Wertvorstellungen verschiedener sozialer Akteure in Bezug auf die Kinder und Jugendlichen zu erfassen (a.a.O., S. 9–11). Ergebnis war ein für die Testgemeinde praktikables und zugleich aussagekräftiges Instrument zur datengestützten Fundierung von Bedarfserhebungsprozessen im Bereich der offenen Kinder- und Jugendarbeit (a.a.O., S. 69).

Alle diese entwickelnd-innovativen Forschungsprojekte fanden in mehr oder weniger kooperativ-begleitender Arbeitsgestaltung von Wissenschafts- und Praxisinstitutionen statt und hatten zum Ziel, auf der Grundlage empirisch begründeter Analysen und wissenschaftlichen Wissens Maßnahmen zur Entwicklung eines Angebots oder eines Versorgungsgebietes bereitzustellen.

4.1.2 Analytisch-beschreibende Projekte

Auf kantonaler Ebene wird heute aufgrund des föderalistischen Systems und der Heterogenität im Handlungsfeld ein erhöhter Bedarf nach systematischen und methodisch abgesicherten Beschreibungen der Angebote im Bereich der offenen Jugendarbeit gesehen. Auf diesen Bedarf antworten Bestandsaufnahmen, die einen Überblick über die kantonale Situation ermöglichen sollen. Diese Projekte lassen sich dem analytisch-beschreibenden Bereich der Praxisforschung zuordnen. Die folgende Tabelle gibt einen Überblick über bisherige Entwicklungs- und Forschungsprojekte in diesem Bereich.

Offene Jugendarbeit in der Schweiz – Forschung und Entwicklung 281

Tabelle 2: Analytisch-beschreibende Entwicklungs- und Forschungsprojekte in der Deutschschweiz

Projektangaben	Gegenstand und Fokus	Anmerkungen zur Methodik
Gavez & Haab (2005) Umfrage zur Jugendarbeit: Eine Bestandsaufnahme im Kanton Zürich	Systematische und flächendeckende Übersicht über die Angebote im Bereich der Kinder- und Jugendförderung	Datenerhebung: • quantitative Befragung von operativ in der offenen Jugendarbeit und Jugendverbandsarbeit Tätigen und Personen, die für die Jugendarbeit strategisch verantwortlich sind Datenauswertung: • deskriptive Analyse
Haab Zehrê, Iseli & Frischknecht (2012) Angebote und Arbeitsweisen der offenen Kinder- und Jugendarbeit im Kanton Bern	Ermittlung eines Überblicks über bestehende Angebotsprofile der offenen Kinder- und Jugendarbeit im Kanton Bern und Eruieren von möglichen Organisationsmodellen und Funktionsweisen der offenen Kinder- und Jugendarbeit	Datengrundlage: • Analyse der Reporting-Daten 2010 der kantonalen Gesundheits- und Fürsorgedirektion • vertiefte Analyse von drei Berner Gemeinden im Rahmen von Fallstudien mittels Experteninterviews und Dokumentenanalyse Datenauswertung: quantitative Daten: • deskriptive Analyse unter Einbezug von Fachliteratur qualitative Daten: • Inhaltsanalyse (inhaltliche Strukturierung) nach Mayring (2008) • Typenbildung gestützt auf Kelle und Klunge (1999)
Heeg, Steiner & Gerodetti (2011) Bestandsaufnahme von Angebotsstrukturen der Jugendarbeit und kommunalen Jugendförderung im Kanton Aargau	Angebotsstrukturen der Jugendarbeit und kommunalen Jugendförderung im Kanton Aargau	Datenerhebung: • standardisierte Befragung der Gemeindevertreter/innen, Anbieter offener/mobiler Jugendarbeit, Jugendverbände • halbstrukturierte Interviews mit den kantonalen Dachverbänden der offenen Jugendarbeit und kantonalen Fachstellen für Jugendfragen Datenauswertung: • deskriptive Analyse • qualitative Daten wurden ergänzend beibezogen
Müller & Schnurr (2006) Bestandsaufnahme der Jugendarbeit im Kanton Aargau	Erfassung der Angebots-, Träger- und Finanzierungsstrukturen der Jugendarbeit im Kanton Aargau wie auch Einschätzungen zum Leistungsprofil und dessen Bedarfsangemessenheit	Datenerhebung: • schriftliche, standardisierte Befragung der Jugendarbeitenden und der kantonale Stellen der Jugendverbandsarbeit Datenauswertung: • deskriptive Analyse

Piller (2005) Bestandserhebung der Jugendhilfeangebote im Kanton Schaffhausen	Form, Nutzung und Finanzierung der Jugendhilfeangebote im Kanton Schaffhausen; nebst anderen Angeboten wurde auch die offene Jugendarbeit untersucht.	Datenerhebung: • standardisierte, schriftliche Befragung der Stellenleitenden der Einrichtungen und Fachstellen Datenauswertung: • deskriptive Analyse
Steiner, Heeg & Gerodetti (2011) Bestandsaufnahme von Angebotsstrukturen der Jugendarbeit und kommunalen Jugendförderung im Kanton Solothurn	Angebotsstrukturen der Jugendarbeit und kommunalen Jugendförderung im Kanton Solothurn	Datenerhebung: • standardisierte Befragung der Gemeindevertreter/innen, Anbieter offener/mobiler Jugendarbeit, Jugendverbände • halbstrukturierte Interviews mit den kantonalen Dachverbänden der offenen Jugendarbeit und der kantonalen Fachstellen für Jugendfragen Datenauswertung: • deskriptive Analyse • qualitative Daten wurden ergänzend einbezogen

Als Beispiel für ein analytisch-beschreibendes Projekt können die Bestandsaufnahmen von Angebotsstrukturen der Jugendarbeit und kommunalen Jugendförderung in den Kantonen Aargau und Solothurn genannt werden (Heeg et al. 2011; Steiner et al. 2011). In einer standardisierten Online-Befragung wurden sowohl die für Jugendthemen in der Kommunalpolitik zuständigen Personen als auch die Führungskräfte der offenen Jugendarbeit und die Vertreter/innen der Jugendverbände (Jungwacht Blauring, Pfadi, CEVI) auf kantonaler Ebene zur bestehenden Angebotsstruktur der Jugendarbeit und kommunalen Jugendförderung befragt und ihre Einschätzungen bezüglich der Bedarfsangemessenheit der Angebote erhoben. Ergänzend wurden die Vertreter/innen des kantonalen Dachverbandes der offenen Jugendarbeit und die Fachstellen der Jugendförderung auf kantonaler Ebene in teilstrukturierten Experteninterviews zu ihrer Rolle, ihren Aufgaben und Einschätzungen zu zukünftigen Entwicklungen und Bedarfen befragt. Die Studie liefert forschungsbasierte Daten zur Struktur des Angebots der Jugendverbandsarbeit und der offenen Jugendarbeit, einschließlich ihrer Infrastrukturen, Finanzierungsformen, Angebotsprofile und Nutzungsmuster, Träger- und Kooperationsstrukturen, und gibt Aufschluss über die Verankerung von Themen der Jugendförderung in den politischen Gemeinden und zu den Gelegenheiten zur Partizipation von Kindern und Jugendlichen. Darüber hinaus zeigt sie Einschätzungen zu Weiterentwicklungsbedarfen aus verschiedenen Perspektiven auf. Die Bestandsaufnahmen ermöglichen eine Beurteilung der Strukturen und Angebote. Sie aggregieren Zahlen, ermöglichen einen systematischen Überblick über das Handlungsfeld und generieren Planungsdaten zur künftigen Ausgestaltung der Angebotslandschaft in der offenen Jugendarbeit (Heeg et al. 2011; Steiner et al. 2011).

4.1.3 Evaluativ-bewertende Projekte

Evaluativ-bewertende Projekte werden im Zuge der Professionalisierung der Sozialen Arbeit und damit der offenen Jugendarbeit vermehrt als Instrument der Qualitätssicherung eingesetzt. In manchen Fällen werden die Evaluationen von den Trägern in Auftrag gegeben, wenn sich besondere Anlässe in der lokalen offenen Jugendarbeit zeigen, deren Bearbeitung mithilfe einer empirisch gestützten Außensicht angegangen werden sollen. Diese Standortbestimmungen und Evaluationen sind deshalb in vielen Fällen nicht öffentlich. Die folgende Tabelle vermittelt einen Überblick über bisherige Entwicklungs- und Forschungsprojekte in diesem Bereich.

Tabelle 3: Evaluativ-bewertende Entwicklungs- und Forschungsprojekte in der Deutschschweiz

Projektangaben	Gegenstand und Fokus	Anmerkungen zur Methodik
Fabian (2002) Evaluation der »Mobilen Jugendarbeit Basel (MJAB)«. Ein Projekt in Kleinbasel	Evaluation der mobilen Jugendarbeit	Datenerhebung: • Selbstevaluationsinstrumente • Kurzinterviews mit Nutzer/innen des Angebots • Interview mit Expert/innen • Interview mit Akteuren Datenauswertung: • qualitative Auswertung der Daten
Gloor & Meier (2004) Projekt »MuM – mutige Mädchen – Integration von gewaltbereiten Mädchen im unteren Kleinbasel«	Evaluation des Verlaufes und der Wirkung des Interventionsprojekts »MuM« Exploration zum Zusammenhang von Gewalt und Diskriminierung	Datenerhebung: • Datenanalyse: Protokolle, Berichte • Leitfadeninterviews mit Projektbeteiligten und Schlüsselpersonen Datenauswertung: • deduktive Auswertung mit Kategoriensystem
Gutmann & Gerodetti (laufend) Evaluation der Stelle der Kinder- und Jugendbeauftragten Kaiseraugst	Evaluation der Stelle der Kinder- und Jugendbeauftragten	Datenerhebung: • Datenanalyse • Interviews mit Schlüsselpersonen Datenauswertung: • inhaltsanalytische Auswertung

Riedi & Werner (2008) **Evaluation Jugendarbeit Schlieren**	Evaluation des Konzepts und der Wirkung der offenen Jugendarbeit	Datenerhebung: • qualitative Daten: Leitfaden/offen erhoben (telefonische Befragung der Fachpersonen aus dem Umfeld der Jugendarbeit [Schule, Parteien, Vereine, Eltern]), halbstandardisierte schriftliche Befragung von vier Klassen der Oberstufe Schlieren • quantitative Daten: Selbstdokumentation der Zielgruppen-Erreichung und Maßnahmen-Umsetzung durch das Team der Fachstelle Jugend Datenauswertung: • qualitative Daten: inhaltsanalytische Auswertung • quantitative Daten: Die Daten der Selbstdokumentation wurden mit einem deskriptiven Verfahren ausgewertet; • anschließend gegenüberstellende Analyse der Daten und Interpretation
Sommerfeld, Baumgartner, Baur, Klemenz, Müller & Piller (2006) **Evaluation »Midnight Basketball«-Projekte**	Gewinnen von Erkenntnissen über die Wirkungsweise der »Midnight Basketball«-Projekte, Generierung eines Wirkungsmodells	Datenerhebung: • Sampling: drei ausgewählte Standorte (städtisch, städtische Agglomeration und ländliches Umfeld) • teilnehmende Beobachtung • Interviews mit Jugendlichen, Vertreter/innen der Projekte und der jeweiligen Gemeinden Datenauswertung: • Auswertung in Anlehnung an die *Grounded Theory*

Als Fazit kann festgehalten werden, dass Praxisforschungsprojekte in der offenen Jugendarbeit vor allem durch aktuelle Bedarfe und aktuelle politische Diskurse geprägt sind und sich stark an praxisbezogenen Erkenntniszielen orientieren. Es handelt sich bei diesen Projekten bis anhin ausschließlich um Auftragsforschung, bei der die Auftraggebenden in der kommunalen oder kantonalen Politik, bei einem Träger oder einem Verband der offenen Jugendarbeit zu finden sind. Im Zentrum dieser Entwicklungs- und Forschungsprojekte steht die Innovation von Praxis, die eine Optimierung der Angebote zum Ziel hat. Insofern bezwecken diese Projekte eine Weiterentwicklung der offenen Jugendarbeit. Sie sind auf Anwendung hin ausgerichtet und sollen die Reflexionsmöglichkeiten der Praxis verbessern und Innovation ermöglichen, indem neue Handlungsoptionen erschlossen werden, die sich in der Praxis etablieren können.

4.1.4 Forschungsprojekte mit wissenschaftlichen Erkenntniszielen

Anders als die bis anhin erwähnten Entwicklungs- und Forschungsprojekte mit praxisbezogenen Erkenntniszielen weisen neuere Forschungsvorhaben auch ein vermehrt wissenschaftliches Erkenntnisinteresse auf, ohne jedoch den Praxisbezug ganz aus den Augen zu verlieren. Die folgende Tabelle vermittelt einen Überblick über bisherige Forschungsprojekte, die wissenschaftliche Erkenntnisziele verfolgen.

Tabelle 4: Forschungsprojekte mit wissenschaftlichem Erkenntnisinteresse in der Deutschschweiz

Projektangaben	Gegenstand und Fokus	Anmerkungen zur Methodik
Baier & Heeg (laufend) Die Erzeugung von Wirkungen und Nutzen in Schulsozialarbeit und Jugendarbeit. Clear-Box-Forschung in offen strukturierten Handlungsfeldern	Untersucht werden sowohl Wirkungen und Nutzen von offener Jugendarbeit (und Schulsozialarbeit) in einer Gemeinde als auch deren Erzeugung	Datenerhebung: • teilnehmende Beobachtungen • ethnografische Gespräche mit Jugendlichen und Jugendarbeitenden • Experteninterviews mit den Jugendarbeitenden • standardisierte Befragung aller Schüler/innen Datenauswertung: • qualitative Daten: Auswertung methodisch an der *Grounded Theory* nach Glaser und Strauss (1967) orientiert • quantitative Daten: deskriptive Analyse
Dahinden, Neubauer & Zottos (2002) Offene Jugendarbeit und soziokulturelle Animation: Bestandsaufnahme und Perspektiven der Arbeit mit Migrationsjugendlichen	Beitrag der offenen Jugendarbeit und soziokulturellen Animation zum Abbau der Diskriminierung von Ausländer/innen und zur Förderung von Integration	Datenerhebung: • Expert/inneninterviews • Fallstudien • Literatur- und Dokumentenanalyse Datenauswertung: • Auswertung dieser Datenlage, methodisch an der *Grounded Theory* nach Glaser und Strauss (1967) orientiert
Huber (laufend) Zwischen den Stühlen: Eine qualitative Studie zur mobilen und aufsuchenden Jugendarbeit im Spannungsfeld von Aneignung und Ordnungspolitik (Verlagspublikation erscheint voraussichtlich im Jahr 2013)	Ziel ist es zu untersuchen, inwieweit sich die aufsuchende/mobile Jugendarbeit im Spannungsfeld zwischen der Förderung von sozialräumlichen Aneignungsprozessen und der Kontrolle und Befriedung von Jugendlichen im öffentlichen Raum verorten lässt.	Datenerhebung: • 13 problemzentrierte Interviews in 8 Kantonen. Sampling: Snowball-Sampling als Vorbereitung für das theoretische Sampling Datenauswertung: • Verfahren der qualitativen Sozialforschung nach Witzel (1982) und Schmidt (2010, S. 473–486)

Reichmuth (2006) Offene Jugendarbeit als Ressource für die Alltagsbewältigung Jugendlicher. Eine Bedarfserhebung in Zürich Nord	Nutzung der offenen Jugendarbeit durch Jugendliche Nutzung der öffentlichen Räume durch Jugendliche	Datenerhebung: • quantitative Befragung bei Jugendlichen • Leitfadeninterviews mit Jugendlichen Datenauswertung: • inhaltsanalytische Auswertung
Urwyler, Nett & Rondi (2011) Soziale Integration Jugendlicher. Eine komparativ-analytische Untersuchung in drei Berner Gemeinden	Soziale Integration und Desintegration von Jugendlichen und die Bedeutung der Jugendarbeit	Datenerhebung: • standardisierte Befragung von Schüler/innen (Vollerhebung) Datenauswertung: • deskriptive Analyse

Beim laufenden, ethnografisch angelegten und vom Schweizerischen Nationalfonds geförderten Projekt »Die Erzeugung von Wirkungen und Nutzen in Schulsozialarbeit und Jugendarbeit« handelt es sich um eine »Clear-Box-Forschung in offen strukturierten Handlungsfeldern« (Baier & Heeg laufend), das den aktuellen Wirkungsdiskurs in der Praxis aufnimmt und Wirkungsweisen, Wirkungen und Nutzen von offener Jugendarbeit (und Schulsozialarbeit) in der Gemeinde Spreitenbach mit vorrangig qualitativen (teilnehmende Beobachtung, ethnografische Gespräche mit Jugendlichen und Jugendarbeitenden, Experteninterviews mit den Jugendarbeitenden), aber auch quantitativen Methoden (standardisierte Befragung aller Schüler/innen von etwa acht bis sechzehn Jahren) erforscht. Die Auswertung orientiert sich am Verfahren der *Grounded Theory* nach Glaser und Strauss (1967). Dafür wird einerseits im Sinne eines Black-Box-Modells nach Resultaten der Arbeit, nach Wirkungen und Nutzen gefragt. Andererseits werden im Sinne einer Clear-Box-Forschung die konkreten Praxisformen und deren Interpretation und Bewertung durch die verschiedenen Beteiligten untersucht. So wird untersucht, ob offene Jugendarbeit Wirkung zeigt, aber auch, wie Wirkungen und Nutzen konkret erzeugt werden (Baier & Heeg laufend). Mit diesem methodischen Zugang schließt das Forschungsprojekt zudem an der aktuellen Methodendiskussion zur Wirkungsforschung (Albus et al. 2011, S. 243–251; Lindner 2008, S. 192–194; Otto 2007; Pothmann 2011, S. 269–286; Schrödter & Ziegler 2007) und an ethnografischen Zugängen (Cloos et al. 2007; Müller et al. 2005; Rose & Schulz 2007; Schulz 2010) im Handlungsfeld der offenen Jugendarbeit an und leistet mit seinem innovativen Forschungsdesign einen Beitrag zur Forschungsentwicklung.

Forschungen, welche die Nutzer- bzw. Zielgruppe der offenen Jugendarbeit ins Zentrum rücken und damit beispielsweise die Lebenslagen der Jugendlichen fokussieren, findet man in der Schweiz kaum. Eine Ausnahme bildet die Lizentiatsarbeit von Reichmuth (2006), die sich mit der offenen Jugendarbeit als Unterstützung der Alltagsbewältigung der Jugendlichen auseinandersetzt. Die Forschung basiert zentral auf Leitfadeninterviews mit Jugendlichen, die das Angebot der offenen Jugendarbeit nutzen, und untersucht, wie die offene Jugendarbeit in den Alltag der Jugendlichen und das Gemeinwesen eingebettet ist. Die Daten wurden inhaltsanalytisch ausgewertet. Der genutzte Raum beschränkt sich nach den Ergebnissen nicht auf die Räumlichkeiten der Jugendtreffs, sondern umfasst auch die öffentlichen Plätze im Bewegungsraum der Jugendlichen. Daraus wird die Folgerung abgeleitet, dass die offene Jugendarbeit sich auch bei der Planung von öffentlichen Räumen beteiligen sollte, um die Lebensqualität für ihre Zielgruppe erhöhen zu können. Reichmuth (2006) fordert, dass die Jugendarbeiter/innen auch in anderen Bereichen der Öffentlichkeit ihr spezifisches Wissen über die Nutzergruppe einbringen. Damit soll das Verständnis gegenüber den Jugendlichen gestärkt und sollen ihnen neue Entwicklungschancen bezüglich Bildung und Lebensgestaltung eröffnet werden. Auch konnten geschlechtsspezifische Unterschiede in den Bedürfnissen bezüglich der Nutzung von Angeboten der offenen Jugendarbeit bzw. des öffentlichen Raums festgestellt werden.

Die offene Jugendarbeit wurde in den vergangenen Jahren auch als institutioneller Rahmen im Zusammenhang mit Themen wie Jugendgewalt, Migration, Prävention, neue Medien u.a. in vereinzelten Forschungsprojekten untersucht und diskutiert. Zu nennen ist hierzu beispielsweise das Forschungsprojekt »Offene Jugendarbeit und soziokulturelle Animation: Bestandsaufnahme und Perspektiven der Arbeit mit Migrationsjugendlichen«, das im Auftrag der Eidgenössischen Kommission für Jugendfragen (EKJ) vom Schweizerischen Forum für Migrations- und Bevölkerungsstudien (SFM/FSM) durchgeführt wurde (Dahinden et al. 2002). Die Autorinnen untersuchten, inwiefern offene Jugendarbeit und soziokulturelle Animation ein Potenzial besitzen könnten, das zum Abbau der Diskriminierung von Ausländer/innen und zur Förderung von Integration beitragen kann. Dabei wurde der Frage nachgegangen, auf welche Weise die offene Jugendarbeit und soziokulturelle Animation heutzutage zur Integration von Jugendlichen mit Migrationshintergrund beiträgt (Dahinden et al. 2002, S. 4f.). Um die Fragestellung möglichst gründlich und umfassend zu beantworten und möglichst viele Aspekte in die Analyse mit einbeziehen zu können, wurde ein explorativ-deskriptives Forschungsdesign verwendet, das eine Methodentriangulation von Expert/inneninterviews, Fallstudien, Literatur- und Dokumentenanalyse umfasst. Die Auswertung der Datenlage orientierte sich methodisch an der *Grounded Theory* nach Glaser und Strauss (1967) (Dahinden et al. 2002). Die Ergebnisse bewegen sich auf einer explorativen und deskriptiven Ebene und beschreiben, welche verschiedenen Arten und Formen der soziokulturellen Arbeit mit Jugendlichen ausländischer Herkunft generell existieren und welche Herausforderungen sich dadurch für das Handlungsfeld ergeben. Des Weiteren werden Empfehlungen für die Praxis auf unterschiedlichen Ebenen (z.B. im Kontext gesellschaftlicher Pluralisierung, von Ein- und Ausschluss, Vernetzung und Kooperation und interkultureller und antirassistischer Kompetenzen) formuliert (a.a.O., S. 5 und 46–51). Damit liefert dieses Forschungsprojekt wissenschaftliche Erkenntnisse über die offene Jugendarbeit. Zugleich werden auch praxisbezogene Zielsetzungen sichtbar.

Obwohl auch die eben vorgestellten Forschungsprojekte an aktuellen Diskursen aus der Praxis anschließen, erheben sie den Anspruch, zur Theorieentwicklung und/oder zur Forschungsentwicklung (z.b. im Bereich der Wirkungsforschung) beizutragen. Denn aus den empirischen Daten werden Erkenntnisse generiert, die für das Praxisfeld selbst von Nutzen sind, die aber auch einen Beitrag zu einer Theorie- und forschungsmethodischen Diskussion leisten, die über lokale Praxen offener Jugendarbeit hinausgeht. Insgesamt sind Forschungsprojekte mit solchen Erkenntniszielen in der Schweiz jedoch nur vereinzelt anzutreffen.

5 Diskussion der Ergebnisse

Dieser Überblick über die in der Schweiz durchgeführten Entwicklungs- und Forschungsprojekte im Bereich der offenen Jugendarbeit macht ersichtlich, dass in den vergangenen Jahren in der Jugendarbeitsforschung auf lokaler und kantonaler Ebene einiges in Bewegung gekommen ist. In den Projekten mit praxisbezogenen Erkenntniszielen konnte auf lokaler Ebene forschungsbasiertes Wissen in verschiedenen Bereichen der offenen Kinder- und Jugendarbeit gewonnen werden. Es handelt sich dabei um Wissen über:

- die Ausgestaltung von Angebotsstrukturen,
- Bedarfe und Bedürfnislagen von in die offene Jugendarbeit involvierten Personengruppen (Kinder und Jugendliche, Jugendarbeiterinnen und Jugendarbeiter, Trägerschaften, Politik, Eltern),
- die inhaltliche Ausgestaltung von Angeboten der offenen Jugendarbeit,
- planungs- und steuerungsrelevantes Wissen zu Angeboten im Bereich der außerschulischen Bildung.

Abgesehen vom direkten Wert, der für die auftraggebenden Gemeinden aus solchen Projekten entstand, bildeten sich auch wissenschaftlich überprüfte Good-Practice-Modelle heraus, die als Orientierungshilfen für andere Kommunen dienen können.

Auf kantonaler Ebene wurden für einzelne Kantone folgende forschungsbasierte Grundlagen erarbeitet:

Offene Jugendarbeit in der Schweiz – Forschung und Entwicklung

- Daten zur geografischen Verbreitung und Angebotsprofile von Einrichtungen der offenen Jugendarbeit,
- Daten zu Träger- und Kooperationsstrukturen, vorhandener Infrastruktur und Finanzierungsformen,
- Daten zur Nutzung der Angebote der offenen Jugendarbeit,
- Einschätzungen zu Bedarfen und künftigen Entwicklungen in der offenen Jugendarbeit von professionellen und politischen Trägern,
- planungs- und steuerungsrelevantes Wissen zum Handlungsfeld der offenen Jugendarbeit.

Forschungsprojekte mit wissenschaftlichen Erkenntniszielen in der Schweiz leisteten einen fachlichen Beitrag

- zur Diskussion der Unterstützung der Alltagsbewältigung von Jugendlichen durch die offene Jugendarbeit und
- zur Diskussion des integrativen Potenzials der offenen Jugendarbeit für ausländische Jugendliche.

Zu erwarten sind in der näheren Zukunft:

- empirische Beiträge zur Theorieentwicklung im Bereich Wirkungen, Nutzen und wirkungs- und nutzenerzeugenden Praxiselemente von offener Jugendarbeit,
- forschungsmethodische Beiträge im Bereich der Wirkungsforschung,
- empirische Beiträge zu Angebotsprofilen, Organisationsmodellen und Funktionsweisen der offenen Kinder- und Jugendarbeit,
- empirische Beiträge zur Verortung der aufsuchenden/mobilen Jugendarbeit im Spannungsfeld zwischen der Förderung von sozialräumlichen Aneignungsprozessen und der Kontrolle und Befriedung von Jugendlichen im öffentlichen Raum.

Es kann festgehalten werden, dass der Ausbau der wissenschaftlichen Tätigkeiten in der offenen Jugendarbeit sich bisher im Wesentlichen im Bereich der Praxisentwicklung abspielte.

Mit der politischen Bewusstseinsveränderung gegenüber der offenen Jugendarbeit scheint der Bedarf nach Forschung und wissenschaftlichen Datengrundlagen gestiegen zu sein. Gemeinden, in denen es bisher noch keine oder nur ehrenamtlich funktionierende offene Jugendarbeit gab, wünschen sich eine professionelle, den Strukturen und Bedingungen der Gemeinde entsprechende offene Jugendarbeit und holen sich für die systematische Datenerhebung, Konzeptionierung und Implementierung Unterstützung bei den forschenden Institutionen. Durch diesen Einbezug von wissenschaftlichem Wissen beruhen die neu entwickelten Konzepte vermehrt auch auf wissenschaftlichen Erkenntnissen und methodisch erhobenen Datengrundlagen. Inwiefern diese Ausrichtung sich auf die Qualität der offenen Jugendarbeit der betreffenden Kommunen auswirkt, wird sich in den nächsten Jahren zeigen.

Dass das Schwergewicht der Forschung im Bereich der Praxisentwicklung lag, hat auch damit zu tun, dass die forscherischen Anstrengungen in den letzten Jahren vor allem auf Bedürfnisse der Nachfragenden reagiert haben. Die Fragestellungen wurden aus konkreten Bedürfnissen der Kommunen entwickelt, was dazu führte, dass die Aufträge insbesondere den Interessen der Geldgeber entsprachen. In vielen Fällen handelt es sich dabei um Vertreter/innen der politischen Gemeinden, deren Erkenntnisinteressen sich nur teilweise mit den Erkenntnisinteressen der Jugendlichen oder der Jugendarbeitenden deckt. So erhoffen sich die Vertreter/innen der politischen Gemeinde bei einer Investition in die offene Jugendarbeit beispielsweise oft eine Steigerung der Attraktivität ihrer Gemeinde. Bei Auftragsklärungen zeigt sich dann nicht selten, dass die treibende Kraft hinter der Weiterentwicklung oder Einführung einer offenen Jugendarbeit der Wunsch ist, auffällige, herumhängende und laute Jugendliche zu bändigen. Es geht demnach oft nicht um eine Aufwertung der Lebensqualität primär für die Jugendlichen, sondern um die Lebensqualität anderer Bevölkerungsgruppen. Dadurch sind die praxisforschenden und praxisentwickelnden Akteur/innen auch immer wieder damit beschäftigt, Grundlagen der offenen Jugendarbeit zu vermitteln und Zuständigkeits- und Aufgabenbereiche zu klären. Die Entwicklung von innovativen und weiterführenden bildungstheoretischen und adressatenbezogenen Überlegungen bleibt in diesen Projekten aus Ressourcengründen häufig auf der Strecke.

Obschon erste forschungsbasierte Erkenntnisse zur offenen Jugendarbeit in der Schweiz generiert wurden, ist der Bedarf an Forschung nach wie vor groß. Es wäre, wie gezeigt, zu begrüßen, wenn sich die Grundlagenforschung und damit eine vertiefte theoretische Auseinandersetzung innerhalb der offenen Jugendarbeit etabliert und die Praxisforschung auch vermehrt bildungstheoretische und adressatenbezogene Beiträge leisten würde. Damit das vornehmlich lokale und kantonale Wissen diskutiert und verglichen werden kann, sind zudem statistische Daten zu Strukturen, Angeboten und Inanspruchnahme von offener Jugendarbeit auf nationaler Ebene wünschenswert.

Wenn man die derzeitige politische Entwicklung auf nationaler Ebene betrachtet, besteht auch die Hoffnung, dass Grundlagenforschung bzw. Möglichkeiten zur Finanzierung von unabhängiger Forschung durch die zunehmende Akzeptanz und Sichtbarkeit von offener Jugendarbeit in politischen Gremien Aufschwung erhält.

Literatur

Albus, Stefanie, Micheel, Heinz-Günter & Polutta, Andreas (2011): Der Wirkungsdiskurs in der Sozialen Arbeit und seine Implikationen für die empirische Sozialforschung. In: Oelerich, Gertrud & Otto, Hans-Uwe (Hrsg.): Empirische Forschung und Soziale Arbeit. Ein Studienbuch (S. 243–251). Wiesbaden: VS Verlag für Sozialwissenschaften.

Arnold, Rosmarie (2011a): Bedarfsabklärung Jugendarbeit Flawil. Rorschach: FHS St. Gallen, Hochschule für Angewandte Wissenschaften.

Arnold, Rosmarie (2011b): Konzeptentwicklung Jugendarbeit evangelisch-reformierte Kirchgemeinde Gossau-Andwil. Rorschach: FHS St. Gallen, Hochschule für Angewandte Wissenschaften.

Arnold, Rosmarie & Müller, Martin (2010): Organisationsmodell Schulsozialarbeit und Jugendarbeit Gemeinde Gaiserwald. Rorschach: FHS St. Gallen, Hochschule für Angewandte Wissenschaften.

Baier, Florian & Heeg, Rahel (2011–): Die Erzeugung von Wirkungen und Nutzen in Schulsozialarbeit und Jugendarbeit. Clear-Box-Forschung in offen strukturierten Handlungsfeldern.

Bundesamt für Sozialversicherungen (BSV) (2008): Strategie für eine schweizerische Kinder- und Jugendpolitik. Bern: BSV. Online: www.bsv.admin.ch/themen/kinder_jugend_alter/00067/02003/index.html?lang=de (Zugriff: 12.6.2012).

Dachverband offene Jugendarbeit Schweiz (DOJ) (Hrsg.) (2007): Offene Kinder- und Jugendarbeit in der Schweiz – Grundlagen für Entscheidungsträger und Fachpersonen. Online: www.doj.ch/fileadmin/downloads/ueber_Doj/broschur_grundlagen_web.pdf (Zugriff: 12.6.2012).

Dahinden, Janine, Neubauer, Anna & Zottos, Éléonore (2002): Offene Jugendarbeit und soziokulturelle Animation: Bestandsaufnahme und Perspektiven der Arbeit mit Migrationsjugendlichen. Forschungsbericht. Eidgenössische Kommission für Jugendfragen/Fachstelle für Rassismusbekämpfung. Online: www.edi.admin.ch/shop/00019/00081/index.html?lang=de (Zugriff: 12.6.2012).

Fabian, Carlo (2002): Evaluation der »Mobilen Jugendarbeit Basel, MJAB«. Ein Projekt in Kleinbasel. Basel/Olten: Fachhochschule Nordwestschweiz. Unveröffentlicht.

Fuchs, Dieter (1995): Lebensweltorientierte Praxisforschung. Ihr Beitrag zur Entwicklung einer Solidaritätskultur. Konzeption, Organisation und Anwendung. Eine Einführung. Würzburg: Echter.

Gavez, Silvia & Haab, Katharina (2005): Umfrage zur Jugendarbeit: Eine Bestandesaufnahme im Kanton Zürich. Dübendorf: Fachhochschule Zürich ZHAW.

Glaser, Barney G. & Strauss, Anselm (1967): The Discovery of Grounded Theory. Strategies for Qualitative Research. Chicago: Transaction.

Gloor, Daniela & Meier, Hanne (2004): Evaluationsbericht zum Projekt »MuM – mutige Mädchen – Integration von gewaltbereiten Mädchen im unteren Kleinbasel«. Zürich: Social Insight. Online: www.sozialjournal.ch/download/evaluation.pdf (Zugriff: 12.6.2012).

Gutmann, Renate & Gerodetti, Julia (2010): Bericht zum außerschulischen Angebot für Familien, Kinder und Jugendliche in der Gemeinde Kaiseraugst. Online: www.kaiseraugst.ch/dl.php/de/0dhlt-77ug6a/Ausserschulisches_Angebot_Kaiseraugst_definitiv_3_11.pdf (Zugriff: 12.6.2012).

Gutmann, Renate & Gerodetti, Julia (laufend): Evaluation der Stelle der Kinder- und Jugendbeauftragten Kaiseraugst. Basel/Olten: Fachhochschule Nordwestschweiz.

Gutmann, Renate, Hirtz, Melanie & Korthaus, Achim (2007): Regionale Jugendarbeit Rohrdorferberg – Standortbestimmung und Orientierungsmöglichkeiten. Basel/Olten: Fachhochschule Nordwestschweiz.

Gutmann, Renate, Schmid, Magdalene & Schnurr, Stefan (2011). Jugendarbeit Sisslerfeld Online: www.sozialraum.de/jugendarbeit-sisslerfeld.php (Zugriff: 12.6.2012).

Haab Zehrê, Katharina, Iseli, Daniel & Frischknecht, Sanna (2012): Angebote und Arbeitsweisen der offenen Kinder- und Jugendarbeit im Kanton Bern. Bern: Berner Fachhochschule.

Hansbauer, Peter & Schone, Reinhold (1999): Sozialpädagogische Praxisforschung. In: Merchel, Joachim (Hrsg.): Qualität in der Jugendhilfe: Kriterien und Bewertungsmöglichkeiten (2. Auflage) (S. 374–395). Münster: Votum.

Heeg, Rahel, Steiner, Olivier & Gerodetti, Julia (2011): Bestandesaufnahme von Angebotsstrukturen der Jugendarbeit und kommunalen Jugendförderung im Kanton Aargau. Basel.

Heiner, Maja (1988): Praxisforschung in der Sozialen Arbeit. Freiburg im Breisgau: Lambertus.

Hirtz, Melanie, Goldberg, Daniel & Schnurr, Stefan (2008): Regionale Jugendarbeit Unteres Aaretal-Kirchspiel (RJAAK) – Nutzung, Bedarf und konzeptionelle Weiterentwicklung. Basel/Olten: Fachhochschule Nordwestschweiz.

Huber, Sven (laufend). Zwischen den Stühlen: Eine qualitative Studie zur mobilen und aufsuchenden Jugendarbeit im Spannungsfeld von Aneignung und Ordnungspolitik. Zürich.

Lambach, Rolf (2009): Was ist Praxisforschung? Begrifflich-konzeptionelle Klärungen und Einordnung in den Kontext der Kinder- und Jugendhilfe In: Maykus, Stephan (Hrsg.): Praxisforschung in der Kinder- und Jugendhilfe. Theorie, Beispiele und Entwicklungsoptionen eines Forschungsfeldes (S. 15–30). Wiesbaden: VS Verlag für Sozialwissenschaften.

Lindner, Werner (2008): Wirkungen erforschen und dokumentieren. Die Kinder- und Jugendarbeit muss ihre Mess- und Erhebungsinstrumente schärfen. Blätter der Wohlfahrtspflege, 155. Jg., Heft 5, S. 192–194.

Maykus, Stephan (2009): Praxisforschung in der Kinder- und Jugendhilfe. Theorie, Beispiele und Entwicklungsoptionen eines Forschungsfeldes. Wiesbaden: VS Verlag für Sozialwissenschaften.

Moser, Heinz (1995): Grundlagen der Praxisforschung. Freiburg im Breisgau: Lambertus.

Müller, Burkhard, Schmidt, Susanne & Schulz, Marc (2005): Wahrnehmen können. Jugendarbeit und informelle Bildung. Freiburg im Breisgau: Lambertus.

Müller, Caroline & Schnurr, Stefan (2006): Bestandesaufnahme der Jugendarbeit im Kanton Aargau. Basel: Fachhochschule Nordwestschweiz.

Munch, Chantal (2010): Praxisforschung in der Sozialen Arbeit. In: Thole, Werner (Hrsg.): Grundriss Soziale Arbeit. Ein einführendes Handbuch (3., überarbeitete und erweiterte Auflage) (S. 1177–1190). Wiesbaden: VS Verlag für Sozialwissenschaften.

Otto, Hans-Uwe (2007): What Works? Zum aktuellen Diskurs um Ergebnisse und Wirkungen im Feld der Sozialpädagogik und Sozialarbeit – Literaturvergleich nationaler und internationaler Diskussion. Berlin: Arbeitsgemeinschaft für Kinder- und Jugendhilfe – AGJ.

Piller, Edith Maud (2005). Bestandesaufnahme der Jugendhilfeangebote im Kanton Schaffhausen. Olten: Fachhochschule Nordwestschweiz.

Pothmann, Jens (2011): Möglichkeiten und Grenzen quantitativer Forschung. Vermessungen für die (Offene) Kinder- und Jugendarbeit am Beispiel der amtlichen Kinder- und Jugendhilfestatistik. In: Schmidt, Holger (Hrsg.): Empirie der Offenen Kinder- und Jugendarbeit (S. 269–286). Wiesbaden: VS Verlag für Sozialwissenschaften.

Reichmuth, Judith (2006): Offene Jugendarbeit als Ressource für die Alltagsbewältigung Jugendlicher. Eine Bedarfserhebung in Zürich Nord. Bern: Edition Soziothek.

Riedi, Anna Maria & Werner, Karin (2008): Evaluation Jugendarbeit Schlieren. Dübendorf: Fachhochschule Zürich ZHAW.

Rose, Lotte & Schulz, Marc (2007): Gender-Inszenierungen. Jugendliche im pädagogischen Alltag. Königstein: Helmer.

Schmid, Martin, Storni, Marco, Fabian, Carlo & Drilling, Matthias (2001): Jugendkonzept für die Gemeinde Spreitenbach, AG. Basel: Fachhochschule für Soziale Arbeit beider Basel/ecce – Gemeinschaft für Sozialforschung.

Schone, Reinhold (1995): Theorie-Praxis-Transfer in der Jugendhilfe. Sozialpädagogische Praxisforschung zwischen Analyse und Veränderung. Münster: Votum.

Schrödter, Mark & Ziegler, Holger (2007): Was wirkt in der Kinder- und Jugendhilfe? Internationaler Überblick und Entwurf eines Indikatorensystems von Verwirklichungschancen. Münster: Institut für Soziale Arbeit.

Schulz, Marc (2010): Performances: Jugendliche Bildungsbewegungen im pädagogischen Kontext – Eine ethnografische Studie. Wiesbaden: VS Verlag für Sozialwissenschaften.

Sommerfeld, Peter, Baumgartner, Edgar, Baur, Roland, Klemenz, Regina, Müller, Silke & Piller, Edith Maud (2006). Evaluation »Midnight Basketball« Projekte. Bericht im Auftrag der Gesundheitsförderung Schweiz. Basel/Olten: Fachhochschule Nordwestschweiz.

Sommerfeld, Peter & Hofer, Marie-Thérèse (2004): Entwicklung eines Modells zur Erhebung des Bedarfs an Offener Kinder- und Jugendarbeit. Schlussbericht, z.Hd. DORE.

Steiner, Olivier, Heeg, Rahel & Gerodetti, Julia (2011): Bestandesaufnahme von Angebotsstrukturen der Jugendarbeit und kommunalen Jugendförderung im Kanton Solothurn. Olten/Basel: Hochschule für Soziale Arbeit, Fachhochschule Nordwestschweiz.

Storni, Marco & Fabian, Carlo (2001): Jugendkonzept für die Gemeinde Ettingen, BL. Basel: Fachhochschule für Soziale Arbeit beider Basel/ecce – Gemeinschaft für Sozialforschung.

Uebelhart, Beat & Castelli, Francesco (2006): Bedarfsanalyse Kinder und Jugend Gäu+. Basel/Olten Fachhochschule Nordwestschweiz.

Urwyler, Christoph, Nett, Jachen C. & Rondi, Chiara (2011): Sozialisationsbedingungen und soziale Integration Jugendlicher. Eine komparativ-analytische Untersuchung in drei Berner Gemeinden. Bern: Berner Fachhochschule (BFH). Online: www.jugendundgewalt.ch/uploads/media/Sozialisationsbedingungen_und_soziale_Integration_Jugendlicher_BFH.pdf (Zugriff: 12.6.2012).

Wandeler, Bernard (laufend): Qualitätskriterien und Qualitätsentwicklung in der Offenen Kinder- und Jugendarbeit. Luzern Hochschule für Soziale Arbeit Luzern.

Wettstein, Heinz (2005): Offene Jugendarbeit in der Schweiz. In: Deinet, Ulrich & Sturzenhecker, Benedikt (Hrsg.): Handbuch Offene Kinder- und Jugendarbeit (S. 469–476). Wiesbaden: VS Verlag für Sozialwissenschaften.

5 Lebenslagen von Jugendlichen und jungen Erwachsenen

Junge Erwachsene in der Sozialhilfe
Folgen veränderter Bedingungen am Übergang in die Erwerbsarbeit

Dorothee Schaffner und Matthias Drilling

1 Wohlfahrtsstaatliche Arrangements auf dem Prüfstand

Wollte man die Entwicklung der westeuropäischen Wohlfahrtsstaaten in den letzten Jahrzehnten beschreiben, so wäre der Begriff der Ambivalenz geeignet. So erleben wir seit Mitte des letzten Jahrhunderts eine Kumulierung von Vermögen in den einzelnen Ländern, was rechtfertigt, von Reichtumsgesellschaften zu sprechen (Döring, Hanesch & Huster 1990). Diese gesamtgesellschaftliche Entwicklung wird allerdings von gegenläufigen Phänomenen in den Binnenverhältnissen vieler reicher Volkswirtschaften begleitet: So wächst die Zahl der Working Poor, und die Zahl der armutsbetroffenen Kinder kann in vielen Ländern nur dank der Transferleistungen niedrig gehalten werden (Whiteford & Adema 2006). Jüngere Studien zur Prekarität (Barbier, Brygoo & Viguier 2008) zeigen, wie eng das »Leben im sicheren Wohlstand« mit einem »Leben im prekären Wohlstand« zusammenhängt. Deutlicher Ausdruck dieser Ambivalenzen ist die aktuelle Sorge um den Wegbruch der Mittelschicht zugunsten der beiden Pole Arm und Reich.

Mit der Sorge um eine Verfestigung von Armut gehen Anstrengungen einher, die Institutionen der sozialen Sicherheit, aber auch des Bildungssystems an die veränderten Herausforderungen anzupassen. Sie erhalten neben ihrer ursprünglichen Funktion der Förderung von Reintegration in den Arbeitsmarkt oder der beruflichen Qualifizierung zunehmend die Funktion von »Vermittlungsagenturen an entscheidenden Scharnierstellen«. Solche Scharniere finden sich insbesondere dort, wo Übergänge zwischen Lebenszyklen bestehen: beim Eintritt in den Kindergarten, beim Übertritt in die Schule, in die Ausbildung und den Beruf. Es ist das gelingende Zusammenspiel zwischen den Angeboten der Kinder- und Jugendhilfe, der Sozialhilfe und dem Bildungs- und Ausbildungssystem, das über den Erfolg sozialer Mobilität entscheidet. Und es ist die Erfolglosigkeit bestimmter Gruppen an diesen Übergängen, die die Wohlfahrts- und Bildungskonzepte gegenwärtig auf den Prüfstand stellt.

An der sozialen Gruppe der jungen Erwachsenen[1] lässt sich besonders deutlich zeigen, wie der gesellschaftliche Wandel und die strukturellen Veränderungen des Arbeitsmarkt- und Ausbildungssystems zur Ausprägung einer »neuen« Lebenslage und zu neuen Übergangsszenarien beigetragen haben (Hornstein 1998; Hurrelmann 2003; Kohli 1978; Kommission der Europäischen Gemeinschaft 1993; Stauber, Pohl & Walther 2007). Im Kontext von Deregulierung des Arbeitsmarktes, fundamentalem Wandel der Arbeitsinhalte und Anforderungen sowie der Flexibilisierung der Erwerbsmuster (Beck 1999; Böhnisch & Schröer 2001) haben die Erwartungen an die Bildung und Bildungsbereitschaft der Individuen stark zugenommen und ebenso der Druck auf die Bildungsbereitschaft der Individuen (Stichwort »Lebenslanges Lernen«). Bildung fungiert dabei als Mittel und Ziel zugleich: Eine gute Schulbildung gilt als die Voraussetzung für einen gelingenden Übergang; vom Grad der Bildung ist die berufliche Position abhängig und damit das Maß an Lebenschancen, die von der Gesellschaft verteilt werden. Damit wird Bildung zum Konzept der gesellschaftlichen und ökonomischen Modernisierung und gleichzeitig zu einer durch die wohlfahrtsstaatlichen Institutionen vorgezeichneten Voraussetzung, durch die eine dauerhafte Integration in den Arbeitsmarkt sichergestellt werden soll. Gefordert ist die lebenslange Bereitschaft des Weiterlernens und flexiblen Reagierens auf Optionen, die der flexibilisierte Arbeitsmarkt bereitstellt. Im Widerspruch dazu steht, dass Bildung unter den gegenwärtigen Arbeitsmarktbedingungen für eine gelingende Arbeitsmarktintegration keine Garantie mehr bietet.

2 Übergänge als Gegenstand von Jugendhilfeforschung

In der Schweiz wurden Übergangsprobleme erst seit der Rezession in den 1990er-Jahren zu einem bildungs- und sozialpolitischen Thema (Bergmann et al. 2011; Bildungsmonitoring Schweiz & Bundesamt für Statistik [BFS] 2003; Gertsch, Gerlings & Weber 2000; Schaffner 2007; Schaffner 2008a; Sheldon 2002). Die strukturellen Veränderungen auf dem Arbeitsmarkt führten zu einem Rückgang

---

[1] Seit den 1990er-Jahren taucht der Begriff »junge Erwachsene« auf. Unter dieser sozialen Gruppe werden in der sozialwissenschaftlich orientierten Jugendforschung die Subjekte zusammengefasst, die sich in ihren Selbstkonzepten nicht mehr als »noch jugendlich«, aber auch nicht als »schon erwachsen« wahrnehmen, sondern je nach Situation hin und her pendeln. Walther (2000) bezeichnet diesen Übergang daher als »Jo-Jo-Übergang«. In der entwicklungspsychologischen Jugendforschung wird diese Phase unter dem Begriff »Postadoleszenz« diskutiert (Hurrelmann 2003; Papastefanou 1997). Beiträge der Jugendforschung lassen die Konturen einer eigenen Lebenslage der jungen Frauen und Männer in diesem Zwischenstatus erkennen (Stauber, Pohl & Walther 2007, S. 41; Stauber & Walther 2002; Walther 2000).

von einfacheren Ausbildungs- und Arbeitsplätzen,[2] zur Veränderung von Ausbildungen (z.B. Berufsmatura, Modularisierung der Ausbildungen, Attestausbildung), zur Erhöhung der Anforderungen an Ausbildungsgänge und zu neuen gesetzlichen Grundlagen (neues Berufsbildungsgesetz 2004). Gleichzeitig stiegen die Nachfrage nach und der Wettbewerb um Ausbildungsplätze. Einerseits drängten geburtenstarke Jahrgänge auf den Berufsbildungsmarkt, und andererseits wurde die schulische und berufliche Ausbildung zur sozialen Norm[3] erklärt (Schaffner 2007). So wird bildungs- und sozialpolitisch alles daran gesetzt, dass Jugendliche direkt nach der obligatorischen Schulzeit einen Anschluss im nachobligatorischen Ausbildungssystem finden oder eine verpasste Qualifikation später nachholen.

Diese zentralen Veränderungen führten in den letzten 15 Jahren für junge Frauen und Männer zu Übergangsproblemen an der ersten und zweiten Schwelle der beruflichen Integration. Erkennbar werden diese Probleme an den steigenden Zahlen von Jugendlichen, die nach der obligatorischen Schulzeit an der ersten Schwelle keine Anschlusslösung finden und auf Zwischenlösungen angewiesen sind (Bildungsmonitoring Schweiz & Bundesamt für Statistik [BFS] 2003; Egger et al. 2007; Schaffner 2007). Gemäß schulstatistischen Angaben des Bundesamtes für Statistik besuchten bis zum Beginn der 1990er-Jahre etwa 6 Prozent der Schulabgängerinnen und -abgänger ein 10. oder 11. Schuljahr (Bundesamt für Statistik [BFS] 2001). Dieser Anteil stieg seit Mitte der 1990er-Jahre stark an. So besuchen gegenwärtig je nach Region 15 bis 25 Prozent der Schulentlassenen ein sogenanntes Brückenangebot oder Zwischenjahr (a.a.O., S. 35). Nach Meyer (2003) ist der verzögerte Übergang in die Berufsbildung in den letzten Jahren zu einem »Massenphänomen« geworden.

Auch an der zweiten Schwelle lassen sich vermehrt Schwierigkeiten der jungen Erwachsenen bei der Integration in den Arbeitsmarkt erkennen. In den letzten rund 13 Jahren waren junge Erwachsene überproportional unter den Arbeitslosen vertreten. »Besorgniserregend« ist gemäß Bundesamt für Statistik die

---

[2] Zwischen 1985 und 2001 wurden in der Schweiz laut Bundesamt für Statistik über 30 000 Ausbildungsplätze abgebaut, das sind rund 15 Prozent (Schweizerisches Arbeiterhilfswerk [SAH] 2004).
[3] In den 1950er-Jahren traten 70 Prozent der Schulabgänger/innen in die Arbeit über. In den 1980er-Jahren waren es noch 20 Prozent der Schulabgänger/innen, die direkt zu arbeiten begannen. Zu Beginn des 21. Jahrhunderts streben über 90 Prozent der Jugendlichen eine nachobligatorische Ausbildung an (Bernath, Wirthensohn & Löhrer 1989; Bildungsmonitoring Schweiz & Bundesamt für Statistik [BFS] 2003; Bundesamt für Statistik [BFS] 1995). 2007 formulierten die Vertreter/innen der Konferenz der kantonalen Volkswirtschaftsdirektionen (VDK), der Sozialdirektionen (SODK) sowie der Erziehungsdirektionen (EDK) in einem gemeinsamen Positionspapier folgendes Ziel: Bis 2015 sollen 95 Prozent der jungen Menschen bis zum 25. Altersjahr eine Ausbildung abgeschlossen haben. Online: www.sodk.ch/fileadmin/user_upload/Aktuell/Stellungnahmen/Pos_Jugend_VDK_EDK_SODK_2008 _09_13_d.pdf (Zugriff: 6.3.2012).

Sozialhilfequote der jungen Erwachsenen zwischen 18 bis 25 Jahren, die sich seit Mitte der 1990er-Jahre auf hohem Niveau stabilisiert (Bundesamt für Statistik [BFS] 2006, S. 12). Ihre Sozialhilfequote liegt für die Schweiz insgesamt bei 4,5 Prozent und erhöht sich in Städten auf 7 Prozent. Ausländische Bezieher/ innen sind in der Altersgruppe 10 bis 17 Jahre »besonders stark betroffen« (Bundesamt für Statistik [BFS] 2008, S. 14). »Der Sozialhilfebezug von jungen Erwachsenen gilt als besonders besorgniserregend, weil die Gefahr besteht, dass junge Menschen eine nachhaltige gesellschaftliche Integration verpassen und sich eine dauerhafte Perspektivenlosigkeit entwickelt« (Bundesamt für Statistik [BFS] 2009, S. 1).

Aus dieser Perspektive werden junge Erwachsene und die Bedingungen eines gelingenden Übergangs auch zunehmend für die Jugendhilfeforschung von Bedeutung – ein Umstand, der keineswegs selbstverständlich ist, wenn man die bisherige Forschung betrachtet. So befasste sich die Kinder- und Jugendhilfeforschung zwar mit den Bedingungen, unter denen armutsbetroffene Kinder und Jugendliche aufwachsen, allerdings ohne auf die spezifischen Übergangsherausforderungen der jungen Erwachsenen einzugehen (Beisenherz 2002; Butterwegge 2003; Klocke & Hurrelmann 2001). Ansonsten war Kinder- und Jugendhilfeforschung oft eine Sozialhilfe- bzw. Armutsforschung, die sich auf die Sozialhilfe als generelles Handlungsfeld der Sozialen Arbeit konzentrierte, dabei aber die Gruppe der jungen Erwachsenen als eigenen Forschungsgegenstand in der Regel ausblendete (Bundesministerium für Bildung und Forschung [BMBF] 2006; Fluder & Stremlow 1999; Leu, Burri & Priester 1997; Leu 1999). In Deutschland befasste sich Jugendforschung im Bereich Jugendberufshilfe bzw. Übergangsforschung bereits seit den 1970er-Jahren mit Phänomenen des Übergangs zwischen Schule und Beruf und spezifischen Arrangements der Berufs- und Arbeitsmarktintegration für junge Menschen (stellvertretend dazu Bojanowski, Eckardt & Ratschinski 2004; Braun 2002; Lex 2001), während in der Schweiz erst seit Ende der 1990er-Jahre breiter Studien dazu betrieben werden (Schaffner 2007).[4] Die

---

[4] Gemäß einer ländervergleichenden OECD-Studie zu Übergängen (Transitionen) zwischen Erstausbildung und Erwerbsleben wurden vor 1998 in der Schweiz auf nationaler Ebene kaum bildungs- oder jugendsoziologische Untersuchungen zu Übergangsphänomenen durchgeführt (Galley & Meyer 1998). Auf kantonaler Ebene finden sich bis in die 1990er-Jahre ebenfalls nur wenige Studien (Bernath, Wirthensohn & Löhrer 1989; Donati 1999). Erst die Nationalen Forschungsprogramme NFP 43 »Bildung und Beschäftigung« (1999–2004) und NFP 51 »Integration und Ausschluss« (2003–2007) boten die Gelegenheit, die Grundlagenforschung in den Themenbereichen »(erschwerte) Integration in die Berufsbildung«, »Berufsbildung«, »berufliche Weiterbildung« sowie »Übergänge und Verläufe in die Erwerbsarbeit« zu intensivieren. In der Folge entstand eine Reihe insbesondere bildungssoziologischer Studien, die sich auch mit der Gefährdung von Jugendlichen befassten (Bildungsmonitoring Schweiz & Bundesamt für Statistik [BFS] 2003; Haeberlin, Imdorf & Kronig 2004; Häfeli 2004; Imdorf 2005; Meyer 2004).

bildungssoziologische Jugendforschung analysierte lange Zeit insbesondere das Bildungssystem, erst allmählich werden hier die Thematiken des Übergangs und der Armutsgefährdung mitberücksichtigt. Damit steht Jugendhilfeforschung vor der Aufgabe, die bisher spezifischen und noch wenig verbundenen Erkenntnisse vor dem Hintergrund einer gemeinsamen Folie zusammenzufügen. Beispiele für eine solche Verknüpfung finden sich in der Schweiz erst vereinzelt:

- Eckmann-Saillant, Bolzman und de Rham (1994) untersuchten mittels einer qualitativen Studie bei 15- bis 21-Jährigen (N = 82) im Kanton Genf die Berufsintegrationsphase bei Jugendlichen. Alle analysierten Indikatoren weisen darauf hin, dass Misserfolge im Verlauf der Berufsintegrationsphase Folgen haben: Ausgrenzung, unsicherer Status, sozialer Ausschluss. Bei der Untersuchungsgruppe standen Schul- und Bildungsabbrüche sowie fehlende Berufsausbildung in engem Zusammenhang mit delinquentem Verhalten. Risiken und Schutzfaktoren waren dabei nicht allein von der sozialen Herkunft abhängig, sondern auch von den Reaktionen und Bewältigungsstrategien, die Jugendliche in dieser Situation entwickeln. Wenn Jugendliche mit geringer elterlicher Unterstützung eine Lehre absolvieren, besteht ein erhöhtes Risiko, dass die Ausbildung abgebrochen wird. Solche Jugendliche schätzen ihre eigene Zukunft pessimistisch ein und zeigen ein eher negatives Selbstbild.
- Regamey (2001) betonte die statistische Überrepräsentierung der »jeunes Lausannois« in den Programmen der Sozialhilfe des Kantons. »Tristesse, déprime«, »problèmes, difficultés de sommeil«, »tentations suicidaires« rangieren nahezu gleichberechtigt mit dem Problem des fehlenden Arbeitsplatzes. Regamey machte zudem auf einen Nachteil aufmerksam, der aus der Dichte der in Lausanne vorhandenen sozialen Institutionen resultiert: In vielen Fällen würden die jungen Erwachsenen von einer Institution zur anderen gereicht (»ping-pong entre les services«), ohne dass es dabei zu raschen und konkreten Veränderungsprozessen komme (a.a.O., S. 151).
- Fragnière, Hutmacher und Pichler (2001) legten eine Studie über die jungen Erwachsenen in schwierigen Lebensumständen in einem Bezirk des Kantons Waadt vor. Anhand von 18 biografischen Interviews entwickelten sie eine Typologie, die allerdings keinen einheitlichen Unterscheidungskriterien folgt. Die meisten der interviewten jungen Erwachsenen wanderten in den vergangenen Jahren in die Städte ab, insbesondere nach Lausanne, weshalb Fragnière und Mitautor/in von einer »sociabilité urbaine« (a.a.O., S. 23) sprechen. Oftmals finden die jungen Erwachsenen in der Stadt Verhältnisse vor, die sich wiederum negativ auf ihre Lage auswirken und damit eher zur weiteren Prekarisierung beitragen.

- Im Rahmen der Schweizer Längsschnittstudie »Transition from Education to Employment« (TREE) untersuchte Böni am Beispiel von 1200 Personen problematische Verläufe von Jugendlichen ohne Ausbildung (Böni 2003). Die Ergebnisse konnten das von der Gesamtstudie TREE ermittelte Risikoprofil von Ausbildungslosen bestätigen (eher weiblich, eher aus der Deutschschweiz, nur schulische Grundkenntnisse, aus Familien mit tiefem sozioökonomischem Status und/oder mit Migrationshintergrund). Interessanterweise zeichnet sich die Gruppe der Ausbildungslosen nach Böni nicht durch eine Häufung von kritischen Lebensereignissen aus, eine solche ist eher bei Personen feststellbar, die eine Ausbildung unterbrechen mussten. Ferner zeigte die Studie, dass die bisher Ausbildungslosen mehrheitlich auch nach zwei Jahren noch an einer Ausbildung festhalten (normalbiografische Orientierung).
- Weitere neuere Untersuchungen von kleinerem Umfang befassen sich mit Fragen zur Sozialhilfepraxis im Umgang mit jungen Erwachsenen. Küng und Zeiter Fassbind untersuchten im Rahmen einer Diplomarbeit die Umsetzung der neuen SKOS-Richtlinien für junge Erwachsene und leiteten weiteren Handlungsbedarf ab (vgl. Bundesministerium für Bildung und Forschung [BMBF] 2006). Inwiefern die Sozialhilfeunterstützung eine Bewältigungsstrategie für die spezifischen Problemkonstellationen der jungen Erwachsenen darstellen kann, untersuchte Montani (2006) im Rahmen ihrer Lizenziatsarbeit. Die Autorin kam zum Schluss, dass die Sozialhilfestrategien sehr begrenzte Wirkung erzielen. Den jungen Erwachsenen gelingt die Bewältigung ihrer Krisen und Schwierigkeiten bei der Arbeitsmarktintegration nur unzureichend. Brodmann und Ellenberger (2004) gingen der Frage nach, wie die Integration junger Erwachsener durch ein geeignetes Beratungskonzept verbessert werden kann. Gerber (2007) untersuchte die Bewältigungsstrategien von jungen Sozialhilfebezieher/innen und konnte vier Bewältigungstypen ermitteln: die »Kompetenten«, die »Fragilen«, die »Ausweichenden« und die »Blockierten«. Diese Typologie liefert Hinweise auf den Unterstützungsbedarf der jungen Erwachsenen.

3 Junge Erwachsene im Übergang: Die Basler Sozialhilfestudie

Dass bisher noch keine für eine Stadt oder die Schweiz repräsentative Forschungsarbeit zu den jungen Erwachsenen in der Sozialhilfe vorliegt, war Anlass zur Übersichtsstudie »Basler Studie zur Situation junger Erwachsener in der Sozialhilfe« (Dalcher & Schäuble 2003; Drilling 2003; Schaffner 2003) sowie der – im Folgenden dargestellten – vertiefenden Studien »Young urban poor –

Abstiegsprozesse in den Zentren der Sozialstaaten« (Drilling 2004) und »Junge Erwachsene zwischen Sozialhilfe und Arbeitsmarkt« (Schaffner 2007).

3.1 Forschungszugänge

Drilling (2004) erfasste durch die Zusammenführung statistischer Daten alle 18- bis 25-Jährigen, die im Jahr 1999 mindestens einmal eine finanzielle Unterstützung der Sozialhilfe Basel erhielten (N = 1123). Mittels Faktor- und Clusteranalyse konnten Typen von jungen Erwachsenen bei Eintritt in die Sozialhilfe herausgearbeitet werden, und durch eine Analyse der Sozialhilfedossiers vom Eintritt bis zum Jahr 2004 ergaben sich typische Verläufe in der Sozialhilfe und aus ihr heraus. Dorothee Schaffners Studie »Junge Erwachsene zwischen Sozialhilfe und Arbeitsmarkt« (2007), die sich auf den gleichen Datensatz bezieht, befasst sich mit den diskontinuierlichen Bildungs- und Erwerbsverläufen von zwanzig jungen Sozialhilfebeziehenden. In Weiterführung der jugendsoziologischen und sozialpädagogischen Übergangsforschung orientiert sich diese Untersuchung an der subjektorientierten Übergangsforschung (Stauber, Pohl & Walther 2007). Von Interesse sind aus dieser Perspektive die Handlungsstrategien der Akteure im Wechselspiel von strukturellen und individuellen Bedingungen des Handelns und von biografischen Lernprozessen.

Die Datengrundlagen wurden in mehreren Wellen erhoben, was die Möglichkeit gab, den biografischen Verlauf über rund sechs Jahre zu verfolgen (vgl. Tabelle 1).

Tabelle 1: Forschungsdesign

1999	Erfassung der Grundgesamtheit: alle 18- bis 25-jährigen Sozialhilfebeziehenden in Basel-Stadt (n = 1123) (Drilling 2003, 2004)
2000 bis 2004	Dossieranalyse, quantitative Typenbildung (Faktorenanalyse und Clusteranalyse) (Drilling 2003/2004)
2003 bis 2004	Typenspezifische Analyse von Verlaufstypen (n = 21) (Drilling 2004)
2002 bis 2003	Problemzentrierte biografische Interviews mit 10 Frauen und 10 Männern (n = 20) aus der Grundgesamtheit; Abgleich mit Dossiers (Schaffner 2003)
2003/2004	Einzelfallanalyse (Schaffner 2007) Fallübergreifende Analyse: biografische Verlaufsmusteranalyse (Schaffner 2007)
2005 bis 2006	Nachbefragung bei der Sozialhilfe zur aktuellen Situation der befragten Personen (Schaffner 2007)

Die folgenden Ausführungen beziehen sich auf Teile dieser Studien. Während die quantitativen Daten aus der Studie »Young urban poor« (Drilling 2004) stammen, beziehen sich die qualitativen Darstellungen auf die Studie »Junge Erwachsene zwischen Sozialhilfe und Arbeitsmarkt« (Schaffner 2007).

3.2 Nationale Herkunft/Staatsangehörigkeit

Über die Hälfte der jungen Erwachsenen in der Sozialhilfe sind Schweizerinnen und Schweizer; die zahlenmäßig größten Gruppen der Ausländerinnen und Ausländer stammen aus der Türkei, dem ehemaligen Jugoslawien und aus Italien. Dabei ergeben sich sehr unterschiedliche Sozialhilfequoten. So wurde beispielsweise jede siebte junge Frau mit türkischer Nationalität in Basel im Jahr 1999 mindestens einmal von der Sozialhilfe unterstützt (vgl. Tabelle 2).

Tabelle 2: Sozialhilfequote der jungen Erwachsenen nach Staatsangehörigkeit und Geschlecht

	Staatsangehörigkeit														
	Schweiz			Türkei			ehemaliges Jugoslawien			Italien			übrige		
	Geschlecht			Geschlecht			Geschlecht			Geschlecht			Geschlecht		
	N	w	m	N	w	m	N	w	m	N	w	m	N	w	m
Summe	629	333	296	164	88	76	119	67	52	60	31	29	151	87	64
Sozialhilfequote (Durchschnitt: 6,43)	5,80	6,07	5,51	10,95	11,49	10,38	6,88	8,18	5,71	5,02	5,88	4,33	6,89	7,29	6,42

Quelle: Drilling (2004)

3.3 Aufenthaltsstatus

Zentral für die Handlungsspielräume, die ein junger Erwachsener in der Stadt Basel hat, ist die Frage des *Aufenthaltsstatus* (vgl. Tabelle 3). Bei der Vergabe der Rechte zum Aufenthalt (und damit zur Wohnsitznahme und Arbeitssuche) spiegelt sich die Einwanderungspolitik der Schweiz, wie sie in ihrer Politik der drei Kreise festgelegt ist (Wanner & Fibbi 2003). Junge Menschen aus Italien, dem klassischen Herkunftsland, haben nahezu alle eine Niederlassungsbewilligung und können damit beispielsweise sowohl den Wohnsitz als auch die Arbeitsstelle weitgehend frei suchen; sie können selbstständig erwerbstätig werden und Stipendien beantragen. Bei den jungen Erwachsenen aus der Türkei oder dem ehemaligen Jugoslawien besitzt noch bis zur Hälfte aller eine Jahresaufenthaltsbewilligung. Entsprechend schwieriger ist es, sich von der Sozialhilfe abzulösen: Sie haben weitaus stärker eingeschränkte Möglichkeiten, zum Beispiel bei der Wahl des Arbeitsplatzes und Wohnsitzes, beim Recht, Stipendien zu beantragen, oder beim Recht, an arbeitsmarktlichen Maßnahmen speziell für junge Erwachsene teilzunehmen.

Tabelle 3: Aufenthaltsstatus nach Staatsangehörigkeit

	Staatsangehörigkeit nach Häufigkeit					Gesamt
	Schweiz	Türkei	ehemaliges Jugoslawien	Italien	übrige	
Schweizer	629	0	0	0	0	629
B-Jahresaufenthaltsbewilligung	0	83	38	3	48	172
C-Niederlassungsbewilligung	0	81	79	57	100	317
Gesamt	629	164	117	60	148	1118

Quelle: Drilling (2004)

3.4 Unterstützungsgründe

Typisch für die Situation der jungen Erwachsenen in der Sozialhilfe ist, dass sie in 78,5 Prozent der Fälle in Ein-Personen-Haushalten leben. Nach den Unterstützungsgründen hat die Sozialhilfe für die jungen Erwachsenen drei unterschiedliche Bedeutungen (vgl. Tabelle 4): Für die eine – und größte – Gruppe (47,3 Prozent) behält die Sozialhilfe ihre traditionelle Funktion der Überbrückung. Einkommensarmut führt hier insbesondere deshalb in die Sozialhilfe, weil keine Ersparnisse angelegt werden konnten, die die Zeit bis zur Unterstützung durch das Arbeitsamt überbrücken können (was signifikant viele türkische Familien betrifft), oder weil die von der letzten Lohnhöhe abhängige Arbeitslosenentschädigung zu gering ist. Viele der jungen Erwachsenen sind bereits wenige Wochen nach der Arbeitslosigkeit auf finanzielle Hilfe angewiesen. Für eine andere Gruppe (34,6 Prozent) ist die Problematik der zu niedrigen Entschädigung ihrer Arbeitsleistung der zentrale Grund des Sozialhilfebezugs, weshalb hier die Sozialhilfe einen subsidiären Charakter hat. Darunter befindet sich auch eine Gruppe junger Erwachsener, die eine Ausbildung absolvieren. Schließlich zeigt sich bei einer kleineren Gruppe von Personen (16,6 Prozent), dass die Sozialhilfe die Bedeutung einer längerfristigen und einkommensersetzenden Hilfe annimmt. Hier finden sich zahlreiche Personen, die aufgrund ihrer Drogen- und/oder Alkoholproblematik unterstützt werden (das sind signifikant viele Schweizerinnen und Schweizer); aber auch für alleinerziehende Mütter, die keine ausreichende Unterstützung für ihre familiären Aufgaben haben, hat Sozialhilfe oftmals diese Bedeutung.

Tabelle 4: Unterstützungsgründe und Zusammenhänge mit der Staatsangehörigkeit

Unterstützungsgrund aggregiert	Details	Staatsangehörigkeit (Anzahl Personen)					
		Schweiz	Türkei	ehemaliges Jugoslawien	Italien	übrige	gesamt
Arbeitslosigkeit AL/Einzeln	AL/Einzeln/Anspruch; AL/Familie ausgesteuert; AL/Familie, kein Anspruch	278	67	38	24	46	453
Arbeitslosigkeit AL/Familie	AL/Familie/Anspruch; AL/Familie/ausgesteuert; AL/Familie/kein Anspruch	28	.20 31***	19	2	16	96
Gesamt »Überbrückungshilfe«		306	98	57	26	62	549
Einzeln/ungenügendes Einkommen		50	6	8	9	12	85
Familie/ungenügendes Einkommen		26	17	.16 21***	4	13	81
in Ausbildung		122	31	21	8	40	222
Gesamt »subsidiäre Hilfe«		198	54	50	21	65	388
Mutter/alleinerziehend	Mutter/Alleinerziehend; Schwangerschaft	51	7	7	5	18	88
Gesundheitliche Gebrechen	Drogen- und Alkoholabhängigkeit; psychische oder physische Gebrechen	.14 74***	5	5	8	6	98
Gesamt »längerfristige, einkommensersetzende Hilfe«		125	12	12	13	24	186

Angegeben sind nur Signifikanzen p<0.001; Kontingenzkoeffizient max. 0.8944; Signifikanztests zwischen der entsprechenden Gruppe und allen anderen Personen.

Quelle: Drilling (2004)

Der biografische Blick auf die Verläufe in die Sozialhilfe präzisiert die Gründe für den Sozialhilfebezug. Aus Sicht der jungen Erwachsenen hat dabei der Übergang in die rechtliche Selbstständigkeit ab dem 18. Altersjahr eine entscheidende Rolle gespielt. Fast alle Befragten mussten mit Erreichen des Mündigkeitsalters meist sehr kurzfristig ihr Leben selbstständig in die Hand nehmen, entweder weil sie zu Hause hinausgeworfen wurden oder weil sie freiwillig auszogen, aus Jugendhilfemaßnahmen entlassen wurden, Verantwortung für ihr Kind übernehmen wollten oder weil sie alleine in die Schweiz immigriert waren. Das Erreichen des Mündigkeitsalters löste damit eine zentrale Dynamik im Verlauf aus. Die Freistellung in die Selbstständigkeit ohne Erfahrung, ohne Rückhalt und Unterstützung führte bei allen zu mehr oder weniger großen Problemen bei der Alltagsbewältigung (Ernährung, Wohnen, Tagesablauf, Umgang mit Geld, Bezahlung von Krankenkassenbeiträgen, Steuern, Zugang zu Sozialhilfeunterstützung usw.), bei der Suche nach Arbeit (Zugang zu Arbeitsmarkt und Vermittlungsstellen, fehlende Ausbildung, Arbeitserfahrung), das heißt generell bei der Übernahme von Verantwortung für das eigenen Leben (Schaffner 2007).

> ME: (...) Und dann eben, dort anmelden, dieses anmelden, jenes anmelden. Und dort wieder dies bezahlen und jenes bezahlen. Und dann kommt man halt auf die Welt. Und ich habe gedacht – ja – achtzehn, ja. Endlich erwachsen, ja. Als Achtzehnjähriger denkt man auch noch nicht, was noch (...) nichts Negatives – einfach, das, was vorher noch die Eltern gemacht haben oder geradegestanden sind, wo man nachher einfach alles selber verantworten muss. Und selber bezahlen. Ja. (PD20/Z: 1829–1842)

Ihnen fehlten alltagspraktisches Wissen, die soziale Unterstützung und die nötigen finanziellen Ressourcen. Ebenso fehlten ihnen der »innere Kompass« (Kohärenz) und das Wissen darum, wie man für sich und sein Handeln Verantwortung übernimmt.

> MA: Ja, ich war wie ein Baby, wie frisch auf die Welt gekommen. Hatte keine Ahnung und habe langsam gelernt. Jetzt habe ich alles gelernt, was in B. läuft. (PD13/Z: 966–969)

Hier ließ sich *eine entwicklungsbedingte Bewältigungsproblematik* erkennen, die vom Sozialhilfesystem bei der Unterstützung von jungen Erwachsenen noch kaum berücksichtigt wird. Als Folge der noch fehlenden Verortung, der damit verbundenen Orientierungslosigkeit und der mangelnden Bewältigungskompetenzen fingen sie an zu experimentieren, um Erfahrungen zu sammeln. In diesem Sammeln von eigenen Erfahrungen kann nach Alheit (1993) ein Lernprozess oder ein sensibler »Synchronisationsversuch von Außen- und Innenaspekten«

gesehen werden. Diese Phase des Trudelns und Suchens war oft mit schmerzlichen Lernerfahrungen und hohen gesundheitlichen und finanziellen Risiken verbunden. Erlebt wurde die Phase als sehr diffus, chaotisch, Stress erzeugend, beängstigend. Verbunden mit der Destabilisierung, waren auch riskante emotionsregulierende Bewältigungsstrategien beobachtbar, die vielfach zu einer weiteren Verschärfung der Risikolagen beitrugen.

> SO: Ich habe schon depressive Phasen, und es gibt auch Momente, da gehe ich gezielt »saufen«, einfach so, um einmal abzuschalten, weil ähm, ja, irgendwann fängt es an zu kochen, erzwungenermaßen, oder. (PD4/Z: 761–765)

In dieser ersten Phase kurz nach dem 18. Altersjahr gelang es kaum einer der interviewten Personen, sich intensiv mit der Ausbildungsplatz- oder Arbeitssuche auseinanderzusetzen. Einerseits absorbierte die Experimentierphase ihre Energie, andererseits fehlten ihnen wichtige Voraussetzungen für eine gezielte selbstständige Arbeitssuche.

Etwas anders zeigte sich die Situation bei vier jungen Müttern (zwei alleinerziehende Schweizerinnen, eine alleinerziehende und eine verheiratete Migrantin), die vor dem 20. Altersjahr schwanger wurden, sowie bei einem jungen verheirateten Migranten, der früh Vater[5] wurde. Ihre neue Aufgabe verlangte von ihnen verantwortliches Handeln. Sie verhielten sich weniger riskant und suchten schneller Hilfe und Unterstützung. Deutlich wurde aber, dass auch sie tendenziell von der Aufgabe überfordert waren. Fehlte die Unterstützung durch die Eltern oder relevante andere Personen, so fühlten sie sich einsam und unsicher in ihrer neuen Aufgabe. Dennoch gewährte ihnen die Mutterschaft auch ein Stück Schonraum und wohlwollende Zuwendung durch die Sozialhilfe (Mutterschaftsmoratorium).

3.5 Vermögen und Verschuldung

35,3 Prozent aller Personen dieser Altersklasse wurden bereits mindestens einmal betrieben. *Jede dritte Person* hat also bereits im jungen Erwachsenenalter einen Schuldenstand erreicht, der mittelfristig kaum abgetragen werden kann.

---

[5] Bei drei weiteren jungen Männern wirkte sich die Vaterschaft ebenfalls auf ihr Denken und Handeln aus (Frage nach Sinn und Zukunftsperspektiven). Da sie aber nicht mit der jeweiligen Kindsmutter und dem Kind zusammenlebten und erst nach dem 20. Altersjahr Vater wurden, wirkte sich dies weniger zentral aus als bei denjenigen, die mit ihren Kindern lebten.

Tabelle 5: Finanzielle Ausstattung zum Zeitpunkt des Eintritts in die Sozialhilfe

		Situation im Jahr des Eintritts in die Sozialhilfe				
		Maßgebendes Einkommen	Maßgebendes Vermögen (ohne Sparguthaben)	Sparhefte	Andere Vermögenswerte	Schulden
Quelle		Steuerdaten	Steuerdaten	Selbstdeklaration	Selbstdeklaration	Selbstdeklaration /Auszug aus dem Betreibungsregister
	Gültig	1097	1044	1084	1067	1100
	N	465	20	311	18	392
Mittelwert		7068.36	78.35	187.85	66.94	3034.52
Minimum		0	0	-1599	0	0
Maximum		80000	18000	15000	11000	83200
Perzentile	25	.00	.00	.00	.00	.00
	50	.00	.00	.00	.00	.00
	75	8000.00	.00	17,25	.00	2000.00

Quelle: Drilling (2004)

Die *fehlende Kompetenz, mit Geld umzugehen,* war in fast allen Interviews ein zentrales Thema. Anfänglich waren die jungen Erwachsenen froh, nach dem Auszug von zu Hause staatliche Transferleistungen zu erhalten, weil sie kein Geld erspart hatten und auch kaum eine absichernde Erwerbsarbeit finden konnten. Den meisten gelang es zunächst, sich mit dem erhaltenen Geld durchzuschlagen. Die *Transferleistungen wurden ähnlich verwendet wie das Taschengeld, das sie zuvor erhalten hatten.* Sie gaben aus, was sie bekamen, vergaßen aber, Geld für größere Anschaffungen oder anfallende Rechnungen zurückzulegen. Als Folge davon begannen sich Schulden anzuhäufen.

NH: Ich glaube etwa 15 000 Franken Schulden.
DS: Wie kamen die zusammen?
NH: Nicht arbeiten, Schulden machen, bei Kollegen auch aus der Zeit, als ich gekifft habe. Militär und Steuern, als ich fand, leckt mich doch am Arsch, ich zahle doch nicht einfach Geld für das Existieren, und habe das einfach nicht bezahlt. Heutzutage weiß ich, dass ich, wenn ich Ruhe haben will in dem System, muss ich ein biss-

chen in dem System mitgehen. Diese Schulden sind noch da. Und ich habe keinen Überblick, wenn ich einmal ein Stück abzahlen kann. (PD10/Z: 1322–1336)

Um sich aus dem *Teufelskreis der weiteren Verschuldung oder gar Überschuldung* lösen zu können, wurden weitere Risiken eingegangen. Unterstützungsbetrug, Versandhandelsbetrug, Diebstahl, dealen mit Drogen usw. stellten Möglichkeiten des illegalen Gelderwerbs dar, außerdem jegliche Formen von Schwarzarbeit und Tauschhandel (»mischeln«, »deichseln«, »mauscheln«[6]). Wieder andere leisteten ihre Schulden durch Arbeitsleistungen ab. Obwohl mit der Such- und Experimentierphase – im Alter zwischen 18 bis rund 20 Jahre – *viele Risiken und Folgeprobleme* verbunden waren, wurde diese Phase rückblickend von den meisten als Episode bezeichnet (Schaffner 2008b). Nur bei zwei Personen kam es zu biografisch langwierigen Folgeproblemen. Depressionen, andere gesundheitliche Beeinträchtigungen und Suchtverhalten führten bei diesen Personen zu weiteren Abstiegsprozessen.

Etwas anders zeigte sich die Situation bei spät immigrierten jungen Männern. Solange sie keine eigene Familie zu versorgen hatten, standen sie unter dem finanziellen Druck, ihren Herkunftsfamilien Geld zu schicken (Verwandtschaftssolidarität). Da sie in der Schweiz ohne anerkannte Ausbildung und mit einer befristeten Aufenthaltsbewilligung meist nur temporäre oder schlecht bezahlte Arbeiten erhielten, waren sie gefährdet, sich zu verschulden, z.B. durch Kleinkredite.

3.6 Ausbildung und Erwerbsarbeit

Vor allem mit der Zuwanderungsdynamik verbunden sind *sehr unterschiedliche schulische Startkonstellationen* bei den jungen Erwachsenen (Fibbi, Kaya & Piguet 2003). So haben junge Erwachsene mit italienischer Nationalität häufig bereits die Primarschule in der Schweiz absolviert. Nur ein kleiner Teil von ihnen kam während oder nach der obligatorischen Schulzeit in die Schweiz. Ganz anders stellt sich die Situation für die jungen Erwachsenen aus den neuen Herkunftsländern dar: Ein Großteil von ihnen kam erst nach der Primarschulzeit und stieg in der Mittel- oder Oberstufe in das schweizerische Schulsystem ein. Und

---

[6] *Mischeln* = etwas am Rande der Legalität bewerkstelligen, sich etwas erwirtschaften, zum Beispiel durch Verkaufen von Gegenständen auf dem Flohmarkt, Versandhandelsbetrug, Weiterverkauf, Hehlerei, Tauschen, Leihen, Betteln, Schnorren, Dealen, Schwarzarbeit; *deichseln* = etwas Schwieriges mit unkonventionellen Mitteln und Wegen zustande bringen; *mauscheln* = heimliches Aushandeln von Vorteilen, Geschäfte machen.

43 Prozent der jungen Erwachsenen aus dem ehemaligen Jugoslawien zogen erst nach Ende der obligatorischen Schulzeit in die Schweiz; sie verfügen dementsprechend über sehr viel weniger schweizbezogenes Bildungskapital.[7]

Tabelle 6: Schulische Startkonstellationen nach Staatsangehörigkeit

	Staatsangehörigkeit nach Häufigkeit				
	Schweiz	Türkei	ehemaliges Jugoslawien	Italien	Übrige	Gesamt
Primarschule in der Schweiz absolviert	558	33	19	45	42	697
Während der obligatorischen Schulzeit in die Schweiz gekommen	33	81	49	9	58	230
Erst nach der obligatorischen Schulzeit in die Schweiz gekommen	38	50	51	6	51	196
Summe	629	164	119	60	151	1123

Quelle: Drilling (2004)

Auch in Bezug auf die berufliche Ausbildung bestehen erhebliche Unterschiede zwischen den jungen Erwachsenen. Rund 56 Prozent von ihnen verfügen über keine Berufsausbildung (vgl. Tabelle 7). Davon hat der größte Teil nie eine Berufsausbildung begonnen, ein deutlich kleinerer Teil hat die Berufsausbildung vorzeitig ohne Abschluss beendet. *Nur rund jede fünfte Person* kann auf eine abgeschlossene Ausbildung zurückgreifen, zumeist eine Lehre.[8] *Die fehlende Berufsausbildung scheint demnach ein markantes Merkmal von jungen Erwachsenen in der Sozialhilfe zu sein.*

Welches sind aus Sicht der Jugendlichen die Gründe für die verpasste berufliche Ausbildung? Von den zwanzig Befragten haben nur zwei einen in der Schweiz anerkannten beruflichen Abschluss erreicht. Weitere elf Personen orientierten sich ursprünglich an einer beruflichen Ausbildung. Die Gründe, die schließlich doch zum Verpassen der Ausbildung an der ersten Schwelle führten und den Beginn des diskontinuierlichen Verlaufs markierten, waren vielfältig. Zwei Migrant/innen haben in ihren Herkunftsländern eine weiterführende schuli-

---

[7] Detaillierte Angaben, zum Beispiel über den besuchten Schultyp oder die Anzahl der Schuljahre finden sich weder in der Sozialhilfestatistik noch in den Sozialhilfedossiers.
[8] Die hohe Zahl der Ausbildungslosen in der Sozialhilfe liegt deutlich über dem Durchschnitt, den wir aus der Schweiz oder Deutschland kennen. Für Deutschland gehen Hochrechnungen davon aus, dass rund 15 Prozent der Jugendlichen und jungen Erwachsenen (20 bis 29 Jahre) ohne Beruf sind (Klemm 2001, S. 19).

sche Ausbildung absolviert, die in der Schweiz allerdings nicht anerkannt wurde. Ein Migrant hatte sich das berufliche Know-how als Schneider in seinem Heimatland *on the job* erworben. Drei Schweizer/innen und ein Migrant strebten zum Zeitpunkt des ersten Übergangs keine Ausbildung an.

Tabelle 7: Nachobligatorischer Abschluss nach Staatsangehörigkeit und Geschlecht

Geschlecht		Staatsangehörigkeit nach Häufigkeit					Gesamt
		Schweiz	Türkei	ehemaliges Jugoslawien	Italien	Übrige	
Weiblich	Kein Berufsabschluss	169	58	46	18	49	340
	Berufsabschluss	76	15	8	7	12	118
	in Ausbildung	83	15	13	4	26	141
Gesamt w		328	88	67	29	87	599
Männlich	Kein Berufsabschluss	157	47	32	16	31	283
	Berufsabschluss	75	9	10	8	15	117
	in Ausbildung	60	18	10	5	17	110
Gesamt m		292	74	52	29	63	510
Gesamt		620	162	119	58	150	1109

Quelle: Drilling (2004)

Interessanterweise dauerte diese Phase des misslungenen Einstiegs in die Berufsbildung bei den meisten zwischen zwei und vier Jahren. Das heißt, *ungefähr zwischen dem 16. und 18. (bei einigen bis zum 20.) Lebensjahr waren diese Personen mit dem Einstieg oder der Verweigerung des Einstiegs in die Berufsbildung, vor allem aber mit der Bewältigung anderer Probleme befasst.* In dieser Phase wurde ihr Leben weiterhin entweder durch die Herkunftsfamilie oder im Rahmen einer Maßnahme geregelt.

Bei fünf Personen kam es in dieser nachschulischen Phase zu devianten Verhaltensweisen (Diebstahl, Verschuldung, Drogenkonsum, Gewalt, Auflehnung), die eine zivilrechtliche oder strafrechtliche Maßnahme zur Folge hatten (Drogenentzug, Fremdplatzierung, Bevormundung, Strafvollzug). Rückblickend fühlten sich praktisch alle Befragten selbst verantwortlich für den misslungenen Einstieg in die Berufsbildung in dieser Phase.

> RA: Ja, einfach auch früher, ich habe mir die Zukunft versaut, wegen dem Mangel an Selbstdisziplin. Ich habe mir die Zukunft verbaut, hab mir einfach Steine in den Weg gelegt. (PD6/Z: 1063–1066)

3.7 Berufliche Perspektiven

Zwar haben 235 Personen eine Berufsausbildung (und weitere 251 Personen stehen im Prozess des Erwerbs, sind also in Ausbildung), insbesondere im Handwerk und der Industrie (also nicht im Niedriglohnbereich), doch haben von diesen Personen nur insgesamt elf (!) in dem Jahr, in dem sie auf Sozialhilfe angewiesen waren, in ihrem Beruf auch gearbeitet. Das heißt, dass selbst diejenigen, die aus dem Arbeitsmarkt in die Sozialhilfe kamen, nicht in ihrem angestammten Beruf tätig waren, sondern sich in irgendeinem Beschäftigungsbereich als Hilfsarbeiterinnen und Hilfsarbeiter, Angelernte oder Aushilfen verdingten.

Dieser Befund wird auch durch die Ergebnisse der biografischen Verlaufsstudie bestätigt. So lässt sich an zwei Beispielen zeigen, weshalb es trotz abgeschlossener Berufsausbildung an der zweiten Schwelle der beruflichen Integration zu Misserfolgen kommen kann. Einer jungen Frau gelang es zwar, im Anschluss an die Schulzeit – trotz geringer Anstrengungen – einen Ausbildungsplatz als Zoofachverkäuferin zu finden. Doch die fehlende Motivation für die Berufsausbildung und schulische Probleme führten dazu, dass die junge Frau bei der Abschlussprüfung durchfiel und das dritte Lehrjahr wiederholen musste. Nach dem Abschluss wollte sie nicht mehr im Verkauf arbeiten, weil ihr der Beruf nicht gefiel (biografische Entscheidung). Auch ein Branchenwechsel innerhalb der Verkaufsberufe (z.B. Sportartikel oder Lebensmittel) kam für sie nicht infrage. Sie vernachlässigte daher auch die Arbeitssuche während des letzten Ausbildungsjahres. Hinzu kam, dass sie aufgrund ihres schlechten Abschlusszeugnisses und des geringen Stellenangebots in dieser Branche auch kaum Chancen auf eine Stelle hatte, was ihr bewusst war. Nach einer Phase der Arbeitslosigkeit begann sie schließlich, Arbeit zu suchen, was sich allerdings als sehr schwierig erwies. Da sie eine Erwerbsarbeit in einem anderen Bereich suchte, für den sie nicht qualifiziert war, und weil sie kaum über Arbeitserfahrungen verfügte, hatte sie Schwierigkeiten bei der Suche einer absichernden Erwerbsarbeit. Damit war sie mit vergleichbaren Bedingungen konfrontiert wie die Ausbildungslosen. Auch sie hatte

Mühe, sich auf dem Arbeitsmarkt zu orientieren. Es gelang ihr schließlich nur, schlecht bezahlte und befristete Arbeiten im Verkauf zu finden (z.b. im Kioskverkauf oder Telefonmarketing).

Ein junger Mann konnte eine Berufsausbildung im Rahmen einer stationären Jugendhilfemaßnahme absolvieren. Hier erwies sich als problematisch, dass der Übergang in die Erwerbsarbeit mit der Entlassung aus der Maßnahme und der Übernahme von Selbstverantwortung zusammenfiel. Auch in diesem Fall erforderte die Übernahme von Selbstverantwortung sehr viel Energie und Zeit und verhinderte während einer längeren Phase die Suche nach einer Arbeit. Hinzu kam, dass der Befragte als gelernter Landwirt in die Stadt gezogen war und hier als Landschaftsgärtner arbeiten wollte (»falsche Berufswahl« und/oder fehlende Angebote). Obwohl er keine Anstellung im Gartenbau fand, gelang es ihm immer wieder, kurze Temporärarbeiten im Baugewerbe oder als Tagelöhner zu finden. Die Temporärarbeiten in unterschiedlichsten Bereichen schienen dem Landwirt und seinen Allrounderfähigkeiten entgegenzukommen und ihm auch immer wieder zu kleineren Arbeiten zu verhelfen. Dies wirkte sich positiv auf sein Selbstwertgefühl aus, führte aber dennoch nie zu einer längerfristigen, absichernden Anstellung. Auch dieser junge Mann war neben dem Einkommen aus Gelegenheitsarbeiten und/oder Zusatzverdiensten (Flohmarktverkauf, Schwarzmarkt) immer wieder phasenweise auf Arbeitslosen- oder Sozialhilfeunterstützung angewiesen.

Weiter zeigte sich, dass die befragten jungen Erwachsenen mit zunehmendem Alter nicht mehr bereit waren, eine Nachqualifizierung anzustreben (Schaffner 2007, S. 254ff.). Diese Befunde bestätigen auch andere Untersuchungen wie die von Troltsch und seinen Mitautoren (2000, S. 29). Demnach sind ab dem 23. Altersjahr die beruflichen Chancen ungefähr festgelegt. Der Anteil der Ungelernten blieb nach diesem Alter konstant bei ungefähr 10 Prozent.

3.8 Psychosoziale Lage

Aus den statistischen Daten ergibt sich in Bezug auf die elterlichen Beziehungen ein Unterschied zwischen jungen Erwachsenen mit Schweizer Nationalität und Ausländer/innen. In 66 Prozent aller Fälle wohnen die Eltern der Schweizer jungen Erwachsenen getrennt voneinander (vgl. Tabelle 8). Gravierend ist, dass jeder siebte junge Erwachsene Schweizer Nationalität definitiv keinen Kontakt mehr zu seinem Vater hat (vgl. Tabelle 9). Die ausländischen jungen Erwachsenen verfügen hier über ein weitaus besseres Sozialkapital. Für insgesamt überforderte Eltern-Kind-Beziehungen spricht, dass rund 15 Prozent der jungen Erwachsenen (unabhängig von der Nationalität) in ihrer Kindheit in gesetzliche

Maßnahmen oder freiwillige Unterstützung seitens des Kindes- und Jugendschutzes eingebunden waren.

Tabelle 8: Wohnorte der Eltern

Eltern leben an unterschiedlichen Wohnorten	Staatsangehörigkeit nach Häufigkeit					
	Schweiz	Türkei	ehemaliges Jugoslawien	Italien	übrige	insgesamt
	Anzahl	Anzahl	Anzahl	Anzahl	Anzahl	Häufigkeit
Nein	213	127	86	31	81	538
	34%	77%	72%	52%	54%	48%
Ja	416	37	33	29	70	585
	66%	23%	28%	48%	46%	52%
Gesamt	629	164	119	60	151	1123

Quelle: Drilling (2004)

Tabelle 9: Kontakt zu den Eltern

	Staatsangehörigkeit nach Häufigkeit					
	Schweiz	Türkei	ehemaliges Jugoslawien	Italien	übrige	Gesamt
kein Kontakt zum Vater (N = 140)	87	8	7	7	31	140
kein Kontakt zur Mutter (N = 21)	10	2	1	0	8	21

Missing values = 45; Quelle: Drilling (2004)

Problematische familiäre Beziehungen – so zeigte die biografische Untersuchung – stellen ein zentrales Merkmal bei einem überwiegenden Teil der jungen Sozialhilfebeziehenden aus der Schweiz und der in der Schweiz geborenen dar (Schaffner 2007). Von mehr als der Hälfte der Befragten wurde entweder von problematischen familiären Beziehungen (zu wenig Beachtung, psychische und physische Verletzungen, fehlende Vorbilder und fehlende Unterstützung bei der Entwicklung, Parentifizierung) oder gravierenden Veränderungen der familiären Bedingungen (Arbeitslosigkeit, Scheidung, Armut, Immigration) gesprochen. Diese problematischen Erfahrungen auf der Beziehungs- oder Bedingungsebene führten zu selbstwertgefährdenden Erfahrungen und/oder Orientierungsverlust, Ohnmacht und Verlust des sozialen Rückhalts. Um die hohen Entwicklungsanforderungen unter diesen Bedingungen bewältigen zu können, das Selbstwertgefühl zu schützen und das Bedürfnis nach sozialer Zugehörigkeit zu befriedigen, begannen die Jugendlichen ein Verhalten zu zeigen, das in der Regel von der sozialen Umwelt als Verhaltensauffälligkeit taxiert wurde.

Zwei Hauptstrategien konnten ermittelt werden: zum einen die »offensive« Verweigerung gegenüber jeglicher Verhaltenserwartung durch Aggression, Rebellion, Abgrenzung und durch »trotzige« Demonstration der Selbstzuständigkeit und die »defensive» oder »stille« Form der Verweigerung durch Flucht oder Unterlaufen von Erwartungen. Zum anderen reagierten einige mit Formen eines depressiven Rückzugs, meist in Verbindung mit einer Drogen- oder Tablettensucht, daneben wurde auch von anderen psychosomatischen Erkrankungen (wie z.B. Magersucht) berichtet. Im biografischen Verlauf konnten auch Wechsel von der einen Strategie zu einer anderen beobachtet werden. Ferner zeigten einige Jugendliche bewusst auffällige Verhaltensweisen, um auf ihre Probleme aufmerksam zu machen. Diese Verhaltensweisen deuten insgesamt auf höchst problematische Erfahrungen hin, welche die Jugendlichen kaum adäquat bewältigen konnten, was sich auch daran zeigt, dass ihr Verhalten in aller Regel zu Folgeproblemen führte. Experimentierverhalten, Rebellion, Gewalt und Verweigerung waren typische Verhaltensweisen.

Die Betrachtung des weiteren biografischen Verlaufs zeigt allerdings auch, wie die oft früh erlernten Bewältigungsstrategien, die für die Jugendlichen in der jeweiligen Situation funktional schienen (z.B. Stressabbau, Problemmeidung), sich längerfristig dysfunktional auswirkten. Dysfunktional wurden sie, weil die erlernten Strategien die Entwicklung teilbiografischer Aspekte – wie zum Beispiel die bildungs- oder erwerbsbiografische Entwicklung, aber auch die Persönlichkeitsentwicklung – beeinträchtigten und zu risikoreichen Verläufen beitrugen. Dass dieses erlernte Bewältigungsverhalten den bildungsbiografischen Verlauf beeinflusste, wundert nicht. Unabhängig vom besuchten Schulniveau zeigten die Jugendlichen Verhaltensauffälligkeiten und Leistungsabfall, was zu Schulabbrüchen, zum Durchfallen bei Abschlussprüfungen, zu Klassenwiederholungen oder Umplatzierungen führte. Damit waren ihre Startbedingungen beim Übergang in die Berufsbildung beeinträchtigt.

Typischerweise zeigte sich mit zunehmendem Alter eine Verschärfung des meist schwierigen Verhältnisses zur Herkunftsfamilie. Deutlich wurde, wie bei vielen der Befragten die problematischen Beziehungen zu den Eltern schon früh zu Beziehungsabbrüchen führten, weil die Jugendlichen davonliefen, von den Eltern vor die Tür gesetzt oder im Rahmen von Kinder- und Jugendschutzmaßnahmen fremdplatziert wurden.

Etwas anders verhielt es sich bei den vier befragten Migrant/innen,[9] die erst spät in die Schweiz immigriert waren. Hier schienen die familiären Probleme weniger zentral, wobei auch hier in einem Fall die belastete Beziehung zur Mutter zum Leben bei Verwandten geführt hatte, wovon die Schullaufbahn aber nicht tangiert wurde. In einem weiteren Fall ergaben sich Probleme erst durch die späte Immigration und durch das damit verbundene Zusammenleben mit dem »fremden« Vater und der Stiefmutter. In den anderen beiden Fällen wurden die familiären Beziehungen nicht problematisiert. Im Falle der spät Migrierten konnte der Zusammenhang zwischen der Schullaufbahn und den familienbiografischen Erfahrungen, wie er bei Schweizer Jugendlichen erkennbar ist, daher so nicht bestätigt werden. Dies mag zum einen damit zusammenhängen, dass die Beziehungen zum Elternhaus in den Herkunftsländern teilweise noch enger sind als in Schweizer Familien. Zum anderen haben die Schullaufbahn und die Berufsausbildung in den Herkunftsländern der befragten Migrant/innen einen geringeren Stellenwert und bestimmen daher die Lebensphase der Jugendlichen weit weniger als in der Schweiz.

3.9 Verweildauer und Verläufe

Im Betrachtungszeitraum der Studie von Drilling (insgesamt 39 Monate) konnten sich mit 734 der 1123 Personen zwar immerhin über zwei Drittel aller Personen von der Sozialhilfe lösen, 27 Prozent von ihnen traten allerdings (nach unterschiedlich langer Phase ohne Sozialhilfe) wieder ein. Bemerkenswert bei der Frage der Verweildauer in der Sozialhilfe ist, dass selbst bei der Gruppe der Überbrücker (ein bis sechs Monate Bezugsdauer) nicht davon ausgegangen werden kann, dass ein Austreten aus der Unterstützung die gesicherte Integration in den Arbeitsmarkt nach sich zieht. Von den 370 Personen, die sich in eine neue Arbeit oder mit Arbeitslosentaggeldern ablösen konnten, befinden sich signifikant mehr unter denjenigen, die ein zweites Mal in die Sozialhilfe eintreten. Auch dies bestätigt die These, dass die Reintegration generell eher prekär als stabil ist.

Sieben Jahre nach der Erfassung der Grundgesamtheit 1999 und drei bis vier Jahre nach der qualitativen Befragung (2002/03) wurde 2006 bei der Sozialhilfe eine Nachbefragung bezüglich der zwanzig jungen Erwachsenen durchgeführt, die an den Interviews teilgenommen hatten (Schaffner 2007). Die Nachbefragung zeigte, dass es den meisten Befragten kaum gelungen war, ihre Ausbildungs- oder Erwerbssituation markant zu verbessern und sich ganz von der Sozi-

---

[9] Bei zwei Migrant/innen, die in der Schweiz aufgewachsen sind und hier die Schule absolviert haben, waren ähnliche Probleme wie bei den Schweizer/innen zu beobachten.

alhilfe abzulösen. Während des Beobachtungszeitraums blieb die Zahl der Personen, die vollumfänglich Sozialhilfeunterstützung bezogen, stabil bei sieben Personen. Gründe waren: »Mutterschaft als Alleinerziehende« (n = 3), »in einer Ausbildung« (n = 2), »arbeitsunfähig wegen Drogenproblemen« (n = 1). Außerdem wurde eine Person wegen dauernder »psychischer und physischer Probleme« in die Invalidenversicherung abgelöst. Immerhin dreizehn Personen blieben in irgendeiner Weise mit dem Arbeitsmarkt verbunden und konnten sich – meist vorübergehend – von der Sozialhilfe ablösen. Auffallend war die unterschiedliche Dauer der Arbeitseinsätze. Während vier allein lebende junge Männer fast ausschließlich Tagelöhnerarbeiten und selten kürzere Temporärarbeiten übernahmen, konnten andere längere Temporärarbeiten oder Anstellungen (von einem halben Jahr bis zu fast drei Jahren) wahrnehmen. Ein junger allein lebender Mann und eine Frau konnten sich während längerer Phasen von der Sozialhilfe ablösen. Arbeitslosigkeit und ein Ausbildungsbeginn machten allerdings erneut Unterstützungsleistungen erforderlich. Ferner zeigte sich, dass drei Personen, die sich als Einzelpersonen einigermaßen durchschlagen konnten, mit der Familiengründung auf Unterstützungsleistungen angewiesen waren, da das Einkommen nicht ausreichte *(working poor)*. Vier weitere Personen hatten sich zum Zeitpunkt der Nachbefragung von der Sozialhilfe ablösen können: Zwei junge Frauen konnten sich nach einer Nachqualifikation in den Arbeitsmarkt ablösen, und zwei Personen waren weggezogen. Die Stabilität der Ablösung konnte zu diesem Zeitpunkt nicht beurteilt werden.

Die Ergebnisse lassen insgesamt auf eine prekäre Arbeitsmarktintegration der jungen Erwachsenen schließen. Ihre Chancen auf eine dauerhafte Ablösung von der Sozialhilfe oder Veränderung der Erwerbssituation waren sehr gering. Staatliche Unterstützungsleistungen waren daher für die meisten langfristig komplementär erforderlich. Offensichtlich begannen die Befragten mit der Zeit, die staatlichen Transferleistungen in ihr Lebenskonzept zu integrieren. Erkennbar wurde ein längerer Lern- bzw. Anpassungsprozess.

Bei einigen der jungen Erwachsenen war zu beobachten, wie sie die Abwechslung und Vielseitigkeit kurzer Gelegenheitsarbeiten schätzen und aufwerten lernten (Anpassung durch Umdeutung), was auch langweilige Arbeitserfahrungen kompensieren half. Einige begannen auch, die geringere Verpflichtung der Temporärarbeiten mit einzukalkulieren, das heißt, sie kündigten Anstellungen, wenn die eigenen Grenzen des Erträglichen überschritten wurden (Abwertung der Arbeit, Selbstwertschutz, Freiheit). Und sie gewöhnten sich daran, Unterstützungsgelder in ihr Lebenskonzept kompensatorisch einzubeziehen. Wenn die Arbeit langweilte oder sich der Arbeitseinsatz finanziell nicht lohnte, konnte man sich auf die Unterstützung durch staatliche Transferleistungen verlassen (kollektive Orientierung).

4 Diskussion: Herausforderungen an die Sozialhilfe aus Sicht der Jugendhilfeforschung

Steigende Zahlen von Jugendlichen und jungen Erwachsenen, die wegen Schwierigkeiten beim Übergang in die Erwerbsarbeit auf Sozialhilfe angewiesen sind, gaben Anlass zu den hier referierten Studien »Young urban poor« (Drilling 2004) und »Junge Erwachsene zwischen Sozialhilfe und Arbeitsmarkt« (Schaffner 2007). Aufgeworfen war unter anderem die Frage, ob sich in der Gruppe der jungen Sozialhilfebeziehenden eine neue Gruppe junger Menschen erkennen lässt, deren gesellschaftliche Integration langfristig gefährdet ist und neue sozialpolitische Maßnahmen erfordert. Die Ergebnisse konnten zeigen, dass sich die Gruppe der jungen Sozialhilfebezieher/innen durchaus durch spezifische Merkmale auszeichnet, die es rechtfertigen, die soziale Gruppe und die ihre Lebenslage modellierenden Verständnisse einer Praxis von Sozialpolitik genauer zu betrachten. Abschließend werden dazu einige ausgewählte Aspekte diskutiert.

4.1 Armutsverständnis

Lange Zeit war das Verständnis von Armut von einer Reduktion vor allem auf finanzielle Aspekte geprägt. Vor allem vonseiten der Sozialwissenschaften wurde problematisiert, Einkommensarmut könne mit Armut generell gleichgesetzt werden. Quasi als Gegenposition versteht sich der lebenslagenorientierte Ansatz, zugleich als Versuch, sich der Komplexität des Armutsproblems durch die Berücksichtigung weiterer Lebensbereiche anzunähern (Drilling 2007). Zwar fehlt bisher eine einheitliche Systematik dieser Lebensbereiche, doch werden die folgenden Aspekte immer wieder berücksichtigt: Arbeit (z.B. Beschäftigungsstatus), Bildung (z.B. Schulabschluss, Ausbildung), Wohnen (z.B. Wohnungsgröße, Miethöhe), Gesundheit (z.B. chronische Krankheiten, Behinderung).

Es sind diese Lebensbereiche, die sich in der Untersuchung zur Situation der jungen Erwachsenen wiederfinden, und es zeigt sich, dass in zahlreichen Bereichen eine Mangel- bzw. Armutslage vorliegt. Ein um soziale Armut (z.B. psychosoziale Lage, Freundeskreis) und kulturelle Armut (z.B. schulische Bildung, Ausbildung) erweitertes Armutsverständnis drängt sich hier auf.

Ein um soziale und kulturelle Aspekte erweitertes Armutsverständnis wird auch in der jüngeren Sozialberichterstattung eingeführt. Unterschieden wird hierbei zum Beispiel zwischen »Havings« (z.B. finanzielle Ressourcen, Wohnbedingungen, Arbeit), »Lovings« (z.B. Kontakte zu Freunden und Verwandten, Nähe zu Vereinen) und »Beings« (z.B. Auswahlmöglichkeiten, politische Mitwirkungsrechte). Diese »central necessary conditions of human development and existence« (Allardt 1993, S. 89) lehnen sich in ihrer theoretischen Ableitung an die von Bourdieu (1983) im Rahmen seiner Kapitaltheorie entworfene Begrifflichkeit von ökonomischem, sozialem und kulturellem Kapital an. Schließlich wird mit der Dimension »Beings« auch die Frage thematisiert, ob sich ein Armutskonzept an bereits messbaren Ergebnissen orientieren soll (wie das Lebenslagenkonzept) oder ob nicht auch die Frage nach Chancen und Möglichkeiten, sich zu verwirklichen, berücksichtigt werden müssten. Dies wiederum hätte gravierende Auswirkungen auf die gegenwärtige Sozialhilfepraxis, insbesondere wäre Beratung entgegen der vielerorts praktizierten Reduktion von Sozialhilfeangeboten auf die Vermittlung als höherwertig zu bewerten.

Die dynamische Armutsforschung (Buhr 1995, 2001; Leisering, Müller & Schumann 2001; Ludwig 1995, 1996) sowie die subjektorientierte Übergangsforschung (Stauber, Pohl & Walther 2007), die sich für die Dynamik von Armutsverläufen und Übergängen interessiert, bietet insbesondere für die Betrachtung der jungen Erwachsenen weitere wichtige Ansatzpunkte. Hier wird der Blick auf die Bewältigungsleistungen und die dynamische Verflechtung von individuellen und strukturellen Bedingungen gerichtet, die den Verlauf in die Sozialhilfe bestimmen. Damit ist der Fokus einerseits auf die Faktoren gerichtet, die zwischen »Lovings«, »Beings« und »Havings« vermitteln und sich mit Handlungsmöglichkeiten und Entwicklungspotenzial befassen. Anderseits bringt ein dynamischer Blick auch die Frage nach den Ressourcen und deren Erweiterung im Lebensverlauf ins Spiel. Insgesamt wird deutlich, dass die Armutsforschung durch einen intensiven Diskurs unterschiedlicher Ansätze – wie er auch im Rahmen der hier vorgestellten Studien skizziert wurde – durchaus profitieren kann.

4.2 Lebenslagen

Die beiden Studien lieferten wichtige Hinweise zu den Lebenslagen der jungen Erwachsenen. Diese lassen sich durch folgende typische Merkmale charakterisieren:

- Sie leben in knapp 78 Prozent der Fälle alleine und kommen häufig direkt von der Herkunftsfamilie oder aus Kinder- und Jugendschutzmaßnahmen in die Sozialhilfeunterstützung.
- Sie haben in rund 62 Prozent der Fälle die Schulzeit in der Schweiz verbracht, 38 Prozent kamen im Laufe der Schulzeit oder erst später in die Schweiz.

Junge Erwachsene in der Sozialhilfe 321

- Rund 56 Prozent von ihnen verfügen über keine Berufsausbildung, was ein markantes Merkmal von jungen Erwachsenen in der Sozialhilfe darstellt.
- Sie verpassen den Einstieg in die Berufsausbildung überwiegend bereits an der ersten Schwelle der Berufsintegration (Nicht-Einstieg, Abbruch) durch biografische Entscheide oder kritische Lebensereignisse oder jugendtypische Bewältigungsprobleme.
- Problematische familiäre Beziehungen, insbesondere in Schweizer Familien, wirken sich negativ auf die Jugendlichen in der sensiblen Phase der Berufsintegration aus und tragen zu schwierigen biografischen Verläufen bei (Ablösungsprobleme, Probleme bei der Persönlichkeitsentwicklung).
- Das Mündigkeitsalter mit 18 Jahren trägt bei Jugendlichen mit schwierigen familiären Beziehungen dazu bei, dass sie sich frühzeitig mittel- und ausbildungslos ablösen und auf Sozialhilfeunterstützung angewiesen sind (strukturelle Dynamik).
- Die Bewältigung der neuen Probleme, die mit dem meist abrupten Übergang in die Selbstständigkeit verbunden sind, fällt ihnen aus entwicklungspsychologischen Gründen schwer und trägt zu weiteren biografischen Risiken bei (Verschuldung, Frühschwangerschaft, Devianz, gesundheitliche Probleme, dysfunktionale Bewältigungsstrategien).
- Junge Erwachsene sind generell über längere Zeit immer wieder oder dauerhaft auf Sozialhilfe angewiesen. Insgesamt erfolgt die Reintegration eher prekär als stabil (Drehtüreffekt, 25 Prozent unklare Ablösung, langfristige subsidiäre Unterstützung).
- Rund 21 Prozent stehen noch immer in Ausbildung, was Ausdruck sowohl der individuellen als auch der strukturellen Probleme auf dem Ausbildungsmarkt ist (Nachqualifikation).
- Die Wahrscheinlichkeit, dass eine Ausbildung später nachgeholt wird, sinkt mit zunehmendem Alter.
- Nur jede fünfte Person verfügt über eine Ausbildung; diese Gruppe kann ihre Ausbildung allerdings auf dem Arbeitsmarkt nicht gewinnbringend verwerten und erfährt kaum Vorteile gegenüber den Ungelernten.
- Der Einstieg in die Erwerbsarbeit ohne oder mit »falscher« Ausbildung fällt schwer. Den jungen Erwachsenen fehlen neben den relevanten Bildungsvoraussetzungen und den Arbeitserfahrungen auch die Orientierung auf dem Arbeitsmarkt und die geeignete ganzheitliche Unterstützung.
- Jede dritte Person hat im jungen Erwachsenenalter einen Schuldenstand erreicht, der mittelfristig kaum abgetragen werden kann.

Insgesamt konnten vor allem die biografischen Untersuchungen zeigen, wie es den jungen Erwachsenen unter den gegebenen Bedingungen kaum gelingt, ihre

Handlungsfähigkeit zu erweitern und zu einer befriedigenden Lebensführung zu gelangen. Gleichzeitig wird deutlich, wie sich die jungen Menschen allmählich an das Leben zwischen Sozialhilfe und Arbeitsmarkt gewöhnten (Lern- und Anpassungsleistungen).

4.3 Kohärenz sozialpolitischer Maßnahmen

Der wirtschaftliche und strukturelle Wandel, der zu Veränderungen im Übergang von der Schule in die Erwerbsarbeit geführt hat, stellt die Institutionen von Bildung, Arbeitsmarkt und Sozialpolitik vor neue Herausforderungen, weil sie Justierungs- und Abstimmungsprobleme bei der Mitgestaltung der Lebensläufe stärker als bisher berücksichtigen müssen. Beispiele dafür sind die heute verbreiteten schulischen und berufspraktischen Brückenangebote und die Unterstützungsmaßnahmen unterschiedlicher Trägerschaften, die den Übergang in die Erwerbsarbeit absichern und das Risiko der Jugendarbeitslosigkeit kompensieren sollen (Müller & Schaffner 2007; Schaffner 2008a). Unter den Bedingungen des gegenwärtigen Aushandlungsprozesses um geeignete Lösungen ergeben sich für die Jugendlichen im Übergang eine Reihe weiterer Schwierigkeiten (Schaffner 2007). Zu nennen ist zunächst die Unübersichtlichkeit der entstandenen Angebote vonseiten der Bildungs-, Arbeitsmarkt- und Sozialhilfeinstitutionen, welche die Berufs- und Arbeitsmarktintegration unter den erschwerten Bedingungen garantieren sollen. Gegenwärtig fehlt den Akteuren in diesem Feld häufig die Übersicht; insofern ist die Zusammenarbeit zwischen abnehmenden und abgebenden Stellen einerseits und zwischen den Kooperationspartnern andererseits oft zufällig. Die biografischen Folgen für die Jugendlichen werden dabei noch kaum beachtet (Verlängerung der Bildungsphase und finanzielle Abhängigkeit, mangelnde Passung zwischen Ausbildungsangeboten und -bedürfnissen). Damit verbunden sind ferner zahlreiche neue Schnittstellenprobleme, die dazu beitragen, dass Jugendliche immer wieder »zwischen Stuhl und Bank« fallen. Und schließlich führte der massive Ausbau von Unterstützungsmaßnahmen zu einer Engführung der Jugendlichen im Übergang. So zielen alle Angebote letztlich in einem engen Zeitrahmen darauf, Jugendliche und junge Erwachsene primär im Bildungssystem unterzubringen. Gelingt dies nicht – und mit zunehmendem Alter wird eine Ausbildung tatsächlich unwahrscheinlicher –, so wird die direkte Arbeitsmarktintegration angestrebt. Erkennbar wird eine Orientierung an institutionellen Normalitätsmustern, die teilweise rechtlich fixiert sind (Leisering, Müller & Schumann 2001). Alternativen und Spielräume für individuelle Verläufe bestehen daher gegenwärtig praktisch keine, oder sie sind mit hohen Risiken der Marginalisierung verbunden (Walther 2000). Gleichzeitig trägt die aktuelle Situation aber gerade zu Abweichungen vom normalbiografischen Pfad bei. Unter diesen Bedingungen fällt die Lösung von zentralen Entwicklungsaufgaben – wie die Entwicklung der Persönlichkeit und der emotionalen und finanziellen Autonomie, als Voraussetzung einer gelingenden Lebensführung – den hier untersuchten jungen Erwachsenen schwer. Ihnen fehlt die geeignete Unterstützung.

Orientierungshilfen und Begleitung bei der Lebensführung und Arbeitsplatzsuche könnten den Rahmen, innerhalb dessen sich ein junger Mensch mit den Fragen nach seinem Wesen und seiner Zukunft auseinandersetzt und einen Platz in der Gesellschaft sucht, erweitern (Schaffner & Gerber 2011). So könnte auf die auffallende Diskrepanz beziehungsweise mangelnde Passung zwischen individuellen und institutionellen Handlungsrealitäten reagiert werden, die sich beispielsweise darin ausdrücken, dass viele unbegründet nicht mehr auf den Ämtern oder in den Maßnahmen erscheinen oder den Wohnsitz in einen anderen Kanton verlegen, oder darin, dass junge Erwachsene nicht mehr zur Sozialberatung erscheinen oder keine Nachqualifikation anstreben. Während seitens der Sozialhilfe in erster Linie die Integration ins Berufsbildungssystem oder in den Arbeitsmarkt (egal, welcher Form) angestrebt wird, versuchen die jungen Erwachsenen sich einem Regime zu entziehen, von dem sie keine längerfristige Unterstützung erwarten. Insbesondere können sie keine Kohärenz in ihrer Handlung herstellen, die sich durch Sinnhaftigkeit, Machbarkeit und Verstehbarkeit auszeichnen würde (Keupp et al. 2002), sondern fühlen sich als Objekt eines Sozialisierungsprozesses (und manche auch eines Disziplinierungsprozesses) des Sozialstaates (Drilling 2008).

Für die Sozialhilfe heißt das: Sie muss die besondere Lebenslage der jungen Erwachsenen, ihr Suchen nach Sinn und Identität und ihre biografischen Erfahrungen mit berücksichtigen; und sie darf als Ziel nicht nur die Überwindung der ökonomischen Notlage über eine Integration in den Arbeitsmarkt haben.

4.4 Gatekeeping unter aktuellen sozialpolitischen Prämissen

Die Schweiz steht – wie andere westeuropäische Sozialstaaten auch – der Herausforderung gegenüber, dass bei einer nicht zu vernachlässigenden Zahl von jungen Erwachsenen Armut nicht allein als finanzielles Problem, sondern auch als Problem der sozialen Einbettung und kulturellen Ausstattung erscheint. Deren Armutsdauer ist eher langfristig, findet allerdings nicht immer in Form von Sozialhilfebedürftigkeit ihren Ausdruck (zum Beispiel weil sich Antragsberechtigte keine größeren Vorteile durch die Unterstützung versprechen). Dass versucht wird, diese Personen rasch und ohne Rücksicht auf die individuellen Ressourcen und biografischen Umstände aus der Sozialhilfe abzulösen, ist aus finanzpolitischen Gründen kurzfristig nachvollziehbar, sozialpolitisch ist es aber kontraproduktiv, weil sich dadurch soziale Ungleichheit (eventuell auch in der Generationenfolge) zementiert.

Doch die Ausweitung, Verfestigung und Ethnisierung der Armut – wie dies in den Abstiegsprozessen der jungen Erwachsenen in der Sozialhilfe erkennbar wird – findet in einem politischen Umfeld statt, das die Ursachen für die finanziellen Krisen eher im individuellen Versagen oder in der Integrationsunwilligkeit als in den gesellschaftlichen Bedingungen sucht. Verbunden damit wird die Verantwortung für die Veränderung eher den Einzelnen übertragen als den staatlichen Institutionen. Entsprechend kommt es zu einer Ausdünnung sozialstaatlicher Sicherung für junge Erwachsene, einer Konzentration auf das »Wesentliche«, es wird die Forderung erhoben, nur noch die »Grundversorgung« sicherzustellen und den zu belohnen, der sich in die »arbeitsplatzlosere« Arbeitsgesellschaft wie auch immer zu integrieren bemüht. Auch dies macht das Neue der »neuen Armut« aus: Sie zeigt sich nicht nur jenseits von Klasse und Stand, ist individualisierter, alltäglicher, geht mit kulturellen und sozialen Mangellagen einher. Der Sozialstaat will ihr auch nicht mehr bedingungslos begegnen (Drilling 2007). Dabei könnte Sozialhilfe mehr sein als »nur« die Verwaltungsstelle. Entwicklungspotenzial scheint in einer biografieorientierten und nicht nur ökonomistischen und zuweilen bürokratischen Sicht auf die jungen Erwachsenen zu liegen. Studien zu riskanten und diskontinuierlichen Verläufen von jungen Erwachsenen in die Selbstständigkeit zeigen, dass sie oft an den neuen Herausforderungen des Berufsbildungs- und Arbeitsmarktes scheitern, weil ihnen neben realen Chancen zentrale biografische Erfahrungen und geeignete Bewältigungsmuster und/oder die nötige soziale Unterstützung fehlen (Schaffner & Gerber 2011). Sie müssen darin unterstützt werden, ihre Erfahrungen zu reflektieren, Ressourcen zu erkennen und ihre Bewältigungsstrategien weiterzuentwickeln. Hierbei sind Unterstützungsangebote zielführend, die jungen Menschen Möglichkeiten zur Partizipation, Spielräume für eigene Erfahrungen, Teilhabechancen und soziale Netze bieten und sie in ihren ganzheitlichen Entwicklungsprozessen ernst nehmen und unterstützen (a.a.O., S. 20f.).

Gerade in den Städten, wo sich dieser Problemdruck verstärkt reproduziert und er zur Schicht der »young urban poor« (Drilling 2004) führt, stehen mit den vielen nicht gesetzlichen Institutionen einerseits und Personen, die sich in der Freiwilligenarbeit engagieren, andererseits zwei Kooperationspartner zur Verfügung, deren arbeitsteilige (nicht substituierende) Einbindung in die Arbeit mit »jungen Erwachsenen in Schwierigkeiten« Perspektiven eröffnet.

Sozialhilfeabhängigkeit – so widersprüchlich dies klingen mag – könnte, so gesehen, eine Chance sein: als Interventionszeitpunkt für eine umfassende Standortbestimmung mit folgender Anbahnung verschiedener (nicht nur arbeitsmarktbezogener) Maßnahmen. Mit diesem *Gatekeeping* (Struck 2001) – das eben *nicht* in der alleinigen Verantwortung der Sozialhilfe liegt, sondern bei dem diese Institution quasi als Früherfassungsstelle fungiert – könnten Lebensverläufe junger Menschen kontinuierlicher mitgestaltet werden. In Ansätzen ist dies bei den jungen Erwachsenen in Basel zu erkennen: Wurden sie bereits als Kinder unterstützt, dann waren sie als junge Erwachsene signifikant häufiger in Ausbildung, was auf die positive Bedeutung der biografisch langfristigen Unterstützung hinweist.

Gatekeeping ist angesichts der gegenwärtigen Entwicklung der Fallzahlen in der Sozialhilfe und aufgrund der Justierungsprozesse in der aktuellen sozialpolitischen Landschaft allerdings auch eine große Herausforderung (Dalcher & Schäuble 2003; Maeder & Nadai 2002). Und schließlich sind nur dann Veränderungen auch möglich, wenn die jungen Erwachsenen die Bereitschaft zur Veränderung mitbringen und sie nicht schon vorher durch ungeeignete Interventionen in ihrer Lernbereitschaft gehemmt werden.

Literatur

Alheit, Peter (1993): Transitorische Bildungsprozesse. Das »biographische Paradigma« in der Weiterbildung. In: Mader, Wilhelm (Hrsg.): Weiterbildung und Gesellschaft. Grundlagen wissenschaftlicher und beruflicher Praxis in der Bundesrepublik Deutschland (S. 343–417). Bremen: Universität Bremen (Forschungsreihe des Forschungsschwerpunkts »Arbeit und Bildung«, Bd. 17).

Allardt, Erik (1993): Having, Loving, Being: An Alternative to the Swedish Model of Welfare Research. In: Nussbaum, Martha & Sen, Amartya (Hrsg.): The Quality of Life (S. 88–94). Oxford: Oxford University Press.

Amft, Susanne, Bernath, Karin & Häfeli, Kurt (Hrsg.) (2004): Heilpädagogische Forschung im Aufwind. Luzern: Edition SZH/CSPS.

Arbeitsstab »Forum Bildung« in der Geschäftsstelle der Bund-Länder-Kommission für Bildungsplanung und Forschungsförderung (Hrsg.) (2001): Qualifizierte Berufsausbildung für alle! Zukunft der Berufsausbildung von benachteiligten Jugendlichen. Fachtagung des Forums Bildung am 27. und 28. September 2000 in Bonn. Köln: Forum Bildung.

Baier, Florian & Schnurr, Stefan (Hrsg.) (2008): Schulische und schulnahe Dienste. Angebote, Praxis und fachliche Perspektiven. Bern: Haupt.

Barbier, Jean-Claude, Brygoo, Angélina, Viguier, Frédéric & Tarquis, Françoise (2008): Defining and Assessing Precarious Employment in Europe: A Review of Main Studies and Surveys (Case Study France). ESOOPE Project »Precarious Employment in Europe«. Online: www.cee-recherche.fr/fr/fiches_chercheurs/texte_pdf/barbier/wp12_d%E9finitiffrance.pdf (Zugriff: 3.3.2012).

Beck, Ulrich (1999): Schöne neue Arbeitswelt. Frankfurt am Main: Campus.

Beisenherz, H. Gerhard (2002): Kinderarmut in der Wohlfahrtsgesellschaft. Opladen: Leske + Budrich.

Bergmann, Manfred Max, Hupka-Brunner, Sandra, Keller, Anita, Meyer, Thomas & Stalder, Barbara E. (2011): Transitionen im Jugendalter. Ergebnisse der Schweizer Längsschnittstudie TREE. Zürich: Seismo.

Bernath, Walter, Wirthensohn, Martin & Löhrer, Erwin (1989): Jugendliche auf dem Weg ins Berufsleben. Bern: Haupt.

Bildungsmonitoring Schweiz & Bundesamt für Statistik (BFS) (2003): Wege in die nachobligatorische Ausbildung. Die ersten zwei Jahre nach Austritt aus der obligatorischen Schule. Zwischenergebnisse des Jugendlängsschnitts TREE. Neuenburg: BFS.

Böhnisch, Lothar & Schröer, Wolfgang (2001): Pädagogik und Arbeitsgesellschaft: Historische Grundlagen und theoretische Ansätze für eine sozialpolitisch reflexive Pädagogik. Weinheim: Juventa.

Bojanowski, Arnulf, Eckardt, Peter & Ratschinski, Günter (2004): Forschung in der Benachteiligtenförderung. Sondierung in einer unübersichtlichen Landschaft. Online: www.bwpat.de/ausgabe6/bojanowski_eckardt_ratschinski_bwpat6.pdf (Zugriff: 3.3. 2012).

Böni, Edi (2003): Diskontinuierliche Verläufe und Ausbildungslosigkeit. In: Bildungsmonitoring Schweiz & Bundesamt für Statistik (BFS): Wege in die nachobligatorische Ausbildung. Die ersten zwei Jahre nach Austritt aus der obligatorischen Schule. Zwischenergebnisse des Jugendlängsschnitts TREE (S. 81–99). Neuenburg: BFS.

Bourdieu, Pierre (1983): Ökonomisches Kapital, kulturelles Kapital, soziales Kapital. In: Kreckel, Reinhard (Hrsg.): Soziale Ungleichheiten (S. 183–198). Göttingen: Otto Schwartz (Soziale Welt, Sonderband 2).

Braun, Frank (2002): Jugendarbeitslosigkeit und Benachteiligtenförderung. In: Tippelt, Rudolf (Hrsg.): Handbuch Bildungsforschung (S. 761–774). Opladen: Leske + Budrich.

Brodmann, Erhard & Ellenberger, Sarah (2004): »Im Vornherein so wie ausgeschieden ...«. Ein Beratungskonzept auf daseinsanalytisch-phänomenologischer Basis zur beruflichen Eingliederung von jungen Erwachsenen ohne berufliche Grundbildung, die Sozialhilfe beziehen. Zürich: Hochschule für Angewandte Psychologie.

Buhr, Petra (1995): Dynamik von Armut. Dauer und biographische Bedeutung von Sozialhilfebezug. Opladen: Westdeutscher Verlag.

Buhr, Petra (2001): Übergangsphase oder Teufelskreis? Dauer und Folgen von Armut bei Kindern. In: Klocke, Andreas & Hurrelmann, Klaus (Hrsg.): Kinder und Jugendliche in Armut. Umfang, Auswirkungen und Konsequenzen (S. 78–92). Wiesbaden: Westdeutscher Verlag.

Bundesamt für Statistik (BFS) (1995): Weiterbildung in der Schweiz, Befragung 1993. Bern: BFS.

Bundesamt für Statistik (BFS) (2001): Schülerinnen, Schüler und Studierende 2000/2001. Neuenburg: BFS.

Bundesamt für Statistik (BFS) (2006): Die Schweizer Sozialhilfestatistik 2004. Erste gesamtschweizerische Ergebnisse. Neuenburg: BFS.

Bundesamt für Statistik (BFS) (2008): Die schweizerische Sozialhilfestatistik. Ergebnisse für das Jahr 2006. Neuenburg: BFS.

Bundesamt für Statistik (BFS) (2009): Junge Erwachsene in der Sozialhilfe. Schlussbericht. Neuenburg: BFS.

Bundesministerium für Bildung und Forschung (BMBF) (Hrsg.) (2006): Verbesserung der beruflichen Integrationschancen von Jugendlichen und jungen Erwachsenen mit Förderbedarf durch die Weiterentwicklung der Lernorte und Stärkung des Lernortes im Betrieb. Band II a. Bonn, Berlin: BMFB.

Butterwegge, Christoph & Klundt, Michael (Hrsg.) (2003): Kinderarmut und Generationengerechtigkeit. Familien- und Sozialpolitik im demografischen Wandel. Opladen: Leske + Budrich.

Dalcher, Marco & Schäuble, Sybille (2003): Achtung, hier arbeitet das Klientel ... Coaching bei jungen Erwachsenen in der Sozialhilfe. Basel: Diplomarbeit an der Fachhochschule für Soziale Arbeit beider Basel.

Donati, Mario (1999): »Volevi veramente diventare quello che sei?« La formazione dei giovani dopo la scuola media: carriere scolastiche e professionali attraverso l'analisi di 1400 biografie formative: studio longitudinale. Bellinzona: Ufficio Studi e Ricerche (USR).

Döring, Diether, Hanesch, Walter & Huster, Ernst-Ulrich (1990): Armut im Wohlstand. Frankfurt am Main: Suhrkamp.

Drilling, Matthias (2003): Die Basler Sozialhilfestudie zur Armut von jungen Erwachsenen. Teil 1: Junge Erwachsenen in der städtischen Sozialhilfe – zum Stand der Forschung in der Schweiz. Basel: FHS-Verlag der Hochschule für Pädagogik und Soziale Arbeit beider Basel.

Drilling, Matthias (2004): Young urban poor. Abstiegsprozesse in den Zentren der Sozialstaaten. Wiesbaden: VS Verlag für Sozialwissenschaften.

Drilling, Matthias (2007): Young urban poor. Handlungsstrategien in kontingenten Biografieverläufen. In: Mansel, Jürgen & Kahlert, Heike (Hrsg.): Arbeit und Identität im Jugendalter. Die Auswirkungen der gesellschaftlichen Strukturkrise auf Sozialisation (S. 93–112). Weinheim: Juventa.

Drilling, Matthias (2008): Enlarging people's choice – Reducing ill-being by capability building. In: Kosaka, Kenji (Hrsg.): A Quest for Alternative Sociology (S. 88–101). Melbourne: Pacific Press.

Eckmann-Saillant, Monique, Bolzman, Claudio & Rham, Gérard de (1994): Jeunes sans qualification. Trajectoires, situations et stratégies. Genève: Institute d'études sociales (IES).

Egger, Marcel, Egger-Mikic, Daniela, Honegger, Andreas & Maftei, Pierre (2007): Vertiefungsstudie Bildungsangebote im Übergang von der obligatorischen Schule in die Berufsbildung. Bern: Bundesamt für Berufsbildung (BBT).

Fibbi, Rosita, Kaya, Bülent & Piguet, Etienne (2003): Peter, Afrim oder Mehmet – Der Name macht den Unterschied. Online: www.lapsh-ch.com/Fr/Press/fibbikayapiguet-dt.pdf (Zugriff: 3.3.2012).

Fluder, Robert & Stremlow, Jürgen (Hrsg.) (1999): Armut und Bedürftigkeit. Herausforderungen für das kommunale Sozialwesen. Bern: Haupt.

Fluder, Robert, Nolde, Marion, Priester, Tom & Wagner, Antonin (Hrsg.) (1999): Armut verstehen. Armut bekämpfen. Armutsberichterstattung aus der Sicht der Statistik. Neuenburg: BFS.

Fragnière, Jean-Pierre, Hutmacher, Anouk & Pichler, Markus (2001): Recherche concernant la problématique des Jeunes Adultes en Difficulté (JAD) dans la Broye vaudoise. Rapport final. Lausanne: Ecole d'études sociales et pédagogiques.

Fülbier, Paul & Münchmeier, Richard (Hrsg.) (2001): Handbuch Jugendsozialarbeit. Geschichte, Grundlagen, Konzepte, Handlungsfelder, Organisation. Band 1. Münster: Votum.

Galley, Francoise & Meyer, Thomas (1998): Schweiz – Übergänge (Transitionen) zwischen Erstausbildung und Erwerbsleben. Länderbericht zuhanden der OECD. Bern: Schweizerische Konferenz der kantonalen Erziehungsdirektoren (EDK), Bundesamt für Bildung und Wissenschaft (BBW), Bundesamt für Berufsbildung und Technologie (BBT).

Gerber, Susanne (2007): Junge Erwachsene in der Sozialhilfe. Typen der Bewältigung eines biografischen Überganges. Bern: Berner Fachhochschule, Fachbereich Soziale Arbeit.

Gertsch, Marianne, Gerlings, Alexander & Weber, Karl (2000): Der Lehrstellenbeschluss 1, Evaluation, Schlussbericht, Arbeitsbericht 27. Bern: Universität Bern, Koordinationsstelle für Weiterbildung.

Haeberlin, Urs, Imdorf, Christian & Kronig, Winfried (2004): Von der Schule in die Berufslehre. Untersuchung zur Benachteiligung von ausländischen und von weiblichen Jugendlichen bei der Lehrstellensuche. Bern: Haupt.

Häfeli, Kurt (2004): Transition: Forschungsperspektiven beim Übergang von der Schule ins Erwerbsleben bei Menschen mit Behinderungen. In: Amft, Susanne, Bernath, Karin & Häfeli, Kurt (Hrsg.): Heilpädagogische Forschung im Aufwind (S. 131–146). Luzern: Edition SZH/CSPS.

Hoerning, Erika & Corsten, Michael (Hrsg.) (1995): Biographie und Institution. Pfaffenweiler: Centaurus.

Horn, Klaus-Peter, Christes, Johannes & Parmentier, Michael (Hrsg.) (1998): Jugend in der Vormoderne – Annäherung an ein bildungstheoretisches Thema. Köln: Böhlau.

Hornstein, Walter (1998): Vom Anfang und Ende der Jugend – Jugendtheorie und historische Jugendforschung. In: Horn, Klaus-Peter, Christes, Johannes & Parmentier, Michael (Hrsg.): Jugend in der Vormoderne – Annäherung an ein bildungstheoretisches Thema (S. 21–42). Köln: Böhlau.

Hurrelmann, Klaus (2003): Der entstrukturierte Lebenslauf. Zeitschrift für Erziehung und Sozialisation, Heft 2, 115–125.

Imdorf, Christian (2005): Schulqualifikation und Berufsfindung. Wie Geschlecht und nationale Herkunft den Übergang in die Berufsbildung strukturieren. Wiesbaden: VS Verlag für Sozialwissenschaften.

Keupp, Heiner, Ahbe, Thomas, Gmür, Wolfgang, Höfer, Renate, Mitzscherlich, Beate, Kraus, Wolfgang & Strauss, Florian (2002): Identitätskonstruktionen – Das Patchwork der Identitäten in der Spätmoderne. Reinbek bei Hamburg: Rowohlt.

Klemm, Klaus (2001): Zielgruppe der Benachteiligtenförderung: Jugend ohne Beruf. In: Arbeitsstab »Forum Bildung« in der Geschäftsstelle der Bund-Länder-Kommission für Bildungsplanung und Forschungsförderung (Hrsg.) (2001): Qualifizierte Berufsausbildung für alle! Zukunft der Berufsausbildung von benachteiligten Jugendlichen. Fachtagung des Forums Bildung am 27. und 28. September 2000 in Bonn (S. 18–26). Köln: Forum Bildung.

Klocke, Andreas & Hurrelmann, Klaus (Hrsg.) (2001): Kinder und Jugendliche in Armut. Umfang, Auswirkungen und Konsequenzen. Wiesbaden: Westdeutscher Verlag.

Kohli, Martin (Hrsg.) (1978): Soziologie des Lebenslaufs. Darmstadt: Luchterhand.

Kommission der Europäischen Gemeinschaft (Hrsg.) (1993): Grünbuch Europäische Sozialpolitik. Luxemburg: EU.

Kosaka, Kenji (Hrsg.) (2008): A Quest for Alternative Sociology. Melbourne: Pacific Press.

Kreckel, Reinhard (Hrsg.) (1983): Soziale Ungleichheiten. Göttingen: Otto Schwartz (Soziale Welt, Sonderband 2).

Leisering, Lutz, Müller, Rainer & Schumann, Karl F. (Hrsg.) (2001): Institutionen und Lebenslauf im Wandel. Weinheim: Juventa.

Leu, Robert E. (1999): Konzepte der Armutsmessung. In: Fluder, Robert, Nolde, Marion, Priester, Tom & Wagner, Antonin (Hrsg.): Armut verstehen. Armut bekämpfen. Armutsberichterstattung aus der Sicht der Statistik (S. 39–64). Neuenburg: BFS.

Leu, Robert, Burri, Stefan & Priester, Tom (1997): Lebensqualität und Armut in der Schweiz. Bern: Haupt.

Lex, Tilly (2001): Individuelle Beeinträchtigung und soziale Benachteiligung – eine empirisch fundierte Begriffsbestimmung. In: Fülbier, Paul & Münchmeier, Richard (Hrsg.) (2001): Handbuch Jugendsozialarbeit. Geschichte, Grundlagen, Konzepte, Handlungsfelder, Organisation. Band 1 (S. 469–485). Münster: Votum.

Ludwig, Monika (1995): Lebenslauf und Biographie als Gegenstand der Armutspolitik. In: Hoerning, Erika & Corsten, Michael (Hrsg.): Biographie und Institution (S. 179–192). Pfaffenweiler: Centaurus.

Ludwig, Monika (1996): Armutskarrieren. Zwischen Abstieg und Aufstieg im Sozialstaat. Opladen: Westdeutscher Verlag.

Mader, Wilhelm (Hrsg.) (1993): Weiterbildung und Gesellschaft. Grundlagen wissenschaftlicher und beruflicher Praxis in der Bundesrepublik Deutschland. Bremen: Universität Bremen (Forschungsreihe des Forschungsschwerpunkts »Arbeit und Bildung«, Bd. 17).

Maeder, Christoph & Nadai, Eva (2002): Die öffentliche Sozialhilfe zwischen Armutsverwaltung und Sozialarbeit – eine soziologische Untersuchung sozialstaatlicher Intervention. Kurzfassung zuhanden des Schweizerischen Nationalfonds. Rorschach/Olten: SNF. Online: www.sozialstaat.ch/global/projects/security/maeder_c_nadai/maeder_c_nadai_short_1.pdf (Zugriff: 2004).

Mansel, Jürgen & Kahlert, Heike (Hrsg.) (2007): Arbeit und Identität im Jugendalter. Die Auswirkungen der gesellschaftlichen Strukturkrise auf Sozialisation. Weinheim: Juventa.

Meyer, Thomas (2003): Zwischenlösung – Notlösung? In: Bildungsmonitoring Schweiz & Bundesamt für Statistik (BFS): Wege in die nachobligatorische Ausbildung. Die ersten zwei Jahre nach Austritt aus der obligatorischen Schule. Zwischenergebnisse des Jugendlängsschnitts TREE (S. 101–108). Neuenburg: BFS.

Meyer, Thomas (2004): Wie weiter nach der Schule? Zwischenergebnisse des Jugendlängsschnitts TREE. Synthesis 6. Bern/Aarau: Leistungsgruppe des NFP 43 in Zusammenarbeit des Forums Bildung und Beschäftigung und der Schweizerischen Koordinationsstelle für Bildungsforschung (SKBF).

Montani, Geraldine (2006): Junge Erwachsene im Übergang in die Erwerbsarbeit – Sozialhilfe als Bewältigungsstrategie? Eine qualitative Befragung in der Stadt Biel. Bern: Edition Soziothek.

Müller, Brigitte & Schaffner, Dorothee (2007): Motivationssemester als Angebote im Übergang von der Schule in Ausbildung und Arbeit – Wirkungen, Grenzen und künftige Entwicklungen eines entstehenden Handlungsfeldes der Sozialen Arbeit. Schweizer Zeitschrift für Soziale Arbeit, Heft 2, 23.

Nussbaum, Martha & Sen, Amartya (Hrsg.) (1993): The Quality of Life. Oxford: Oxford University Press.

Papastefanou, Christiane (1997): Auszug aus dem Elternhaus. Aufbruch und Ablösung im Erleben von Eltern und Kindern. Weinheim: Juventa.

Regamay, Caroline (2001): Papa, Maman, L'État et Moi. Jeunes adultes, accès aux dispositifs sociaux et travail social: un état des lieux. Lausanne: Service de Prévoyance et d'Aide sociales, Canton de Vaud.

Schaffner, Dorothee (2003): Die Basler Sozialhilfestudie zur Armut von jungen Erwachsenen. Teil 2: Junge Erwachsene in der Sozialhilfe – Bewältigung einer Statuspassage. Basel: Fachhochschule für Soziale Arbeit beider Basel (hpsabb).

Schaffner, Dorothee (2007): Junge Erwachsene zwischen Sozialhilfe und Arbeitsmarkt – Biografische Bewältigung von diskontinuierlichen Bildungs- und Erwerbsverläufen. Bern: hep.

Schaffner, Dorothee (2008a): Berufsintegration – eine Aufgabe schulischer und außerschulischer Kooperationspartner. In: Baier, Florian & Schnurr, Stefan (Hrsg.): Schulische und schulnahe Dienste. Angebote, Praxis und fachliche Perspektiven (S. 185–203). Bern: Haupt.

Schaffner, Dorothee (2008b): »Ich bin dann irgendwie halt einfach nicht ...«. Bewältigung diskontinuierlicher Bildungs- und Erwerbsverläufe – ein Beitrag zur subjektorientierten Übergangsforschung. Zeitschrift für Sozialpädagogik (ZfSP), Jg. 6, Heft 2, 187–209.

Schaffner, Dorothee & Gerber, Susanne (2011): Übergänge gestalten – Handlungsansätze zur Begleitung von jungen Erwachsenen. SozialAktuell, Nr. 2, Februar, 19–21.

Schröer, Wolfgang, Struck, Norbert & Wolff, Mechthild (Hrsg.) (2002): Handbuch Kinder- und Jugendhilfe. Weinheim: Juventa.

Schweizerisches Arbeiterhilfswerk SAH (2004): Junge brauchen Jobs. SAH-Dossier Jugendarbeitslosigkeit. Zürich: Schweizerisches Arbeiterhilfswerk (SAH). Online: www.sah.ch/data/de/mediabase/downloads/SAHDossier_Jugenderwerbslosigkeit2004. pdf (Zugriff: 27.4.2011).

Sheldon, George (2002): Wie der Strukturwandel die Berufswelt verändert. Panorama, Nr. 2, 12–13.

Stauber, Barbara & Walther, Andreas (2002): Junge Erwachsene. In: Schröer, Wolfgang, Struck, Norbert & Wolff, Mechthild (Hrsg.): Handbuch Kinder- und Jugendhilfe (S. 113–143). Weinheim: Juventa.

Stauber, Barbara, Pohl, Axel & Walther, Andreas (Hrsg.) (2007): Subjektorientierte Übergangsforschung: Rekonstruktion und Unterstützung biografischer Übergänge junger Erwachsener. Weinheim: Juventa.

Struck, Olaf (2001): Gatekeeping zwischen Individuum, Organisation und Institution. Zur Bedeutung und Analyse von Gatekeeping am Beispiel von Übergängen im Lebensverlauf. In: Leisering, Lutz, Müller, Rainer & Schumann, Karl F. (Hrsg.) (2001): Institutionen und Lebenslauf im Wandel (S. 29–54). Weinheim: Juventa.

Tippelt, Rudolf (Hrsg.) (2002): Handbuch Bildungsforschung. Opladen: Leske + Budrich.

Troltsch, Klaus, Alex, László, Bardeleben, Richard von & Ulrich, Joachim G. (2000): Jugendliche ohne Berufsausbildung – Eine BIBB/EMNID-Untersuchung. Bonn: Bundesinstitut für Berufsbildung (bibb). Online: www.bibb.de/dokumente/pdf/a21_erste_schwelle_meldung_03_2002_bibb-emnid.pdf (Zugriff: 3.3.2012).

Walther, Andreas (2000): Spielräume im Übergang in die Arbeit. Junge Erwachsene im Wandel der Arbeitsgesellschaft in Deutschland, Italien und Großbritannien. Weinheim: Juventa.

Wanner, Philipp & Fibbi, Rosita (2003): Familien und Migration, Familien in der Migration. In: Familien und Migration. Beiträge zur Lage der Migrationsfamilien und Empfehlungen der Eidgenössischen Koordinationskommission für Familienfragen (S. 9–52). Bern: Eidgenössische Koordinationskommission für Familienfragen (EKFF). Online: www.ekff.admin.ch/c_data/d_Pub_Migration_428KB.pdf (Zugriff: 3.3.2012).

Whiteford, Peter & Adema, Willem (2006): Well-being of children and labour markets in Europe. Different kinds of resulting from various structures and changes in the labour markets. Paper presented an the WELLCHI Network Conference 2, Hamburg.

Geld, Knappheit und Verschuldung im Jugendalter
Zwischen finanzieller Abhängigkeit und Mündigkeit[1]

Elisa Streuli

1 Ausgangslage

Die Verschuldung Jugendlicher und junger Erwachsener erfährt seit einigen Jahren eine hohe mediale Aufmerksamkeit. Gemäß Schätzungen von Konsumentenstudien ist in der Schweiz ein Viertel bis ein Drittel der Jugendlichen verschuldet, und 80 Prozent der Verschuldeten haben vor ihrem 25. Altersjahr ihren ersten Kredit aufgenommen (Mach 2005). Eine Studie der Inkassofälle von Intrum Justitia zeigt, dass 18- bis 25-Jährige vor allem aufgrund von Forderungen im E-Commerce-Bereich verschuldet sind, und zwar mit einem Anteil, der zweieinhalbmal so hoch ist wie der Bevölkerungsanteil dieser Altersgruppe (Intrum Justitia 2011). Die Jugendberatungsstellen verzeichnen einen steigenden Bedarf an Budget- und Schuldenberatung, und zunehmend werden Jugendliche gepfändet oder betrieben. Im medialen und öffentlichen Diskurs gelten Jugendliche mit Schulden als kaufsüchtig, genussorientiert und verantwortungslos. Von der Werbung werden sie hingegen als mündige Gesellschaftsmitglieder angesprochen, die ein Recht auf Konsumgüter haben und diese mit fremdem Geld sofort, unkompliziert und einfach erwerben können (Feil 2003). Aus der Sicht von Sozialarbeitenden liegen die Verschuldungsgründe in einem zunehmend hedonistisch geprägten Lebensstil, der in Kombination mit steigender Arbeitslosigkeit zu einer prekären finanziellen Lage führt (Métrailler & Sidler 2005). Wie Elmar Lange in seiner empirischen Untersuchung in Deutschland feststellte, sind Verschuldete jedoch in ihrem Ausgabeverhalten durchaus rational. Verschuldung, so das Fazit des Autors, ist dementsprechend der Ausdruck eines mündigen und effizienten Umgangs mit Geld zur Optimierung des Gegenwartsnutzens

---

[1] Die Untersuchung wurde ermöglicht durch die Aktion DORE des Schweizerischen Nationalfonds, Gesuchsnummer 13DPD3-109531/1. Der ausführliche Bericht liegt als Buch vor (vgl. Streuli et al. 2008). Der Aktion DORE, den Mitautor/innen und allen anderen Beteiligten sei an dieser Stelle herzlich gedankt.

(Lange 2004). Dieser Befund widerspricht der landläufigen Auffassung, dass Verschuldung an ein kaufsüchtiges Verhalten gekoppelt sei.

Bei Jugendlichen ist eine Verschuldung durch ihre fragile Übergangssituation noch mehr als bei Erwachsenen immer mit der Unsicherheit verbunden, ob die Schuld zurückbezahlt werden kann oder nicht. Gleichzeitig ist das Handeln unter Unsicherheitsbedingungen konstitutiv für eine moderne Gesellschaft.

Vor dem Hintergrund der unterschiedlichen Erklärungsangebote untersuchten wir mit einer eigenen empirischen Forschung den Umgang mit Geld und Knappheit in der Jugendphase. Dabei erhoben wir auch Verschuldungsursachen und -folgen und überprüften unsere Ergebnisse im Hinblick auf ihre Relevanz für die Jugendhilfe. Ein besonderes Augenmerk liegt auf dem Aspekt der sozialen Ungleichheit.

Die ausführliche Untersuchung liegt in Buchform vor (Streuli et al. 2008). In diesem Beitrag werden die wichtigsten Ergebnisse zusammengefasst, mit folgendem Aufbau: In Kapitel 2 wird die spezifische Bedeutung von Geld in der Jugendphase diskutiert, auf dieser Basis werden die Forschungsfragen formuliert. Kapitel 3 beinhaltet die methodischen Überlegungen, Kapitel 4 stellt die Ergebnisse aus der empirischen Untersuchung vor, und in Kapitel 5 werden Folgerungen und Implikationen für die Jugendhilfe abgeleitet.

2 Geld in der »Lebensphase Jugend«

Die Jugendforschung kennzeichnet den Statusübergang von der Kindheit ins Erwachsenenalter als eine allmähliche Übernahme von Erwachsenenrollen in den einzelnen Teilbereichen des Zusammenlebens (Schäfers 2002). Unter Individualisierungsbedingungen, das heißt mit der Freisetzung der Einzelnen aus traditionalen Bezügen, verläuft diese Rollenübernahme ungleichzeitig, diskontinuierlich, widersprüchlich und in hohem Maß ergebnisoffen, sodass von einer eigenständigen »Lebensphase Jugend« (Hurrelmann 2004) gesprochen werden kann.[2] Diese Entstrukturierung, Ausdehnung und Ausdifferenzierung der Jugendphase in Folge von Bildungsexpansion, Herabsetzung des Mündigkeitsalters, Friktionen auf dem Arbeits- und Lehrstellenmarkt bei gleichzeitig beschleunigtem technologischem Wandel ist begleitet von einer Statusunsicherheit, in der sich die Jugendlichen befinden (Heintz 1962). Damit ist gemeint, dass verschiedene, sich widersprechende Normensysteme angewandt werden, nämlich sowohl das-

---

[2] Dass dieser Übergang unter Individualisierungsbedingungen erfolgt, bedeutet keineswegs, dass der Aspekt der sozialen Ungleichheit an Bedeutung verliert. Allerdings wird dies auch weniger von den Hauptexponenten der Individualisierungsthese selbst als teilweise von deren Kritikern behauptet.

jenige, das für Kinder gilt, als auch dasjenige für Erwachsene. Dadurch wird die Integration der Jugendlichen in die Gesamtgesellschaft besonders erschwert. Als Reaktion darauf sind die Jugendlichen bestrebt, diese Unsicherheit durch partielle Gewissheiten aufzulösen, indem sie weiterhin in einem Zustand der kindlichen Abhängigkeit verharren (Jugend als Moratorium) oder indem sie den Übergang in die mündige Erwachsenenphase (Jugend als Transition) beschleunigen (Hurrelmann 2004).

Da im Jugendalter die Berufs- und Familienrolle vergleichsweise selten eingenommen wird, tritt die Konsumrolle für das eigene Selbstverständnis in den Vordergrund. Die soziale Zugehörigkeit bei Freizeitaktivitäten, aber auch die Abgrenzung von anderen findet im Jugendalter in hohem Maß über spezifische Muster im Konsum und in der Selbstrepräsentation statt (Ferchhoff 2007). Kleidung, Schmuck, Musik, Motorrad, Mobiltelefon und anderes mehr sind Marker sowohl der Gruppen- und Geschlechtszugehörigkeit als auch der internen Differenzierung. Geld fungiert hier als Tauschwährung, sowohl für Integration als auch für Distinktion. Es wird zum »Träger der individuellen Freiheit« (Simmel 2001), zum Glücksversprechen, vermittelt über Konsumgüter. Die Werbung appelliert gezielt an diese Autonomiewünsche, in dem sie einfache, unkomplizierte Kreditvergaben an junge Erwachsene verspricht (Mattes 2007). Die Einbindung Jugendlicher in ökonomische Prozesse bleibt dabei widersprüchlich: Zwar treffen die Jugendlichen zunehmend eigene Konsumentscheidungen, bleiben aber weiterhin in ökonomischer Abhängigkeit von den Eltern (Tully 2004). Hinzu kommt, dass die Autonomie in den Konsumentscheidungen durch verschiedene Formen des Konsumdrucks und des Zwangs zur Konformität mit Gruppennormen wieder aufgehoben wird (Unverzagt & Hurrelmann 2001).

Das Verfügen über Geld ermöglicht einerseits, die der Jugend zugesprochene Sorglosigkeit auszuleben, es verlangt gleichzeitig aber auch, die verfügbaren Mittel verantwortungsvoll einzusetzen, das heißt ökonomisch »erwachsen« zu handeln. Die Integration über Konsummuster und der gemeinsam geteilte hohe Wert des Geldes und des Konsums als eigenständiges Lebensziel stellen diejenigen vor Probleme, welchen die (finanziellen) Mittel fehlen, um diese Ziele zu erreichen. Robert K. Merton (1995) spricht in diesem Zusammenhang von einer Ziel-Mittel-Diskrepanz, die auf zwei Arten aufgelöst werden kann: Entweder man verabschiedet sich vom Ziel (des hohen Statuskonsums), oder man passt die (finanziellen) Mittel den Zielen an. Es kann sich durchaus auch um Mischformen, das heißt um eine gegenseitige Annäherung von Zielen und Mitteln handeln. Wie die Einzelnen mit diesem Spannungsfeld umgehen und unter welchen Bedingungen Knappheitssituationen in eine Verschuldung führen, soll die empirische Untersuchung zeigen.

Der vorliegende Beitrag verfolgt zwei Ziele: Er soll einerseits den Umgang mit Geld und Knappheit von Jugendlichen allgemein beleuchten, und er soll anderseits die Faktoren vertiefend untersuchen, welche in die Verschuldungssituation hinein und daraus wieder hinausführen. Dies führt uns zu den zentralen Fragen unserer Untersuchung:

- Wie gehen die Jugendlichen mit Geld um, und welche Bedeutung messen sie ihm zu?
- Inwiefern ist der Umgang mit Geld und Knappheit an die soziale Lage gekoppelt?
- Inwiefern lassen sich Muster von Verschuldungsursachen und von gelingender Bewältigung feststellen?
- Welche Implikationen ergeben sich aus dem Umgang mit Schulden für die Jugendhilfe im Umgang mit problematischen Lebenssituationen allgemein?

3 Methodisches Vorgehen

3.1 Auswahl der Untersuchungsgruppen und Methoden

Beim Thema »Geld und Geldknappheit« handelt es sich um einen Untersuchungsgegenstand, der nicht nur für bestimmte Gruppen relevant ist. Aus diesem Grund strebten wir bei dieser Studie eine breite Auswahl an Jugendlichen im Kanton Basel-Stadt an, unabhängig von ihrer tatsächlichen finanziellen Situation. Bei der Auswahl der Altersgruppe stellten wir folgende Überlegungen an: Eine ländervergleichende Untersuchung im Auftrag der WHO (Delgrande et al. 1999) zeigt, dass die Sensibilität gegenüber Geld und der eigenen finanziellen Situation mit zunehmendem Alter der Jugendlichen steigt und somit vorzugsweise ältere Jugendliche befragt werden sollten. Unsere Zielgruppe sollte deshalb möglichst alt und gleichzeitig möglichst breit sein. Deshalb wollten wir uns weder beschränken auf Studierende, die zwar älter sind, aber nur ein eingeschränktes Bildungssegment repräsentieren, noch auf Schülerinnen und Schüler der obligatorischen Schule, die zwar aus allen sozialen Schichten stammen, für das Thema aber zu jung wären. Aus diesem Grund wählten wir eine Altersgruppe, in der die meisten eine nachobligatorische Schule besuchen und die anderen in genügend großer Zahl über eine sonstige Institution erreicht werden können. Als nichtschulische Institution wählten wir arbeitsmarktliche Übergangsangebote aus, sogenannte SEMO *(Semestre de Motivation)*. So erreichten wir einen guten Bevölkerungsquerschnitt hinsichtlich der verschiedenen Bildungsniveaus. In Zusammenarbeit mit dem Statistischen Amt Basel-Stadt und dem Ressort Schulen im Erziehungsdepartement Basel-Stadt bestimmten wir dementsprechend die konkreten Schulen, differenziert nach Bildungsniveau und Stadtteil. Auf diese Weise konnten insgesamt 537 Personen im Alter zwischen etwa 17 und 19 Jahren[3] befragt werden, jeweils auf einem der folgenden vier Bildungsniveaus: arbeitsmarktliches Übergangsangebot (SEMO); Anlehre oder Berufslehre;[4] Diplomschule; Gymnasium.

Den Fragebogen entwickelten wir nach einer ausführlichen Diskussion mit Praxisinstitutionen in Absprache mit dem Ressort Schulen und dem statistischen Amt. Wo immer dies vonseiten der ausbildenden Institution möglich war, wurden die Fragebögen von einem Mitglied des Forschungsteams direkt in den Schulklassen (bzw. Motivationssemestern) verteilt, von den Jugendlichen während der Unterrichtsstunde anonym ausgefüllt und anschließend durch die Forschungsmitarbeitenden wieder eingesammelt. Diese Methode erwies sich zwar als zeitintensiv, erlaubte aber eine größtmögliche Kontrolle beim Ausfüllen der Fragebogen sowie die Beseitigung von Unklarheiten oder Verständnisschwierigkeiten.

Die Zweiteilung unserer Fragestellung – Umgang mit Geld bei Jugendlichen allgemein und Bedingungen zu Ursachen und Überwindung von Verschuldungssituationen – erforderte neben dem quantitativen Design eine vertiefende qualitative Untersuchung. Hier sollten Menschen in problematischen Situationen im Vordergrund stehen, die wir aus der quantitativen Fragebogenerhebung zu rekrutieren erhofften. Zu diesem Zweck baten wir am Schluss des Fragebogens um die Telefonnummer, mit der sich die Befragten für ein Gespräch bereit erklärten. Aufgrund der Fragebogenergebnisse wählten wir Jugendliche aus, die aktuell, und solche, die ehemals verschuldet waren. Dabei achteten wir auf ein möglichst ausgeglichenes Verhältnis von Geschlecht, Schultyp und der Höhe der Schulden, was sich allerdings im Fall der hoch Verschuldeten als schwierig erwies und weitere Suchanstrengungen erforderte. Hier erhielten wir von Beratungsinstitutionen weitere Adressen von gesprächsbereiten Jugendlichen, die vom Alter und den Bildungsinstitutionen her den Befragten aus dem quantitativen Sample vergleichbar waren.

Schließlich konnten wir 21 gesprächsbereite Jugendliche auswählen, elf Frauen und zehn Männer, und führten mit ihnen ein Interview von durchschnittlich einer Stunde Dauer. Der Interviewaufbau gliederte sich in drei Teile: Im ersten Teil wurden die Gesprächsteilnehmenden aufgefordert, ihre Lebensge-

---

[3] Zwei Drittel der Befragten waren 17 bis 19 Jahre alt. Das restliche Drittel war aufgrund unterschiedlicher Ein- und Austrittsalter jünger als 17 oder älter als 19 Jahre alt.
[4] Ursprünglich hätte zusätzlich zwischen Anlehre und Berufslehre unterschieden werden sollen, was aber aus institutionellen Gründen schließlich nicht möglich war.

schichte zu erzählen. Da eine Verschuldungssituation oft komplex ist und nicht nur situativ oder mit fehlenden materiellen Ressourcen erklärt werden kann, wählten wir zur Erhebung die biografische Methode nach Schütze (1983), welche dieser Komplexität angemessen Rechnung trägt. Der zweite Teil enthielt unmittelbare Nachfragen nach offen oder unklar gebliebenen Stellen im Interview, im dritten Teil wurden mithilfe eines Leitfadens die noch fehlenden Informationen eingeholt, in Anlehnung an das problemzentrierte Interview (Witzel 2000). Dieses kombinierte Verfahren versprach einen möglichst umfassenden Einblick in die Lebenssituation. Um mögliche »Geschlechtereffekte« auszuschalten – beispielsweise eine verstärkte Inszenierung gegenüber dem anderen Geschlecht (Juhasz & Mey 2003) –, achteten wir darauf, dass die Frauen von Frauen und die Männer von Männern interviewt wurden. Weiter orientierten wir uns an der Forderung Pierre Bourdieus nach einem möglichst ähnlichen sozialen Status von interviewenden und interviewten Personen bezüglich Alter und sozialer Herkunft (Bourdieu 1997). Von diesem – allerdings recht aufwendigen – Vorgehen erhofften wir uns, dass die Interviewten möglichst ehrlich über das eigene Leben erzählen würden. In der Analyse versuchten wir schließlich, strukturelle Bedingungen für Handlungsoptionen in einer Transitionsphase aufzuzeigen und nach Möglichkeit hinter dem Umgang mit Geld den Umgang mit dem Leben allgemein zu erkennen.

3.2 Soziale Differenzierung

Wenn Verhaltensweisen »der Jugendlichen« untersucht werden, besteht die Gefahr, eine Gruppe zu pauschalisieren, die alles andere als homogen ist. Je nach sozialer Lage, Geschlecht, nationaler Zugehörigkeit bzw. Migrationshintergrund befinden sich Menschen in unterschiedlichen sozialen Milieus, wodurch ihre Lebenshaltung, Wertmuster und Verhaltensweisen geprägt sind (Lamprecht & Stamm 1999). Hauptkriterium der sozialen Differenzierung in der vorliegenden Studie ist der Ausbildungstyp bzw. das Bildungsniveau. Die Ausbildung erlaubt einerseits Rückschluss auf die soziale Herkunft und bestimmt anderseits in hohem Maß die spätere Berufs- und Einkommenssituation (Levy et al. 1998): Wer keine weiterführende Ausbildung absolviert, wird später mit einer höheren Wahrscheinlichkeit in prekären Einkommensverhältnissen leben. Wer in einer Familie aufgewachsen ist, in der die Eltern keine weiterführende Schule besucht haben, wurde mit großer Wahrscheinlichkeit auch als Kind mit finanzieller Knappheit konfrontiert. Aus diesen Überlegungen heraus wird der Ausbildungstyp als Hauptmerkmal der Unterteilung verwendet. Geschlecht und Nationalitätszugehörigkeit bzw. Migrationshintergrund sind Sekundärmerkmale, die fallweise zur weiteren Differenzierung beigezogen werden.

Die befragten Jugendlichen decken das gesamte Bildungsspektrum der nachobligatorischen Ausbildung ab. Es gilt zu überprüfen, inwiefern der Bildungstyp der Jugendlichen tatsächlich Rückschlüsse auf die soziale Schicht des Elternhauses zulässt. Ebenso gilt es herauszufinden, ob sich anhand des Bildungstyps sowie weiterer soziodemografischer Unterscheidungskriterien Unterschiede in der finanziellen Situation und im Umgang mit Geld und Knappheit feststellen lassen.

3.3 Begrifflichkeiten und Operationalisierung

Eine Schuld ist zunächst jegliche Art von Fremdgeld oder die Beanspruchung einer Leistung, ohne dass diese unmittelbar beglichen wird. Darunter fallen alle offenen Rechnungen, Abzahlungsverträge, aber auch Miete, Steuern usw. Alle, die ihre Rechnungen nicht im Voraus begleichen, wären nach dieser Definition verschuldet. Das Sichverschulden zur Steigerung des gegenwärtigen Konsums gehört heute ebenso wie das Sparen als Investition in die Zukunft zu den »normalen« wirtschaftlichen Vorgängen. Wenn Geldverbindlichkeiten nicht fristgemäß eingelöst werden, kann von einer potenziell problematischen Verschuldungssituation gesprochen werden, doch sind die Übergänge fließend. In der Literatur wird zwischen »Verschuldung« und »Überschuldung« unterschieden: Überschuldung liegt vor, wenn zur Abzahlung bestehender Schulden neue Kredite aufgenommen werden (Groth 1986). Bei Jugendlichen wird dann von Überschuldung gesprochen, wenn die Höhe der Schulden das monatliche Einkommen übersteigt (Lange 2004). Mit dieser Definition ist jemand mit hundert Franken bereits überschuldet, wenn das Taschengeld unter dieser Schwelle liegt, und umgekehrt stellen zweitausend Franken noch keine Überschuldung dar, sofern das monatliche Erwerbseinkommen höher ist. Aufgrund dieser großen Varianz der Beträge und der damit verbundenen definitorischen Unschärfe in Bezug auf das finanzielle Ausmaß verzichten wir in der vorliegenden Studie auf den Begriff der Überschuldung, differenzieren aber jeweils nach der Höhe der Verschuldung. Da sich Jugendliche vor allem informell, also nicht bankmäßig verschulden, stützen wir uns in der vorliegenden Studie auf eine relativ umfassende Definition: Verschuldung liegt dann vor, wenn die Befragten angeben, irgendwo (d.h. im Freundeskreis, bei Eltern, Steuerverwaltung, Banken u.a.) Schulden zu haben.

Eine Verschuldungssituation ist an sich noch keineswegs problematisch. Erst die Betragshöhe gibt näherungsweise Auskunft über eine voraussichtlich problemlose oder potenziell problematische Verschuldungssituation. Eine im Auftrag des Bundesamts für Justiz durchgeführte repräsentative Untersuchung zu 18- bis 24-Jährigen in der Deutschschweiz (Streuli 2007) ergab, dass 38 Prozent irgendwelche offenen Geldverpflichtungen haben, die Hälfte davon unter tausend Franken. Gemäß dieser Untersuchung hat rund jede zehnte Person Schulden von mehr als zweitausend Franken; bei rund jeder siebten Person sind die Schulden höher als die monatlichen Einnahmen; die Gläubiger sind in erster Linie die Eltern. Die Ergebnisse zeigen, dass ein gelegentliches Geldausleihen zur Optimierung des Gegenwartsnutzens zur finanziellen Alltagsorganisation von jungen Erwachsenen gehört und dass dies unter Umständen, aber nicht zwangsläufig zu gravierenden finanziellen Schwierigkeiten führt. Diese Umstände genauer zu untersuchen, ist ein Ziel des vorliegenden Beitrags.

4 Empirische Ergebnisse

4.1 Bildung und soziale Herkunft der Befragten

Die soziale Herkunft (bzw. Schicht) wird in der Regel anhand von Ausbildung, Einkommen oder Beruf oder dem sozioprofessionellen Status der Eltern gemessen. Aus forschungspragmatischen Gründen entschieden wir uns, die höchste Ausbildung der Eltern (bzw. des Elternteils mit der höheren Ausbildung) als Indikator für die soziale Herkunft zu verwenden.[5] Im Folgenden interessiert, inwieweit die Ausbildung der Jugendlichen mit derjenigen ihrer Eltern übereinstimmt, das heißt, inwieweit die soziale Lage »vererbt« wird: Je höher die Übereinstimmung des Bildungsniveaus, desto höher ist die intergenerationelle Reproduktion der sozialen Lage. Bei absoluter Unabhängigkeit des Bildungsniveaus der Befragten von demjenigen der Eltern wäre in der folgenden Grafik die vertikale Unterteilung der Balken jeweils genau gleich. Beispielsweise hätten im Verhältnis gleich viele Lehrlinge einen Elternteil mit Berufslehrabschluss wie die andern Bildungsgruppen. Abbildung 1 zeigt den Zusammenhang zwischen der Ausbildung der Befragten und der elterlichen Ausbildung.

---

[5] Eine Befragung nach dem Einkommen der Eltern wäre zu heikel gewesen, die Frage nach dem sozio-professionellen Status der Eltern wird – wie früher durchgeführte Studien mit Jugendlichen zeigen – nur sehr ungenau beantwortet (Delgrande et al. 1999).

Abbildung 1: Anteile der höchsten Ausbildung der Eltern nach Schultyp[6] der Jugendlichen

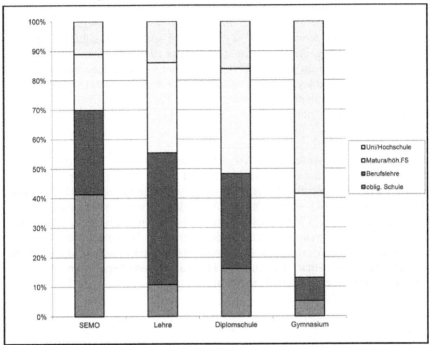

Die Abbildung zeigt, dass die eigene Ausbildung keineswegs unabhängig vom elterlichen Bildungsstatus ist. Am deutlichsten zeigt sich dieser Zusammenhang in den Extremgruppen: Fast 60 Prozent der Gymnasiastinnen und Gymnasiasten, aber nur 11 Prozent der SEMO-Teilnehmenden haben (mindestens) einen Elternteil mit einem Bildungsabschluss auf Universitäts- oder Hochschulniveau. Umgekehrt haben über 40 Prozent der SEMO-Jugendlichen, aber nur 5 Prozent der Gymnasiastinnen und Gymnasiasten Eltern, die höchstens eine obligatorische Schule absolviert haben. Bei 45 Prozent der Lehrlinge hat bereits ein Elternteil eine Berufslehre absolviert. Nur jede/r siebte Lehrling hat Eltern mit Universitäts- oder Hochschulabschluss und nur jede/r neunte Eltern, die als höchsten

---

[6] Bei den Motivationssemestern (SEMO) handelt es sich um ein arbeitsmarktliches Übergangsangebot, das in der Regel nach dem 10. Schuljahr von Jugendlichen ohne weiterführende Ausbildung absolviert wird.

Bildungsabschluss die obligatorische Schule absolviert haben.[7] Dieser Befund bestätigt die Untersuchungen von Stamm und Lamprecht (2005) für die Schweiz. Dieser starke Zusammenhang zeigt, dass der Bildungstyp der Eltern ein verlässlicher Indikator für die soziale Lage ihrer Kinder ist. Frühere Befunde, dass die Weitergabe von ökonomischem, kulturellem und sozialem Kapital die spätere soziale Stellung maßgebend beeinflusst (Bourdieu 1971; Bourdieu 1983), bestätigen sich hier wiederum ganz deutlich. Für unsere Untersuchung gilt demnach: Gymnasiastinnen und Gymnasiasten sind in ihrer sozialen Herkunft gegenüber den anderen Bildungstypen privilegiert, SEMO-Teilnehmende am meisten benachteiligt. Lehrlinge und Diplomschüler/innen liegen zwischen diesen beiden Extremgruppen, wobei die Diplomschüler/innen gegenüber den Lehrlingen in ihrer sozialen Herkunft etwas bessergestellt sind.[8]

Der stärkste Zusammenhang von elterlicher zu eigener Ausbildung gilt in unserem Sample für die Gymnasiast/innen und hier noch stärker für die jungen Frauen als für die jungen Männer: Von den Gymnasiasten hat die Hälfte einen Elternteil mit ebenfalls einer höheren Ausbildung, von den Gymnasiastinnen sind es sogar fast zwei Drittel. Bei den ausländischen Jugendlichen im Gymnasium zeigt sich die soziale Mobilität beziehungsweise das Fehlen derselben am deutlichsten: Von den insgesamt 47 befragten Gymnasiast/innen sind nur sieben ausländischer Nationalität.[9] Bei fünf von ihnen absolvierte bereits mindestens ein Elternteil eine Universität oder Hochschule.[10]

---

[7] Aufgrund der geringen Fallzahlen in den einzelnen Untergruppen sind die Prozent- und Verhältnisangaben jeweils als Größenordnungen zu verstehen.

[8] Es handelt sich hier um Durchschnittswerte. Individuell ist es durchaus möglich, dass ein Lehrling mit Eltern ohne nachobligatorische Ausbildung später sehr viel mehr verdient als ein gleichaltriger Gymnasiast aus gebildetem Elternhaus. Die Kategorien zeigen die unterschiedlichen Startbedingungen für die späteren Lebenschancen aufgrund der sozialen Lage im Elternhaus und der eigenen Ausbildung.

[9] Die Relation von ausländischen zu inländischen Gymnasiast/innen im Sample ist für Basel-Stadt repräsentativ: Im Jahr 2010 besuchten insgesamt 3009 Schüler/innen das Gymnasium. 424 von ihnen waren ausländischer Staatsangehörigkeit. Dies entspricht einem Anteil von 14 Prozent. Basel-Stadt: Lernende in öffentlichen Schulen nach Heimat, Schule/Schulleitung und Schultyp 2011. Online: www.statistik-bs.ch/tabellen/t15/1/t15.1.10.xls (Zugriff: 6.3.2012).

[10] Wird statt der Nationalität das Geburtsland als Indikator verwendet, zeigt sich der Zusammenhang sogar noch deutlicher: 8 der 47 Gymnasiast/innen sind im Ausland geboren, bei 7 von ihnen haben die Eltern mindestens einen Universitäts- oder Hochschulabschluss.

4.2 Einkommen, Ausgabe- und Verschuldungsverhalten

Die finanzielle Situation unter den Jugendlichen variiert sehr stark, je nachdem, ob jemand bereits erwerbstätig ist und Lohn bezieht oder noch in Ausbildung ist und Taschengeld bekommt. Diejenigen, die bereits erwerbstätig sind, haben mehr Geld zur Verfügung als die, welche eine weiterführende Schule absolvieren (und später bessere Einkommensmöglichkeiten haben), müssen aber von ihrem Lohn auch mehr bezahlen als diejenigen, die finanziell noch von ihren Eltern abhängig sind.

Einkommen: Im Mittel (Median; d.h., die Hälfte der Befragten liegt darunter, die andere darüber) verdienen SEMO-Absolvierende monatlich rund 600 Franken, Lehrlinge 700 Franken, Diplomschülerinnen und -schüler 370 Franken, Gymnasiastinnen und Gymnasiasten 160 Franken. Diese Beträge setzen sich zusammen aus Taschengeld, Lohn, Nebenerwerb und anderen Zuschüssen. Während den Jugendlichen in Gymnasium oder Diplomschule ihr Taschengeld und Nebenerwerb zur freien Verfügung steht, bezahlen Lehrlinge und SEMO-Teilnehmende aus ihrem Einkommen einen großen Teil ihrer festen Ausgaben selbst. Letztere Gruppe gibt denn auch am häufigsten an, sich nur das Nötigste leisten zu können.

Knappheitserfahrungen in der Kindheit: Jede/r fünfte SEMO-Teilnehmende gibt an, dass sich die Familie früher »finanziell immer einschränken« musste. Bei den Lehrlingen sind es weniger als 10 Prozent und bei den Diplomschüler/innen und Gymnasiast/innen sogar nur 6 Prozent.[11]

Umgang mit Geld: Absolvierende des Gymnasiums oder der Diplomschule geben ihr Geld am häufigsten ungeplant aus, während Jugendliche in der Lehre und noch häufiger diejenigen in Motivationssemestern vermehrt auf den ganzen Monat hinaus planen. Auf die Frage, was sie tun würden, wenn sie einen Gegenstand unbedingt haben möchten, aber das Geld fehlt, steht das Sparen bei allen Bildungstypen an erster Stelle. Jugendliche in einer Schule (Diplomschule oder Gymnasium) stellen den Zuverdienst an die zweite Stelle. Die bereits in irgendeiner Form erwerbstätigen Jugendlichen können hingegen seltener auf die Strategie Mehreinkommen zurückgreifen; hier zeigt sich, dass diese Gruppen stärker in einen festen Zeitplan eingespannt sind und weniger Energie- und Freizeitreserven für einen Zusatzverdienst aufbringen können: Lehrlinge entscheiden sich

---

[11] Auch hier handelt es sich jeweils um Größenordnungen zur Illustrierung: Die Fallzahlen sind zu klein, um statistisch robuste Aussagen zu machen.

zu gleichen Teilen (jeweils rund ein Fünftel der Befragten) für leihen, zusätzlich verdienen und verzichten. Hingegen wird die Option »Verzicht« für SEMO-Teilnehmende nach dem Sparen am häufigsten gewählt (knapp 30 Prozent). Demgegenüber ist für weniger als 10 Prozent der Jugendlichen im Gymnasium der Verzicht eine Option, für Männer noch weniger als für Frauen. Dies deutet auf ein Selbstverständnis hin, das sich je nach sozialer Lage stark unterscheidet: Jugendliche im Gymnasium wissen, dass sie sich auf irgendeine Art, mit eigener Anstrengung und fremder Hilfe, ihre Wünsche erfüllen können, während SEMO-Jugendliche am häufigsten das Gefühl haben, dass ihnen etwas nicht zusteht und sie deshalb verzichten sollten. Auch Geldleihen ist für SEMO-Teilnehmende am wenigsten vorstellbar, wobei hier die Unterschiede gering sind (18 Prozent der SEMO-Teilnehmenden gegenüber 24 Prozent bei den Gymnasiast/innen).

Junge Frauen und Männer unterscheiden sich klar hinsichtlich der Geldverwendung: Frauen kaufen eher Kleider, Schmuck und Schuhe, Männer geben mehr Geld für Ausgang, Unterhaltungselektronik und Motorfahrrad aus. Frauen dient das Einkaufen stärker als den Männern zur Stressbewältigung,[12] und sie haben anschließend häufiger ein schlechtes Gewissen.

Geld borgen im Freundeskreis: Zwei von fünf Befragten haben noch nie jemanden aus dem Bekanntenkreis um Geld angefragt; jede und jeder Sechste tut dies regelmäßig. Während Lehrlinge und SEMO-Teilnehmende beim Geldleihen sehr vorsichtig sind (weniger als die Hälfte borgt sich zuweilen Geld), nutzen vier von fünf Gymnasiastinnen und Gymnasiasten bei Bedarf diese Möglichkeit.

Verschuldung: Die Frage: »Haben Sie aktuell irgendwo Schulden?«, beantworteten 27 Prozent mit »ja«. Die häufigsten Kreditgebenden sind dabei die Freund/innen oder die Eltern. Dies muss als solches nicht problematisch sein, wenn das Geld ohne Weiteres wieder zurückbezahlt werden kann. Der Anteil von 27 Prozent zeigt lediglich, dass gelegentliches Geldausleihen – und dies vor allem bei Verwandten und Bekannten – für viele zum normalen Alltag gehört. In Übereinstimmung mit den vorhergehenden Befunden sind die privilegiertesten Jugendlichen häufiger verschuldet als die am meisten Benachteiligten (Abbildung 2).

---

[12] Diese Ungleichheit in der Funktion des Konsums zwischen den Geschlechtern wird auch in einer neueren Studie zur Jugendverschuldung im Oberwallis festgestellt (Kalbermatter 2006).

Abbildung 2: Anteil der aktuell verschuldeten Jugendlichen, nach Bildungstyp

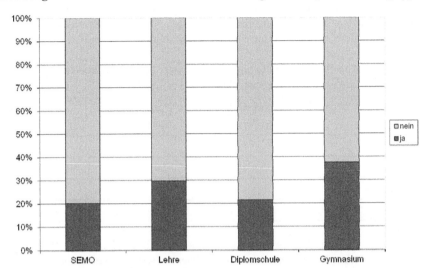

Im Unterschied zu unserer Befragung bei 18- bis 24-Jährigen in der Deutschschweiz, bei der rund 38 Prozent Schulden haben, sind es bei der hier untersuchten, jüngeren Gruppe deutlich weniger. Dies hängt damit zusammen, dass viele Befragte noch minderjährig oder erst seit Kurzem volljährig sind und sich die Verschuldung hauptsächlich auf Familie und Bekannte bezieht. Immerhin gibt jede/r Zehnte an, auch außerhalb des Bekanntenkreises Schulden zu haben, am ehesten bei der Bank und/oder bei einer Krankenkasse, wobei SEMO-Absolvent/innen am häufigsten auch außerhalb des Bekanntenkreises Schulden haben.

Dass die Gymnasiast/innen am häufigsten Schulden machen – und dies vor allem bei Verwandten und Bekannten –, deutet darauf hin, dass Jugendliche aus privilegierter sozialer Herkunft entspannter und auch sorgloser mit Geld umgehen (können) als diejenigen, die keine finanzielle Unterstützung von ihren Eltern erwarten können.

Allerdings muss in der Beurteilung einer Verschuldungssituation das gelegentliche Ausleihen geringer Beträge mit baldiger Rückzahlung klar von einer hohen Verschuldung unterschieden werden, die aus dem eigenen Verdienst nicht ohne Weiteres beglichen werden kann. Bei der Verschuldungs*höhe* zeigt sich denn auch ein anderes Bild als bei der Verschuldungs*häufigkeit:* Die durchschnittliche Verschuldungshöhe der Jugendlichen mit Schulden liegt bei 770 Franken. Der Median liegt bei 120 Franken. Dies variiert stark nach Ausbildungstyp: Eine gravierende Verschuldung von mehreren Tausend Franken kommt unter den befragten Gymnasiast/innen überhaupt nicht, in den Diplomschulen und Berufsschulen vereinzelt und in den Motivationssemestern am häufigsten vor (mit einem Maximum von 11 000 Franken, vgl. Tabelle 1).

Tabelle 1: Verschuldungshöhe nach Bildungstyp, nur Jugendliche mit Schulden (auf 10 Franken gerundet)

	Maximum (in Franken)	Durchschnitt (in Franken)	Median (in Franken)
SEMO	11 000	1990	300
Lehre	10 000	790	230
Diplomschule	9000	680	70
Gymnasium	800	90	40

Die Befunde zeigen, dass sich Jugendliche aus sozial benachteiligten Verhältnissen zwar seltener, aber wenn, dann mit höheren Beträgen verschulden. Frauen und Männer verschulden sich etwa gleich häufig, Männer jedoch mit höheren Beträgen. Die Gläubiger sind in erster Linie Personen aus dem nahen sozialen Umfeld. Oft leihen sich die Jugendlichen Geld für Ausgang, Genussmittel, Reisen und Handyausgaben, Frauen zudem für Kleider und Schmuck, Männer gelegentlich auch für Bußen. Rund die Hälfte der Befragten ist der Ansicht, dass man nie Schulden machen sollte, bei den SEMO-Jugendlichen sind es sogar zwei Drittel.

Zusammenfassend ist Folgendes festzuhalten: Die Untersuchung zeigt eine deutliche Reproduktion der sozialen Ungleichheit.[13] Jugendliche, die ein Gymnasium besuchen, kommen weit häufiger aus einem Elternhaus mit höherem Schulabschluss als die andere Extremgruppe, die nach der obligatorischen Schulzeit keine berufliche Anschlusslösung gefunden hat und aktuell an einem Motivationssemester (SEMO) teilnimmt. Das Ausbildungsniveau, hier dargestellt durch den Bildungstyp, ist somit – trotz der angestrebten Chancengleichheit im Bildungssystem – ein wichtiger Indikator für die soziale Herkunft. Dementsprechend unterscheidet sich die finanzielle Situation zwischen den Ausbildungstypen. Zwar erzielen Gymnasiastinnen und Gymnasiasten das geringste Einkom-

---

[13] Diese Korrelation ist sowohl in der Bildungs- als auch in der soziologischen Ungleichheitsforschung eindrücklich und eindeutig nachgewiesen. Dennoch erstaunt immer wieder, wie sie trotz der vielfältigen Bemühungen um Chancengleichheit hartnäckig bestehen bleibt und wie wenig sich an der von Bourdieu beschriebenen »Illusion der Chancengleichheit« (Bourdieu 1971) geändert hat.

men, da sie noch keinen eigenen Lohn erwirtschaften, doch bestreiten sie auch ihre Lebenshaltungskosten nur zu einem kleinen Teil selbst. Im Endeffekt bleibt ihnen daher am meisten Geld zur freien Verfügung. Während für die Höhe des Einkommens die soziale Herkunft ein wichtiger Indikator ist, ist in dieser Hinsicht das Geschlecht deutlich weniger bedeutsam. Hingegen bestehen in der Geldverwendung deutliche Unterschiede zwischen jungen Frauen und Männern.

Mehr als ein Viertel der befragten Jugendlichen ist aktuell verschuldet. Entgegen unseren anfänglichen Erwartungen betrifft das häufiger diejenigen mit einem höheren Schulniveau. Verschuldung an sich muss allerdings nicht problematisch sein, solange sie nur ein geringes Ausmaß hat und die Rückzahlung gewährleistet ist. Hier zeigen sich in den Ausbildungstypen enorme Unterschiede: Die Jugendlichen aus einem sozial benachteiligten Elternhaus haben höhere Schulden als ihre privilegierteren Altersgenossen und -genossinnen. Dies ist ein Hinweis darauf, dass in einem begüterten Elternhaus die Verschuldung der Kinder familienintern beglichen werden kann, während Jugendliche aus weniger gut situierten Verhältnissen ihre Schulden ohne fremde Hilfe zurückzahlen müssen.

Je begüterter das Elternhaus ist, desto besser ist die Ausbildung der Jugendlichen, desto entspannter auch der Umgang mit Geld, und desto eher können die Jugendlichen für Unvorhergesehenes oder außergewöhnliche Bedürfnisse sparen oder dazuverdienen. Die SEMO-Teilnehmenden erscheinen dabei als die finanziell am stärksten benachteiligte Gruppe. Sie konnten seltener als die anderen bereits im Kindesalter durch regelmäßiges Taschengeld den maßvollen Umgang mit Geld erlernen. Dennoch gehen SEMO-Teilnehmende sparsam und mehrheitlich haushälterisch mit ihrem Geld um. Viele von ihnen unternehmen große Anpassungsleistungen, um unter schwierigen Bedingungen einen rationalen Umgang mit Geld zu finden – eine Leistung, die Jugendlichen im Gymnasium weit weniger abverlangt wird. Die Beobachtung in anderen Studien, wonach bei besseren finanziellen Möglichkeiten auch die Rationalität im Konsumverhalten zunimmt (Faber & O'Guinn 1988), wird hier nicht bestätigt.

Während die Mehrheit der sozial benachteiligten Jugendlichen ihre Ausgaben besser plant als die finanziell Bessergestellten, gibt eine Minderheit ihr Geld sofort aus. Diese Gruppe hat wohl Schwierigkeiten im Umgang mit Geld, kann aber gleichzeitig keine finanziellen Reserven aus der Herkunftsfamilie mobilisieren und ist somit in besonderem Maß verschuldungsgefährdet.

Von den 537 Personen in unserer Fragebogenerhebung haben insgesamt 25 Befragte Schulden von 1000 Franken oder mehr. Dies entspricht knapp 5 Prozent der Befragten. Dieser Anteil ist wiederum deutlich geringer als bei den 18- bis 24-Jährigen der deutschschweizerischen Studie. Dort haben fast 20 Prozent Schulden über 1000 Franken und 10 Prozent Schulden über 2000 Franken (Streuli et al.

2008). Nicht nur die Verschuldungshäufigkeit, auch die problematische Verschuldungssituation steigt demzufolge mit der Volljährigkeit deutlich an.

Von den 25 Befragten mit mindestens 1000 Franken Schulden sind zehn Frauen und 14 Männer.[14] Zwanzig sind Schweizer/innen, fünf Personen sind Ausländer/innen; alle leben seit mindestens zehn Jahren in der Schweiz. Vier Befragte besuchen eine Diplomschule, 16 sind Lehrlinge, und fünf gehen in ein Motivationssemester. 16 geben an, dass sich ihre Familie früher immer oder manchmal finanziell einschränken musste.[15] Eine Schuldenhöhe von 1000 Franken oder mehr deutet bei dieser Altersgruppe auf eine problematische Verschuldungssituation hin, die aus eigener Kraft Antrieb nicht ohne Weiteres überwunden werden kann.

Um Jugendliche mit hohen Schulden geht es in der qualitativen Untersuchung: Wie sind sie in die Verschuldungssituation hineingeraten, und wie finden sie wieder aus ihr heraus?

4.3 Problematische Verschuldungssituationen: Ursachen und Überwindung

Wie die quantitative Analyse zeigte, kann nicht von Jugendverschuldung als problematischem Massenphänomen gesprochen werden. Die bisweilen medial überhöhte Dramatisierung und Skandalisierung ist nach unseren Erkenntnissen deshalb der Problemlage nicht angemessen und einer sachlichen Diskussion eher hinderlich. Zu analogen Schlüssen kommt auch eine aktuelle Studie zum Konsumverhalten von rund 300 jungen Erwachsenen von 18 bis 19 Jahren im Oberwallis (Kalbermatter 2006). Diese Befunde bedeuten nun allerdings nicht, dass kein Verschuldungsproblem besteht. Wie erwähnt, handelt es sich bei problematisch Verschuldeten bzw. Überschuldeten um eine kleine, aber besonders gefährdete Gruppe, die gerade im Bereich der Jugendhilfe eine spezielle Aufmerksamkeit verdient und nun näher untersucht werden soll.

Im Folgenden werden vier Jugendliche dargestellt, deren Porträts exemplarisch die Umstände aufzeigen, die zu finanziellen Schwierigkeiten führen, aber auch Möglichkeiten, diese zu überwinden.

---

[14] Bei einer Person fehlt die Angabe des Geschlechts.
[15] Aufgrund der geringen Fallzahlen wird auf Prozentangaben und auf eine Bewertung der sozioökonomischen Merkmale verzichtet.

4.4 Princess: »Geld macht glücklich – es ist einfach so«

Princess[16] ist eine zwanzigjährige Schweizerin. Ihre Eltern stammen aus dem Kosovo, sind aber bereits seit über dreißig Jahren in der Schweiz wohnhaft, wo sie auch ihre Berufsausbildungen absolviert haben. Die Mutter von Princess ist diplomierte Pflegefachfrau und arbeitet in einem Spital; ihr Vater, ein gelernter Elektromonteur, ist als Chauffeur tätig. Princess wuchs zusammen mit zwei jüngeren Schwestern in Basel auf, wo sie den Kindergarten und die Primarschule besuchte. Im Anschluss an die Wirtschaftsmittelschule legte sie ein Zwischenjahr ein, während dessen sie erste Erfahrungen auf dem Arbeitsmarkt sammelte. Danach begann Princess eine Lehre als Pharmaassistentin. Um sich berufliche Entwicklungschancen offenzuhalten, will sie in einem nächsten Schritt die Berufsmaturität ablegen. Zum Zeitpunkt des Interviews steht Princess am Ende ihres ersten Lehrjahres; ihr monatliches Einkommen beträgt 580 Franken. Sie wohnt bei ihren Eltern und wird von ihnen finanziell unterstützt. Die Unterhaltskosten, das Abonnement für den öffentlichen Verkehr und die Krankenkassenprämien werden ihr bezahlt. Um ihre sonstigen Lebenskosten zu decken, leiht sich Princess gelegentlich Geld in ihrer nahen Verwandtschaft. Bei ihrem Ausbildungsbetrieb tätigt die Jugendliche häufig Einkäufe von mehreren Hundert Franken auf Kredit. Zum Zeitpunkt des Interviews hat Princess zwei überfällige Rechnungen von insgesamt 1400 Franken.

Princess hat eine unbeschwerte Kindheit und Jugend erlebt. Ihre Eltern wollten ihr alles Erdenkliche ermöglichen und schirmten sie von den Pflichten des Alltags weitgehend ab.

Erst nach Beendigung der Schulzeit erfährt Princess, was es bedeutet, eigenes Geld unter prekären Bedingungen zu verdienen:

> Da bin ich eigentlich ziemlich auf die Schnauze gefallen. Zwölf-Stunden-Job in der Fabrik. Dort habe ich das Geld mehr geschätzt, muss ich sagen. Ich verdiente 3700 Franken, aber ich muss sagen, dieses Geld habe ich wirklich kaum getraut anzurühren, weil ich so viel Schweiß hineingesteckt habe. (P22_Z197f.)

Diese Erfahrung lässt in ihr den Wunsch nach einer guten beruflichen Stellung heranreifen. Sie beginnt eine Lehre als Pharmaassistentin, weiß aber bereits am Ende des ersten Lehrjahres, dass diese Ausbildung nur eine Zwischenstation

---

[16] Die interviewten Jugendlichen wurden im Anschluss an das Gespräch um die Nennung eines Pseudonyms für die eigene Person gebeten. Ohne diese Form der Selbstbeschreibung hier weiter zu interpretieren, symbolisieren die Namen u.E. doch häufig einen bedeutsamen Aspekt der Biografie der Befragten.

ihres beruflichen Werdeganges ist. Um in den Marketingbereich einsteigen zu können, will sie als nächsten Schritt die Berufsmaturität absolvieren. Eingebettet in stabile und tragende familiäre und berufliche Strukturen, betrachtet Princess ihr Leben zuversichtlich und optimistisch. Zumindest während der verbleibenden Lehrzeit möchte sie weiterhin auf die Unterstützung und den Rückhalt ihrer gewohnten Umgebung zählen können. Denn Jungsein ist für Princess in erster Linie mit Spaß und Konsum verbunden; die Jugend stellt eine Art Auszeit dar, um die unbeschwerten Seiten des Lebens zu genießen. Entsprechend will die Jugendliche die ihr zustehende »Leichtigkeit des Seins« bewusst auskosten und sich den Anforderungen der Erwachsenenwelt noch ein wenig entziehen:

> Ich sagte, Mami und Papi, schaut, wenn ich eine Lehre mache, ich will dieses Geld ausgeben. Ich will es einfach genießen, diese Zeit. Lehre, Schule (…). Ich fand, wenn ich dann zu arbeiten beginne, dann ist es o.k. Das ist dann wirklich etwas. Das ist anders. Arbeiten, nicht mehr Spaß. Wahrscheinlich nimmt man sich eine eigene Wohnung. Man hat andere Verpflichtungen als in der Lehre. In der Lehre will ich es einfach genießen, was das Leben so – mit zwanzig geht es – hey du bist jetzt schon erwachsen! Ich will wie – noch nicht; es hat mich noch nicht gepackt, das Erwachsensein. (P22_Z177f.)

Diese Einstellung widerspiegelt sich auch in der Art und Weise, wie Princess mit Geld umgeht. Sie hegt keine besonderen (Spar-)Absichten, sondern nimmt sich die Freiheit heraus, ihren Lehrlingslohn nach Lust und Laune auszugeben. Ihren Umgang mit Geld bezeichnet Princess als »impulsiv«. Sie tätigt gerne spontane Käufe und gibt praktisch ihr ganzes Einkommen für Kleidungs- und Kosmetikartikel aus:

> Sodass ich jetzt Probleme mit dem Geld habe. Also wie ich damit umgehe. Ich sehe es selber – ja – dass ich unnützes Zeug eben kaufe. Zum Beispiel gehe ich in die Stadt und – gerade letzthin schaute ich unter meinen Tisch – ich habe alles so Schuhschachteln. Innerhalb eines Monats habe ich vier Paar Schuhe gekauft (…), und ich merke jetzt, ich brauche es ja eigentlich gar nicht. (P22_Z85f.)

Sie unterscheidet damit klar zwischen einem (nicht notwendigen) Gebrauchswert und einem (erstrebenswerten) Prestigewert, der dem Konsum und Geld innewohnt. Geld ist für sie eine universale Tauschwährung, um Handlungsfähigkeit und Wertschätzung zu erlangen:

> Wenn ich Geld in der Hand habe, dann ist es einfach so ein extremes Machtgefühl. Dass du einfach alles machen kannst, was du jetzt gerade willst. (P22_Z251f.)
>   Auch in den neuen Boutiquen. Im M(..) zum Beispiel ging eine Boutique auf. Die behandeln dich unglaublich, wenn du hineinkommst. Wie ein Star. Also du

kommst hinein, setzt dich, trinkst etwas. Dann sagen sie – ah ja, du bist wieder da – ja – habe grad etwas für dich. Dann fühlt man sich, das Ego wird ziemlich gesteigert. (P22_Z557f.)

Durch den Konsum und die Demonstration von Statussymbolen verschafft sich Princess soziale Anerkennung und die Möglichkeit, sich als autonom und über den kostspieligen Besitz auch selbst als wertvoll zu erleben. Die fragile Geldbalance und die Schwierigkeiten im Umgang mit Geld sind Princess bewusst. Sie ist permanent bestrebt, ihre Ausgaben und Einnahmen in einem längerfristigen Gleichgewicht zu halten und aufgelaufene Schulden wieder auszugleichen, was ihr mit ihrem Lohneinkommen auch recht gut gelingt. Ihre Aufstiegs- und Statusorientierung[17] lassen darauf schließen, dass sie längerfristig mit einem deutlich höheren verfügbaren Einkommen rechnet. Gleichzeitig erkennt sie, dass damit auch ihre Ansprüche steigen und sich ihre Geldprobleme nicht automatisch lösen.

4.5 Max: »Der Teufel mag nicht mehr so durch«

Max ist ein 21-jähriger Schweizer, wohnhaft in Basel. Max' Vater ist Drucker, seine Mutter Pflegeassistentin. Max und sein zwei Jahre älterer Bruder lebten bei der Mutter, nachdem sich die Eltern getrennt hatten. Mit 18 zog Max von zu Hause aus, lebte danach in zwei Wohngemeinschaften und wohnt zurzeit alleine. Der Jugendliche besuchte nach der Sekundarschule die Berufswahlklasse und trat dann eine Lehre als Dachdecker an, die er nach zwei Jahren abbrach. Bis zum Zeitpunkt des Interviews hat Max Sozialhilfe und Arbeitslosengelder bezogen und in verschiedenen Branchen temporäre Arbeiten ausgeübt (Securitas, Lagerist, Barkeeper). Aktuell arbeitet er als Mitarbeiter in einer Sauna und beabsichtigt, kurz nach dem Interview eine Lehre als Hauswirtschafter zu beginnen. Der Jugendliche verschuldete sich nach seinem Auszug aus dem Elternhaus mit gegen 25 000 Franken und ist nun daran, diese Schulden kontinuierlich abzuzahlen.

Max spricht im Interview von seinem Auszug aus dem Elternhaus mit 18 Jahren, was ihn, nachdem er zudem fast zeitgleich seine Lehre abgebrochen hatte, überfordert habe. Ihm sei »alles egal« gewesen. Er hatte jahrelang fälschlicherweise zu viel Lohn bezogen und dieses Geld nicht zurückbezahlt. Die Rückzahlung führte schließlich zu einer hohen Verschuldungsbelastung, wozu offenbar Schulden aus »Frustkäufen« und häufigem abendlichem Ausgang hinzuka-

---

[17] Die Aufstiegsorientierung ist typisch für einen großen Teil der zweiten Generation Ausländer/innen (Mey & Rorato 2005).

men. Weitere vierstellige Schulden hat Max im Kollegenkreis gemacht. Mit dem Gebrauch von Kundenkarten verschuldete sich der Jugendliche in der Folge weiter – bis auf einen Betrag von 25 000 Franken.
In dieser Zeit isolierte er sich zunehmend von seinem Freundeskreis. Seine Mutter blieb als engste Bezugsperson; sie war es auch, die Max über die finanzielle und persönliche Krise hinweg begleitete:

> Die größte Hilfe war eigentlich meine Mutter. Sie hat eigentlich immer zu mir gestanden. Ich habe eigentlich keinen Kollegen, Kollegin wie meine Mutter, die jederzeit zu mir gestanden hat. (P24_Z306f.)

Nach einer länger dauernden passiven Haltung in finanziellen Belangen wagte er den Schritt in eine Schuldenberatung:

> Ich hätte Hilfe bekommen. Aber ich wollte sie nicht annehmen. Ich war wie in einem Käfig, in welchen ich einfach niemanden hineinlassen wollte. Dann, irgendeines Tages, bin ich auf Z(...)[18] aufmerksam geworden. Habe dort wirklich Termine wahrgenommen. Zwei-, dreimal habe ich verschoben. Aber ich ging dann wirklich. Und ich habe vieles gemacht und sehr viel gelernt. (P24_Z181f.)

Max hat offenbar seit den Beratungsgesprächen einen grundlegenden persönlichen Wandel vollzogen; sein Verhältnis zum Geld habe sich *»extrem«* verändert, er führe nun detailliert Buch über Einnahmen und Ausgaben und zahle monatlich Schulden ab. Gleichzeitig löst er sich weiter von seinem Freundeskreis, um dem sozialen Druck zu entgehen. Wichtig sind ihm eine abgeschlossene Lehre, eine sichere berufliche Zukunft und eine baldige Beendigung seiner Verschuldung. Manchmal verspürt Max noch immer einen Drang zu wahllosen Einkäufen:

> Das würde ich jetzt noch gerne. Teilweise reizt es mich. Aber dann kommt zum Glück das Engelein bei mir und sagt, nein, das geht nicht. Der Teufel mag nicht mehr so durch. (P24_Z318f.)

Er ist mittlerweile *»so weit – so stark«*, dass er keine Schulden mehr machen würde.

Um seiner – wie er sagt – Maßlosigkeit zu begegnen, hat Max ein differenziertes System zur Regelung seiner finanziellen Situation ausgearbeitet. Er führt genauestens Buch über Einnahmen und Ausgaben und berechnet frankengenau die Mittel zur freien Verwendung:

---

[18] Beratungsstelle.

> Aber ich finde, jetzt kann ich es mir auch leisten. Dann habe ich hier auch kein schlechtes Gefühl. (P24_Z550f.)

Minutiös und schon fast pedantisch kontrolliert er nun sein Ausgabeverhalten:

> Dann habe ich auch noch Mäppchen, die ich immer herumtrage. Das vorderste ist das, was ich so schnell wie möglich erledigen sollte. Das weniger wichtige ist hinten. Ganz zuhinterst ist dann das erledigte, dass ich abordnen kann. (P24_Z440f.) Sogar wenn ich in den McDonald's gehe. Überall nehme ich die Kassazettel mit. Oder wenn ich keinen erhalte, dann weiß ich ungefähr oder sehe ich ja, was ich eingenommen und ausgegeben habe. Dann schaue ich, wie viel ich noch im Portemonnaie oder im Geldkässeli zu Hause habe, welches ich abschließe – dann sehe ich eigentlich, was ich ausgegeben habe, und kann einfach auch schreiben, Ausgang, Essen, Freizeit, so – einfach damit ich etwa weiß, wie viel ich fürs Essen und für die Zigaretten und Internet, Rechnungen, all diese Sachen, ausgebe. (P24_Z540f.)

Max beschreibt, wie es *»klick«* bei ihm gemacht habe und er seinem selbstschädigenden Verhalten ein Ende setzen wollte. Dabei vollzieht er einen radikalen Wandel von unkontrolliertem Konsumverhalten zu genauestens geregelter finanzieller Ordnung. Max kanalisiert seine Konsumbedürfnisse – und hält sie damit auch aufrecht –, indem er nach Bezahlung von Rechnungen übriggebliebenes Geld genussvoll *»verputzt«*. Er bezahlt nun einen Teil seiner Schulden ab, hat für einen größeren Teil jedoch Verlustscheine. Um eventuellen beruflichen Nachteilen zu entgehen, strebt er eine *»stille Lohnpfändung«* nach der Lehre an, sodass sein späterer Arbeitgeber nichts von seiner Verschuldung erfährt. Die starke Orientierung an sozialen Normen zeigt sich auch in der Beschreibung seines früheren Lebensstils:

> Ich hatte schon ein wenig ein Ordnungssystem, aber nicht so übersichtlich. Nicht so ordentlich, wie es eigentlich sein sollte. (P24_Z198f.)

Das Bestreben nach Autonomie gründet schließlich auf den Erfahrungen des Jugendlichen mit der Abhängigkeit, welche seine Verschuldung produzierte:

> Geld? Ich muss einfach leben können. Essen haben. Meine Rechnungen bezahlen können, Vor allem auf meinen eigenen Beinen stehen können. Nicht von anderen abhängig sein. (P24_Z358f.)

4.6 Jessica: »Plötzlich hat es klick gemacht im Kopf«

Jessica ist 25 Jahre alt und steht zurzeit in Abklärung für eine Anlehre als Malerin. Ihr Leben war *»kompliziert«* durch die Umgebung, in der sie aufwuchs. Sie migrierte als Zwölfjährige zusammen mit ihrer Mutter von Spanien in die Schweiz. Aufgrund psychischer Probleme, über die sie nicht sprechen möchte, erhielt Jessica eine Rente der Invalidenversicherung und arbeitete in einer Institution für Leistungsbeeinträchtigte. Mit 18 Jahren zog sie von zu Hause aus und geriet kurz darauf in finanzielle Schwierigkeiten. Eine soziale Institution vermittelte sie an eine Wohnschule. Dort lernte Jessica, das Alltagsleben zu bewältigen und ihre Finanzen zu regeln. Nach einem Jahr wohnte sie in einer eigenen Wohnung und hatte bald einen *»Rückfall«*. Das Geld, das sie verdiente, gab sie spontan aus und ließ die Rechnungen für Miete und Krankenkasse unbezahlt. Die Schulden nahmen stetig zu; damit einher ging eine gesundheitliche Vernachlässigung. Jessica hatte jegliche Perspektiven verloren, sie hörte auf, sich zu pflegen und sich richtig zu ernähren. Schließlich gelangte sie an einen Punkt, an dem sie beschloss – *»plötzlich hat es klick gemacht im Kopf«* –, ihre Situation zu ändern. Sie erkannte jedoch bald, dass sie ihre Probleme nicht alleine in den Griff bekommen würde, und holte sich Unterstützung an ihrer Arbeitsstelle und bei staatlichen und sozialen Institutionen. Zusammen mit ihren Unterstützungspersonen gelang es ihr mit einer hohen eigenen Motivation und viel Disziplin, Monat für Monat einen Budgetplan einzuhalten und schließlich wieder schuldenfrei zu werden. Jessica fühlt sich den Anforderungen des Alltags vorerst noch nicht gewachsen; es ist jedoch ihr Ziel, in den nächsten zwei Jahren zu einem selbstständigen Leben zu finden:

> Zuerst musst du einmal deine Fehler zugeben können, was du falsch gemacht hast. Dann kannst du schauen, wie du Hilfe holen kannst, weil – es gibt andere Lösungen, ohne dass du grad in die Kriminalität hineingehen musst, oder – es gibt viele andere Lösungen. Auch wenn es nicht einfach ist. (P1_Z487f.)

4.7 Klaus: »Ich bin keiner, der einfach kauft und kauft«

Klaus ist ex-jugoslawischer Herkunft[19] und wuchs, nachdem seine Eltern sich hatten scheiden lassen, mit seinen Geschwistern teils bei der Mutter, teils beim Vater auf. Schließlich wohnte er nur noch bei der Mutter und zog im Alter von

---

[19] Interessant ist in diesem Zusammenhang, dass sich der junge Erwachsene als Pseudonym einen deutschen Vornamen gibt.

18 Jahren wegen Problemen mit ihr aus. Seit einem Jahr ist er Vater und lebt mit seiner Freundin und der gemeinsamen Tochter in einer Dreizimmerwohnung in Basel.

Klaus absolvierte nach dem Schulabschluss eine Lehre als Mechaniker und arbeitete anschließend temporär:

> Ich arbeitete viel, machte viel Geld auf die Seite. (P30_Z128f.)
> Ich bin kein Mensch, der die ganze Zeit im Katalog bestellt oder sich sonst Sachen leistet, Kredite oder so, wo ich eigentlich weiß, dass ich es nicht zurückzahlen könnte. (P30_Z176f.)

Die Kompetenzen im Umgang mit Geld habe er in der Erziehung durch seine Eltern erworben:

> Meine Mutter war ziemlich sparsam und so. Und vielleicht habe ich auch von dort ein wenig gelernt. Ich war keiner, der einfach kauft und kauft und kauft. Also das kam schon ein wenig von zu Hause mit. (P30_Z255f.)

Als Klaus mit 18 Jahren das Elternhaus verließ, zog er mit seinem Bruder in eine gemeinsame Wohnung:

> Eigentlich war abgemacht, dass wir uns das teilen – und das war dann halt nicht so. Das Geld, das ich mir gespart hatte, war weg – durch die Mieten und durch den Umzug und durch das Ganze und – ich zog dann aus. Der Vertrag lief aber auf beide Namen. Ich zog aus. Er wohnte noch drei, vier Monate dort, aber er hat die Miete nie bezahlt. Er hat sich um nichts gekümmert. (P30_Z288f.)

Schon bald erhielt Klaus die ersten Mahnungen, er wurde aus der Wohnung gewiesen und betrieben. Vertraglich haftete er mit seinem Bruder vollumfänglich für die Mietschulden von rund 12 000 Franken. Klaus übernahm für diese Schulden die volle Verantwortung. Er arbeitete temporär und machte Überstunden, um seine Schulden zurückzuzahlen. Weiter nahm Klaus eine Fachstelle für Schuldenberatung in Anspruch und zog mit seiner Freundin zusammen, um Kosten zu sparen. Er zahlte die Schulden während einiger Monate zurück. Heute ist er nur noch mit der Zahlung seiner Steuern in Verzug, doch auch die wird er in absehbarer Zeit bezahlen können. Klaus hat weiterhin Kontakt mit seinem Bruder und blickt optimistisch in die Zukunft:

> Ja, jetzt eine Familie und ein anständiger Job. Mein nächstes Ziel ist die Autoprüfung, den Job wechseln, vielleicht eine Weiterbildung machen. Ja, in diese Richtung. (P30_Z353f.)

4.8 Synthese: Wege in die Verschuldung und aus der Verschuldung heraus

Die unmittelbaren Gründe für eine problematische Verschuldungssituation sind vielfältig: demonstrativer Konsum als Selbstrepräsentation (Princess); mangelnde Selbstkontrolle, kompensatorischer Konsum und Wunsch nach sozialer Zugehörigkeit (Max); familiäre Krise und daraus resultierender Kontrollverlust (Jessica); Schädigung durch andere (Klaus). Wie die Porträts zeigen, greift es zu kurz, die eigentliche Ursache ausschließlich beim individuellen Ausgabeverhalten zu verorten (Streuli 2003). Außer bei Princess kommen bei allen Porträtierten bedeutsame Ereignisse hinzu, die entweder fortwährend wirken oder in Form von kritischen Lebensereignissen. Bei Max waren es die Trennung seiner Eltern, sein früher Auszug aus dem Elternhaus und der Lehrabbruch. Allerdings blieb seine Mutter immer eine wichtige Vertrauens- und Bezugsperson. Jessica war lange Zeit auf sich allein gestellt mit verschiedenen psychischen, gesundheitlichen und sozialen Problemen und ohne Unterstützung durch das familiäre Umfeld. Die Migration erwies sich für sie aufgrund der problematischen Beziehung zur Familie als belastendes Ereignis. Bei Klaus war die Scheidung der Eltern ein kritisches Lebensereignis, gefolgt von Alltagsbelastungen durch Schwierigkeiten mit der Mutter, die zum Auszug aus dem Elternhaus führten. Die weiteren Interviews (vgl. die ausführlichen Porträts in Streuli et al. 2008) bestätigen diese Ergebnisse: Zu einer hohen Verschuldung führt meist eine Kombination mehrerer Faktoren. Durchaus alterstypisch ist die Verunsicherung in Bezug auf die eigenen Fähigkeiten und die Verortung im sozialen Umfeld. Dies äußert sich bei den Befragten in Prüfungsangst, Minderwertigkeitsgefühlen, im Wunsch nach sozialer Zugehörigkeit und in Geltungsansprüchen bis hin zu delinquentem Verhalten (Schlägereien, Ladendiebstähle, illegaler Substanzkonsum). Hinzu kommen belastende Einzelereignisse im nahen Umfeld (z.B. Scheidung, Tod eines Elternteils); andauernde Alltagsbelastungen wie Konflikte in der Familie bis zum Rauswurf durch die Eltern; Lernschwierigkeiten bis zum Schul- oder Lehrabbruch; Abwertungserfahrungen. Bei Einzelnen spielten auch »zufällige« Ereignisse – ein Unfall und ein Überfall – eine Rolle. Dass in der Schweiz Verschwendung und Verschuldung normal seien, wird bei einem ausländischen Befragten als weiteres Erklärungsmuster für den eigenen Umgang mit Geld angeführt.

Kritische Lebensereignisse wirken sich dann besonders belastend aus, wenn zu wenig Ressourcen zur unmittelbaren Bewältigung bereitstehen (vgl. dazu die umfangreiche sozialpsychologische Literatur zu Belastungen und Ressourcen, Udris & Frese 1992; Hornung & Gutscher 1994; Schwarzer 2004). Beim Konsum geht es oft um weit mehr als bloß darum, einen Gegenstand zum (notwendigen) Gebrauch anzuschaffen; und das elterliche Einkommen der Porträtierten reicht nicht zur Schuldentilgung für ihre Kinder. In dieser Situation halten die

Jugendlichen oft an einem konsumorientierten Lebensstil fest, der in eklatantem Gegensatz zu ihren ökonomischen Verhältnissen steht. Bei Princess wird dieses Konsumverhalten besonders deutlich; sie steht beispielhaft für einen hedonistischen Lebensstil, mit dem sie sich Anerkennung in der Gleichaltrigengruppe verschafft. Kleider und Schuhe haben bei ihr eindeutig die Funktion der Selbstrepräsentation, was die junge Frau selbst durchaus kritisch und selbstironisch reflektiert. Sie möchte die Jugendzeit so lange wie möglich genießen, bevor das Erwachsensein beginnt, das für sie vor allem Ernst und Mühsal bedeutet. Allerdings zeigt sich Konsum als Ausdruck von Spaß und Sorglosigkeit in den Interviews weit weniger als erwartet. Bereits bei Princess ist der Genuss ambivalent und oft von einem schlechten Gewissen begleitet, und bei den andern Porträtierten ist von einer konsumorientierten Sorglosigkeit noch weniger zu spüren. Bei Max hatte der Konsum eher eine kompensatorische Funktion zum Ausgleich von Alltagsbelastungen, und Klaus geriet trotz seines sparsamen Lebensstils durch eine Verfehlung seines Bruders in die Verschuldung.

Am Anfang einer gelingenden Schuldentilgung steht oft ein Schlüsselerlebnis der jungen Erwachsenen. Mehrere berichten, dass es »klick« gemacht habe im Kopf, dass sie nicht mehr weiterleben wollten wie bis anhin und aus einem starken Wunsch nach Autonomie ihre finanzielle Situation nachhaltig stabilisieren wollten. Übereinstimmend ist bei diesen Interviewten auch eine Perspektive oder ein Ziel festzustellen, für das sich die Einschränkungen lohnen. Princess hat eine hohe berufliche Aufstiegsorientierung und ist bereit, dafür zu arbeiten, gleichzeitig reflektiert sie ihr Konsumverhalten kritisch und ist sich ihrer anhaltenden latenten Verschuldungsgefährdung bewusst. Max möchte unbedingt unabhängig sein und nimmt dafür eine minutiöse, fast zwanghaft anmutende Kontrolle seiner Ausgaben in Kauf. Jessica war an einem Tiefpunkt in ihrem Leben angelangt, den sie nie wieder erleben wollte. Klaus möchte ein »guter Familienvater« sein und beruflich und finanziell aufsteigen. Diese Zielstrebigkeit und Beharrlichkeit zeichnen alle interviewten Personen aus, die ihre Schulden zurückbezahlten oder noch im Prozess der Rückzahlung sind.

Um die finanzielle Situation in den Griff zu bekommen, holen sich die meisten Interviewten externe Hilfe. Max, Jessica und Klaus ließen sich von einer Budget- und Schuldenfachstelle beraten. Princess ist von den vier Porträtierten die Einzige, die bisher selbst mit den Gläubigern verhandelt, doch sucht sie sich für die Zukunft ebenfalls professionelle Unterstützung. Für die drei anderen war die Schuldenfachstelle maßgeblich am Erfolg der Schuldentilgung beteiligt. Bei den Verschuldeten mit gravierenden psychischen Problemen, etwa Max oder Jessica, brauchte es zusätzlich eine Vertrauensperson zur langfristigen Begleitung. Bei Max war dies seine Mutter, bei Jessica war es die Bezugsperson an ihrer Arbeitsstelle. Generell ist festzustellen, dass eine erfolgreiche Rückzahlung am besten dann gelingt, wenn die Verschuldeten selbst eine aktive Lösungsstrategie verfolgen und sie in diesem Prozess soziale Unterstützung erhalten. Dies wird auch in anderen Studien beobachtet (Hayes 2000).[20]

4.9 Soziale Lage und Konsumorientierung: Versuch einer Typologisierung

Neben den vier hier ausführlich dargestellten Fällen wurden weitere 17 Jugendliche und junge Erwachsene befragt. Beim Versuch einer Charakterisierung und Typologisierung bieten sich die Dimensionen von Konsumorientierung einerseits und sozialer Lage anderseits an. Aus diesen beiden Dimensionen lassen sich vier (Ideal-)Typen bilden:

1. privilegierte soziale Lage/hohe Konsumorientierung (»Princess«);
2. privilegierte soziale Lage/tiefe Konsumorientierung;
3. benachteiligte soziale Lage/hohe Konsumorientierung (»Max«, früher »Jessica«);
4. benachteiligte soziale Lage/tiefe Konsumorientierung (»Klaus«, später »Jessica«).

Die Zuordnung ist dabei nicht immer eindeutig. Auch lassen sich Wechsel in der Konsumorientierung feststellen (zum Beispiel bei Jessica von Typ 3 zu Typ 4). Ebenso sagt eine »hohe Konsumorientierung« noch nichts aus über die Gründe derselben. Trotz dieser Einschränkungen ist diese Typologie hilfreich, um Ansätze zu einer gelingenden Überwindung zu formulieren, wie dies im Folgenden geschehen soll.

In Anlehnung an Robert K. Merton (1995) kann aus der Konstellation von Konsumorientierung und sozialer Lage eine Ziel-Mittel-Diskrepanz hergeleitet werden: Je höher die Konsumorientierung (Ziel) und je tiefer die soziale Lage (Mittel), desto höher ist die Ziel-Mittel-Diskrepanz. Am wenigsten gefährdet ist jene Gruppe, deren soziale Lage privilegiert und deren Konsumorientierung gering ist (Typ 2). Doch auch bei einer privilegierten sozialen Lage kann eine Ziel-Mittel-Diskrepanz entstehen, und zwar dann, wenn das materielle Bedürfnis die verfügbaren Mittel, unabhängig von deren Höhe, übersteigt – ein Typus, der im Alltag gemeinhin als »verwöhnt« bezeichnet wird (Typ 1). Hier sind oftmals die Eltern bereit, ihren Kindern die Schulden zu bezahlen und ihnen eine zweite Chance zu geben. Ein verantwortungsvoller Umgang mit Geld ist auch für diese

---

[20] Zum Konzept und der salutogenetischen Bedeutung der sozialen Unterstützung vgl. Udris 1995 und Schwarzer & Leppin 1989.

Gruppe eine Herausforderung, doch kann er in einem relativen Schonraum mit dem Rückgriff auf die Eltern erlernt werden. Diese sind gefordert, einen Weg zwischen Unterstützung in Notfällen und der Erziehung zur finanziellen Selbstständigkeit zu finden. Umgekehrt kann auch eine geringe Konsumorientierung zu einer Ziel-Mittel-Diskrepanz und einer finanziellen Gefährdung führen (Typ 4). In der Regel zeichnen sich die Befragten dieser Gruppe durch eine hohe Sparsamkeit aus. Wenn aber ihr Einkommen auch für einen bescheidenen Lebensunterhalt nicht ausreicht und sie aus der Herkunftsfamilie keine finanziellen Ressourcen beanspruchen können, ist ihre Situation prekär. Für diese Gruppe ist eine Information über Transfer- und Verbilligungsmöglichkeiten im sozialen Sicherungssystem angezeigt, aber auch eine Unterstützung im Hinblick auf bessere Arbeits- und Verdienstmöglichkeiten oder auf eine weiterführende Ausbildung.

Die größte Diskrepanz von Zielen und Mitteln und demzufolge die höchste Gefährdung besteht bei der Gruppe mit einer hohen Konsumorientierung bei gleichzeitig benachteiligter sozialer Lage (Typ 3). Gerade bei den befragten Jugendlichen aus dieser Gruppe zeigt sich jedoch, dass ihr vordergründiger »Materialismus« nicht einfach mit Spaß und Genuss gleichzusetzen ist. Vielmehr widerspiegelt der Wunsch nach Statusgütern oft eine tiefe Verunsicherung, bei der die lebensphasentypische Unsicherheit im Erwachsenwerden durch zusätzliche Umstände wie kritische Lebensereignisse, Alltagsbelastungen und ungewisse Perspektiven erschwert wird. Diese Gruppe steht im Zentrum der nachfolgenden Überlegungen.

5 Folgerungen

5.1 Statusübergangsprozesse in Abhängigkeit der sozialen Lage

Geld hat für die Befragten in ihrer Alltagsorganisation einen zentralen Stellenwert. Es ermöglicht es ihnen, sowohl – vermittelt über Freizeitaktivitäten – die Jugendphase zu genießen als auch Verantwortung für Entscheidungen zu übernehmen und damit eine Erwachsenenrolle einzunehmen. Wenn die Erwachsenenrolle und die damit verbundenen Perspektiven nicht als sinnhaft erlebt werden, verharren die Jugendlichen in einem Moratorium, das ihnen Spaß verschaffen soll, aber oftmals die Unsicherheit noch verstärkt (Steiner, Schmassmann & Mäder 2005). Die Verheißungen einer individualisierten Gesellschaft stehen in einem deutlichen Gegensatz zu den real existierenden institutionellen Zwängen, welche den Übergang in die Erwachsenenwelt zunehmend normieren (Schaffner 2007). Die widersprüchlichen und ungleichzeitigen Anforderungen an ihre Eigenverantwortung in Bezug auf die rechtliche, finanzielle und soziale Situation sind komplex und ergebnisoffen, sodass viele Jugendliche für die Bewältigung mehr soziale Unterstützung aus ihrem Umfeld benötigen würden, als ihnen schließlich zuteil wird.

In dieser Lebensphase der Statusunsicherheit hat Geld, repräsentiert durch Güter des Statuskonsums, eine zentrale Bedeutung für den eigenen Selbstwert, die Handlungsmöglichkeiten und das Gefühl sozialer Zugehörigkeit. Parallel dazu reichen die real vorhandenen ökonomischen Mittel meist nicht aus, um die materiellen Wünsche zu realisieren. Diese bereits beschriebene Diskrepanz zwischen Zielen und Mitteln lösen die Jugendlichen auf unterschiedliche Weise. Einige hinterfragen die große Bedeutung des Geldes und suchen Alternativen in nichtmateriellen Werten oder ziehen sich aus dem sozialen Leben zurück. Der größere Teil orientiert sich weiterhin an materiellen Gütern. Einige dieser Jugendlichen üben ein hohes Maß an Selbstkontrolle aus, um ihre finanzielle Autonomie zu wahren. Andere passen ihre Mittel zur Zielerreichung an, indem sie den Konsum aufschieben, bei Markenartikeln auf günstigere Fälschungen ausweichen, im Ausland einkaufen oder sich mit kleineren Beträgen verschulden. Die Untersuchung zeigt, dass eine Verschuldung mit größeren Beträgen mit verschiedenartigen Belastungen einhergeht.

Am Umgang mit Geld zeigt sich deutlich, dass die Übernahme verschiedener Erwachsenenrollen nicht nur ein ungleichzeitig und diskontinuierlich verlaufender Prozess ist, sondern auch in einem hohen Maß an die soziale Lage rückgekoppelt bleiben: Der Übergang zu einer ökonomischen Selbstständigkeit erfolgt umso eher, je früher die Jugendlichen aus der Schule ausscheiden. Da es sich dabei vor allem um Jugendliche aus weniger privilegierten sozialen Schichten handelt, wird von ihnen in ökonomischer Hinsicht bereits eine »Erwachsenenhaltung« verlangt – zu einem Zeitpunkt, in dem die Gleichaltrigen in weiterführenden Schulen weiterhin finanziell abhängig sind und sich somit in einer Art Schonraum befinden. Je privilegierter das Elternhaus, desto länger dauert die Schonzeit, und desto besser sind die Einstiegschancen ins Erwerbsleben aufgrund der höheren Qualifikation im Bildungssystem. Umgekehrt sind sozial benachteiligte Jugendliche früh auf sich selbst gestellt und haben geringere Bildungsqualifikationen und dementsprechend geringere berufliche Perspektiven. Bei dieser Gruppe haben alterstypische Ablösungsprozesse wie Streit in der Familie, Abbruch der Lehre oder Auszug aus dem Elternhaus weit gravierendere finanzielle Folgen als bei den privilegierteren Gleichaltrigen: Im Fall einer hohen Verschuldung werden sie weniger durch ihre Eltern unterstützt und sind bei der Bewältigung von finanziellen Schwierigkeiten – die meist kombiniert mit beruflichen, gesundheitlichen und familiären Problemen auftreten – maßgeblich auf sich selbst gestellt. Das Risiko eines misslingenden Übergangs vom Jugend- ins Erwachsenenalter wird für privilegierte Jugendliche somit gleich doppelt abge-

Geld, Knappheit und Verschuldung im Jugendalter 361

mildert: zum einen durch den Schonraum infolge des längeren Verbleibs im Schulsystem und zum andern durch die besseren Bewältigungsmöglichkeiten im Krisenfall durch das höhere ökonomische, kulturelle und soziale Kapital des Elternhauses.

5.2 Implikationen für die Jugendhilfe

Wie die Ergebnisse deutlich zeigen, gehen die meisten Jugendlichen durchaus vernünftig mit Geld um und begleichen offene Rechnungen oder zahlen geliehenes Geld in der vereinbarten Zeit wieder zurück. Ähnlich wie beim Substanzenkonsum oder bei Computerspielen (Kassis & Steiner 2003) gibt es auch hier eine anteilsmäßig geringe, aber besonders belastete und gefährdete Gruppe – in diesem Fall die problematisch Verschuldeten bzw. Überschuldeten.

Die Soziale Arbeit als Profession hat die Aufgabe, sich mit der Bewältigung kritischer Schwellen menschlicher Lebensführung zu befassen, deren Bewältigung außerhalb der Handlungsmöglichkeiten der Normalperson liegt, sodass die Vermittlung einer Expertin, eines Experten gesucht wird (Stichweh 1994). Übertragen auf den Umgang mit der Verschuldungsproblematik, bedeutet dies, dass die Jugendhilfe in erster Linie dort ansetzen soll, wo sich Jugendliche in einer problematischen oder gefährdeten finanziellen Situation befinden, die sie nicht aus eigener Kraft und auch nicht mithilfe ihres sozialen Umfelds bewältigen können.

Die aufgezeigten Wege, die bei den hoch Verschuldeten in die Verschuldung (Ursachen) und aus der Verschuldung heraus (gelingende Bewältigung) führten, sind, wie gezeigt, auf mehreren Ebenen zu verorten: auf der Ebene des Individuums, seiner biografischen Erfahrungen und seiner Zukunftsorientierung; auf der Ebene der Menschen im nahen sozialen Umfeld, welche die Befragten begleiten und unterstützen oder dies unterlassen, und auf der Ebene der Institutionen, die professionell beraten oder entsprechende Rahmenbedingungen schaffen, welche den Übergang ins Erwachsenenalter erleichtern oder erschweren.

Wie die Ursachen für eine problematische Verschuldung auf mehreren Ebenen anzusiedeln sind, ist auch die Arbeit mit Jugendlichen auf mehreren Ebenen anzugehen. Die Informationsvermittlung in Bezug auf ökonomische und gesetzliche Rahmenbedingungen ist ein notwendiger Bestandteil einer Erfolg versprechenden Schuldenprävention. Wenn aber die Ursachen – wie aus den Gesprächen mit hoch verschuldeten Jugendlichen hervorgeht – tiefer gehen als bloße Unkenntnis im Aufstellen eines Budgets, reicht die Informationsvermittlung nicht aus. Alltagskompetenzen, Aufbau und Stärkung des Selbstwerts in Verbindung mit der Fähigkeit zur kritischen (Selbst-)Reflexion sind zentrale Elemente der individuellen Maßnahmen. Der ungleichheitsrelevante Aspekt der Verschuldung erfordert zudem, dass auf institutioneller Ebene die Lebenschancen von sozial Benachteiligten und die Zusammenarbeit zwischen den involvierten Stellen verbessert werden.

Im Übergang zum Erwachsenwerden ist der Umgang mit Geld – das heißt der Übergang aus einer (ökonomischen) Abhängigkeit in die (ökonomische) Selbstständigkeit – eine von mehreren zentralen Aufgaben. Die Ergebnisse bezüglich Umgang mit gefährdeten oder problematischen Lebensumständen im Themenbereich der Verschuldung lassen sich unseres Erachtens deshalb für die Situation von Jugendlichen im Übergang verallgemeinern.

Ein generalisiertes Modell der Kontextbedingungen und Möglichkeiten der Jugendhilfe bei problematischen Lebenssituationen junger Erwachsener zeigt Abbildung 3 (S. 362).

Die Abbildung zeigt das Zusammenspiel der verschiedenen Ebenen im Hinblick auf Ursachen eines als problematisch erachteten Zustands und den Umgang damit. Zu diskutieren bleibt, zu welchem Zeitpunkt und auf welchen Ebenen die Jugendhilfe direkt und auf welchen sie mittelbar aktiv werden soll. Von zentraler Bedeutung ist auch der gesellschaftliche, kulturelle und strukturelle Rahmen: Wenn unter Individualisierungs- und Globalisierungsbedingungen die Optionen insgesamt immer mehr zunehmen, erhöht sich dementsprechend das Gefährdungspotenzial: Je mehr Möglichkeiten es (für viele nur scheinbar) gibt und je eingeschränkter die tatsächlich realisierbaren Handlungen im Vergleich dazu sind, desto wichtiger wird die Fähigkeit, zu bewerten und unter den gegebenen Bedingungen auszuwählen. Auf gesellschaftlicher Ebene folgt aus mehr Optionen die Forderung nach mehr Unterstützungs- und Integrationsangeboten, aber auch nach mehr Chancengleichheit. Neben einer individuellen Begleitung gehören dazu insbesondere auch Bildungs- und berufliche Mobilitätschancen, unabhängig von sozialer Schicht, Geschlecht oder Nationalität.

Geld, Knappheit und Verschuldung im Jugendalter

Abbildung 3: Kontextbedingungen und Möglichkeiten der Jugendhilfe bei problematischen Lebenssituationen junger Erwachsener

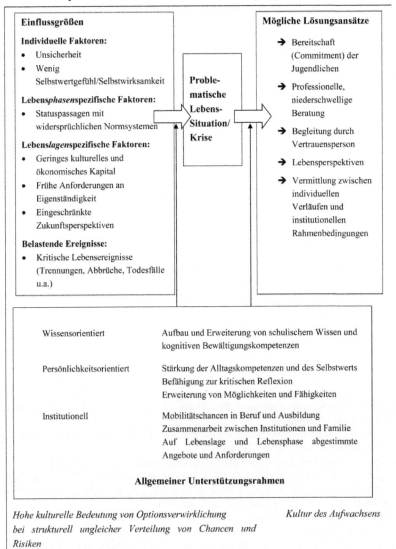

Die Abbildung zeigt das Zusammenspiel der verschiedenen Ebenen im Hinblick auf Ursachen eines als problematisch erachteten Zustands und den Umgang damit.

Literatur

Beck, Ulrich (2003): Risikogesellschaft. Auf dem Weg in eine andere Moderne. Frankfurt am Main: Suhrkamp.

Bourdieu, Pierre & Passeron, Jean-Claude (1971): Die Illusion der Chancengleichheit: Untersuchungen zur Soziologie des Bildungswesens am Beispiel Frankreichs. Stuttgart: Klett.

Bourdieu, Pierre (1983): Ökonomisches Kapital, kulturelles Kapital, soziales Kapital. In: Kreckel, Reinhard (Hrsg.): Soziale Ungleichheiten (S. 183–198). Göttingen: Verlag Otto Schwartz.

Bourdieu, Pierre (Hrsg.) (1997): Das Elend der Welt: Zeugnisse und Diagnosen alltäglichen Leidens an der Gesellschaft. Konstanz: UVK.

Dammann, Klaus, Grunow, Dieter & Japp, Klaus P. (Hrsg.) (1994): Die Verwaltung des politischen Systems. Opladen: Westdeutscher Verlag.

Delgrande, Marina, Kuntsche, Emmanuel N. & Schmid, Holger (1999): Befragung zum Gesundheitsverhalten von 12- bis 15-jährigen Schüler/innen. Deskriptive Statistik der 1998 erhobenen Gesamtschweizer Daten. Lausanne: SFA.

Faber, Ronald J. & O'Guinn, Thomas C. (1988): Compulsive consumption and credit abuse. Journal of Consumer Policy, Nr. 11, 97–109.

Feil, Christine (2003): Kinder, Geld und Konsum. Die Kommerzialisierung der Kindheit. Weinheim: Juventa.

Ferchhoff, Wilfried (2007): Jugend und Jugendkulturen im 21. Jahrhundert. Wiesbaden: VS Verlag für Sozialwissenschaften.

Fibbi, Rosita, Lerch, Matthias, Wanner, Philippe, Mey, Eva, Rorato, Miriam & Voll, Peter (2005): Eidgenössische Volkszählung 2000: Die Integration der ausländischen zweiten Generation und der Eingebürgerten in der Schweiz. Neuenburg: BFS.

Frey, Dieter, Hoyos, Carl Graf & Stahlberg, Dagmar (Hrsg.) (1992): Angewandte Psychologie: Ein Lehrbuch. Weinheim: Beltz.

Greif, Siegfried, Holling, Heinz & Nicholson, Nigel (Hrsg.) (1995): Arbeits- und Organisationspsychologie – Internationales Handbuch in Schlüsselbegriffen. Weinheim: Beltz/PsychologieVerlagsUnion.

Groth, Ulf (1986): Schuldnerberatung: Praktischer Leitfaden für die Sozialarbeit. Frankfurt am Main: Campus.

Hayes, Terrell A. (2000): Stigmatizing indebtedness. Implications for labeling theory. Symbolic interaction, Nr. 23, 29–46.

Heintz, Peter (1962): Einführung in die soziologische Theorie. Stuttgart: Enke.

Hornung, Rainer & Gutscher, Heinz (1994): Gesundheitspsychologie: Die psychosoziale Perspektive. In: Schwenkmezger, Peter & Schmidt, Lothar R. (Hrsg.): Lehrbuch der Gesundheitspsychologie (S. 64–86). Stuttgart: Enke.

Hurrelmann, Klaus (2004): Lebensphase Jugend – Eine Einführung in die sozialwissenschaftliche Jugendforschung (7. Auflage). Weinheim: Juventa.

Intrum Justitia (2011): Jugendverschuldung in der Schweiz. Radar 2011. Online: www.intrum.com/ch/radar2011/ (Zugriff: 4.3.2012).

Juhasz, Anne & Mey, Eva (2003): Die zweite Generation: Etablierte oder Außenseiter? Biografien von Jugendlichen ausländischer Herkunft. Wiesbaden: Westdeutscher Verlag.

Kalbermatter, Marc (2006): Jugend im Kaufrausch. Eine Untersuchung des Konsumverhaltens junger Erwachsener im Oberwallis mit Fokus auf die familiäre Sozialisation. Freiburg: Lizentiatsarbeit Universität Freiburg.

Kassis, Wassilis & Steiner, Olvier (2003): Persönlichkeitsmerkmale und soziale Erfahrungen von Mädchen, die extensiv gewaltdarstellende Computerspiele nutzen. Zeitschrift für Medienpsychologie, Jg. 15, Heft 4, 131–139.

Lamprecht, Markus & Stamm, Hanspeter (1999): Soziale Lage und die Differenzierung von Lebensformen, Lebenszielen, Wahrnehmungs- und Wertmustern. Unveröffentlichter Schlussbericht zu einem Projekt im Rahmen des Schwerpunktprogramms Zukunft Schweiz. Zürich: L&S.

Lange, Elmar (2004:) Jugendkonsum im 21. Jahrhundert. Wiesbaden: VS Verlag für Sozialwissenschaften.

Levy, René, Joye, Dominique, Guye, Olivier & Kaufmann Vincent (1998): Alle Gleich? – Soziale Schichtung, Verhalten und Wahrnehmung. Zürich: Seismo.

Mach (2005): Consumer 05/06. Zürich.

Mattes, Christoph (2007): Im Schatten der Konsumgeschichte – Eine Kritik der Bearbeitung der Konsumverschuldung durch die Soziale Arbeit Basel: edition gesowip.

Merton, Robert K. (1995): Soziologische Theorie und soziale Struktur. Berlin, New York: de Gruyter.

Métrailler, Michèle & Sidler, Denise (2005): Die Verschuldung von Jugendlichen und jungen Erwachsenen in der Schweiz. Dissertation, Universität Bern.

Mey, Eva, Rorato, Miriam & Voll, Peter (2005): Die soziale Stellung der zweiten Generation. Analysen zur schulischen und beruflichen Integration der zweiten Ausländergeneration. In: Fibbi, Rosita, Lerch, Matthias, Wanner, Philippe, Mey, Eva, Rorato, Miriam & Voll, Peter: Eidgenössische Volkszählung 2000: Die Integration der ausländischen zweiten Generation und der Eingebürgerten in der Schweiz (S. 61–152). Neuenburg: BFS. Online: www.bfs.admin.ch/bfs/portal/de/index/dienstleistungen/publikationen _statistik/publikationskatalog.Document.61669.pdf (Zugriff: 4.3.2012).

Schäfers, Bernhard (2002): Soziologie des Jugendalters. Opladen: Leske + Budrich.

Schaffner, Dorothee (2007): Junge Erwachsene zwischen Sozialhilfe und Arbeitsmarkt – Biografische Bewältigung von diskontinuierlichen Bildungs- und Erwerbsverläufen. Bern: hep.

Schütze, Fritz (1983): Biographieforschung und narratives Interview. Neue Praxis – Kritische Zeitschrift für Sozialarbeit und Sozialpädagogik, Jg. 13, Heft 3, 283–293.

Schwarzer, Ralf (2004): Psychologie des Gesundheitsverhaltens: Einführung in die Gesundheitspsychologie (3. Auflage). Göttingen: Hogrefe.

Schwarzer, Ralf & Leppin, Anja (1989): Sozialer Rückhalt und Gesundheit: eine Meta-Analyse. Göttingen: Verlag für Psychologie.

Schwenkmezger, Peter & Schmidt, Lothar R. (Hrsg.) (1994): Lehrbuch der Gesundheitspsychologie. Stuttgart: Enke.

Simmel, Georg (2001): Philosophie des Geldes. Frankfurt am Main: Suhrkamp.

Stamm, Hanspeter & Lamprecht, Markus (2005): Entwicklung der Sozialstruktur. Neuenburg: BFS.
Steiner, Olivier, Schmassmann, Hector & Mäder, Ueli (2005): Lebensweltliche Gewalterfahrungen Jugendlicher. Eine empirische Studie über delinquente Jugendliche. Basel: edition gesowip.
Streuli, Elisa (2003): Lacking Financial Resources: Personal Debt in Switzerland. Schweizerische Zeitschrift für Soziologie, Jg. 29, Heft 2, 293–317.
Streuli, Elisa (2007): Verschuldung junger Erwachsener – Zusammenfassung wichtiger Ergebnisse. Auswertung der Internet-Befragung von 500 Personen im Alter von 18 bis 24 Jahren in der Deutschschweiz, durchgeführt durch das Befragungsinstitut LINK, Zürich. Basel: Fachhochschule Nordwestschweiz, Hochschule für Soziale Arbeit. Institut Kinder- und Jugendhilfe. Online: www.bj.admin.ch/content/dam/ data/pressemitteilung/2007/pm_2007_06_18/20070618_ber-verschuldung-d.pdf (Zugriff: 4.3.2012).
Streuli, Elisa, Steiner, Olivier, Mattes, Christoph & Shenton, Franziska (2008): Eigenes Geld und fremdes Geld – Jugendliche zwischen finanzieller Abhängigkeit und Mündigkeit. Basel: edition gesowip.
Stichweh, Rudolf (1994): Berufsbeamtentum und öffentlicher Dienst als Leitprofession. In: Dammann, Klaus, Grunow, Dieter & Japp, Klaus P. (Hrsg.): Die Verwaltung des politischen Systems (S. 207–214). Opladen: Westdeutscher Verlag.
Tully, Claus (2004): Arbeitsweltkontakte von Schülerinnen und Schülern an allgemeinbildenden Schulen. ZSE Zeitschrift für Sozialisationsforschung und Erziehungssoziologie, Jg. 24, Heft 4, 408–430.
Udris, Ivars (1995): Soziale Unterstützung. In: Greif, Siegfried, Holling, Heinz & Nicholson, Nigel (Hrsg.): Arbeits- und Organisationspsychologie – Internationales Handbuch in Schlüsselbegriffen (S. 423–425). Weinheim: Beltz/PsychologieVerlags Union.
Udris, Ivars & Frese, Michael (1992): Belastung, Stress, Beanspruchung und ihre Folgen. In: Frey, Dieter, Hoyos, Carl Graf & Stahlberg, Dagmar (Hrsg.): Angewandte Psychologie: Ein Lehrbuch (S. 427–447). Weinheim: Beltz.
Unverzagt, Gerlinde & Hurrelmann, Klaus (2001): Konsum-Kinder. Freiburg im Breisgau: Herder.
Witzel, Andreas (2000): Das problemzentrierte Interview. The Problem-Centered Interview. Forum Qualitative Sozialforschung/Forum Qualitative Social Research. Forum Qualitative Sozialforschung/Forum Qualitative Social Research, Jg. 1, Nr. 1. Online: www.qualitative-research.net/index.php/fqs/article/download/1132/ 2520 (Zugriff: 4.3.2012).

6 Kinder- und Jugendhilfe in historischer Perspektive

Die zunehmende Bedeutung von Körper und Anlage
Männliche Jugendliche in den Fallgeschichten der
Jugendfürsorge (1920–1950)

Gisela Hauss und Béatrice Ziegler

Kinder und Jugendliche in stationäre Einrichtungen oder Pflegefamilien einzuweisen, familienbegleitende und ergänzende Maßnahmen einzuleiten und dabei Risiken richtig einzuschätzen: Interventionsentscheide in der Jugendhilfe haben für das Leben der Betroffenen einschneidende Folgen. Sie stellen einen empfindlichen Eingriff in die Autonomie von Familien dar. Manche Kinder oder Jugendliche brauchen eine spezielle schulische Förderung, andere müssen vor Vernachlässigung oder Gewalt in den Familien geschützt werden, wieder andere brauchen ergänzende Beratung oder Begleitung. Trotz der menschlichen, juristischen und finanziellen Tragweite dieser Entscheide gibt es in der Schweiz kaum verbindliche Verfahrensregeln oder Richtlinien in diesem Bereich. In den letzten Jahren werden darum in Forschung und Fachkreisen immer wieder Standards, Qualitätssicherung und fachliche Begründungen im Bereich von Kinderschutz und Jugendhilfe gefordert (vgl. hierzu Integras 2007).[1]

Der hier gewählte historische Zugang zu aktuellen Themen der Jugendhilfe ist eher ungewöhnlich und geht davon aus, dass der Blick zurück neue Perspektiven für gegenwärtiges professionelles Handeln eröffnet. Die historische Analyse bezieht sich auf die Zeit von 1920 bis 1950 mit der Frage, wie sich die Begründungszusammenhänge und Interventionen in der Praxis der Jugendfürsorge in dieser Zeit wandelten. Von Interesse sind dabei sozialdisziplinierende und eugenische Denkmodelle und ihr Einfluss auf fürsorgerisches Handeln. Der historische Rückbezug lässt sich verstehen als kritisches Potenzial für die Klärung und Durchleuchtung der vielfältigen Verstrickungen, Widersprüchlichkeiten und Abhängigkeiten im Kontext von Planung, Begründung und Vollzug von Maßnahmen in der Jugendhilfe. Kriterien und Standards, Methoden und Verfahren in der Sozialen Arbeit sind nicht unabhängig vom Zeitkontext. Historische Forschung zeigt,

---

[1] Vgl. Huwiler, Kurt, Tanner, Hannes & Raulf, Barbara: Pflegefamilien- und Heimplatzierungen in Planung und Vollzug. NFP 52, Nr. 405240-69000, 2003–2006.

dass die Jugendfürsorge Teil von wandelnden diskursiven Zusammenhängen war und die von ihr verwendeten Argumentationsmuster sich abhängig von politischen, fachlichen und wissenschaftlichen Strömungen veränderten. Historische Forschung schärft den Blick für die Positionierung der Sozialen Arbeit im Kontext aktueller öffentlicher Diskurse. Heute wird in der Diskussion um »Jugendgewalt« die Figur des jungen männlichen Gewalttäters mit Migrationserfahrung konstruiert, und die Forderungen nach Disziplinierung und Ausgrenzung werden öffentlich immer radikaler vorgetragen. Die Übereinkunft, für Jugendliche in zunehmend prekären Lebenslagen Lebens- und Übergangsräume bereitzustellen, wird brüchiger (vgl. Bielefelder Erklärung 2008). Tendenzen wie diese stellen die Soziale Arbeit vor die dringliche Aufgabe, von ihr formulierte Indikationen und Diagnosen, geforderte Standards und Kriterien stets neu vor dem Hintergrund gesellschaftlicher Thematiken zu reflektieren und zur Diskussion zu stellen. Der Blick in die Geschichte regt dabei zu Fragen an und eröffnet neue Perspektiven.

Vorliegender Einblick in die Geschichte der schweizerischen Jugendfürsorge ist Ergebnis des 2007 abgeschlossenen Forschungsprojektes zum Thema »Fürsorge im Netz der Eugenik (1920–1950)«,[2] das im Rahmen des nationalen Forschungsprogramms NFP 51 »Integration und Ausschluss« durchgeführt wurde. Die Ergebnisse des Projektes sind unter dem Titel »Eingriffe ins Leben. Fürsorgerisches Handeln und Eugenik« in der Gesamtschau publiziert (Hauss et al. 2012). Die Forschung beruht auf der qualitativen Analyse von Vormundschaftsakten und -protokollen in St. Gallen und Bern sowie auf der Auswertung von Gutachten und Akten der Sanitätsdirektion und der Klink Waldau im Kanton Bern. Der hier vorgestellten Rekonstruktion der behördlichen Argumentationsweisen liegt die Auswertung von 84 Fallprotokollen der St. Galler Vormundschaft in ausgewählten Stichjahren (1920/1928/1936/1944) zu männlichen Jugendlichen und jungen Männern (davon zwei Drittel minderjährig bis zwanzig Jahre und ein Drittel volljährig bis dreißig Jahre) zugrunde. Die Fallprotokolle wurden mit der Methode des offenen Kodierens *(Grounded Theory)* ausgewertet (vgl. Strauss & Corbin 1996).[3] Sogenannt abweichendes Verhalten männlicher Jugendlicher ist ein klassisches Thema der Jugendhilfe, und seine Bearbeitung besitzt über die Jahre hinweg überraschende Kontinuität. Umso auffallender ist der Wandel in den Begründungslogiken, der im Folgenden rekonstruiert werden soll.[4]

---

[2] Ziegler, Béatrice & Hauss, Gisela (Co-Leitung): »Städtische Fürsorge im Kräftefeld von Eugenik, Geschlecht und medizinisch-psychiatrischen Normalisierungsdiskursen in Bern und St. Gallen« (in der Zeit von 1918 bis 1950). NFP 51 Nr. 405140-69130.
[3] Die nach Geschlecht und Alter systematisierten Quellen wurden durchnummeriert, die Nummern dienen hier zur Referenzierung der anonymisierten Quellen.
[4] Zur behördlichen Praxis in den Fallgeschichten junger Frauen vgl. Hauss & Ziegler 2007 und Hauss & Ziegler 2008.

1 Fürsorge zwischen Sozialdisziplinierung und Eugenik

Unsere Untersuchung der Sichtweisen, die den jugendfürsorgerischen Umgang mit jungen Männern bestimmten, ist dem Konzept der Sozialdisziplinierung verpflichtet. Dieses Konzept ermöglicht, Fürsorge als einen hierarchisch strukturierten Komplex zu verstehen, in dem es mithilfe unterstützender Leistungen und sanktionierender Maßnahmen gelang, bürgerliche Verhaltensweisen durchzusetzen (vgl. Breuer 1986). Ausgehend von Formulierungen Foucaults zum Charakter und der Wirkungsweise von Macht, lässt sich beobachten, dass erzieherische Maßnahmen der Fürsorge im Kontext ihrer Begründungszusammenhänge verstanden werden müssen.

Wenn Dinges in seiner Auseinandersetzung mit diesem Konzept verlangt, dass Ansprüche disziplinierender Interventionen und deren effektive Wirkung auseinanderzuhalten seien (Dinges 1991), ist ihm zwar beizupflichten. So erlaubt die Analyse von Fallakten im Hinblick auf den sozialdisziplinierenden Diskurs und damit begründetes Handeln in der Regel nur bedingt auch Aussagen zur *agency* (Canning 1994) der Betroffenen. Sie zeigt vor allem die sich wandelnden konzeptionellen Konstruktionen der Behörden, auf deren Basis sie Maßnahmen für notwendig hielten und anordneten bzw. durchsetzten. Sozialdisziplinierung als Produkt von Machtbeziehungen im Sinne Foucaults führte aber zumindest dazu, dass sich die Betroffenen den diskursiven Zwängen nicht entziehen konnten und sie allenfalls auch zu bedienen lernten.[5]

Fürsorge hat im Laufe der Zeit unterschiedliche gesellschaftliche Diskurse rezipiert und gestaltet, um ihre Sicht auf die Klientel auszuformulieren. Diese dem historischen Wandel unterworfene Konstruktion von Problemen diente der Begründung und Legitimation von Maßnahmen. Während in der Anfangsphase der Periode, die hier untersucht wird, im Kontext des moralisch-pädagogischen Diskurses Störungen in der Sozialisation und dadurch bedingte Auffälligkeit der jungen Männer die Problemanalyse prägten, kam es im Verlaufe der folgenden Jahre zu einer folgenschweren Verlagerung: Mit der breiten Rezeption biologistischer Ansätze gewann der eugenische Diskurs auch in der Fürsorge zunehmend an Gewicht.

Im eugenischen Diskurs finden sich neben Konzepten zur Abwehr von Emanzipationsansprüchen fremder »Rassen« im Kontext von Kolonialismus und Imperialismus im Zusammenhang nationalstaatlicher Rivalität zunehmend erb-

---

[5] Zur Diskussion um Sozialdisziplinierung, deren Grenzen (insbes. Peukert 1986) und die *agency* von Betroffenen in der Fürsorge vgl. Wilhelm (2005), S. 17–24.

hygienische, sozialdisziplinierende Sichtweisen auf und Ansprüche an die eigenen Bevölkerungen. Eugenik kann als Teil des Bemühens begriffen werden, über rational gesteuerte und kontrollierte Verwaltung von Leben und Gesellschaft eine durch Machtsysteme regulierte Ordnung der Moderne herbeizuführen. Die sozialdarwinistischen Auslese-Überzeugungen und die Übertragung der Mendel'schen Vererbungsregeln bei Pflanzen auf Menschen begründeten ohne empirische oder theoretische Nachweise den Anspruch der Eugeniker, die Qualität des Erbguts einzelner Personen oder Gruppen einzuschätzen und diese integrativen oder ausschließenden Maßnahmen zu unterziehen. Die Beurteilung orientierte sich an der ökonomischen und gesellschaftlichen Nützlichkeit und Normerfüllung im Interesse einer Totalität – etwa der nationalen Bevölkerung, des »Volkskörpers«. Eine Kontrolle der Fortpflanzung in der Bevölkerung sollte einen Prozess der Auslese ermöglichen, der per se individuelle Bedürfnisse und Rechte in den Hintergrund rückte.

Als problematisch eingeschätzte soziale Verhaltensweisen wie »Alkoholismus«, »Liederlichkeit« oder uneheliche Schwangerschaften, »Vernachlässigung der Familie« wegen Überforderung im Alltag durch Armut, harte Arbeit, Kinderreichtum und anderes mehr wurden nun biologistisch als eine Folge erblicher Belastung gesehen, die verhindere, dass Menschen die von ihnen verlangten Normen gesellschaftlicher Funktionalität erfüllten. Damit vermengten sich soziale und biologistische Ansätze in der Reaktion auf soziale Probleme sowie auf Menschen, die mit diesen nicht in gewünschter Form umgingen oder auf Hilfe angewiesen waren (Wecker et al. 2009; Ziegler 2005; Weingart, Kroll & Bayertz 1988).

Mit der Zunahme biologistischer Erklärungsansätze wurde Auffälligkeit nicht nur eugenisch, sondern zunehmend auch über psychiatrische Gutachten als Ausdruck krankhafter seelischer Verfasstheit oder psychiatrisch relevanter Zustände beschrieben. Vielfach kam es zu einer Kombination von Psychiatrisierung und eugenischer Erfassung, indem Ursachen der behaupteten psychiatrischen Befunde in die genetische Ausstattung der Betroffenen verlagert wurden. Die Fürsorge stützte sich zunehmend auf die medizinisch-psychiatrischen Expertenmeinungen ab, und ihre Wahrnehmung verschob sich von der pädagogischen Sicht auf eine, die über die sanktionierende Normierung des Einzelnen den Schutz der Gesellschaft als Ganzes als Zielsetzung formulierte (Hauss & Ziegler 2007; Hauss & Ziegler 2008).

2 Riskante Normierungen – Ein Blick auf den Fachdiskurs in der Jugendhilfe

Die Fallgeschichten der St. Galler Vormundschaft machen deutlich, wie sich das jugendfürsorgerische Konzept der »Verwahrlosung« in konkreten Fallsituationen – nicht immer zeitgleich mit dem Fachdiskurs – verdeutlichte und ausdifferenzierte. Auf der Ebene des Fachdiskurses waren es 1907 und 1908 die problematischen Wohn- und Arbeitsbedingungen, das unordentliche Milieu in Haus und Familie, kurz: soziale Faktoren, die Verwahrlosung bei Jugendlichen bedingten (Ramsauer 2000, S. 177). In den 1910er-Jahren verschob sich die Ursachenzuschreibung für Verwahrlosungserscheinungen auf die charakterlichen Eigenschaften der betroffenen Jugendlichen. Milieu und Erziehungsbedingungen wurden weniger gewichtet, Interventionen sollten nunmehr darauf abzielen, Jugendliche in »ihrem Wesen« zu formen und erzieherisch zu beeinflussen. Aus dem Reden von Milieus, die Jugendliche in ihrer Entwicklung »gefährden«, wurde das Reden von für die Allgemeinheit »gefährlichen« Jugendlichen. Elena Wilhelm spricht von der »Verschmelzung vom gefährlichen und gefährdeten im ›verwahrlosten‹ Jugendlichen« (Wilhelm 2005, S. 82ff.). Dies stellt die argumentative Voraussetzung dar, »Verwahrlosung« mit psychiatrischen bis hin zu eugenischen Erklärungen zu verknüpfen und in abwertenden Zuschreibungsprozessen die Kategorie für diejenigen zu formen, die in der Folge aus sozialen Zusammenhängen ausgegrenzt wurden. Das zunächst pädagogisch begründete Konzept der »Verwahrlosung« konnte derart schließlich Teil des Eugenikdiskurses werden.

»Verwahrlosung« war ein wichtiges, doch nicht das einzige fachliche Konzept in der Jugendfürsorge. Weitaus häufiger bezog man sich in der untersuchten Praxis auf das Konzept des »fehlenden Haltes«. Es sind hier Anleihen bei einer sich in Zürich bereits Mitte der 1910er-Jahre professionalisierenden Heilpädagogik zu vermuten.[6] Zunächst lässt sich der »noch fehlende Halt« als pädagogisch-

---

[6] Der »innere Halt« war die leitende Zielvorstellung Paul Moors, der ab 1933 Assistent bei Heinrich Hanselmann am Heilpädagogischen Seminar der Universität Zürich war und 1942 dort habilitierte. Mit dem Grundgedanken, dass die Ablösung von der Fremd- zur Selbsterziehung einhergehe mit dem Wechsel von äußerem zu innerem Halt, vertrat er ein entwicklungstheoretisches Modell. Man kann von Kontakten zwischen Jugendfürsorge und Heilpädagogik ausgehen, so wurde der Leiter des Heilpädagogischen Seminars, Heinrich Hanselmann, gleichzeitig zum Leiter des 1924 gegründeten Landerziehungsheim für »entwicklungsgehemmte Kinder und Jugendliche« Albisbrunn. Hanselmann hielt regelmäßig Lehrveranstaltungen an der Sozialen Frauenschule (vgl. Wolfisberg 2002, S. 99, 106ff.; Haeberlin 2005, S. 254–272) und proklamierte in verschiedenen Publikationen die Zusammenarbeit von Heilpädagogik und Fürsorge in der »nachgehenden Fürsorge« (so z.B. Hanselmann 1935, S. 529–531, und 1939, S. 85–91).

moralisches Konzept verstehen, mit dem man erzieherische Maßnahmen begründete, die Entwicklungs- und Besserungsmöglichkeiten implizierten.[7] In einem Vortrag auf der Jahresversammlung der Vereinigung der Schweizer Amtsvormünder zeigte sich dann 1941 eine Wendung des Begriffs. Der Psychiater Charlot Strasser definierte »Haltlosigkeit« als »seelische Gleichgewichtsstörung« und sprach von einem psychiatrisch relevanten, doch von eindeutig psychiatrischen Krankheitsbildern zu unterscheidenden Phänomen. Er wies in seiner engagierten Kritik an einer durch Vererbung weitergegebenen »Haltlosigkeit« darauf hin, dass anlagetheoretische Konzepte 1941 in der schweizerischen Jugendfürsorge breit vertreten wurden, wusste sich gegen diese aber klar abzugrenzen. Und doch diskriminierte Strasser in der Folge dann diejenigen, bei denen erzieherische Bemühungen nicht mehr zu wirken schienen, als schädlich für »Volk und Vaterland«. Er spricht von »Raubdirnen«, »Gangstern« und »Verrätern an Volk und Vaterland«. Mit moralischen Zuschreibungen konstruierte er eine Kategorie, die »Minderwertigkeit« implizierte und Ausschluss begründete (Strasser 1942, S. 28–32). Der jugendfürsorgerische Diskurs über die »Haltlosigkeit« konnte in Verknüpfung mit Moral oder biologistischen Konzepten Teil eines eugenisch motivierten Begründungszusammenhangs werden. In der behördlichen Praxis verdichteten sich die diskursiven Verknüpfungen und verschmolzen zu wirkungsmächtigen Argumenten im Reden über die Fälle und im Vollzug der Maßnahmen.

3   Der »verwahrloste« Jugendliche in der alltäglichen Praxis der Vormundschaft

An der Versammlung der schweizerischen Amtsvormünder 1931 hielt der Arzt Max Nachmansohn einen Vortrag und legte dar: »Nach der sehr sorgfältigen Statistik Gruhles machen allgemeine Zuchtlosigkeit, wie Herumtreiben, Schuleschwänzen, nächtliches Fortbleiben, Landstreichen 64% aller Verwahrlosten aus. Diebstähle sind mit 62% vertreten, dann kommen Unterschlagungen und Betrug mit 25%, Roheitsdelikte und Trunkenheit mit 17%, Sittlichkeitsdelikte 10,5% (…). Die hohe Ziffer der Diebstähle betrifft allerdings nur die Knaben; bei den Mädchen ist die geschlechtliche Verwahrlosung die wesentlichste und wichtigste Form der Verwahrlosung« (Nachmansohn 1931). Auffallend sind die in der von Nachmansohn zitierten Statistik aufscheinenden geschlechterspezifischen Unter-

---

[7] Ein moralisches pädagogisches Konzept der »Haltlosigkeit« findet sich z.B. im Zusammenhang mit »erstgefallenen« jungen Prostituierten, die man durch »Milieuwechsel« zu ihrem »moralischen Gleichgewicht« zu führen hoffte (Horowitz 1992, S. 49).

schiede. Geschlecht ist eine Kategorie, die auch in aktuellen Forschungen zu »Risikoverhaltensweisen« als wichtigste Unterscheidung genannt wird. Bei den männlichen Jugendlichen zeigt sich auch heute eine Häufung juristisch relevanter Verhaltensweisen (Raithel 2005).

In der Textil- und Stickereistadt St. Gallen hatten es die Behörden in der untersuchten Altersspanne zwischen vierzehn und dreißig Jahren einerseits mit Lehrlingen und andererseits mit jungen ungelernten Fabrikarbeitern zu tun. Die Jugendlichen – nach der Schulentlassung noch zu jung, um eine Familie zu gründen – waren schwer zu kontrollieren. Sie liefen von ihren Arbeitsstellen immer wieder davon, es kam häufig zu Abbrüchen, Wechseln und Neuanfängen. Das in der Fabrik verdiente Geld setzten sie nicht immer im Sinne der Eltern oder Behörden ein. Die Quellen in St. Gallen bestätigen die etwa bei Detlev Peukert (1986) beschriebene Entdeckung der »Betreuungslücke zwischen Schulabschluss und Kasernentor«. Peukert beschreibt aufgrund einer differenzierten Quellenanalyse die Sicht der Jugendfürsorge auf die jungen männlichen Arbeiter, die in den Industriestädten eine gewisse Selbstständigkeit erreichten, ohne bereits in Ehe und Familie eingebunden zu sein. Man konstruierte die Figur der »Halbstarken«, junge Fabrikarbeiter, die sich – etwa beim Alkoholkonsum – an den Konventionen erwachsener Arbeiter orientierten, die traditionellen Autoritäts- und Gewaltverhältnisse missachteten und provokativ die Anstandsregeln verletzten. Die sankt-gallischen Materialien bestätigen diese jugendliche Aufbruchsstimmung. Auf der erzieherischen Ebene war die Herausforderung für die Amtsvormünder und Vormünder von daher groß. Die Protokolle vermerken, dass die Jugendlichen »den Mahnungen des Vormundes kein Gehör« schenkten. So zeigt zum Beispiel ein Dreiundzwanzigjähriger »wenig Einsicht und macht sich über die angedrohte Maßnahme lustig« (1920: Fall 6). Einmal vermerkt das Protokoll, »der Vormund steht am Ende seiner Kunst« (1920: Fall 5). Schon die Jugendlichen damals riskierten ihre Arbeitsstellen. Sie stellten durch ihren Lebensstil gesellschaftliche Normen infrage. Aufschlussreich ist nun, wie die St. Galler Behörden diese Risiken bearbeiteten, und vor allem, wie sich die Legitimation und die Planung von Maßnahmen in der Zeit von 1920 bis 1950 veränderten.

3.1 1920: »Ungehorsam« in der Familie

1920 waren es – wie bereits erwähnt – vor allem die Familien- und Erziehungsbedingungen, die für die Behörde das Risiko im Aufwachsen der Jugendlichen begründeten. Das innerfamiliäre Generationenverhältnis mit den traditionellen Rollenzuteilungen von Erziehungsverantwortung beziehungsweise Erziehungsfähigkeit auf der einen und Gehorsamserwartungen auf der anderen Seite diente der Behörde als Normalitätsfolie. Abweichungen von der normativ aufgeladenen Rolle des Sohnes wurden als Indikatoren gewertet, die Eingriffe legitimierten.

Die Jugendbewegung der Zwanzigerjahre, die Unruhe und die Auseinandersetzung um neue Lebensstile machten sich offensichtlich zunächst innerhalb der Familien bemerkbar. Mütter – oft alleinerziehend – klagten, die Söhne leisteten keinen Gehorsam, eine Frau berichtete, ihr Sohn lese Indianergeschichten und arbeite nicht (1920: Fall 1). Der von den Eltern vorausgesetzte Gehorsam schien nicht mehr selbstverständlich zu sein, abenteuerliche Lektüre, jugendliche Verweigerung und ein neuer Lebensstil brachen sich mit traditionellen Erziehungsvorstellungen und gefährdeten den Zusammenhalt der Generationen in den meist bereits in prekären Verhältnissen lebenden Familien.

In den Fällen, in denen die Anzeige bei der Behörde nicht aus der Familie selbst, sondern von außen – von Nachbarn oder öffentlichen Institutionen – erfolgte, verschob sich die Wahrnehmung des Konflikts durch die Behörde. Die Fallverläufe kristallisierten sich dann nicht um Konflikte innerhalb der Familien, sondern um das Sorgerecht für die Kinder, ein Konflikt, der in oft langen Kämpfen zwischen Familie und Behörde ausgetragen wurde.

Die Sprache in den Protokollen ist keine wissenschaftliche, die Diagnosen nehmen normativ-pädagogische, am Generationenverhältnis orientierte Leitvorstellungen auf. Offensichtlich waren diese Leitvorstellungen eng, und es war ein Leichtes herauszufallen, vor allem dann, wenn sich bereits mit Scheidungen, bei Unehelichkeit oder im Zusammenhang mit Streitigkeiten Risse in der erwarteten familiären Normalität gezeigt hatten.

3.2 1928: »Unbotmäßig« auf Straßen und Plätzen

1928 wurden die Jugendlichen und jungen Erwachsenen zwar noch im Kontext ihrer Familien wahrgenommen – Scheidungssituationen, Alkohol und alleinerziehende Mütter werden erwähnt. Dieser Kontext erscheint nun aber eher als Ausgangspunkt der zu erzählenden Geschichte. Ausgehend davon, fokussierte man die Jugendlichen und jungen Erwachsenen, die durch ihr jugendtypisches Verhalten auch außerhalb der Familien auffällig wurden. Man protokollierte ihre »Freiheitsliebe«. Die jungen Männer »verdufteten«, »verschwanden«, »streiften herum«, »entflohen« und »brannten durch« (1928: Fall 3). Ein Dreiundzwanzigjähriger »zieht es vor, mit dem Motorrad herumzufahren« (1928: Fall 7). Immer wieder scheinen die Jugendlichen und jungen Erwachsenen in Gruppen aufzutreten. Es wird beobachtet und dokumentiert, dass sie sich in »schlimmer« oder »liederlicher Gesellschaft« aufhielten, vermutlich auf den Straßen und Plätzen der Stadt. Etwas Unberechenbares schien in dieser Freiheitsliebe zu sein, als »aufbrausend« und »eigensinnig« werden die jungen Männer beschrieben, als »frech« und »renitent«.

In den Protokollen wird das Verhalten der Jugendlichen sehr alltags- und erfahrungsnah und mit pädagogischen Begriffen dargestellt. So beobachtete man zum Beispiel die Arbeitshaltung der jungen Männer: Er »harrt an keiner Arbeitsstelle aus«, »läuft aus verschiedenen Arbeitsstellen davon«, er »will sich nicht an eine geregelte Beschäftigung gewöhnen«, »der Arbeitswille ist noch nicht ernst genug«. Man bezog sich auf den fehlenden Arbeitswillen, nicht etwa die Arbeitsfähigkeit, und hoffte diesen disziplinierend und erzieherisch beeinflussen zu können. Die fehlende Regelmäßigkeit im Verhalten deutete man als innere »Haltlosigkeit«. Erklärungen wie »ist noch zu wenig gefestigt«, »er hat wenig Halt« (1928: Fall 2/4), »ist noch leicht verführbar« (1928: Fall 2) verweisen auf eine Vorstellung von »richtiger Erziehung« als der Vermittlung von Halt und Festigkeit.

Eine neue Argumentations- und Sichtweise kündigte sich 1928 in Einzelfällen an, wenn psychiatrische Gutachten angefordert wurden. Medizinisch-psychiatrische Gutachten stellten die alltagsnahen und konkreten Beschreibungen in ein neues Licht. Verblüffend ist die Nähe zwischen dem psychiatrisch relevanten Symptom »benimmt sich auffallend« und dem bisher beschriebenen jugendtypischen Verhalten. Auch die psychiatrisch relevanten »Wahn- und Verfolgungsideen gegenüber dem Vormund« scheinen nicht allzu weit entfernt zu sein von der allgemeinen Stimmung der Auflehnung und Provokation in den jugendlichen Lebenszusammenhängen der Zwanzigerjahre.

3.3   1936: »Erregungszustände« und »Ruhelosigkeit«

1936 beginnen Fallprotokolle, die sich auf junge Männer beziehen, häufig damit, dass ein rechtlich oder psychiatrisch auffallendes Verhalten festgehalten wurde.[8] Gewalttätiges Verhalten, geäußerte Selbstmordabsichten, Straftaten oder Zuschreibungen wie »geistig nicht mehr normal« sind zunehmend Ausgangspunkt der Fallgeschichten. In der Mehrzahl der Fälle der über Zwanzigjährigen wurde mit der Frage nach dem geistigen Zustand und der daraus folgenden eventuellen Versorgungsbedürftigkeit ein Gutachten angefordert.[9]

---

[8] Bei Minderjährigen wurden keine psychiatrischen Gutachten angefordert. Ein Grund dafür waren sicherlich die gesetzlichen Grundlagen des Vormundschaftsrechts, durch welche die Behörde Zugriff auf Jugendliche hatte, ohne dass hierfür medizinisch-psychiatrische Gutachten nötig waren.
[9] Ein Fall unterscheidet sich auffallend von dieser psychiatrisierenden Dynamik. Ausgehend von einer festgestellten Tendenz zur Trunksucht, wurden sich steigernde Maßnahmen angedroht, um eine

Die Fälle, bei denen man ein psychiatrisches Gutachten anforderte, protokollierte die Behörde ohne ausführlicheren Bezug auf pädagogische oder soziale Zusammenhänge. Begriffe wie Schizophrenie oder Perversität ordneten die Fälle Krankheitsbildern zu. Das erfahrungsbezogene Beschreiben des jugendlichen Verhaltens wurde mit klassifizierenden Begriffen wie »Erregungszustände«, »Ruhelosigkeit«, »Gleichgültigkeit« oder »Kontaktlosigkeit« überlagert (1936: Fall 10). Bedeutungs- und Begründungszusammenhänge verschoben sich. So wurde etwa aus der erzieherisch zu beeinflussenden »Haltlosigkeit« und »Verführbarkeit« in psychiatrischer Perspektive ein »oberflächlicher, urteilsunfähiger, willens- und haltloser Charakter« (1936: Fall 12). Statt des sozialen Kontexts geriet der männliche Körper in den Blick der Behörden. Die Risiken wurden als im jungen Mann selbst liegend wahrgenommen, in seiner Körper- und Geschlechtlichkeit, in der sich Erregung, Gewalttätigkeit, Homosexualität und Geschlechtskrankheiten so zu manifestieren schienen, dass in erster Linie psychiatrische Behandlung Abhilfe versprach (1936: Fälle 9/10/12/11).

Die wechselweise Überlagerung und in vielen Fällen unklare Verschränkung psychiatrischer und disziplinierender Argumentationslinien in den Diagnosen lässt die Fallgeschichten doppeldeutig erscheinen. Im Grenzbereich zwischen psychischen Krisen und jugendspezifischen Verhaltensweisen wurden psychiatrische Gutachten in disziplinierender Funktion im Fallverlauf eingesetzt. In einem Protokoll liest man: »bei neuer Verfehlung dürfte sich die Einholung eines ärztlichen Gutachtens über seinen Geisteszustand empfehlen« (1936: Fall 9). Disziplinierung und Psychiatrisierung verstärkten sich gegenseitig.

3.4 1944: Die Untersuchung des Erbgutes

Was in den Dreißigerjahren angelegt war, erreichte in den Vierzigerjahren Systematik und Entschiedenheit. Anlage und Erbgut gerieten zusehends in den Blick der Behörden. Im angeforderten psychiatrischen Gutachten über einen zweiundzwanzigjährigen Mann wurde bemerkt: »Er stammt aus einer Familie, die überdurchschnittlich mit Charakteranomalien und Geisteskrankheiten belastet ist« (1944: Fall 8). Die Begründung von Verhalten mit genetischer Belastung wurde vermischt mit körperlichen und sinnlichen Bildern wie »klebrige Freundlichkeit« oder »epileptoid« sowie mit Verhaltensbeschreibungen (»da sich der Bevormundete immer wieder der Kontrolle zu entziehen wusste ...«) – und doch wurde schließlich alles wieder auf die inneren Anlagen zurückgeführt: »Auf jeden Fall

---

Verhaltensänderung zu bewirken, ohne dass auf Gutachten zurückgegriffen wurde. Im Folgenden werden jedoch insbesondere die Fälle mit Gutachten genauer betrachtet.

steht fest, dass M. charakterlich stark abwegig ist.« Mit den im Protokoll aufgenommenen Argumenten drang die Behörde sozusagen in den aus seinen sozialen Zusammenhängen herausgenommenen Körper ein, suchte »innere Anlagen« und Charaktereigenschaften, die sich nicht in jedem Fall äußerlich und körperlich zeigen müssen. In den Berner Quellen findet sich die zeitgenössische Forderung nach der »modernen inneren Fürsorge«, die sich nicht mit der Untersuchung des Äußeren, sprich des Verhaltens und des sozialen Milieus zufriedengibt (Gallati 2007, S. 10). Mit der »inneren Fürsorge« trat das Risiko der »schlechten Anlage« in den Blick der Behörden. Riskant war die »schlechte Anlage« nicht nur für den betroffenen Jugendlichen, sondern für die zukünftigen Generationen und damit für eine Totalität, die sich in den Kriegs- und Krisenzeiten als eine von zunehmender Armut und Verwahrlosung bedrohte Gesellschaft verstand.

Für 1944 erstaunt die vergleichsweise kleine Anzahl von männlichen Jugendlichen und jungen Männern, die als Fälle in den Sitzungen der Behörde diskutiert wurden. Der Zweite Weltkrieg bot im Zivil- und Grenzschutz und mit dem freiwilligen Arbeitsdienst Alternativen zu behördlichen Maßnahmen. So ging zum Beispiel ein junger Mann mit zwanzig Jahren, als ihm die Zwangserziehung angedroht wurde, in den freiwilligen Arbeitsdienst (1944: Fall 8). Die Statistiken des Arbeitsamtes sprechen für 1943 von insgesamt 931 arbeitslosen Männern, die zu Dienstleistungen in Bewachungs- und Arbeitskompanien aufgeboten wurden (Geschäftsbericht des St. Galler Stadtrates 1943).

3.5 Maßnahmen der Vormundschaftsbehörde

Die Bandbreite der Maßnahmen, die aufgrund der angeführten Argumentationsmuster verfügt wurden, war weit. Sie reichte von Verwarnungen, »Familiensanierungen« und »Patronaten« bis zum Entzug der elterlichen Gewalt, Einweisungen in Erziehungsheime, in Trinkerheilanstalten und Psychiatrien, in Zwangserziehungsanstalten oder Korrektionsanstalten.[10] In den Dreißiger- und Vierzigerjahren erweiterte die Behörde – wenn auch in seltenen Fällen – ihren Maßnahmenkatalog

---

[10] Aufgrund kantonaler Regelungen, in St. Gallen im 1924 erlassenen Gesetze »betreffend die Einweisung von Gewohnheitsverbrechern und Zwangsversorgten in die Strafanstalt« war es den St. Galler Administrativbehörden möglich, »arbeitsscheue« oder »liederliche« Personen in Zwangsarbeitsanstalten oder in eine Strafanstalt einzuweisen. Der Freiheitsentzug konnte damit ohne Strafverfahren und richterlichen Beschluss auf Antrag der Behörde in die Wege geleitet und in seiner zeitlichen Dauer festgelegt werden. Auch wenn dieses Verfahren bereits bei seiner Einführung kritisiert wurde und der Journalist, Schriftsteller und selbst Betroffene Carl Albert Loosli in den Dreißigerjahren fundamentale Kritik dazu vorbrachte, wies die St. Galler Behörde gerade auch junge Menschen regelmäßig in Strafanstalten oder Zwangsarbeitsanstalten ein (vgl. Rietmann 2004).

mit Kastrationen und Sterilisationen (Hauss & Ziegler 2007, S. 63–76). Mit Verwarnungen und Patronaten griff die Behörde weniger existenziell in die Grundrechte der betroffenen Jugendlichen ein als mit der Einweisung in geschlossene Anstalten oder mit medizinischen Eingriffen. Die Maßnahmen wurden unsystematisch und pragmatisch verfügt, wobei die Diagnose nicht immer in logischem Zusammenhang mit der Intervention stand. Im Vollzug der Maßnahmen zeigt sich eine deutliche Geschlechterdifferenz; während Sterilisationen fast ausschließlich Frauen betrafen, wurde die Zwangseinweisung in die Arbeitserziehungsanstalt häufiger bei Männern angeordnet. In den auf Arbeit ausgerichteten Zwangserziehungsanstalten oder Strafanstalten zeigte sich Disziplinierung und Ausschluss von jungen Männern in besonders drastischer Weise. In den Maßnahmen der Dreißiger- und Vierzigerjahre spiegeln sich die »härter« werdenden Argumentationsmuster. So sind 1936 nahezu alle Platzierungen mit Zwang zur harten Arbeit verbunden. Ein fünfzehnjähriger verwaister Jugendlicher wird bei einem Landwirt in Dienst gegeben, ein siebzehnjähriger wegen »schlimmer Charaktereigenschaften« in ein anderes Heim versetzt, einem Knaben in einer Erziehungsanstalt wird mit der Versetzung in eine Zwangserziehungsanstalt gedroht. Alle Maßnahmen sind von längerer Dauer. Bei den über Zwanzigjährigen werden in nahezu allen Fällen »Versorgungen« angeordnet, darunter finden sich mehrere Einweisungen in die Psychiatrie. Ein junger Mann, der der Homosexualität bezichtigt wird, flieht aus der Irrenanstalt, und das Protokoll schließt den Fall mit der Bemerkung, er sei in der französischen Fremdenlegion und werde in den nächsten Jahren nicht wieder nach St. Gallen zurückkehren (1936: Fall 8). Im Vergleich mit den Zwanzigerjahren fehlen die Zwischentöne in der Planung der Maßnahmen, begleitende Interventionen – etwa Patronate, die Möglichkeit, dass Familien zusammenbleiben – werden nur in einzelnen Fällen in Erwägung gezogen. Im Vordergrund stehen Maßnahmen, mit denen Jugendliche und junge Männer aus sozialen Zusammenhängen ausgegrenzt werden, diese werden bis auf wenige Ausnahmen ohne Umwege und Alternativen verfügt.

4 Zum kritischen Potenzial dieser historischen Untersuchung

Die Interpretation der Fallanalysen ergibt, befragt auf ihr Potenzial zur Diskussion und Reflexion heutiger Sozialer Arbeit, vorerst deutlich, dass damalige Praktiker und Praktikerinnen den ihnen offerierten Begründungszusammenhängen ihres Tuns zu wenig kritisch gegenüberstanden. So übernahmen sie Konzepte, die in ihrer Durchführung den Auftrag der Hilfe konterkarieren und Maßnahmen zu wenig reflektierten Sanktionen werden lassen konnten.

Die im Untersuchungszeitraum wichtiger werdenden biologistischen Konzepte erscheinen dabei als kurzschlüssig, weil sie Individuen als genetisch-biologische Zustände und nicht als Personen begreifen, die in gesellschaftlichen Zusammenhängen gemäß ihren Bedürfnissen zu handeln versuchen.

In der Übernahme und Gestaltung diskursiver Konzepte für die Erklärung beobachteter Verhaltensweisen von Klienten fehlte den Fürsorgebehörden der kritische Blick auf ihre eigene Perspektive. Die eigene Position und Blickrichtung wurde nicht reflektiert, das eigene Handeln nicht als ein gesellschaftlich bedingtes und damit auch zu Befragendes erkannt.

Damit geriet der Fürsorge zeit- oder teilweise der eigene Anspruch, unterstützend die Mündigkeit und Integration der Klienten zu fördern, aus dem Blick, und sie trug immer wieder und vielfach nicht bewusst eine Sicht mit, die aus Gefährdeten Gefahren machten.

Es ist aus diesen Beobachtungen zu folgern, dass die Reflexivität eine Qualität ist, die eine fürsorgerische Praxis in hohem Maße auszuweisen hat. Insbesondere die Frage nach der Wertgebundenheit der eigenen Perspektive, danach, ob den Ansprüchen der Klienten und Klientinnen wie den Zwängen der Gesellschaft Genüge getan wird, darf Fürsorge nicht aus dem Blick verlieren. Wissenschaftliche Befunde vermögen dabei die Reflexion zu befördern, sie müssen aber gleichzeitig selbst Gegenstand der Reflexion sein, da sie nur Stütze, nicht Ersatz sein können für eine reflektierte Berufspraxis.

Der historische Zugang zu Themen der Jugendhilfe kann für die aktuelle Soziale Arbeit ein Potenzial sein, scheinbar selbstverständliche Handlungsroutinen im beruflichen Alltag, gängige theoretische Konzepte und vorherrschende Diskurse kritisch zu reflektieren. Wie bereits einleitend erwähnt, gerät heute Jugendgewalt und Jugendkriminalität wieder verstärkt in den gesellschaftlichen Fokus. Medienberichte über Gewalttaten Jugendlicher haben Resonanz und führen zur Empörung der Öffentlichkeit. Gesellschaftlich erwartet wird – auch in den Medien und der Öffentlichkeit der Schweiz – eine neue Politik des Strafens, in der die Schuld(-fähigkeit) und die individuelle Verantwortung ins Zentrum gestellt und härtere Strafen gefordert werden. Historisches Wissen kann hier Professionelle der Sozialen Arbeit zum Nachdenken bringen. In den Blick kommen das sich gesellschaftlich wandelnde Spannungsfeld von Hilfe und Strafe und die immer wieder auch unreflektierte Rolle, die Fachleute der Fürsorge oder der Sozialen Arbeit darin einnehmen. Reflexivität bedeutet hier, nach den Wirkungen zu fragen, die eine gesellschaftlich erwartete Politik des Strafens auf professionell intendierte Erziehungs- und Bildungsprozesse von Jugendlichen hat und inwieweit die Lebens- und Handlungsperspektiven der Adressatinnen und Adressaten der Sozialen Arbeit dadurch erweitert oder aber eingeschränkt werden. Historisches Wissen sensibilisiert für widersprüchliche Fragestellungen, die in der Geschichte immer wieder übergangen wurden und die auch in aktuellen Debatten nur allzu leicht zur Seite geschoben werden.

Literatur

Bielefelder Erklärung (2008). Online: www.uni-bielefeld.de/Universitaet/Aktuelles/pdf/ bielefelder_erklaerung.pdf (Zugriff: 15.3.2012).

Breuer, Stefan (1986): Sozialdisziplinierung. Probleme und Problemverlagerungen eines Konzeptes bei Max Weber, Gerhard Oestreich und Michel Foucault. In: Sachße, Christoph & Tennstedt, Florian (Hrsg). Soziale Sicherheit und soziale Disziplinierung: Beiträge zu einer historischen Theorie der Sozialpolitik (S. 45–72). Frankfurt am Main: Suhrkamp.

Canning, Kathleen (1994): Feminist history after the linguistic turn: Historizing discourse and experience. Signs: Journal of Women in Culture and Society, Jg. 19, 368–404.

Dinges, Martin (1991): Frühzeitliche Armenfürsorge als Sozialdisziplinierung? Probleme mit einem Konzept. Geschichte und Gesellschaft. Zeitschrift für historische Sozialwissenschaft, Jg. 17, 5–29.

Gallati, Mischa (2007): Städtische Fürsorge im Kräftefeld von Eugenik, Geschlecht und medizinisch-psychiatrischen Normalisierungsdiskursen in Bern und St. Gallen (1918–1950). Schlussbericht NFP 51: Projekt 40-69130/1.

Geschäftsberichte des Stadtrates (1943): IV. Bericht des Arbeitsamtes. St. Gallen.

Haeberlin, Urs (2005): Grundlagen der Heilpädagogik. Einführung in eine wertegeleitete erziehungswissenschaftliche Disziplin. Bern: Haupt (UTB).

Hanselmann, Heinrich (1935): Sterilisation und nachgehende Fürsorge. Grundgedanken eines Vortrages von Prof. Dr. Hanselmann. Heilpädagogik. Beilage zur Schweizerischen Lehrerzeitung, Jg. 5, H. 4, 529–531.

Hanselmann, Heinrich (1939): Heilpädagogik und Fürsorge. Pro Juventute, Jg. 20, 85–91.

Hauss, Gisela & Ziegler, Béatrice (2007): Norm und Ausschluss in Vormundschaft und Psychiatrie. Zum institutionellen Umgang mit jungen Frauen. In: Mottier, Véronique & Mandach, Laura von (2007): Pflege, Stigmatisierung und Eugenik. Integration und Ausschluss in Medizin, Psychiatrie und Sozialhilfe (S. 63–75). Zürich: Seismo.

Hauss, Gisela & Ziegler, Béatrice (2008): City Welfare in the Sway of Eugenics. A Swiss Case Study. British Journal of Social Work. Special Edition. Looking Back While Moving Forward: Historical Perspectives in Social Work, Vol. 38, No. 4, S. 751–770.

Hauss, Gisela, Ziegler, Béatrice, Cagnazzo, Karin & Gallati, Mischa (2012): Eingriffe ins Leben. Fürsorge und Eugenik in einer Schweizer Stadt (1920–1950). Zürich: Chronos, im Druck.

Horowitz, Liz (1992): »Aus einem harten Stein können Sie nie ein Butterwegglein machen«. »Lasterhafter Lebenswandel« als Entmündigungsgrund bei Frauen in den 1920er Jahren in Zürich. Unveröffentlichte Lizentiatsarbeit. Universität Zürich, Historisches Seminar.

Integras (Hrsg.) (2007): Soziale Indikation. Plädoyer für einen klaren Auftrag bei der Platzierung von Kindern und Jugendlichen. Zürich: Integras.

Peukert, Detlev J. K. (1986): Grenzen der Sozialdisziplinierung: Aufstieg und Krise der deutschen Jugendfürsorge von 1878 bis 1932. Köln: Bund Verlag.

Nachmansohn, Max (1931): Verwahrlosung und Psychopathie. Separatdruck aus Pro Juventute, Heft 10, 11 und 12.

Ramsauer, Nadja (2000): »Verwahrlost«. Kindswegnahmen und die Entstehung der Jugendfürsorge im schweizerischen Sozialstaat 1900–1945. Zürich: Chronos.

Raithel, Jürgen (2005): Die Stilisierung des Geschlechts. Jugendliche Lebensstile, Risikoverhalten und die Konstruktion von Geschlechtlichkeit. Weinheim: Juventa.

Rietmann, Tanja (2004): Administrativ versorgen. Zur Einweisung von »Liederlichen«, »Arbeitsscheuen« und »Trunksüchtigen« in Arbeitsanstalten im Kanton Bern in den 1950er Jahren. Unveröffentlichte Lizentiatsarbeit. Universität Bern, Historisches Institut.

Strasser, Charlot (1942): Abriss der Psychiatrie unter besonderer Berücksichtigung der Zusammenarbeit zwischen Psychiater und Wohlfahrtbeamten. Zürich: Oprecht (Schriftenreihe der Vereinigung Schweizerischer Amtsvormünder, Heft 4).

Strauss, Anselm & Corbin, Juliet (1996): Grounded Theory: Grundlagen qualitativer Sozialforschung. Weinheim: PsychologieVerlagsUnion.

Wecker, Regina, Braunschweig, Sabine, Imboden, Gabriela, Küchenhoff, Bernhard & Ritter, Hans Jakob (Hrsg.) (2009): Wie nationalsozialistisch ist die Eugenik? What is National Socialist about Eugenics? Wien: Böhlau.

Weingart, Peter, Kroll, Jürgen & Bayertz, Kurt (1988): Rasse, Blut und Gene. Geschichte der Eugenik und Rassenhygiene in Deutschland. Frankfurt am Main: Suhrkamp.

Wilhelm, Elena (2005): Rationalisierung der Jugendfürsorge. Die Herausbildung neuer Steuerungsformen des Sozialen zu Beginn des 20. Jahrhunderts. Bern: Haupt.

Wolfisberg, Carlo (2002): Heilpädagogik und Eugenik. Zur Geschichte der Heilpädagogik in der deutschsprachigen Schweiz (1800–1950). Zürich: Chronos.

Ziegler, Béatrice (2005): Fürsorge, Sozialstaat und Eugenik. Zeitschrift Forschung und Wissenschaft Soziale Arbeit, Heft 1, 4–19.

Verzeichnis der Autorinnen und Autoren

Gaëlle Aeby, lic. phil.; Université de Lausanne; Arbeitsgebiete: Jugend, Lebensläufe, soziale Vernetzungen; gaelle.aeby@unil.ch

Florian Baier, Prof. Dr. phil.; Fachhochschule Nordwestschweiz, Hochschule für Soziale Arbeit, Institut Kinder- und Jugendhilfe; Arbeitsgebiete: Soziale Arbeit im schulischen Kontext, Theorie und Forschung zu Bildung, Gerechtigkeit, Kultur, Profession; florian.baier@fhnw.ch

Marc-Antoine Berthod, Prof. Dr. phil.; Haute école de travail social et de la santé; Arbeitsgebiete: Rituale, Institutionen, soziale Einrichtungen; marc-antoine.berthod@eesp.ch

Matthias Drilling, Prof. Dr. phil.; Fachhochschule Nordwestschweiz, Hochschule für Soziale Arbeit, Institut Sozialplanung und Stadtentwicklung; Arbeitsgebiete: Stadtforschung, Jugendarmut im städtischen Kontext, Schule und Soziale Arbeit; matthias.drilling@fhnw.ch

Carlo Fabian, lic. phil., Wissenschaftlicher Mitarbeiter; Fachhochschule Nordwestschweiz, Hochschule für Soziale Arbeit, Institut Sozialplanung und Stadtentwicklung; Arbeitsgebiete: Stadt- und Quartierentwicklung, Gesundheitsförderung und Prävention; carlo.fabian@fhnw.ch

Yvonne Gassmann, Dr. phil.; Pflegekinder-Aktion Schweiz; Arbeitsgebiete: Pflegekinderbereich, Resilienz, Elternschaft; yvonne.gassmann@pflegekinder.ch

Julia Gerodetti, Wissenschaftliche Assistentin; Fachhochschule Nordwestschweiz, Hochschule für Soziale Arbeit, Institut Kinder- und Jugendhilfe; Arbeitsgebiete: Kinder- und Jugendförderung, offene Kinder- und Jugendarbeit, Planung und Steuerung der Kinder- und Jugendförderung; julia.gerodetti@fhnw.ch

Jutta Guhl, lic. phil., Wissenschaftliche Mitarbeiterin; Fachhochschule Nordwestschweiz, Hochschule für Soziale Arbeit, Institut Sozialplanung und Stadtentwicklung; Arbeitsgebiete: Migration, Gemeinwesenarbeit; jutta.guhl@fhnw.ch

Renate Gutmann, lic. phil., Wissenschaftliche Mitarbeiterin; Fachhochschule Nordwestschweiz, Hochschule für Soziale Arbeit, Institut Kinder- und Jugendhilfe; Arbeitsgebiete: Planung und Steuerung von professionellen und freiwilligen Hilfesystemen für Familien, offene Kinder- und Jugendarbeit; renate.gutmann@fhnw.ch

Gisela Hauss, Prof. Dr. phil.; Fachhochschule Nordwestschweiz, Hochschule für Soziale Arbeit, Institut Integration und Partizipation; Arbeitsgebiete: Theorie und Geschichte der Sozialen Arbeit, Integration und Arbeit; gisela.hauss@fhnw.ch

Rahel Heeg, Dr. phil.; Fachhochschule Nordwestschweiz, Hochschule für Soziale Arbeit, Institut Kinder- und Jugendhilfe; Arbeitsgebiete: Schulsozialarbeit, Jugendarbeit, Gewalt und Gender; rahel.heeg@fhnw.ch

Andreas Jud, Dr. phil.; Hochschule Luzern, Soziale Arbeit, Institut Sozialarbeit & Recht; Arbeitsgebiete: Kindesschutz, Professional Decision Making; andreas.jud@hslu.ch

Christoph Mattes, Dr. phil.; Fachhochschule Nordwestschweiz, Hochschule für Soziale Arbeit, Institut Sozialplanung und Stadtentwicklung; Arbeitsgebiete: Verschuldung, Sozialplanung, Armut und Erwerbslosigkeit; christoph.mattes@fhnw.ch

Caroline Müller, lic. phil, Wissenschaftliche Mitarbeiterin; Institut für externe Schulevaluation auf der Sekundarstufe II; Arbeitsgebiete: Qualitätsmanagement, Gesundheitsförderung und Prävention in Schulen; mueller@ifes.ch

Laurence Ossipow, Prof. Dr. phil.; Haute école de travail social, HES-SO/Genf; Arbeitsgebiete: Migration, Citoyennität; laurence.ossipow-wuest@hesge.ch

Éric Paulus, Prof.; Haute école de travail social et de la santé-EESP-Lausanne; Arbeitsgebiete: Kindesschutz, erzieherische Hilfen; eric.paulus@eesp.ch

Verzeichnis der Autorinnen und Autoren

Edith Maud Piller, lic. phil., Wissenschaftliche Mitarbeiterin; Fachhochschule Nordwestschweiz, Hochschule für Soziale Arbeit, Institut Kinder- und Jugendhilfe; Arbeitsgebiete: Kinder- und Jugendhilfe Schweiz, Pflegekinderhilfe; empiller@bluewin.ch

Angela Rein, Dipl. Päd., Wissenschaftliche Mitarbeiterin; Fachhochschule Nordwestschweiz, Hochschule für Soziale Arbeit, Institut Kinder- und Jugendhilfe; Arbeitsgebiete: Übergänge von Jugendlichen in Erwerbsarbeit und Erwachsensein, subjektorientierte Übergangsforschung, Migration, Geschlecht und Diversität im Übergang; angela.rein@fhnw.ch

Dorothee Schaffner, Prof. Dr. phil.; Fachhochschule Nordwestschweiz, Hochschule für Soziale Arbeit, Institut Kinder- und Jugendhilfe; Arbeitsgebiete: Übergänge von Jugendlichen in Erwerbsarbeit und Erwachsensein, subjektorientierte Übergangsforschung, Berufsintegration unter erschwerten Bedingungen, Heimerziehung; dorothee.schaffner@fhnw.ch

Stefan Schnurr, Prof. Dr. phil.; Fachhochschule Nordwestschweiz, Hochschule für Soziale Arbeit, Institut Kinder- und Jugendhilfe; Arbeitsgebiete: Theorie und Empirie der Sozialen Arbeit, Kinder- und Jugendhilfe, International Social Work and Social Policy, Partizipation; stefan.schnurr@fhnw.ch

Mandy Schöne, Dipl. Päd., Wissenschaftliche Mitarbeiterin; Fachhochschule St. Gallen (FHS), Institut für Soziale Arbeit (IFSA); Arbeitsgebiete: Kinder- und Jugendhilfe, sozialräumliche Wohlfahrtsproduktion, kritisch-reflexive Soziale Arbeit; mandy.schoene@fhsg.ch

Antje Sommer, Dipl. Soz.-Päd., Wissenschaftliche Mitarbeiterin; Fachhochschule St. Gallen (FHS), Institut für Soziale Arbeit (IFSA); Arbeitsbereich: Kinder- und Jugendhilfe, Behindertenhilfe, Schulsozialarbeit, Management sozialer Dienstleistungen, Dokumentation in stationären Einrichtungen; antje.sommer@fhsg.ch

Bhama Steiger, Prof. Dr.; Haute école de travail social et de le santé Lausanne; Arbeitsgebiete: Theorie und Forschung, soziale Netzwerke; bhama.steiger@eesp.ch

Elisa Streuli, Dr. phil.; Zürcher Hochschule für Angewandte Wissenschaften (ZHAW), Institut für Angewandte Psychologie (IAP); Arbeitsgebiete: Führung, Gender, soziale Ungleichheiten; elisa.streuli@zhaw.ch

Jean-Pierre Tabin, Prof. Dr.; Haute école de travail social et de la santé-EESP-Lausanne; Arbeitsbereiche: Theorie und Empirie der Sozialen Arbeit, Sozialpolitik; jean-pierre.tabin@eesp.ch

Christian Vogel, Prof. Dr.; Berner Fachhochschule, Fachbereich Soziale Arbeit; Arbeitsbereiche: Theorie und Methodik von Sozialpädagogik und Sozialarbeit, struktur- und kommunikationstheoretische Institutionsanalyse, Schulsozialarbeit; chvogel@me.com

Peter Voll, Prof. Dr. rer. soc.; HES-SO/Valais-Wallis, Institut Gesundheit & Soziale Arbeit; Arbeitsgebiete: Recht und Soziale Arbeit, Professional Decision Making; peter.voll@hevs.ch

Béatrice Ziegler, Prof. Dr. habil.; Pädagogische Hochschule, Fachhochschule Nordwestschweiz, Institut Forschung und Entwicklung; Arbeitsbereiche: politische Bildung; beatrice.ziegler@fhnw.ch

Printed by Printforce, the Netherlands